国际"城市记忆"与地方文献学术研讨会论文集

Proceedings of the International "City Memory" and Local Literature Symposium

首都图书馆 编

Compiled by Capital Library of China

学苑出版社
Academy Press

图书在版编目（CIP）数据

国际"城市记忆"与地方文献学术研讨会论文集 / 首都图书馆编. — 北京：学苑出版社，2018.9
ISBN 978-7-5077-5543-5

Ⅰ.①国… Ⅱ.①首… Ⅲ.①地方文献-国际学术会议-文集 Ⅳ.①G256-53

中国版本图书馆CIP数据核字（2018）第204344号

责任编辑：战葆红　沈萌　张芳
出版发行：学苑出版社
社　　址：北京市丰台区南方庄2号院1号楼
邮政编码：100079
网　　址：www.book001.com
电子信箱：xueyuanpress@163.com
联系电话：010-67601101（营销部）　67603091（总编室）
经　　销：新华书店
印　刷　厂：北京虎彩文化传播有限公司
开本尺寸：787×1092　1/16
印　　张：32.75
字　　数：515千字
版　　次：2018年9月第1版
印　　次：2018年9月第1次印刷
定　　价：80.00元

编委会

主　编：肖维平　陈　坚

副主编：马文大　孟云剑

编　委：袁碧荣　韩　佳　张　田　郭　炜　张一楠
　　　　　张小野　李梦楠　丁小蕾　王　琦　刘　埌
　　　　　陈　飏　陈延斌　权菲菲

前 言

为进一步推动国内外"城市记忆"的建设以及地方文献工作的发展,由首都图书馆与中国图书馆学会学术研究委员会地方文献研究专业委员会联合主办,于2018年9月19—21日在北京首都图书馆召开了国际"城市记忆"学术研讨会,以及地方文献学术研讨会。

会议分别邀请了国际上的"城市记忆"嘉宾代表,以及全国地方文献研究专业委员会专家、全国地方文献工作者、地方学领域的专家学者,共同交流"城市记忆"建设在不同文化背景下的实践与经验,探讨在新技术、新视角下开展地方文献工作的模式和方法。

此次研讨会,首都图书馆北京地方文献中心向国内外地方文献工作者及专家征集学术论文,得到了积极响应,共收到学术论文62篇,内容涉及"城市记忆"建设、口述历史、地方文献与区域建设、地方文献研究、地方文献资源建设与服务、读者服务与新技术应用等各个方面。这些内容反映了近年来地方文献和地域文化相关工作的基本面貌,现将这些论文汇总编撰成论文集,希望能够与人共享近期国内外"城市记忆"与地方文献的研究成果,并得到更多同行和有兴趣爱好的读者的批评指正。

最后,我们忠心感谢积极参与论文撰写的各位作者,以及各兄弟单位的热情支持,尤其要感谢新加坡、韩国、美国等海外专家友人的积极参与。感谢首都图书馆北京地方文献的工作人员积极努力的征集、整理和编辑工作。感谢学苑出版社大力协助出版。

编 者
2018 年 9 月

目 录

大会主题发言 /1

首图·记忆归何处——中国记忆项目的实践（摘要）……汤更生 /3

记忆与文化遗产："新加坡记忆工程"回顾 ……伍慧贤 /6

心灵记忆
　　——以口述历史搜聚新加坡华文文坛记忆……赖素春 /13

往事未必如烟
　　——新加坡国家图书馆特藏组对"新加坡记忆"的征集与建构……叶若诗 /21

首尔地方记录文献的管理体制
　　——首尔记录院和首尔图书馆……李奎泰 /28

口述历史与城市记忆：21世纪图书馆的全球化思考与本土化行为（摘要）……Lauren Kata /44

承继山左先贤　赓续齐鲁文脉
　　——近十年山东省图书馆地方文献建设与服务……王玉梅 /46

广西桂林图书馆桂林抗战出版物的收藏与开发（摘要）……曹旻 /56

探索　发展　推广
　　——湖南图书馆地方数字资源建设……欧红 /57

精神返乡与历史记忆：易代之际的怀旧式民俗书写……张勃 /64

"城市记忆"与区域文化发展下的地方文献 /81

特殊的"城市记忆"
　　——天津近代地方文献中的外文资料概述……王永华 /83

地方文献工作在生态旅游建设中的作用
　　——以北京市密云区图书馆为例……张彩霞 /92

探寻尘封千百年历史的记忆
　　——文化部和旅游部深度融合后地方文献开发利用的探索……姜楠 /99

青岛城市记忆文化中心
——利用传统文化建设城市记忆……宋菲 /106

区域文化背景下的青岛地方文献工作……李卫阳 刘英 /113

"运河文库"中的北京记忆……杨兰英 郑婉君 /120

"社区""地方文献"及其他……刘瑛 尹玉霞 /126

地方文献工作与地域文化发展……刘群 /134

公共图书馆地方文献工作在地域文化建设中的角色扮演……张楠 冉华 /141

浅谈西城区地方文献在地域文化建设中的作用……郭天莹 /149

新时代背景下城市记忆建设与地方文献工作发展研究
——以北京法源寺丁香诗会为例……刘郑 /155

地方文献资源与经济发展的思考……杨帆 /163

桂林民俗文献中的城市文化记忆……陈晔 /171

写在窗棂砖瓦上的历史
——毛里求斯的城市记忆……李东晔 /178

试论地方文献对区域文化建设的重要性
——以首都图书馆北京地方文献中心为例……张田 /184

地方文献研究 /191

传承、发展、创新，拓宽地方文献读者服务新视野
——甘肃省图书馆地方文献延伸服务实践探索……李芬林 /193

担当地方文化使命 致力地方文献建设
——庄浪地方文献发展变化述要……贾善亮 /202

华夏文明的历史记忆
——甘肃省现存古旧地方志考述……岳庆艳 /209

地方文献典籍资源出版的学术价值
——以蒋绍宗《蒋氏经学五种》为例……李彦丽 /215

以济南市为例，谈地方志书的活化与利用……郭其程 /221

博物馆中"地方文献"资料的梳理与研究……龙霄飞 /228

北京"五顶"的现状及文化遗产保护实践
——以奥运中心区北顶为例……李彩萍 /236

担当地方高校使命 致力地方文献建设
——河西学院河西文献信息中心建设述要……薛栋 苏凯 /248

北京市公共图书馆总分馆服务体系推进地方文献特色化建设探索与研究……于景琪 刘佳 /255

口述史工作的外围思考……范瑞婷 /263

北京市公共图书馆地方文献工作现状与问题浅析……权菲菲 任凯 /268

浅议现代公共文化服务体系下公共图书馆古籍文献中的地方古籍文献
——以首都图书馆地方古籍文献为例……马小龙 刘雅婷 /287

试论公共文化服务体系下非物质文化遗产文献的信息组织
——以首都图书馆地方文献中心为例……郑春蕾 /293

论公共图书馆的文化产品暨"北京记忆"的制作……孟云剑 /302

浅谈图书馆地方文献工作与地方志事业
——以首都图书馆为例……张小野 /313

特殊的"城市记忆"
——首都图书馆地方文献中心的人物传记类工具书概述……陈硕 /322

地方文献资源建设与服务 /331

"互联网+"地方文献数字资源的整合与利用
——基于"桂林e文化"建设的思考……秦璇 /333

公共图书馆地方文献资源建设及展望
——以天津图书馆为例……孙立智 /340

互联网时代地方文献资源建设探讨……徐艳君 /347

"互联网+"时代图书馆的地方文献资源建设……杨砚 闫菲 /354

浅谈对地方文献资源的建设与研究
——以青岛市图书馆为例……于婧 曲玲 /362

公共图书馆地方文献征集工作探究……姚荔 /371

图书馆特色文献资源收藏的思考
——以桂林图书馆绘画作品收藏为例……朱将发 /381

"互联网+"环境下海南琼剧文献资源的利用与传承
——以吴梅先生捐赠琼剧文献资料为例……王冬梅 符秋眉 /391

"互联网+"时期的地方文献资源数字化建设
——以首都图书馆建设《国韵京剧——梨园弟子》专题片为例……张颖 /401

公共图书馆环境下数字资源的建设与发展……丁小蕾 /406

"互联网+"时期北京市地方文献可视化资源建设模式研究
——以《典藏北京》系列专题片为例……王菲菲 /413

老照片的资源建设及其历史回想……王琦 /421

地方文献视角下的北京市文化共享工程地方资源建设……刘雅婷 马小龙 /430

数字图书馆时代下地方文献定题服务探索
——以首都图书馆为例……郭炜 尚宏宇 /437

探讨图书馆地方文献专题信息服务
——以北京地方文献中心为例……袁碧荣 /444

首图地方文献参考咨询工作实践与思考……程序 /454

读者服务与新技术应用 /461

新时代下的地方文献读者服务的延伸……汪晓翠 /463

新时代下的地方文献读者服务……吕相茹 /468

新时代下的地方文献读者服务的延伸
——以甘肃省图书馆历史文献部为例……童世峰 /474

新时代下的地方文献读者服务的延伸
——以瓜州县图书馆为例……韩珊珊 /482

地方文献微信公众平台读者服务现状调研分析……丁洪玲 /487

多元合作与公共图书馆政府信息公开服务……韩佳 /498

基于网络平台的地方文献资源个性化阅读推送相关介绍……刘堧 /505

大会主题发言

首图·记忆归何处
——中国记忆项目的实践（摘要）

汤更生（国家图书馆）

无论是一个人，一座城市，一个国家，记忆是生存与发展的需要。人类通过记忆存留经验、一代一代地传递，从而不断延续着走向文明的历程。这个记忆，是人所特有的，是物质的和非物质的合体；这个文明之旅的历史的明证，也是人所创造的，是物证和人证的合体。保存并传承文明之旅的记忆，是人类的使命，更是图书馆的使命。

图书馆是人类记忆需要的产物。图书馆的两大基本功能：保存人类记忆、传播人类知识。保存记忆是第一性的，传播知识是第二性的。图书馆记忆基本内容则可分为手稿记忆、印刷记忆、口述记忆、影像记忆等。图书馆与口头传统、口述史关系密切。从"文献"这个图书馆的本分出发，口述历史对图书馆的价值尤为重要和可观，增加图书馆自身的不可替代性，提高图书馆资源的社会参与度，提供图书馆员发展空间等。

"中国记忆"是国家图书馆以中国现当代重大历史事件、重要人物为专题，依托传统文献，以口述史、影像史等新类型文献建设为核心的特色文献资源建设与服务项目。项目2012年启动，2013年起列为文化部专项任务并获专项资金支持。"中国记忆"项目是国家图书馆记录历史文化、保存文献记忆、传承民族精神的全国性文化项目，工作内容已被纳入《国家"十三五"时期文化发展改革规划纲要》。

项目是在借鉴世界各国和地区及国际组织相关记忆项目基础上，以中国记忆命名的国家记忆项目。项目选题内容根据抢救性、代表性、前瞻性原则，选题方向涉及政治历史、传统遗产、文化艺术、社会民生、地理环境、科学技术、经济产业、民族和语言文字、成长与生活等。

工作模式遵循开放、合作、共享的原则，联合各级各类文化、教育、研究机构，社会团体及个人，依据统一的标准规范，建设国家记忆资源总库，对记忆资源进行系统的搜集、整理、保存和利用。记忆资源体系包括传统文献、口述史料、影音史料、实物文献、记忆空间五个部分。工作方法包括调研与采访、记忆开采、文献整合、资源发布、利用与传播等步骤。服务模式基于多载体、多种类的专题文献资源集合，通过实体阅览、在线浏览、展览、讲座、公开课、中国记忆丛书等形式向公众提供服务。

介绍战争中的老兵（"东北抗日联军专题"）、非物质文化遗产（"我们的文字"专题）、学者（科学、艺术、图书馆领域）等三个主题的实践案例。

未来的记忆资源和口述／影音文献的抢救将是全体图书馆界共同面对的新领域、新命题。图书馆应成为口述／影音文献的保存地和服务提供地，图书馆应努力为该领域的学者和工作提供支持与展开合作，图书馆界与社会各界共同搭建记忆资源体系，中国记忆项目将重点研究解决影音文献的编目检索和揭示传播问题，努力成为记忆资源共建共享和公众服务的平台。

In addition to a collection of Chinese and foreign publications on oral history, National Library of China began to collect unofficial oral history publications around the countryin 2008 and launched China Memory Project in 2012.

Based on traditional Chinese and foreign documents, National Library of China collectsoral histories in videos or audios, photographs, journals and letters which formed asystem of documents categorized by various topics and we promote this project bywebsites, publications, exhibitions, lectures and making feature films.

China Memory Project so far has collected over 1400 hours' audio and video oral histories and documentaries; besides, we have established more than 20 topic-oriented multi-media collections including *Northeast Allied Army of the Resistance against Japan*, *Contemporary Scholars* and *Salvage Documenting on Senior ICH Inheritors*, etc.

China Memory Project currently is focusing on promoting oral histories of important librarians and experts in libraries around China by cooperating with other libraries; further more, similar cooperation pattern will be applied in other memory related projects.

In future, China Memory Project intends to collect oral histories, historic video, audio, image and other memory resources from the public through specific APP in mobile phones and website which would become permanent holdings of National Library. Collections with authorities will be open to the public; National Library will provide preservation services for the owner of the materials and their off spring. China Memory Project is aiming at establishing a platform for the preservation and dissemination of memory resources mainly composed of oral history materials through cooperation in the whole industry.

记忆与文化遗产：
"新加坡记忆工程"回顾

伍慧贤（新加坡国家图书馆）

摘　要：新加坡记忆工程（Singapore Memory Project，SMP）是一项在2011年启动的、全国性开展的记忆项目，旨在捕捉和记录与新加坡历史相关的珍贵时刻和记忆。这些记忆不仅来自新加坡个人记忆，也来自学术团体、研究机构、图书馆、文化遗产机构、公共机构和社团组织。这篇文章将介绍新加坡记忆工程，以及如何推动一个公民自发参与的、可持续发展的新加坡记忆项目。

关键词：新加坡记忆工程；新加坡国家图书馆

Abstract: Singapore Memory Project is a nationwide memory project launched in 2011 to capture and record precious moments and memories related to Singapore's history. These memories are not only from Singaporean individual memories, but also from academic organizations, research institutions, libraries, cultural heritage institutions, public institutions and community organizations. This article will introduce the Singapore Memory Project and how to promote a self-involved, sustainable Singapore Memory Project.

Keywords: Singapore Memory Project; National Library Board (Singapore)

一、介绍

新加坡自开埠以来，便是一个多元种族、多元文化的移民社会。我们的先辈为了生活，背井离乡来到这个小岛。这样一个多元种族及多元文化的年轻国家，在全球化的大趋势下，更加需要建立国人的身份认同感与国家的凝聚力，让不同信仰和文化背景的人民平等共处，促进国家的繁荣发展。为了收集、保存和发现国家建设的故事、建国一代人的故事，让国人更好地了解新加坡建国之路的点点滴滴，新加坡记忆工程（SMP）于 2011 年由李显龙总理亲自启动，旨在收集全民记忆，以迎接 2015 年新加坡 50 周年金禧年的到来。

二、新加坡记忆工程的主要目的

1. 捕捉在国家的建设年代，新加坡人的第一手记忆资料。
2. 创建和记录与国人共鸣的国家叙事，这些难忘的事将使未来的一代代新加坡人了解我们国家和民族的集体回忆、了解我们称之为家的方方面面，由此唤醒国民的国家意识，以及意识到国家的发展和个人的命运紧紧相连。
3. 让年轻一代参与到志愿者的队伍中去，体验其身份的认同感和国家的责任感，传承国家的历史、文化传统和道德价值观。
4. 收集、组织、保存、发现和研究这些珍贵的记忆，促进新加坡资料的发现和创建，丰富国家图书馆知识资产库。
5. 不同于传统的采用数字来衡量所收集的回忆，新加坡记忆工程注重的是收集的回忆质量和那些可以建立集体记忆的文化叙述。历史的回忆应该有文化方面的补充，以便挖掘其中的文化故事和历史内涵。从这些社会自发组织带出的主题和叙述更能体现新加坡社会本身，这也是建立集体文化认同的必要方式。

三、新加坡记忆工程成功的因素

（1）强大的专家指导委员会

18位来自不同领域的、由新闻和通讯部领导组成的专家指导委员会。

（2）众多的合作伙伴

这样一项全国性的由新加坡新闻和通讯部推动、国家图书馆管理局牵头的项目，联合了200多个学术机构、研究机构、图书馆机构、遗产机构、公共机构、私人团体和社区组织，以及上百个记忆团体和志愿者共同参与。这项记忆收集活动不仅有来自个人的回忆，还有来自机构、协会、公司和团体的共同回忆。

机构的主要贡献者是新加坡国家图书馆、新加坡国家档案馆、新加坡报业控股（新加坡最大的报纸出版社）、东亚研究所图书馆、新加坡国立大学图书馆和新加坡作曲家与作家协会（COMPASS）。这些合作伙伴本身也拥有丰富的珍贵收藏。

个人方面的回忆，随着项目的逐渐展开，越来越多的志愿者也加入SMP，帮助有困难的个人记录他们的记忆。

（3）利用互联网和新媒体方便民众参与

SMP鼓励公众通过网上系统分享他们难忘的回忆。公众可以通过新加坡记忆门户网站（SingaporeMemory.SG），提交他们的回忆，这个网站门户允许每个新加坡人拥有一个记忆账户来记录和保存他们珍贵的回忆和故事。记忆可以以文本、视听和图像形式存放或保留。精选的回忆将由专家开发成有创意的视听节目呈现在新加坡记忆门户网站。新加坡记忆门户网站通过这些共同的回忆和类似的经历将社区人们紧紧地联系在一起，加强了社区的凝聚力。这种社区参与和互动也通过脸书、推特和博客如irememberSG Facebook、irememberSG Twitter、iremember.sg，将人们和SMP联系在一起。

(4) 全岛开展路演和宣传活动

SMP 通过与社区合作开展基层路演活动来提高公众意识和参与程度，并由此深入到全体新加坡人。这些路演是通过合作伙伴本身的活动和节目，如在庆祝活动和开放日活动中，介绍 SMP 并提供方便让人们分享他们的回忆。一些路演也更适合不懂高科技和互联网的老年人群体。许多老年人更喜欢这种面对面的交流方式，以分享他们的记忆，有些老人只能说方言来表达他们的回忆。

通常记录国家记忆的方法是将新加坡的记忆地图按重点领域，如贸易和工业、地理区域来分类，然后随着收集工作的进展，策划人就会关注地图上的空白，并将有针对性的努力填补空白。但是，SMP 没有采用这种方法。为了捕捉那些不属于任何主题目标的鲜为人知的故事，SMP 的做法是，个人可以不需要代表任何类组而被采访，唯一的要求是他有故事要分享，采取这种做法后，更多的人被采访。

大巴窑社区是新加坡最老的居民区之一，在一次我们为收集回忆而举办的居民活动路演中，59 岁的赵玉芬女士正在购物的路上，当她知道这个活动后，她立即乘坐巴士回家，拿着一堆家庭相册，回到活动现场与我们的记忆志愿者分享她父母的故事。由于她有很多话要说，她做了五部分视频采访。采访结束时，赵女士说她从来没有想过她的回忆会被除她以外的任何人所珍惜。她的参与出现在了第二天的全国报纸上，这本身就是一个值得她全家珍惜的记忆。

(5) Iremembersg 基金（Iremembersg Fund）

这是在 2013 年启动的一项筹资计划，目标是鼓励、资助机构和个人开发内容，收集制作新加坡记忆来迎接 2015 年新加坡金禧年。基金的申请有两个时段，一个在 2013 年，另一个在 2014 年。共收到 181 份申请，并成功颁发 72 份。这些申请包括向社区回忆致敬的短片、网站、游戏和出版物，通过展示各种故事，揭示了新加坡过去鲜为人知的方方面面。

(6) 收集的记忆通过巡回展览与公众分享

2013 年 8 月，为庆祝《联合早报》成立 90 周年，新加坡举办了"我们的另一种集体记忆"大型巡回漫画展，展出 90 多幅从 1929 年至 2013 年刊登在报章上的漫画作品，带领公众回味属于他们的集体记忆。

展览结束后，这些宝贵的内容结集成书，出版了电子书，由新加坡国家图书馆收藏，我们的读者通过这些漫画，了解了国人过去的生活，加深了对新加坡政治与社会的认识。通过展览，人们能够从这些集体的记忆中找到自己的身影，由此引起更多人的共鸣和参与。

（7）SMP 更加注重高质量和有深度记忆故事的收集

例如 Justin Zhuang，一位 29 岁的文化遗产发烧友，在 SMP 电子书《Mosaic Memories》里面叙述了 20 世纪 70 至 80 年代政府组屋区里面的儿童游乐场，不像今天的儿童游乐场设计的那样摩登，早期的儿童游乐场充满了沙子、混凝土和美丽的神话生物，如龙。这本电子书一经发布到网络，就收到 10 万个回应，这在人口较少的新加坡算是很高的参与度了。一天内有超过 700 个面簿用户，留言分享他们儿时对游乐场的回忆，这些旧的游乐场现在有的已经不存在了。

（8）吸引年轻的志愿者——学生们的参与

年轻一代是国家的未来。SMP 的成就之一就是成功地将学校和学生纳入 SMP 框架，为年轻一代提供与老人互动和交流的机会，这也为学生做专题作业提供了实践的机会。2014 年，SMP 启动了记录建国一代真实的故事专题："建国一代最大的礼物"（The Greatest Gift of A Generation），学生们参与了采访建国一代们的活动。

参与活动的学校中，来自南洋女子中学 400 名全体学生接受了 SMP 的培训，然后分配在基层，参与采访 216 位老年人，从建国一代人身上了解了过去发生的故事，这将有助于年轻一代加强对身份的认同感和国家的责任感，有助于传承国家的历史、文化传统和道德价值观。

四、展望未来

在 2015 年新加坡 50 周年庆典之后，作为国家记忆的项目，新加坡记忆工程已经建立了强大的品牌形象。2015 年新加坡建国总理李光耀逝世时，SMP 网站成为政府指定收集来自机构和个人对李光耀先生的情感回忆的网站。

通过过去 5 年的回忆收藏，可以看出，更多的人通过 SMP 网站内容从事各种研究，这也进一步促进国家的认同和共享记忆。SMP 记忆网站内容的容易获取，也促进了机构之间的各种合作，如为合作伙伴开展自己的记忆文档计划和项目提供支援。这些与 SMP 接洽的机构包括国家遗产局、建屋发展局和 2019 年领导全国开埠 200 周年纪念活动的"新加坡庆祝 200 周年办公室"。

展望未来，新加坡记忆工程的记忆收集和记录仍将继续，这种记忆将以更有针对性和主题性的方式来配合国家图书馆重点馆藏的发展，以便更好地履行新加坡国家图书馆的两大重要使命——建立国家级的新加坡馆藏内容和提供国家级的参考服务来支持对新加坡内容的研究。

在 SMP 的推广和宣传方面，未来的重点是把 SMP 的数据库通过视频文件和博客文章以叙事故事的形式将记忆呈现出来，并通过新加坡记忆工程的社交媒体平台上发布，以促进更多的人参与进来，讲述和记录他们的集体记忆。

五、结束语

在即将结束我的分享之际，让我们来重温一下 SMP 最初诞生的灵感。

2006 年，英国电视台有一台节目叫 Antiques Roadshow（《古董路演》），在这个节目里，公众可以把他们自己认为是古董的物件带到节目中，由专家鉴定和评估。在节目的开幕式上，有很多手稿、地图、票据和善本书籍与大家见面。奇怪的是，有一个收藏，价值可能不值 1 英镑，它是从 20 世纪 70 年代开始收藏的公共汽车票。耐人寻味的是，志愿者本身的回忆比车票的收集过程更令人回味无穷。这个节目另一个充满情感的故事，是一位 40 多岁的女士和一个小男孩在喷泉旁的照片。照片展出的文字详细叙述了发生在 20 世纪 60 年代的情形，也包括那位女士的手提包和发型，以及照相的位置——伊丽莎白女王步道边的滨海公园。文字的结尾这样写到："我母亲在我十二岁时去世了，是的，这个当时三岁的小男孩就是我，在拉着妈妈的手。"

今天，在充满现代化气息的新加坡，其实也有着许多平凡人的情感故事。诸如建国一代的老一辈，他们从各种磨难中走出来，这些普通人诸多的奋斗故事承载了国家历史进程的缩影。对年轻一代来讲，他们将会从新加坡记忆项目收集整理的记忆资料里，找寻点点滴滴的国家记忆，找寻对新加坡的归属感，从中发现不平凡的精神力量！未来的世界可能会很不一样，但是国人非凡奋斗的经历和对美好生活的期待，将我们凝聚在一起，为未来创造出更美好的家园！

参考资料

[1] Chang, Rachel. (2010). *Wanted: 5m memorable moments from the past*. The Straits Times, 13 March (Factiva, visited 30.5.2018).

[2] Gurien, David. (2012). *Singapore aims to capture its history, "messiness" and all*. CNN, 28 September, 2012. http://edition.cnn.com/2012/09/22/world/asia/singapore-memory-project/index.html (visited 30.05.2018).

[3] Ismail, Fauziah. (2013). *Real history is written in people's everyday lives*. New Straits Times, 26 March2013, http://www.nst.com.my/nation/general/realhistory-is-written-in-peoples-everyday-lives-1.241799 (visited 30.5.2018).

[4] National Library Board. (2010). *National Library Board launches NewspaperSG, an onlinearchive of Singapore's newspapers for public access.*(visited May 30, 2018).

[5] Ong, A. (2011, August 15). *Stories to weave tapestry of a nation*. The Straits Times, 15 August (Factiva, visited 30.5.2018).

[6] Singapore Press Holdings Ltd. (2012). *Memories are the "soul of the nation"*. The Straits Times, 27 August (Factiva, visited 30.5.2018).

[7] Huang, L. (2010, April 11). *Wanted: Your memories of S'pore*. The Straits Times,11 April (Factiva, visited 30.5.2018).

[8] irememberSG.(2018). Pledging Your Blog. (Visited 30.5.2018).

[9] MediaCorp Pte Ltd. (2013). *MediaCorp launches "My Story" initiative to preserve memories* (Visited 30.5.2018).

心灵记忆
——以口述历史搜聚新加坡华文文坛记忆

赖素春（新加坡国家图书馆）

收集记忆的方式五花八门，可以通过文献、老照片、碑文拓片、报刊、历史地图、音视频等等。口述历史亦是其中之一，记载着文教人士、政治家、商人，以及更重要的老百姓们的记忆与情感。

新加坡政府于1979年设立的口述历史中心，目前隶属于新加坡国家图书馆管理局属下的国家档案馆。中心专门与各阶层人士进行有关新加坡历史的录音访谈，通过访谈收集受访者的记忆，记录他们对各个事项发展的个人经验、情感和想法，补足通过其他渠道收录到的历史记录的不足。中心也负责录制、记录、保存和传播所收集到的访谈录音。完成后的访谈录音都存放在国家档案馆供学者和公众参考。获得受访者同意的录音，亦上传到档案馆网页，供公众聆听。

中心成立初期，收集的记忆针对建国过程与早期移民史。当时开展了两项计划，即"新加坡之政治发展（1945—1965）"和"新加坡先驱人物"，1983年又开启了"日治时期的新加坡"口述历史项目。到目前，中心主要有29项项目，截至2018年6月共访问4500多人，收集超过23000小时的大众记忆。

中心成立前十余年，以新加坡政治、族群与早期移民、日治时期、社会变迁为收集主旨，之后逐渐开展文化艺术方面的项目。"华文文坛"口述史项目启动于2002年，本文将论述其收集记忆的项目设计方法、运作流程与成果。

一、何谓口述历史

本文讨论的是收集记忆的方法，重点不在于讨论口述历史的学科定义，因此取其一般普遍采用的狭隘定义。中心采取的方法综合了以下三位学者的意见：

……由准备充分的访员，向受访者提问，以录音或录影的形式录制访谈对话……收集个人对历史事件的记忆和评论……

——Donald A. Ritchie (RITCHIE, Donald A: Doing Oral History, Twayne Publishers, 1995.)

……访问参与过历史事件的见证者，以重建历史……

——Ronald J. Grele (Ronald J. Grele, "Directions for Oral History in the United States", in Oral History: An Interdisciplinary Anthology, ed. David K. Dunaway and Willa K. Baum, Walnut Creek, 1996, p63.)

……是收集和使用过往记忆的过程。

——Allan Redfern (Allan Redfern, Talking in Class: Oral History and the National Curriculum, Oral History Society, Essex University, 1996.)

综合后的定义要点为：访员必须是准备充分的，做过一定程度的资料收集与研究，对所要收集的课题有一定理解。受访者必须是亲身经历过历史事件的见证者。执行方法是以录音或录影形式记录受访者的记忆，并在收集工作完成后使用受访者的记忆。

二、项目设计

（1）设定目标与范围

开展"华文文坛"新计划的首个要点为确定目标和范围。考虑因素主要有两点:项目的历史意义和口述历史可以补充的历史空白。

设立此项目的历史意义在于:新加坡华文现代文学自20世纪20年代开始萌芽,独立前与独立后的新加坡华文文学作品与新加坡社会发展息息相关,文学作品大量反映了新加坡华人在新加坡经历不同发展阶段的思想与心理状态,历史意义非凡。另一点则是在展开资料收集和研究时发现可以通过口述历史收集的空隙相当多。以作家生平来说,当时仅有马仑的《新马文坛人物扫描(1825—1990)》[1]和新加坡文艺协会出版的《新华作家传略》。前者对每位作家介绍的字数平均约200字,后者平均亦仅约350字。作家背景对分析文学作品有很大的帮助,如此少的字数,能对作家研究提供的资料并不多。因此口述历史访谈录音可以补白,并协助建立起新加坡作家资料库。

其他因素尚包括,2002年时,研究新加坡文坛、文学史和个别作家研究常见的研究方法为:统计报章文艺副刊、书刊、文学杂志等出版物的篇章,按体裁、题材、作者群等分类,以其数据加以分析的研究方法。亦有以分析作品内容、出版书籍来探讨个别作家的研究方式。这类研究法,基本上都以文献等平面资料为主,是单向性的、从研究者的角度处理问题与资料。而口述历史则是让研究者提问,受访者亲自讲述自身经历与看法的方式,是可为研究人员提供第一手资料的另一种研究法。

(2)访谈方式

口述历史可以是以个人史式或专题式进行的。文坛是个特殊项目,除了方修因为已出版过自传并健康不佳而采用了专题式访谈方法外,几乎所有受访者都采用个人史的方法进行。这当然加大了资源的需求,因为个人史式的记录肯定会比专题式访谈长,需要投入的资源更多,但这是必须的,因为作家创作离不开生活,要深入了解文学作品更离不开分析作家的成长、家庭、教育及生活背景。所收集到的,都是满满的珍贵记忆。

访谈内容方面,针对作家的主要是个人背景(出生、家庭、教育、职业)、

---

[1] 马仑:《新马文坛人物扫描(1825—1990)》,柔佛:书辉出版社,1991年。

创作启发、创作历程、主要作品创作背景，出版和文艺活动／团体的参与。非作家访谈对象，如对文艺编辑、出版商、从事书业者则包括遴选作品的标准、各时期出现的作者、作品类别、文艺事业的经营等。在准备计划书时，根据以上拟出了一份泛用的访谈大纲。

（3）遴选受访者

访谈人选主要是作家，小说、散文、诗歌、戏剧、报告文学、相声、翻译等各体裁作家都需涵盖。非作家受访者则包括文学史研究者、文学团体（作家协会、文艺协会、锡山文艺、赤道艺术研究会）主要负责人、文艺副刊编辑、出版商、书店负责人等。物色和遴选方式主要是根据抽样或量化调查，例如：儿童文学创作者少，这方面的受访者数量自然不多。反之，散文与小说作家人数多，受访的比例自然也大。此外，作家写作年代、经验、创作年资、年龄和健康状况也在考虑范围内。启动访谈计划时，一般上是从最资深、年龄最大的受访者开始。

大多数的项目刚开展时的接洽方式是通过团体、组织或项目负责人个人的人脉寻找受访者。这个项目还有一特殊方法，即通过书店。新加坡有个俗称"书城"的百胜楼，乃中文书店聚集区。其中有两三家书店常有作家、文人光顾，并在那里聊天、交流。因此，身为项目负责人的笔者，常去"巧遇"作家与"打探文坛消息"，往往收获不少。此外，文艺活动如讲座、展览、颁奖礼等，亦是建立受访者联络网的好机会。项目展开以后，也有许多是通过现有受访者联络其他人选。

三、工作流程

（1）初步接触与会谈

发公函做初步接触是在中心工作手册中提到联络受访者的方式。笔者在此项目中，除非只有联络地址，初次接触一般不用公函方式，而是通过电话联系。这是因为华人俗语都说"见面三分情"，闻声大概也可取得"两分意"。针对华人来说，一般先通过直接对话，更容易取得对方的首肯。正式公函一般在初次面谈后，才随访谈大纲与访谈程序一起邮寄给受访者。

初步面谈是一项很重要的过程。一般控制在一小时左右，以免让受访者有那是正式访谈的错觉。这是个访员介绍自己、介绍口述历史和说明访谈相关事宜的会面。同样也是借机评估目标受访者是否适合受访、为正式访谈收集其他资料，如相片、文件、剪报等的机会。在文坛项目中的特殊情况是，笔者都会为作家准备其书目。这不但协助受访者回忆、核对资料，也无形中让受访者获知访员是做过"功课"的，让他们感受到被尊重，有助于建立融洽关系，对访谈有益。受访者方面，则是让他们向访员提出任何疑问，如敏感课题、版权问题等的机会。

初步面谈也是建立双方默契的契机，让访员了解受访者的谈话方式，有助于拟定访谈大纲。例如能够侃侃而谈的受访者，准备的问题便可侧重开放式。若比较不善表达的受访者，访员则需多多准备各种提示性问题，以使访谈较为顺畅。

初步会面往往能收集到新的信息，访员可根据该信息，进一步收集资料，修改泛用的访谈大纲，制定有针对性的问题，甚至展开新课题。以作家杜诚为例，身为退休教师的他经历过20世纪60年代末到千禧年众多的教育改革，因此也对他另行展开了新加坡华文教育史的访谈。

（2）访谈录音与处理

一般访谈会按照所拟大纲进行，但也会因录音情况调整。笔者对跨越长时间的访谈一般会准备内容要点表，方便监控。以担任过近30年文艺副刊编辑的作家谢克的访谈为例，因其对老中青三代作家与文艺活动的熟悉，其访谈历时一年，共33次。为避免遗漏或重复，准备的要点表发挥的作用甚大。作为项目协调员的笔者，也会准备项目监控表。简易的图表可在一览下了解尚未涵盖的内容及有待加强的部分。

在访谈结束后，也有根据内容更换项目的做法。例如除了谈报告文学外，莫理光的访谈也重点涉及他担任记者、编辑、编辑主任、首任《联合早报》总编辑的工作及《南洋商报》《星洲日报》合并的过程。在审理后因内容更侧重于后者，因此将其访谈改归"纸质媒体"项目。又如作家郭永秀，更活跃于乐坛，因此改归"表演艺术（音乐）"项目。

四、成果

截至 2018 年 6 月,纯属于"华文文坛"的访谈达 515 个小时,受访者 44 位。在其他项目受访的作家、重点有谈到文坛的另有 19 位。由于中心主旨在于收集,不在分析、评论,因此没有具体地撰写论文或著文坛史的做法。以下仅以一些例子展示受访者记忆之所能,显示口述历史记录的记忆的特殊性与价值。

(1)为研究提供新线索

新加坡的文学研究一般很少采用供求、收益等从经济学角度出发的分析法。以 20 世纪 50 年代文艺现象为例,当时涌现了大批土生土长的作者,华文文学作品出版量空前多。目前所见的研究多从"二战"后人口增多、教育普及等角度去分析。但收集到的访谈中,数位受访者提出了当时林有福政府禁止 53 家中国出版社的书籍的进口,这新线索可引伸出供求问题、开展经济学的研究方向。而刘维新(笔名刘笔农)谈其创办人民书局与阐释青年书局的出版量的记录,则是可作为跟进研究的实例。

(2)补充文献不足

有关戏剧创作,朱绪著的《我与戏剧》和《新马话剧活动四十五年》是重要的研究资料,而朱绪的口述史访谈则进一步补充了戏剧剧本创作与演出的细节及详情。当然,所有作家自述出生、家庭、教育与事业,则更是很好地补足了文献上的空白。

(3)双向性资料撷取

方修口述、林臻笔录所出版的《文学·报刊·生活》[1]乃方修的自传。但那是单向性的。方修的访谈则提出了他做文学史研究工作的挑战与出版问题等,是化

---

[1] 方修口述,林臻笔录:《文学·报刊·生活》,新加坡:仙人掌出版社,1987 年。

被动为主动的记忆收集法。又如常写文艺评论的陈凡，在反黄运动年代，写过为爱情题材平反的文章。在询问他原因时，他提出是特意写的。再问他为何会特意写时，他说出了当时新加坡作家都会避免爱情题材，因为爱情题材当时往往会被归类为色情作品。这种双向性的问答，能够获取更多更深入的信息。

（4）厘清传言、还原史实

自新加坡文艺协会（前称新加坡文艺研究会）1980 年成立以来，文化圈中一直盛传其成立是为了与新加坡作家协会搞对抗。在文艺协会会长骆明与锡山文艺会长烈浦的访谈中，清楚地叙述了该会成立的前因后果，实乃因文学刊物《新加坡文艺》所致，完全与对抗无关。尤其是后者烈浦的访谈，他乃中立者，不倾向任何一会，可信度高，其言是强而有力的澄清，还原史实。

（5）发掘新资料、印证现有资料

关注新加坡文坛者，一直都以为 1970 年成立的新加坡作家协会（前称新加坡写作人协会）乃新加坡第一个作家组织，然谢克的访谈却提供了 1956 年便有文艺写作者协会的成立。只是成立不久因主席冰梅被递解出境而不了了之。又如谢克和刘笔农的访谈都提到诗人杜红著作《六月的晚上》，由于该书一印好便被政治部禁止及烧毁，因此没有人拥有，也很少人知道有这一本诗集。

（6）第一手资料

看再多的资料、做再多的分析，都比不上作家亲自描述。比如张挥谈自己的微型小说创作手法、君绍谈其散文集《蒲公英的孩子们》、杜红谈根据母亲创作的诗——《手》等等。一个更好的例子是陈伯汉谈 20 世纪 70 年代创作剧本《翻身》时，因当时受中国"文革"影响，"群众力量很大"，使得他硬生生地在剧本中加插一个"干瘪瘪"的样板化群众领袖角色，造成他的遗憾。其访谈解读了为何该剧本与他一贯创作风格迥异的原因。这些俯拾皆是的第一手资料，都是其他资料所看不到的。

（7）更丰富的内涵

笔者在校订关新艺的访谈时，被其文字以外的声音所感染。平淡的语言因声音所发出的情绪，让我听到了不平、失落、希望、失望各种喜怒哀乐。这使我的情绪也受到压抑，最终书以文《游走于生活与理性之间的夹缝——听关新艺访谈后记》来宣泄。又如作家蓉子，给人的印象是商界女强人，可是当她描述年幼时遭养母虐待，透过录音让人听到其压抑的哽咽，绝非文字可以表达。声音，绝对增加了记忆的维度。

（8）使用

在使用方面，个别用在研究文章的口述历史难以统计。但受访者本身在访谈后，根据访谈出版类似自传的有原甸《马困人未倦》和莫理光类似回忆录的散文集《阅历心语》。厦门大学苏永延副教授也研究骆明的访谈录音，著《骆明与新华文学》。新加坡国家图书馆也选取了数位作家对姚紫的回忆，以多媒体方式展示在"姚紫文学历程展"中。

五、结语

口述历史能收集到的记忆是丰富多彩的。同时因为双向性问答形式，一般能挖取到更深入的资料。其以录音方式呈现，声音更能体现出情绪与感情，表达多层次维度。收集这些记忆后，新加坡口述历史中心都将其录音制作成wav.格式的保藏版和mp3格式的使用版。同时选取资料性丰富的访谈，做成逐字稿。在获得受访者的同意下，这些资料都已传到网上，公众可在http://www.nas.gov.sg/archivesonline/ 浏览、聆听。

往事未必如烟
——新加坡国家图书馆特藏组对"新加坡记忆"的征集与建构

叶若诗（新加坡国家图书馆）

一、介绍

新加坡的建国历史虽然不长，只有 53 年，但是隶属于国家图书馆管理局（以下简称图管局）的新加坡国家图书馆（以下简称新国图），却已有 195 年的历史，这是因为新国图源自成立于 1823 年的书院图书馆。在经过将近 200 年的历史长河洗礼后，当年的校内图书馆几经变革，发展成为今日的国家图书馆。

作为国家图书馆，新国图负有双重使命。第一重使命是建立参考书馆藏并为公众提供参考咨询服务，旨在为公众提供深入且多样化的参考书，并为全国提供翔实的信息，以供研究、教育、定制决策等用途。第二重使命则是为公众建立并且妥善保存属于国家的珍贵史料，通过收集、保存，并且让公众使用这些文字资料来了解新加坡的多元民族文化和历史。这第二重使命促使新国图每年花费大量人力物力，向公众或私人收藏家征集有关新加坡的出版物和其他记载了新加坡历史或过往社会片断的物件，然后通过整理和研究这些物件去拼凑和重现那些已逝的"新加坡记忆"。由于新加坡既是城市也是国家，因此所谓建设"城市记忆"，于新加坡而言，便等同建立"国家记忆"了。

由于征集的是与新加坡相关的材料，大部分的征集工作都由新国图内的新加坡特藏组（以下简称特藏组）负责。捐赠材料的有个人，也有团体，捐赠的材料一般是书刊和文件，但也有其他载体如照片、地图、法律文件、电报单、商号收据等。以下论述几个捐赠资料的案例，以及利用捐赠资料建构"新加坡记忆"的方式。

二、团体捐赠

团体捐赠一般来自民间组织，例如会馆。会馆的出现源自清代中国南部沿海省份的大批劳工"下南洋"到东南亚讨生活。当越来越多"新客"（南洋地区对新近到埠劳工的称呼）来到新加坡落脚，出于生活所需（例如住宿和工作都需要熟人介绍），便逐渐出现多个以地缘、血缘或业缘关系拢聚而成的组织，进而壮大成为会馆。[1]这些会馆除了予以会员生活上的援助外，还设立医院和学校，为大部分生活困苦的会员提供福利，因此可以说会馆是劳工的精神支柱。此外，许多会馆也尽力推动慈善，为早期华人社群做出巨大的贡献。

有鉴于会馆发展历史是记录新加坡国家发展史、海外华人迁移史，以及新加坡华人社群发展史等课题研究中不可或缺的一环，新国图因此接触多家会馆的管理人员，希望他们能捐出会馆的出版物、文件、照片等史料，以便永久保存这些"已逝的记忆"。笔者近期便多次拜访位于牛车水的晋江会馆，协助其人员整理预备捐赠的资料。晋江会馆于1918年成立，目的主要是援助从福建晋江地区南来的同乡新客。在"二战"于1945年结束后，有鉴于当时儿童失学情况严重，晋江会馆在恢复活动后，旋即于1946年在馆内开设晋江学校，招收适龄学童，以

---

1 根据新加坡宗乡会馆联合总会介绍，新加坡第一家会馆曹家馆于1819年成立，迄今有向新加坡政府注册的会馆超过300家。会馆主要以地缘和血缘来划分，地缘性会馆或称乡亲会馆，是按照地域分类，分为福建属、广属、海南属及三江属团体。广属组织较为复杂，内部以方言群区分，分为粤语方言、客家方言、潮州方言以及广客帮方言组织。血缘性会馆或称宗亲会馆，则是按照姓氏分类，除了单一的姓氏会馆外，也有不少的联宗（姓氏）团体。此外，还有少数的业缘性会馆，按照不同行业来分类。于2018年7月30日取自新加坡宗乡会馆联合总会网页"会馆的历史与发展"（2012）：http://www.sfcca.sg/node/446。

协助解决失学问题，同时开办夜校，让超龄青少年重回学校受教育，学习一技之长。随着新加坡在独立后教育普及，失学情况大为减少，会馆办学的目的已然圆满达成，遂于1975年停办。

由于会馆历史悠久，又曾经开办学校，因此馆内所存资料繁多，笔者犹如进入一个充满了"战前、战后与建国时期新加坡记忆"的宝山，随手拈来皆为可用来建构"新加坡记忆"的材料。例如，在与会馆业务相关的资料中，笔者发现了包括新客申请入境文件、会员为新客入境做担保人的登记簿、多封家书、"二战"前抵埠劳工到中国领事馆登记后领到的"侨民登记证"、在会馆内举行婚礼的结婚申请书等大量有助于了解华人社群南迁后在新加坡生活的史料，并得以从中了解会馆在会员的生活中所起到的作用与功能。

三、个人捐赠

相较于团体捐赠，"新加坡记忆"的征集很多时候更仰赖于个人的捐赠。这些个人捐赠者当中，不乏私人收藏家。他们有些是因为职业的关系，有些则是因为经历的关系，对某个时期、行业，或主题的出版物特别感兴趣，因而花费大量的时间与金钱，进行相当系统性的收藏。捐赠了大量出版物予新国图的林少彬先生便是这样一位对第二次世界大战历史有着浓厚兴趣的民间研究人士。多年来他凭借自己通晓日语的优势，在工作之余大量阅读与"二战"有关的材料，累积了丰厚的知识。由于他经常需要到日本出差，因此不时趁公干之余到当地的旧书店翻找与新加坡有关的"二战"材料。[1] 经过长年有意识的购买，他在家中收藏了数量惊人的"二战"材料，包括记载了日军战略的书籍、各类军事地图、报道日军南侵战事的各地报章、新加坡被改名昭南岛时期的出版物、书信和明信片等。此外，林先生也搜集了许多20世纪40年代之前日本研究人员对东南亚地区天然物产分布所制作的地图。

---

1 Gracie Lee. (2018). Japan in Southeast Asia：The Lim Shao Bin Collection. 于2018年7月30日取自新加坡国家图书馆季刊BiblioAsia网站：http://www.nlb.gov.sg/biblioasia/2018/07/11/japan-in-southeast-asia-the-lim-shao-bin-collection/#sthash.iczTI896.dpbs。

有感于他的收藏能帮助新加坡年轻一代更深切地了解国家曾经沦陷的历史，自 2016 年起，林先生便慷慨地将其珍藏分批捐赠给新国图，不仅丰富了"二战"材料的馆藏，也令这些馆藏所构建出来的"二战"回忆得以从不同国家和人物的视角呈现，因而更加完整。[1]

2017 年是新加坡沦陷的第七十五周年（于 1942 年 2 月 15 日遭攻陷），为了纪念这段重要的历史，新国图在馆内的古籍展厅（Rare Gallery）举办了一个为期八个月、以"日据时期"为主题的小型展览，所展出的出版物便包括林先生捐赠的日军筹划在哪月哪日、由哪条路线攻入的《新加坡要塞攻略经过》图，以及标示了东南亚各国主要物产如树胶、木材、稻米等的分布图。这些展品引起了参观公众的极大兴趣，不少人在参加笔者的导览团时也分享了自己或亲人在日据时期的经历和记忆，甚至有个别人士通过展览才发现这些物件所承载的集体记忆和因此产生的历史价值，而向笔者询问如何将家中收藏的日据时期出版物捐赠给新国图。

四、照片捐赠

照片是回顾地方历史的重要依据，也是"新加坡记忆"的构成要素，因此有清楚显示路名、地段或地标性建筑的旧照片，对新国图来说很是珍贵，也是一直都着重收藏的资料。数年前，特藏组便很幸运地获得了一批由李急麟家族捐赠、展现了 20 世纪新加坡风貌的照片。[2]

李急麟先生（1925—2011）生前是名建筑师、学者与写作人。[3] 他对新加坡历史有着浓烈的兴趣，并且爱好摄影，于是他结合兴趣与爱好，在工作之余经常

---

[1] 林少彬（2017 年 2 月 19 日）：新加坡沦陷史鉴。于 2018 年 7 月 30 日取自新加坡《联合早报》网站：https://www.zaobao.com.sg/zlifestyle/culture/story20170219-726554。
[2] National Library Singapore. (2018). Lee Kip Lin 李急麟 and his donation highlights. 于 2018 年 7 月 30 日取自新加坡国家图书馆网站：http://www.nlb.gov.sg/donors/lee-kip-lin-%E6%9D%8E%E6%80%A5%E9%BA%9F/。
[3] Joanna HS Tan. (2011). Lee Kip Lin. 于 2018 年 7 月 30 日取自新加坡国家图书馆 Infopedia 网站：http://eresources.nlb.gov.sg/infopedia/articles/SIP_1824_2011-08-03.html。

背着相机走过新加坡的大街小巷，捕捉这个城市的风情，尤其是不同风格建筑物的特色。这批为数 1.45 万张的照片是李先生于 1965 年至 1995 年之间拍摄的，除了捕捉到部分新加坡主要街道如乌节路和珊顿道在不同年代的风貌外，也展现了新加坡在建国后的 30 年间，市容不断发生变化。这些照片记录了一些在过去很寻常，但如今已见不到的街景，例如食客在用帐篷搭出来的简陋"大排档"用餐、大量舢板（载货扁舟）停泊在新加坡河畔、在寸土寸金的乌节路地段留有大幅绿地等，随着新加坡逐步走向现代化和城市化，这些都是已悄然逝去的"新加坡记忆"。

五、文献收藏品征集活动

除了个别团体和个人的捐赠外，公开呼吁公众捐献的文献收藏品征集活动（Public Call），也让新国图得到了许多来自民间收藏、有助于建构"新加坡记忆"的资料。最近，新国图便联合图管局属下的新加坡档案馆向公众发出呼吁，希望公众能够踊跃捐赠 1970 年之前的照片和文献，尤其是已拆除的旧地标或建筑物的照片或是已解散的组织、团体、集团或机构留存下来的文件、信件、收据、出版物等。此外，早期的电台广播、电视节目的视频或录音记录等视听材料也是图管局希望能够征集到的。[1] 捐赠活动于 2018 年 7 月 14 日（星期六）在新国图举办。为了宣传活动，图管局通过主流媒体如报章、广播电台、社交媒体平台，以及图管局、档案馆和新国图各自的网站向公众发布活动的消息。在活动当天，共有 20 多名公众到来捐赠超过 400 件历史文献和视听材料，包括旧照片、个人文件、出版物、数码化的家庭录像，以及新加坡早期电视节目的录像带和光碟等。[2]

在活动当天征集到的个人收藏中，有好些都能够唤起国人浓浓的集体回忆，

---

1 许翔宇（2018 年 7 月 15 日）：图管局举办征集活动：20 名公众捐献超过 400 件文献收藏。于 2018 年 7 月 30 日取自新加坡报业控股《联合早报》网站：https://www.zaobao.com.sg/znews/singapore/story20180715-875242。
2 Janice Tai. (2018 年 7 月 15 日). Bus tickets among donated items linked to Singapore's past. 于 2018 年 7 月 30 日取自新加坡报业控股 The Straits Times 网站：https://www.straitstimes.com/singapore/bus-tickets-among-donated-items-linked-to-spores-past。

例如 20 世纪 60—80 年代的巴士车票、电影戏票、娱乐中心和观光景点的旧照片等。甚至有公众将父母于 20 世纪 40 年代结婚时的结婚证、婚照和难得拍摄的全家福都一并捐出，希望能够为国家的社会历史留下见证，并且让后人了解国人早期的生活。由于活动内容紧贴民心，因此吸引了报章和电视媒体前来采访，活动结束后数天，还有公众因看到报道而来到新国图要求捐赠物件。

六、建构"新加坡记忆"

归根结底，不论是通过团体、个人还是家族捐赠，也不论受赠的物件是书籍、照片、地图还是文件，这些物件的收集都是为了让公众能够通过接触这些物件，去唤醒、了解并且建构自己的"新加坡记忆"。冀望最终能聚沙成塔，成为团结国人、创造凝聚力和归属感的"集体记忆"，而创造"集体记忆"是一项需要机构和公众同心协力合作的工程。

为此，除了举办文献收藏品征集活动外，新国图也竭力多让公众接触到我们的闭架和古籍馆藏，以便起到抛砖引玉的作用，让公众愿意前来捐出自己的收藏，一起建构属于国人的记忆。在这方面，新国图除了动员馆员多利用馆藏来撰写专文、介绍馆藏，以让公众认识到馆藏的文史价值外，每个月还为馆员举办被称为"馆员之域"（The Librarian's World）的专题分享会，让馆员通过专题演讲的方式，向公众讲解馆中之宝藏，并且将演讲中所列举的馆藏陈列于会场，让公众能够在演讲结束后，亲手接触这些馆藏——这个安排在古籍专题分享会上特别受欢迎。此外，专责古籍的馆员也会每月一次为公众举办古籍展厅导览团，让公众有机会在馆员的导览下，了解展品所承载的历史意义如何承前启后地为国家日后的发展做出贡献。为了对捐赠大批物件的公众人士表示感谢，新国图每年也举办"捐赠者答谢晚会"（Donors Appreciation Night），并且在会上展出最新的受赠物件，这亦能起到抛砖引玉的作用。

七、结语

经过文化机构如新国图和档案馆这些年来的提倡，以及个别项目如图管局属下的"新加坡记忆工程"的大力推动，新加坡公众已逐渐能接受把珍藏的物件，乃至于个人记忆，捐赠给政府机构永久保存，以便为后代建构"新加坡记忆"的做法，而不是让这些拥有文史价值的物件和回忆灰飞烟灭，风流云散。然而，在征集和建构"新加坡记忆"的工程上，新国图还有很多需要向各地图书馆学习的地方，这也是我们未来要努力的方向。新加坡国家图书馆期待与世界各地的同仁携手合作，建设和发展"城市记忆"这个意义非凡、影响深远的工程！

首尔地方记录文献的管理体制
——首尔记录院和首尔图书馆

李奎泰（韩国加图立关东大学）

摘　要：到目前为止，韩国第一级地方行政单位的 17 个地方政府当中，已经设立了韩国的《公共记录物法》(Public Records Management Act)所要求的"永久保管地方文献"专职机构的，只有首尔市和庆尚南道的两个地方政府而已。可见，从 20 世纪 90 年代初期开始的韩国地方自治制度，虽然已经进入了非常成熟的阶段，但是对于地方生产的各类文献的保管管理，还是依靠于中央政府的国家记录院机制，或者可以说，事实上对于地方文献的管理和利用的重视意识，还没有那么严谨地建立起来。

首尔市以独立于中央政府管理体制而建立地方记录文献（以下简称地方文献，中文可称为地方档案）的保管管理体制的历史时间并不长，如建立记录馆（Records Centers）制度始于 2007 年，首尔记录院（Seoul Metropolitan Archive）于 2016 年完成规划，但办公楼计划于 2018 年 9 月建设完成；首尔图书馆（Seoul Metropolitan Library）于 2012 年在原来旧首尔市政府大楼开馆等。目前，首尔市除了记录馆、首尔记录院和首尔图书馆之外的其他单位，如收集、展览首尔历史文物的首尔历史博物馆(Seoul Museum of History)，收集、研究和出版首尔历史和市政的首尔历史编纂院(Seoul Historiography Institute)，管理行政电子资料的首尔资料库中心(Seoul Metropolitan Data Center)，收集和研究首尔历史文化的首尔学研究所(Institute of Seoul Studies),或收集和研究市政问题的首尔研究院(Seoul Institute)等,都是关于首尔地方文献的收集、保管或研究,以及和公开服务有关的机构。

　　首尔市政府也依据国家的《公共记录物法》,目前正在建构收集保管或开放阅览等的地方文献管理的核心体系,主要是以首尔市政府和区政府的记录馆的收集和分类,首尔记录院的永久资料库存管理和电子化服务,以及首尔图书馆的展示和阅览服务等相结合的机制。首尔记录院虽然已经制度上建制,但是因办公楼还没有建成,正式的业务还没有进入正式办公阶段。首尔市建构地方文献的管理体制,虽然起步较晚,但目前正在配备最新设备,并秉承最新的地方文献管理的服务理念,希望达到疏通和公开市政,创造知识文化的理想目标。

　　如此来看,可整合各类地方文献资料库功能的大数据库,正如首尔市政府正在建立试营的首尔大数据库园区(Seoul Metropolitan Big Data Campus),也可能是未来地方文献资料库管理和营运机制的发展范式。本文主要内容,是分析和介绍首尔市以首尔记录院和首尔图书馆为中心的首尔地方文献的管理机制,希望进一步讨论韩国地方文献管理和利用的现况及问题。

　　关键词：首尔市；地方文献；首尔记录院；首尔图书馆；韩国地方政府

Abstract: By far, only two governments out of 17 local governments in the first-level local administrative units of Korea, e.g., governments of Seoul and Gyeongnam Province have established as the professional institutions for permanently keeping local documents as required by the *Public Records Management Act*. It is implied that, although the local autonomy system since early 1990s had entered a mature stage, the storage and management of various locally-produced documents still depends on the mechanism of National Archives & Records Service of the central government, that is to say, the awareness of focusing on management and use of local documents has not been established in a rigorous manner.

In Seoul, the history of setting up the storage and management system of local record documents (local documents or local archives in Chinese) separate from the central government's management system is not long. For example, the Records Centers system was established in 2007, the Seoul Metropolitan Archive was established in 2016(September 2018 will open for public) and the Seoul Metropolitan Library was established in 2012. At present, in addition to the Records Centers, Seoul Metropolitan Archive and Seoul Metropolitan Library, the institutions related to the collection and storage or research and public services of local documents in Seoul, also include the Seoul Museum of History that collects the historical relics of Seoul for exhibition, the Seoul Historiography Institute that collects, studies and publishes the history and administration of Seoul, the Seoul Metropolitan Data Center that manages administrative electronic materials, the Institute of Seoul Studies that mainly collects and studies the history and culture of Seoul as well as the Seoul Institute that collects and studies the issues related to municipal administration.

Seoul Municipal Government is currently building the core management system for local documents according to the Public Records Act, including their collection, storage or public access for reading. This system mainly combines the collection and classification functions of Records Centers in Seoul municipal government and district government, the permanent material inventory management and e-services, and the exhibition and reading services of Seoul Metropolitan Library. Among them, the Seoul Metropolitan Archive has already established its system, but is not open for routine business as the office building is not completed. Although the construction of management systems for local documents in Seoul started late, Seoul aims to realize its goal of streamlining and opening the municipal administration affairs and creating knowledge and culture through introducing the latest equipment and upholding the innovative service concept of local documents management.

Thus, the big database that integrates functions of various local document databases, such as the Seoul Metropolitan Big Data Campus under construction and trial operation by the Municipal Government is likely to become the development paradigm for the management and operation mechanism of local literature databases in the future. This paper mainly centers around the Seoul Metropolitan Archive and Seoul Metropolitan Library to analyze and introduce Seoul's local document management systems, aiming to explore the status quo of managing and using local documents in Korea.

Keywords: Seoul; Local Document; Seoul Metropolitan Archive; Seoul Metropolitan Library; Local Governments in Korea

一、韩国的记录文献管理体系

（1）韩国记录文献管理体制的变化

1969年韩国政府制定《政府记录保存所职制》而开设了第一个"政府记录保存所"，但是当时的记录管理制度是引进美国行政记录管理制度的一种行政管理记录的体制，没有真正设立独立于行政程序的文献记录（档案）的管理机制。[1] 直到1999年在金大中政府制定《关于公共机关的记录物管理的法律》（简称《记录物管理法》）后才开始了独立的政府记录文献管理制度，此法施行于2000年1

---

[1] 中国使用的档案，在韩国称为文献或记录文献，本文中使用的记录文献，就是档案。于是，比如国家记录院就是中国国家档案馆；首尔记录院就是首尔档案馆。

月,启动了具备独立行政单位的政府记录物管理机制。[1]《记录物管理法》提供了政府公共记录文献的收集管理之法律依据,除了中央政府机构、法院和国会等之外,各级地方政府单位,其中韩国一级行政单位(特别市和道)被要求设置地方记录物管理部门,以提高记录文献的系统性管理以及国家行政行为的透明性。[2]

随着国家独立记录文献管理体制的发展,记录学研究也发展起来,成立了韩国记录管理学会(2000年7月)、韩国记录学会(2000年12月)等学术研究机构。到了2003年,卢武铉政府再次决定改善文献记录管理制度和引进电脑数据记录管理体系,以此更加完善了公共单位的记录文献管理体制。[3]其中的重要改革措施之一,是把中央政府机构集中管理模式改变为中央和地方政府分管合作管理的模式。从20世纪90年代初开始的韩国地方自治制度,当时已经相当成熟,地方政府具备了可以自主管理文献记录的组织和力量。所以,卢武铉政府完成了《记录管理革新进程》和《记录管理革新综合实践计划》等新记录文献管理机制的规划,以此为基础,在2006年10月将原来的《关于公共机关的记录物管理的法律》全面修改为《关于公共记录物管理法律》(简称《公共记录物法》),于2007年4月开始施行。该法第11条规定广域地方政府等各级地方政府都有义务设置记录物管理机构和聘用记录物管理专业人员。2012年又修改法律,以明文规定要求各级地方政府,要制定关于地方记录物管理机关的设置和管理的地方条例或规定,更加完善了地方政府永久记录物管理的法制化建设,于是可以认为,韩国文献记录的保存和管理制度的变化,与韩国的政治民主化的进程是一致的,最近才完善了其法规机制。

(2) 地方记录文献管理体制的建立

韩国的地方文献记录物管理机构的设置,是以《公共记录物法》第11条和

---

[1] 서혜란(Hye-Ran Suh):《韩国公共记录物管理政策的年表式的检讨》(*A Chronological Review of the Public Records Management Policies in Korea From 1948 to Present*),《韩国记录管理学会志》2009年第9卷第2号,第195页。
[2] 《关于公共机关的记录物管理的法律》(制定理由)([施行 2000. 1. 1.][法律第5709号,1999. 1. 29,制定]),国家法令信息中心(http://www.law.go.kr)(2018.7.1检索)。
[3] 이영학:《韩国记录管理的历史考察和其特征(한국기록관리의 사적 고찰과 그 특징)》,《记录学研究》2012年,第238—244页。

同法《施行令》第 8、9、10 条为依据的，其主要内容如下：

①义务设置：特别市、广域市、道、特别自治道(16 个市、道记录物管理机构)。

②任意设置：特别市、广域市、道、特别自治道的教育厅(市、道教育厅记录物管理机构) 以及市、郡、区 (市、郡、区记录物管理机构)，市郡区之间可共同设置永久记录物管理机构。

③作用和功能： 各级地方管辖的记录物永久保存和管理，与中央记录物管理机构保持合作关系；若没有设置地方记录物管理机构，保存期限 30 年以上的记录物，保存起点算过 10 年之后，要移管给市道永久记录物管理机构。

(3) 国家记录物管理体制

①永久记录物管理机构

中央记录物管理机构：国家记录院 (http://www.archives.go.kr)

宪法机构记录物管理单位：国会、大法院、宪法法院、中央选举管理委员会

地方记录物管理单位：特别市、广域市、特别自治市道、特别自治道

大统领记录馆：隶属于中央录物管理机构

②记录馆：中央行政机构、特别行政机构、地方自治团体（地方政府）、教育厅、国共立大学、政府属下的公共机构

③特殊记录馆：统一、外交、安保、公安、情报部门的政府部门

据此《公共记录物法》，首尔特别市是有义务设置记录文献管理机构的对象，于是设置了记录馆的管理制度。首尔市的 25 个自治区，是可以"任意设置"的地方，但都有设置了记录馆的管理体制。而且首尔市是特别市，要建立永久记录物管理机构，首尔记录院就是为了地方永久记录物管理而设置的机构，以此就完善了区记录馆→市政府记录馆和市教育厅记录馆→首尔记录院和国家记录院的阶层管理体系和保存程序。

二、首尔市地方政府记录文献的管理体制

(1) 首尔市记录馆和统合（集成）记录管理系统

根据《公共记录物法》和同法《施行令》，首尔市制定了《首尔市记录馆营运规则》并设置首尔市记录馆，安排记录馆长来建立市政府记录管理系统。[1] 记录馆长的主要工作是把握记录文献的生产现状，以及将收集的记录文献通报和移管给永久保存记录物的机构。所谓的记录管理系统指的是在记录馆或特殊记录馆所进行的电脑数据记录文献的管理系统；永久记录管理系统指的是保存期限在30年以上的记录物的电脑数据管理系统。

首尔市政府的记录馆为了建立电脑数据方式保存管理记录文献，在首尔市本部和25个自治区之间，于2010—2011年间构筑了联网统合记录管理系统。[2] 依据2017年首尔市记录馆的编制报告，共有24个职员的编制，其中记录馆长和记录管理专业人员（现在"研究记录职"）为5人，首尔市政府的记录馆目前属下管理三个文献库房。[3] 25个区政府也有各自的记录文献库房。首尔市政府记录馆，主要管理首尔市生产的非电脑数据化的记录文献，属下设置的三个文献库房根据其设置的地方，分别称为清道书库、本厅书库和西小门书库。其中清道书库和本厅书库已经集满而没有空间，但西小门书库还留着一些空间。

---

[1] 这里说的首尔市记录馆指的是首尔市政府的地方政府记录馆，与中央政府行政安全部的国家记录馆的分馆之一的首尔记录馆不同。目前韩国中央政府之下有大统领记录馆、首尔记录馆、釜山记录馆和大田记录馆等四个分馆。国家记录院之下的首尔记录馆所管辖的地方为首尔市、仁川市、世宗市、京畿道、江原道等，其功能主要是收集和保管永久记录物。首尔记录馆，行政安全部国家记录院（http://www.archives.go.kr）（2018.7.15 检索）。

[2] 首尔特别市：《为建立首尔记录院的学术研究报告1》(서울기록원건립추진을 위한 학술연구용역 연구보고서 1) (首尔特别市，2013.9)，第27–28，32–35页。

[3] 记录管理专业人员的资格，是有"记录管理学硕士学位"的人，或是持有"记录学、历史学、文献情报学的学位"的学士人当中，进修于行政安全部部长所指定的教育机构并完成课程之后，通过行政安全部资格考试的专业人员。"2017年度记录馆运作现况报告（기록관운영현황제출）"，首尔特别市，（https://opengov.seoul.go.kr）。

(2) 首尔市 25 个区政府的区记录馆

首尔市有 25 个区，都以《公共记录物法》和同法《施行令》第 110 条为根据，开设而运作区政府记录馆。首尔市教育厅也有自己设的记录馆。首尔市的 25 个区厅（区政府）各有制定《记录馆设置和运作条例》或《规则》，每区政府都设记录馆和综合库房，安排专业记录人员来保管管理记录文献。25 个区政府的记录馆，是以与首尔市统合记录管理系统(2010 年开通的首尔市政府和 25 个区政府的电脑联网共同记录管理系统）的联网来数据化管理各类记录文献的。

例如，首尔市的松坡区，根据《公共记录物法》，在 2009 年聘用了记录物专业人员，开始对区政府保管的非电脑数据的纸质记录物进行数据化事业，并且区政府与韩国外国大学合作开展了继承松坡区历史传统的"寻找松坡区历史事业"和"松坡区因特网记录馆"（http://history.songpa.go.kr）事业，还有研发运作了视听记录物，以及以民间记录物的内容创建的管理软件程序。松坡区制定《首尔市松坡区设置运作记录馆的条例》来设置并安排记录馆长和管理组。松坡区政府收集了松坡区的各种历史内容物（包括照片、民俗材料、口述记录等史料），用以构筑并启动了基于虚拟世界 (3D) 的松坡区因特网记录馆的服务系统。[1] 这些记录当中，有在首尔最大的公寓园区"可乐洞市营公寓区"的记录化事业（收集记录文献、摄影照片以及居民的记录等），也有正在为现代化建设而进行改造的"可乐洞农水产物市场"的记录化事业。[2]

正如首尔市松坡区政府一样，韩国的每个地方政府包括市、郡、区政府，都在考虑以各地的特色为主来设置记录馆，进行寻找地方历史记录和文化记录的事业，以及保存和利用公开地方文献的管理工作，以文献记录和公开宣传此记录文化的方式，试图提高地方的竞争力。[3]

此外，全国各地方的包括首尔特别市教育厅，都依据《公共记录物法》制定

---

[1] 권세민，"介绍松坡区记录物管理组（송파구청 기록물관리팀을 소개합니다）"，行政安全部国家记录馆 (http://www.archives.go.kr.)。
[2] 권세민，"介绍松坡区记录物管理组（송파구청 기록물관리팀을 소개합니다）"，行政安全部国家记录馆。
[3] "通过记录管理打开地方竞争力的时代（기록관리 통한 지역 경쟁시대 열리고 있다）"，龙仁市民新闻 (http://www.yongin21.co.kr)。

了《教育厅记录馆运作规定》和编印了《记录物管理指南》等管理方式，都设置了记录馆来保存管理管辖区的高中以下各类学校的记录文献。各地方的国立和公立大学，也以《公共记录物法》为依据，设置记录馆来保存管理各种大学的记录文献；但各地方的私立大学情况有些不同，有的设置记录馆，要看各学校的情况来制定不同形式，以此设置大学的各种记录文献的管理体制。

三、首尔记录院和探索新记录文献管理体系

（1）首尔记录院

前面分析的各级地方政府的法定记录馆，是根据《公共记录物管理法》第13条和同法《施行令》第10条所规定，从而各级地方政府包括首尔市政府或各区政府都有义务设置记录馆。据首尔市2008年制定的《首尔特别市记录馆运作规则》，记录馆是为了系统化地保存、管理记录物，为了有效利用记录物，从而设置书库、阅览室、办公室、作业室、保存设备、记录管理程序以及记录物管理专业人员等机构。[1] 除了各级地方政府都要求设置记录馆制度之外，韩国的16个一级地方行政单位，以及广域地方自治团体（地方政府）的行政单位，都要设置永久保管记录物的设备和机构。从2007年有关法规正式施行以后，16个广域地方政府包括首尔特别市都已经规划准备了永久保管地方记录文献的机构、设施和组织的编制。但是直到目前，正式启动组织和构筑设施的，只有首尔市和庆尚南道两个地方政府而已。没有设置的原因可能各有不同，但主要原因还是建设设备的资金不足。

首尔市也在2007年写出了规划报告，但到了2014年，首尔市的自治地方法规形式制定了《首尔特别市记录物管理条例》，明确表示要设置首尔记录院。[2] 该条例第1条明示了制定条例的目的："为了安全保存和有效利用首尔特别市的记录物而加以展现透明化和负责任的市政。"首尔市在此条例的基础上，重新编制了记录馆和设置首尔记录院的内容，以完善首尔特别市关于记录文献的

---
1 《首尔特别市记录馆运作规则》，国家法令信息中心（http://law.go.kr）。
2 《首尔特别市记录物管理条例》，国家法令信息中心（http://www.law.go.kr）。

收集、分类、保存、管理、利用和公开等整体管理体系，包括组织编制、设备以及库房。[1] 在《首尔特别市记录物管理条例》所规定的首尔记录院需要管理的记录文献如下：

①市政府和属下机关所生产的保存期限为 30 年以上的重要记录物。

②投资机关和没有设置永久记录物机关的自治区教育厅的保存期限为 30 年以上的记录物。

③其外市有关的乡土史料等民间记录文献。

在条例第 11 条特别详细规定，首尔特别市的市长（包括副市长）、市长办公室以及其属下机关所生产的各种资料，包括各类行政报告、审批资料、研究报告、调研资料、业务活动记录、演讲稿、国际交流活动的记录、会议录以及其他由市长认定的需要保存的记录文献等，都是首尔记录馆要收集管理的记录物。条例第 13 条还规定，为了重要的市政记录的宣传活动，在首尔图书馆里面设置首尔记录文化馆。以此条例为依据，2016 年 5 月 20 日举办了首尔记录院的办公楼和库房施工典礼，这意味着首尔特别市领先韩国其他地方政府建设了第一个地方永久记录文献管理机构。首尔记录院的建筑设计规划当中，空间安排包括专业保存空间、市民参与空间和记录物作业空间等。首尔记录院除了收集保存公共记录文献之外，还要收集和保存民间记录文献，并认定为记录文化，而且在首尔记录院的空间内必须保证开设市民参与空间和设备，其含义为，以此作为首尔市政府和市民共享共有阅览数据书库，也可作为没有时间和空间制约的阅览和公开记录文献的服务系统，首尔记录院的记录文献管理工作将成为首尔市政府和市民社会"合作治理"的主要媒介。[2]

(2) 首尔市的记录馆和首尔记录院的关系

2014 年制定的《首尔特别市记录物管理条例》，共为三章 15 条，第一章为

---

[1]《首尔特别市记录物管理条例》（制定施行 2014.1.9），国家法令信息中心（http://www.law.go.kr）。
[2] "欢迎首尔记录院的建立，期待地方记录管理的搞活（서울기록원 건립을 환영하며 지방기록관리의 활성화를 기대한다）"，韩国记录专门家协会（http://www.archivists.or.kr/1112?category=341595）。

总则，第二章为首尔记录院的设置和营运，第三章为记录物管理等内容。第二条（定义）当中首尔记录院和记录馆的定义如下：

首尔记录院是永久记录物管理机关，有具备永久保存记录物的设备和装备，以及运作专业人员，以收集和保存行政记录物，以及收集、管理和利用市民记录物。

记录馆是根据《公共记录物法》第13条来设立的机构，是为了有系统地保存和管理并有效利用记录物，而具备所必要的保存设施和装备以及专业运作人力，以此来进行管理业务的机构。[1]

《首尔特别市记录物管理条例》第9条规定：根据《公共记录物法》第13条和同法《施行令》第10条，首尔市长要设置和营运所管辖的市政府和属下机构的记录馆，安排记录馆长管理记录物管理部门。但首尔市立大学要另设记录馆和制定并运作记录管理规定。还有首尔市的25个区政府也要制定记录物管理规定，安排专业人员来处理各区记录物的保存和管理。

首尔记录院要统筹管理市政府和其属下机构、投资机关以及自治区的关于记录物的全部业务，主要功能是针对首尔市政府和各区政府所生产的记录文献，其中分为30年以上长期保存的，要移到首尔记录院来管理和公开服务，并与中央记录物管理机构（国家记录院）合作，保存管理记录物，以分担记录文献和相互利用和保存的业务。首尔记录院办公楼和库房的设备还没有竣工，还在准备正式开院的筹备阶段。在2018年开院以后，首尔记录院与首尔市的其他收集和研究资料的各单位，发展合作关系将是必然的趋势。比如，收集和展示首尔历史文物的首尔历史博物馆、编纂首尔历史的首尔历史编纂院、管理首尔市行政电子资料的首尔市资料中心、收集和研究首尔历史文化的首尔学研究所、研究首尔市政问题的首尔研究院，以及首尔图书馆等单位，都是在各自分担的业务范围之内，收集和研究或公开首尔有关资料的单位。这些单位与建成后的首尔记录院的合作机制，以利用、研究或公开首尔资料和首尔记录文献为媒体，发展合作的空间会非常大。特别是比首尔记录院提早成立开馆的首尔图书馆，在记录文献的公开展示

---

[1]《首尔特别市记录物管理条例》（制定施行2014.1.9），国家法令信息中心。

方面的合作关系将变得非常重要。

四、首尔图书馆

(1) 首尔特别市的地区代表图书馆：首尔图书馆

首尔市在 2018 年的一项统计显示，目前在首尔市已经开设的公共图书馆的现状如下：首尔市共有 1319 个图书馆，其中公共图书馆为 189 个（国立的 3 个，教育厅的 22 个，区政府的 133 个，市政府直营的 1 个），其中市政府直营的就是首尔图书馆。[1] 在首尔如此多的公共图书馆当中，规模最大的是国立中央图书馆，其次为国会图书馆。首尔图书馆是首尔市政府直接经营的，也是唯一的直营图书馆，它是国家的《图书馆法》规定的地区代表图书馆之一，也就是首尔地区的代表图书馆，开馆时间为 2012 年 10 月。

首尔市为了市政资料的收集和利用，在 1971 年曾设立了都市开发资料中心，此后此中心的名称和功能一直在发展，如首尔特别市市政综合资料室、市政资料室、首尔特别市综合资料馆等。在 2012 年将首尔特别市综合资料馆改造发展成为现在的首尔图书馆。中央政府的《图书馆法》在 2006 年 10 月修改之后，从 2007 年 1 月 1 日开始施行，其第 22 条规定"特别市、广域市、道、特别自治道"，也就是 16 个韩国一级地方政府（广域自治团体）都要建立地区代表图书馆。根据这一条规定，首尔市从 2007 年开始规划调研并研究建立了首尔代表图书馆，到 2012 年 10 月，在改造首尔市政府旧办公楼的地方开设了目前的首尔图书馆。

《图书馆法》要求在第一级地方行政单位的地方政府有义务开设地区代表图书馆，为地方政府直接经营的地区中心图书馆，是以与地区的所有图书馆联网的方式，发挥地区特色的区域文化和信息中心的角色。[2] 据《图书馆法》[3] 第 23 条，地区代表图书馆的业务如下：

①收集、整理、保存和服务（供给）市、道层次综合性的资料。

---

[1] "2018 年首尔市公共图书馆现况（2018.3.31）"，首尔图书馆（https://lib.seoul.go.kr）。
[2] 《首尔图书馆建立白书》，首尔特别市（2012.12），第 28—29 页。
[3] 《图书馆法》，国家法令信息中心（http://www.law.go.kr）。

②支援地区的公共图书馆和进行合作事业。

③调研图书馆业务。

④支援地方资料收集和保存其他图书馆移管来的资料。

⑤支援国立中央图书馆的资料收集活动和图书馆合作事业。

⑥其他地区代表图书馆所需要的业务。

首尔市为了设立《图书馆法》里规定的地区代表图书馆，在2008年制定《首尔特别市图书馆和读书文化振兴条例》。以此条例为依据，首尔市规划建设了代表首尔的首尔图书馆，所设定的其功能和角色如下：①研究首尔市（首尔学）的资料和信息的综合中心；②提供首尔行政资料和信息，为市民提供整体服务；③构筑地区内图书馆和小图书馆的网络，提供这些图书馆难以提供的服务。[1]

《首尔特别市图书馆和读书文化振兴条例》第8条规定首尔市各部门和区政府，若出版或制作资料，在30天之内，两部资料交给代表图书馆（首尔图书馆）。交给资料的部门如下：①市政府和市教育厅以及其属下行政部门；②市政府属下的公社或工业园区；③市政府出资的法人；④收到市政府支援来出版或制作资料的国家机构或法人、个人和团体。[2]

这些部门和部门给予首尔图书馆的资料如下：①图书；②持续发行刊物；③乐谱、地图和活页式资料；④缩微形态的资料和电子资料；⑤幻灯片、唱片、磁带、影像物等视听资料；⑥数据出版物的光盘，数码视频光盘等；⑦盲文资料、录音资料等残疾人的特殊资料；⑧因出版环境的变化而以新形态发行的资料当中，由市长认定为资料的。

可见，首尔图书馆要收集的资料非常多样和广泛。首尔市政府希望将把首尔图书馆发展成为首尔地标，成为代表文化知识信息的文化地标，成为首尔各级图书馆之枢纽功能的大型图书馆，也成为名副其实的首尔专业图书馆，同时还是展现首尔历史、文化、艺术、建筑和环境等的首尔特色图书馆，而且要展现数码信息综合中心的功能。[3] 2012年开馆以来，首尔图书馆一致努力实现这种代表首尔

---

[1] 《2011年政策资料集——首尔代表图书馆的建立》，首尔特别市（2011—12），第39页。
[2] 《首尔特别市图书馆及读书文化振兴条例》，国家法令信息中心（http://www.law.go.kr）。
[3] 《首尔市图书馆建立白书》，首尔特别市（2012.12），第67页。

特色资料的首尔专业图书馆的功能。目前馆内的地上四层和地下一层用来构成图书馆空间，其中三楼安排为首尔资料室，是与首尔有关的行政资料，目前保管有108140件首尔资料。

（2）首尔图书馆和首尔记录馆的合作关系

根据《首尔特别市记录物管理条例》第13条，市长为了重要的市政记录资料的展示宣传，在首尔图书馆之内，要开设首尔记录文化馆，由首尔记录院来进行经营和管理，其主要功能包括：①展示市政府行政变迁历史和重要记录物；②提供市政主要文献的阅览服务；③提供体验教育等市民直接参与的节目；④以借租或委托的方式展览公共民间的文献记录等。目前，在首尔图书馆三楼的首尔记录文化馆，正在展示1945年以后首尔的主要市政变化的代表性文献记录，给予市民了解首尔大变化的机会。将来，会更灵活地促进首尔图书馆和首尔记录馆的功能结合和合作关系的发展。

有关首尔资料，首尔记录院需要收集，而首尔图书馆也收集首尔市政府和其属下部门生产的资料，或受到首尔市财政支援的各种资料，从这一点来看，首尔图书馆的功能与首尔记录院并没有太大差别，而且合作空间非常大。但是，首尔记录院要保管的记录文献为保存期限在30年以上的永久记录文献，其功能也不限于保存管理记录文献，还有以开放阅览、公开资料的方式，展示和经营文化教育节目等，这些功能事实上与首尔图书馆的功能并没有大的差别。而且，现在因文献资料的电脑数据化技术发展非常快，首尔图书馆和首尔记录馆都进行着资料的数码化工作。首尔记录院也在建设当中，首尔市政府规划于2017年开始数码记录档案工作的第一阶段，2018年的第二阶段要进行稳定数码记录的工作，2019年的第三阶段要达到数码记录档案服务的高度化。[1]

首尔图书馆的建筑本身是具有历史性的，属于旧首尔市政府的近代历史建筑物，于是在这里开设首尔图书馆，就是作为首尔地方的代表之意已经非常清楚。比如在三楼保存和公开的市长办公室，就是代表首尔市政工作的意思。首尔图书

---

[1] 参见首尔记录院构筑数码记录存档计划二阶段（서울기록원 디지털 아카이브 구축 계획 2단계）"，首尔特别市行政局（2017.7）（https://opengov.seoul.go.kr/sanction/12729654）。

馆的三楼开设的首尔资料室，是个首尔学研究或参考市政历史资料的宝库。首尔图书馆将来要与首尔学研究所、首尔历史博物馆、首尔历史编纂院、首尔研究院以及各大学，还有和首尔有关的研究所进行合作，收集研究资料，以构筑"首尔知识信息DB"，并提供信息给首尔知识信息服务网。[1]

目前，首尔市政府的电子数码信息工程和机制的建设，是核心市政工作之一，以基本的记录文献的保存和管理、公开市政资料的阅览，提供市政知识信息为目的，首尔市政府目前已经建成了两个首尔特别市大数码园区（Seoul Metropolitan Big Data Campus），这种大数据库和网上服务系统，将在整合首尔市的各种行政资料和各区的市政资料和民间资料当中更为发展，这种大趋势也无法回避。现在正在利用此大数据的主要项目，集中于经济或创意产业方面，但将来会扩大到各个方面，包括文化和历史信息等。这种首尔大数据库的建设，所需的数据资料非常多样，但是最基本的还是市政资料和首尔市生产的各种调研资料和民间资料等。于是，首尔记录院的首尔地方永久记录文献库和首尔图书馆的各种图书和首尔资料库，在未来无疑要成为那个首尔大数据库的核心资料。

五、结论

过去韩国地方记录文献的保存和管理，在法规的缺乏下，或因为地方政府领导的回避意识，或是财政能力问题，或是地方公务员的记录文献的管理意识不足等种种原因，并没有那么顺利，几乎全部依靠国家中央政府的维持。2000年以来逐渐建立了地方记录馆制度和记录文献管理机制，在2006年全面修改《公共记录物法》，全韩国的16个广域地方一级行政单位，都要建立各地方的永久记录管理体制，给地方政府以完善自己独立地方记录文献的管理体制。这样，各级地方行政单位的记录馆机制已经进入了正常运作阶段。但是，16个广域地方行政单位当中，只有首尔市和庆尚南道两个地方建造了永久记录管理体制，其他地方有规划但因财政问题等一直拖延，还没有正式建立完成。

---

1 《首尔市图书馆建立白书》，首尔特别市（2012.12），第203—204页。

首尔市的首尔记录院,在 2016 年开始筹备并预计于 2018 年 9 月完成办公楼和库房的建设。地方代表图书馆制度也从 2007 年正式开始,但是因财政问题,现在多个广域地方政府还没有建立完成。首尔特别市不仅按照《公共记录物法》建立了记录馆机制,也正在建设首尔记录院的永久记录物管理机制,以此实现了地方记录自治的目标;同时按照《图书馆法》建立了地方代表图书馆——首尔图书馆。首尔市正在进行首尔记录院和首尔图书馆的合作管理机制,并且将全面引进数码资料库和因特网服务机制,希望能够提高透明化和公开市政的理念。

韩国的地方记录文献的自治管理机制和地方代表图书馆机制的出现时间比较晚,但是因为后发有着可引进世界最完善制度的有利环境。研究记录学的学者主张,地方记录范式也可以随着时代环境而演变,现代追求的范式,是以记录文献保存、利用、共有机制为主,要实现更加完善的地方自治行政,强化地方文化认同和社会的整合,提高地方特色行政知识和传统文化知识,以此确立地方的历史性。[1]

但是,那种理想的记录文献管理机制的范式,说容易实现也并不简单,比如韩国的 16 个地方广域自治地方政府当中,只有两个地方建立地方永久保存记录体制,在多个地方没法成立地方代表图书馆,其重要原因之一是地方财政问题,而一些地方难以启动;另一个重要的原因是地方公务员和地方领导在意识上,还有对于记录管理和信息沟通、公开文献上持有比较强烈的反感和抵抗的态度,而且公务员的业务过重,因此将记录业务当成是与工作无关的烦恼事情。正如首尔记录馆的规划建设当中,曾一度被叫停并拖延时间,就是因为这个原因。[2]

---

[1] 설문원 (Moon-Won Seol):《地方化和地方记录管理》(로컬리티와 지방기록관리),《韩国记录管理学会志》2015 年,第 161—163 页。
[2] "首尔市记录院的建立,不是选择而是必须 (서울시기록원 건립 선택이 아닌 필수)",韩国记录专门家协会 (http://www.archivists.or.kr/621)。

口述历史与城市记忆：
21世纪图书馆的全球化思考与本土化行为
（摘要）

Lauren Kata（国际口述历史协会会员）

口述历史工作在今天有着广泛的范围，延伸到多个学科和受众。学者、记者、民俗学家、信息专业人士、博物馆馆长、广播公司、播客、教育工作者、政府工作人员等都将口述历史作为一种方法论和文献实践，为他们的工作增添了更具意义和多样化的声音。口述历史的力量在于它对听众（访谈者）和录音师（叙述者）的参与体验，以及由此产生的遗产和档案资源。由于这种力量及其提供的社区参与机会，口述历史正在被用于通过各种国家、地区和地方计划来搜集与捕捉当地历史，包括了特别是全球各地图书馆发起的"记忆项目"。图书馆特别是公共图书馆必须在信息时代捍卫它们的存在，并重新定义其在社区内的价值，口述历史项目可以提供一种走进（回归）人们内心的方式，从而使图书馆和文化机构能够被认知为21世纪社区参与的领导者。本文利用美国本土以及其他国家的各种实例，对于图书馆应作为口述历史和城市记忆的核心地位予以了确定。

Oral history today has a broad reach that extends across multiple disciplines and audiences. Academics, journalists, folklorists, information professionals, museum curators, broadcasters, podcasters, educators, government workers— among others—have all embraced oral history as both a methodology and documentation practice that adds meaning and diverse voice to their work. The power of oral history lies in its engaging experience for both the listener (interviewer) and the recorder (narrator), and in the resulting heritage and archival resource that is produced. Because of this power and the community engagement opportunities it affords, oral history is being used to capture local history through various national, regional and local programs, including and especially "Memory Projects", sponsored in and at libraries across the globe. At a time when libraries and particularly public libraries must defend their existence in an Information Age and redefine their value within communities, oral history projects may offer a way (back) into the hearts of the people, allowing libraries and cultural institutions to be understood as 21st-century leaders of community engagement. This paper acknowledges the library at the center of oral history and city memory, using various examples from the U.S. and abroad.

承继山左先贤 赓续齐鲁文脉
——近十年山东省图书馆地方文献建设与服务

王玉梅（山东省图书馆）

摘　要：对山东省图书馆2008—2018年的地方文献工作，从馆藏发展政策延续、资源收藏特色、服务地方文化建设与乡土教育、挖掘城市记忆、弘扬优秀传统文化等方面所做的努力及取得的成效，做了简要回顾梳理。

关键词：山东省图书馆地方文献工作

Abstract: The efforts and achievements of the local literature work of the Shandong Provincial Library in 2008-2018, including the continuation of the collection development policy, the characteristics of the collection of resources, the service of local culture construction and local education, the mining of urban memory, and the promotion of the excellent traditional culture, are briefly reviewed and combed.

Keywords: Local literature work of Shandong Library

地方文献是特定区域历史文化的记忆载体，对研究本地区的历史、经济、文化、风俗民情等有着重要价值，尤其在发掘区域文化内涵、弘扬传统文化、培育乡土感情方面，有着得天独厚的优势。地方文献工作在公共图书馆界，尤其是在省级公共图书馆馆藏资源建设中已普遍重视。在全面收集、系统整理、妥善保存、充分利用地方文献资料等方面，许多省馆卓有成效，取得了很大成就。本文简要介绍山东省图书馆近十年来在地方文献资源建设与服务方面的一些做法及取得的成效，以期与同仁交流分享。

一、馆藏发展政策溯源

1909年（清宣统元年）山东省图书馆初创时拟订的《山东图书馆章程》规定："山东为古文明地，自两汉迄今，名儒硕彦，代有传书。凡山东人著作，索罗必备，别为一部，以征是邦之文献，其有家传行述者，应令抄列简端，藉资稽考。"收集保存乡邦典籍自建馆伊始就明确为馆藏发展的重要内容。国学大师王献唐在1928—1948年任馆长的20年中，尤其在最初的十年时间里，为我馆地方文献的收藏、研究与传播苦心擘画，锐意收藏，舍身抢救与保护，奠定了根基，"使该馆进入当时国内图书馆的先进行列，成为在全国仅次于国家图书馆的著名图书馆"。

20世纪五六十年代，先后制定了《山东省调查清理古旧图书资料方案》和《山东省图书馆地方文献资料工作初步意见》，将我馆定位为全省图书资料收藏与研究中心，对我馆地方文献工作目的、要求、内容、方法与步骤等作了全面详细的规定。明确馆藏地方文献收藏范围包括三个方面：一是山东史料，二是山东人物及其著述，三是山东地方出版物，包括山东公私机关、团体或个人刻印、出版发行的公开或内部刊物等。这两个文件成为我馆延续至今的地方文献工作纲领性文件。后来及现行的地方文献馆藏发展政策的制度文本，都是在这两个制度基础上的增补、修订和完善，在继承并延续传统优势的同时，根据时代发展要求，形成了与当代图书馆事业发展相适应的馆藏发展政策，确立了"全国求精，省内求全"的简明工作方针。

二、地方文献建设

（1）工作模式

我馆设有资源建设委员会，下设地方文献工作组，由分管领导主持工作，由相关部门负责人及业务骨干任成员，承担着地方文献发展规划、经费预算与分配、协调落实年度文献补充等任务，形成了分工协作、统分结合的地方文献工作模式。具体做法是山东地方文献阅览室（对外称"山东地方文献资料中心"），主要负责非正式出版物的征集，同时承担1949年以来出版发行的地方文献典藏服务与开发利用工作；1949年以前的古旧地方文献由历史文献部典藏及采购补充；年度出版的山东版图书由采编部负责补充；山东地方期刊和报纸的补充与典藏服务由报刊部负责补充；资源建设部负责电子文献补充和馆藏地方文献数字化工作。

（2）人员与经费

现配备馆员8人，其中高级职称2人、中级职称5人、初级职称1人。负责地方版图书、报刊和古旧地方文献的补充、呈缴、交换等。在人员培训方面，大力倡导在职学历学习，先后多人在山东大学文献学专业学习深造，3人获得博士学位，同时，大量引进文献学专业博士研究生和图书馆学专业人才充实地方文献采编队伍，改变了地方文献人才薄弱的现状。

地方文献经费从全馆购书经费列支，作为专项优首安排、重点保证，年预算30万~50万元（不含地方版书刊），大宗地方文献的采买另行安排经费，2007—2018年年均使用经费约40万元。

（3）地方文献藏量

截至2017年底，馆藏各类地方文献近15万种，其中，山东版图书7.5万种，期刊699种，报纸540种，志书年鉴6000余种，山东人著述1万余种，山东革命文献6000余种，家谱及专题类地方文献1万余种。

因我馆地方文献按文献类型由多个部门分散典藏，2000年之前业务统计欠规范，数据不甚准确，且保存本书库的地方文献未计入本次统计，中华人民共和国成立初期接收入馆的大量书刊尚在整理中，实际藏量要远多于该统计数据。

（4）地方文献特色

中华人民共和国成立后形成的主要特色有以下几个方面：

一是革命文献专藏。中华人民共和国成立初期，接收了胶东、渤海、鲁中和鲁南解放区党政军机关移交的革命文献。此后，逐年充实丰富，形成了藏书的一大特色。

二是齐鲁地方文献。①地方名人手稿：我馆齐鲁先贤著述很丰富，且多为稀见珍本。如蒲松龄《聊斋志异》手稿，张笃庆《厚斋自著年谱》等，还有王士禛、刘墉、桂馥、王献唐、孔德成等诸多齐鲁名人手迹。②齐鲁方志：包括旧志和新志，海内存旧志 640 种，我馆藏 528 种，其中善本 58 种。《兖州府志》是海内孤本，该志入选《中国古籍善本总目》和《第三批国家珍贵古籍名录》；已入藏新修方志 3078 种 6597 册，中华人民共和国成立后两轮新修志书基本收藏齐全。山东第一轮修志成果（省志 91 部、市地志 9 部、县区志 115 部）已全部收藏；第二轮修志将于 2018 年全部完成，拟出版省志（综合志）74 部、17 部市志、138 部区县志、乡镇村志 900 多部、年出版年综合年鉴 158 部。日前已与省史志办（山东省方志馆）达成合作协议，全省各级史志办编撰出版的志鉴、省情地情资料将陆续全部交存入馆。

三是山东学人著述。2007 年与山东大学、山东财经大学等高校图书馆签订合作协议，委托学校图书馆代征该校师生著述；2008 年，与山东省社会科学联合会达成协议，在所有权不变的前提下，将山东省社会科学政府最高奖——"山东省社会科学优秀成果奖"第一届至二十二届及以后历届的获奖作品存入我馆，我馆拥有永久保存权和使用权。一次性收藏山东学人社会科学研究成果 4795 项，该奖项成果现已累积入藏 5000 余项，开创了与社会机构合作建设地方文献馆藏新模式。

四是名人书信手札。1989 年自甘肃购入明清山东进士墨迹 300 件。2009 年，与王献唐亲属达成共识，以半捐半买的方式，一次性收藏王献唐师友手札 700 余通，书信作者多为近现代学界名流和文化名家，如罗振玉、傅增湘、丁惟汾、张元济等均在其内。

五是专题收藏。通过购买和接受捐赠的方式逐步建立了《文心雕龙》研究、齐鲁名人文库、馆员著述、中共山东组织史料、各级政协文史资料、内部资料等专题收藏十余项；2014 年启动了"尼山文库"建设，实施"海外儒学文献回归计划"及"齐鲁珍贵地方文献回归计划"；2015 年，从济南著名藏书家周晶先生处购得"五里山房藏山左文献"，共计 101 种 329 册件。

（5）地方文献数字化

2002 年，我馆成立地方文献数据库建设小组，制定了《山东地方文献数据库分类表》，开始山东地方文献数据库建设。内容建设坚持以馆藏特色和地方特色为主，建设类型包括书目库、全文库、图片库、多媒体资源库等。通过自建、合作开发等形式，建设完成了"全省地方文献网上联合目录""山东各级文史资料目录""山东地方文献索引"等书目数据库；2009 年，设立数字资源建设部专司地方文献数字化工作，建设完成了《山东红色之旅》《话说鲁菜》《齐鲁民俗文化之旅》《山东民间手工艺》《山东文化名村》《山东地方戏揽萃》和《深宅古韵》等多媒体资源库 20 余部；先后建成了《地方文献全文资源库》《〈齐鲁旧影〉专题图片数据库》《馆藏缩微胶片数字化资源库》和《周易数字文献库》等全文、图文数据库。到 2017 年，自建地方文献数据库 19 个，其中视频数据库 14 个，资源总量 54.8TB。

三、地方文献整理与出版

（1）地方文献整理

重视地方文献整理与揭示是我馆的优良传统。20 世纪 50—80 年代，编制各类地方文献索引、书目及联合目录近 50 种。近年来陆续编制了《建国前山东革命报刊目录》《馆藏建国前山东出版的刊物目录》《近现代山东报刊知见录》。2016 年由我馆编撰、国家图书馆出版社出版的《民国时期山东报刊目录提要》是全国民国文献保护计划资助项目，被山东学界认为是研究山东民国史的重要文献工具书。

(2) 建设全省网上联合目录

为了全面揭示全省市级以上图书馆馆藏地方文献信息，为馆际互借、文献传递提供便捷，为学术研究提供文献支撑，依托全省文献编目中心（全国图书馆联合编目中心山东省分中心），与17家市图书馆签订共建协议，合作建设全省图书馆馆藏文献网上联合目录和全省地方文献网上联合目录，搭建起了全省图书馆书目共享网络平台，这项工作已开展15年，没有经费支持。截至2017年，山东省地方文献网上联合目录有书目数据近9万条，全省图书馆馆藏文献网上联合目录有书目数据110万条。

(3) 地方文献出版

2012年，民国文献保护计划实施以来，我馆采取以出版带动普查的工作方针，通过特色馆藏出版加强民国文献的保护与利用。到2018年，得到全国民国文献保护计划资助的出版项目有《馆藏山东革命根据地文献目录》《馆藏革命根据地扫盲读物汇编》《山东抗日根据地经济资料汇编》《济南"五三"惨案史料汇编》《胶济铁路文献汇编》《山东省政府公报》和《馆藏红色文献选编——期刊部分》等8项。其中《济南"五三"惨案史料汇编》成书5册、《山东省政府公报》成书106册，已完成出版。

四、地方文献服务

(1) 服务文化建设，延续齐鲁文脉

一是服务地方志编修。山东省是新修方志发端省，1954年9月全国人民代表大会第一届第一次会议期间，山东代表省教育厅副厅长王祝辰在全国首先提出"早早动手编修方志"的建议，受到毛泽东主席、周恩来总理等中央领导的高度重视，一再指示，加紧地方志的修编工作。山东也为全国新修方志做出了榜样。我馆编撰的《山东地方志联合目录》和丰富的古旧志书及省情、地情资料为两轮

新修方志提供了大量的文献支撑。同时还承担了《山东省志·文化志》图书馆部分的撰写任务。

二是服务专门文化史研究。2012 年山东大学联合清华大学、北京师范大学共同组建了"儒学与中华文化复兴协同创新中心"，我馆作为协同单位，不仅为《儒学与山左学术丛书》四项成果提供文献查询服务，还参与该中心相关学术活动，由我馆同仁完成的《清代山东刻书史》是"儒家文明协同创新中心"资助项目；先后为山东省广播电视局编撰出版的《山东广播电视展史》（三卷本）、山东省军区编撰的《山东拥军大典》（三卷本）、山东师范大学齐鲁文化研究院编撰的全国首个家族研究书系《山东文化世家研究书系》（28 册）、《山东重要历史人物》等提供专题服务。

三是服务文化传承。2013 年出版的《山东文献集成》是山东省政府特批的重大文化工程，由山东大学申报立项，共出版四辑成书 200 册，收录先贤遗著 1375 种，我馆提供底本 311 种。

（2）服务乡土教育，展现齐鲁风情

2007 年以来，常年与本地各大媒体合作，利用特色馆藏，挖掘百姓喜闻乐见的历史掌故、风俗人情，开展乡土教育。利用馆藏老照片、老明信片，与山东卫视《美丽山东》栏目组共同策划了《尘封档案——济南老城旧影》专题文献片；与《生活日报》组织策划了《老济南旧影再现》专题，展现清末民初老济南的风景名胜、商埠街景和市井平民的生活；在《大众日报》"往事"专栏推出了《琉璃厂中的山东人》《山东古代书院》《探访齐鲁历史文化遗产·名胜篇》等系列报道；在《山东商报》推出了介绍齐鲁碑刻的系列报道 9 期，如《泰山刻石》《琅琊刻石》《禳盗刻石》等。

（3）服务文化传承，弘扬山东精神

与媒体联合举办乡土知识竞赛。2008 年，我馆与《齐鲁晚报》联合举办"传承齐鲁文化，弘扬山东精神"全省读书知识大赛，本馆承担了命题工作。利用丰富的馆藏，围绕齐鲁文化特色，不仅在学术性、知识性上体现齐鲁文化的厚重，同时增强趣味性、通俗性，以吸引更多的公众参与。主要从山东（古齐鲁）悠久的历史和浩繁的典籍、灿若繁星的先贤圣哲及遍布各地的名胜古迹、众多的客籍名士和风气浓郁的私家藏书等四个方面，普及山东人文历史，体现山东精神。赛题在《齐鲁晚报》和我馆网站一经发布，公众参与答题的热情，超乎举办方预料。短短一周，收到答卷5000余份，参与答题者来至全省各地，有十几岁的学生，也有80多岁的耄耋老人，山东通达出租汽车公司组织全体管理人员和司机师傅参赛，禹城市两所中学的学生集体闭卷答题，一些对齐鲁文化感兴趣的外省读者也参与了知识竞答。这次读书知识大赛活动非常成功，不仅激发了公众对乡邦文化的关注和热爱，也使图书馆人深刻感受了地方文献和区域文化的独特魅力。

（4）服务大众阅读，促进经典集成

一是设立奎虚图书奖，推广山东出版。本着"倡导原创，关注本土，大众普适"宗旨，我馆于2016年创设了以山东出版图书为评选对象的"奎虚图书奖——我最喜爱的鲁版书评选"奖项，评选设置优秀奖和推荐奖两个常规奖项。该奖项现已举办两届，时间虽短，但在引导读者阅读山东版图书方面成效明显。两届获奖图书都在我馆分类借阅排行榜中名列前30位，其中《老照片》连续两年列历史类排行第1位，《不一样的数学故事》列文学类排行第9位。其他入围或推荐书目，如《济南历代名士选传》《考古济南》《济南古建筑逸事》《大清状元》《第二次世界大战回忆录》《改变世界的发明》《我们生活的地球》《中国书法用锋汲要》等全年借阅量都在40次以上，这样的排行位次和借阅量，在该奖项未设之前，山东版图书从未达到这样的位次和数量，驻鲁出版社上榜数量明显增多。为出版社把握大众阅读取向，策划出版大众喜爱的选题提供了参考，使出版社更加重视出版选题的大众普适与经典传播。历届获奖图书经过时间检验，可以积累形成山东出版经典，以传后世。

二是举办大众讲坛，推广地方名家名作。我馆2006年创办了公益文化讲座"大众讲坛"，以传播齐鲁文化和儒家文化为主题，讲授本土名家名作是讲座的重要内容之一。已先后推出了"说《聊斋》""山东走出个季羡林""大哉孔子""管仲与《管子》的文化解读"等多场讲座，成为大众了解齐鲁文化，阅读齐鲁经典的重要途径。

三是尼山书院设立国学公开课，讲授儒学经典。先后完成了孔子公开课12讲、孟子公开课12讲，朱子公开课正在进行。受众既有省直机关处级以上领导干部，又有普通市民，为普及国学经典、传播传统文化做了有益尝试。

（5）服务城市记忆挖掘

一是梳理重大事件，挖掘城市记忆。1999年8月19日，济南市人民政府第150号令确定每年的5月3日上午10时许，试鸣防空警报，以警示人们勿忘历史。我馆利用馆藏"五三惨案"资料，2014年举办了纪念"济南五三惨案"86周年馆藏文献展，2018年举办了纪念"济南五三惨案"90周年馆藏文献图片展，通过展览让大众了解1928年5月3日，日本帝国主义蓄意制造的举世震惊的济南惨案，是如何将济南这座历史文化名城变成了血河火海、人间地狱，警示我们要不忘耻辱、居安思危、励精图治；2017年策划了"孙中山的民主革命历程与山东——纪念孙中山诞辰150周年馆藏文献图片展"，向大众介绍了孙中山从广州北上，途经山东烟台、青岛、济南等城市留下的历史记忆。这些展览也作为共享资源在省内图书馆巡展，赢得了社会各界的关注。

二是设立"永奠和平——济南青岛德州地区受降展"。1945年12月27日，抗日战争山东战区侵华日军签字投降仪式在"奎虚书藏楼"，即今天的山东省图书馆国学分馆（尼山书院）举行。2014年，国学分馆在受降旧址上开辟专室，设立了专题展览，展室内有《济南青岛德州地区受降纪念册》、"我武维扬"匾、日军签降代表佩刀等文献文物，告诫我们要铭记历史、珍爱和平。

（6）服务对外文化交流

尼山书院是图书馆+书院传统文化传承传播服务模式的具体实施载体。2014年创设，已与韩国儒士文化教育学院签订合作协议，双方开展人文交流对话及文化音乐交流活动，《沂蒙山歌》是2017年尼山书院艺术团出访韩国时的交流曲目；2018年应澳大利亚南澳州图书馆邀请，"册府千华　守望文明：泰山·黄河·孔子——山东珍贵古籍展"将走出国门，赴澳大利亚巡展。

五、结束语

多年来,我们承继先贤厚泽,在收集整理、典藏服务、编纂出版、保护传承等方面卓有成就,为赓续齐鲁文脉尽了我辈应尽之责,形成了独特的山东文献收藏体系,为区域文化建设和传统文化传播做出了突出贡献。但经费保障不足、缴送本制度落实不到位一直是制约地方文献事业发展的主要因素,区域内跨行业协作共建机制尚未建立,还需要从领导层予以重视推动,与同类图书馆取得的巨大成就相比亦有一定的差距,与先辈创造的辉煌事功更不可同日而语。我们还需进一步树立大格局、贡献度理念,勠力同心,为传承文明、延续文脉、彰显地方文献在区域文化建设中的独特作用而努力。

参考文献

[1]《山东省图书馆志》编纂委员会:《山东省图书馆志》,北京:中华书局,2004年。

[2] 山东省图书馆:《山东省图书馆馆史资料选编》,济南:齐鲁书社,2015年。

[3] 沙嘉孙:《著名学者王献唐先生事略》,济南:黄河出版社,2004年。

[4] 赵炳武:《山东新修方志的分期及特色》,《江苏图书馆学报》1999年第4期。

[5] 王慧:《论地方文献的多途径开发》,《2008年全国地方文献工作学术研讨会征文》。

广西桂林图书馆桂林抗战出版物的收藏与开发（摘要）

曹　旻（广西桂林图书馆）

1938年10月武汉沦陷至1944年湘桂大撤退这段时间，一大批"以国家兴亡为己任"的文化人汇集桂林，在中国共产党抗日民族统一战线的指引下，开展了轰轰烈烈的抗日文化运动。桂林成为抗战中国大后方的文化中心之一，被称为"文化城"。广西桂林图书馆在这一时期收藏了大量的桂林抗战出版物，形成了广西地方文献收藏特色，并开始对这一时期的文献进行研究与开发。

During the period, from Oct,1938, Wuhan was occupied by Japanese army, to 1944, the Xiang-Gui (Hunan and Guilin) retreat, a large number of cultural people who take the country's rise and fall as their own responsibility gathered in Guilin, under the guidance of the Chinese Communist Party's Anti-Japanese National United front, a vigorous anti-Japanese cultural movement was launched. Guilin has become one of the cultural centers in the rear area of the Chinese Anti-Japanese war. It is known as the "cultural city". Guilin Library of Guangxi collected a large number of Anti-Japanese War publications during this period, therefore, formed the characteristics of local literature collection of Guangxi, and began to research and develop those literature of this period.

探索 发展 推广
——湖南图书馆地方数字资源建设

欧 红（湖南省图书馆）

摘 要：湖南图书馆建馆百余年来，积累了大量1949年之前刊印的古旧文献，总量达80余万册（件）。这些资源都是湖南过往千年的文明历史与经验总结的记载，具有非常重要的历史和学术研究价值。为了改变单一的传统阅读模式，更好地保护这些珍贵的资源，同时也为了进一步开拓湖南文献的价值，湖南图书馆早在上个世纪90年代，就开始探索利用数字化技术，进行地方数字资源建设工作，积极建设地方文献特色资源数据库，扩大数字资源规模，创新数字资源服务，提升社会影响力。

关键词：数字资源；资源建设；地方文献

Abastract:Hunan Library has accumulated a large number of the old and ancient documents published before 1949, with a total volume of more than 800, 000 copies since the establishment of Hunan Library for more than 100 years.These resources are records of the civilization history and experience summary of Hunan province in the past thousand years, and have very important historical and academic research value. In order to change the single traditional reading mode, protect these precious resources better, and at the same time, in order to further develop the value of Hunan literature, the Hunan Library began to explore the use of digital technology as early as the 1990s,to carry out the construction of local digital resources. Furthermore, Hunan Library should build the database of local literature characteristic resources, expand the scale of digital resources, innovate the services of digital resources, and enhance the social influence.

Keywords: digital resources; rescources building; local literature

湖湘千百年文化的积淀，留下了浩如繁星的传统文献资源。湖南图书馆建馆百余年来，积累了大量1949年之前刊印的古旧文献，总量达80余万册（件），在这些珍贵的历史文献中，湖湘人物著述数量巨大，湘籍名人稿本琳琅满目，地方志收藏完备，湖南家谱收藏蔚为大观。另外，我馆还藏有宋代至民国名家字画7000余幅，数量、质量居全国图书馆前列。同时，建国以后我馆所藏地方文献书、报、刊也近19万册，湖南人物资料中心搜集到的海内外湘籍人士和长期在湘工作的外省籍人士的著作、手稿及个人藏书达6万余册（件），现当代名家字画近1600幅。这些资源都是湖南过往千年的文明历史与经验总结的记载，具有非常重要的历史和学术研究价值。为了改变单一的传统阅读模式，更好地保护这些珍贵的资源，同时也为了进一步开拓湖南文献的价值，湖南图书馆早在上个世纪90年代，就开始探索利用数字化技术，进行地方数字资源建设工作。

一、不断探索思考，稳步推进地方文献数字化工作

我馆自1999年开始就利用网络收集湖南人物和地方信息等方面的资料。目前湖南图书馆地方文献数字化建设工作以文献类型来划分，主要包括馆藏普通地方文献及历史文献的数字化建设项目两大部分。

历史文献数字化建设：出于对历史文献的抢救及传承的目的，我馆按照时间顺序依次实施了馆藏古籍善本、民国文献及"文革"资料等专题地方文献的数字

化建设项目。累计数字化古籍善本 6 万余页、民国时期地方报纸期刊文献 20 余万拍。基本实现了该类型历史文献数字化格式的永久保存。目前正在实施馆藏"文革"资料数字化建设，计划在三至五年内对现有 50 余万页馆藏"文革"资料进行数字化建设，分步骤建成我馆"文革"资料的目录数据库—图片数据库—全文数据库的建设目标。该项工作的建设并无先例可循，我们从文献的清查统计、建设方案的拟定，文献及数据的安全保密性研究以及各种加工参数的确定一步步摸索。现已实施至第二期，累计完成约 15 万余页的数字化工作。

普通地方文献的数字化工作主要依托于国家数字推广工程的文献数字化分项目，自 2014 年开始我们便连续申报该项目的建设任务，通过对 1949 年以后的馆藏地方文献摸底，遴选出了湖南文史资料、地方志、湖南人物、非物质文化遗产、湖南日报等专题的地方文献进行数字化加工建设。截至目前，共申报及完成 5 个年度总共 7 个分项目的建设任务。累计完成了约 10 万余页地方图书及 1 万余版地方报纸的数字化加工。馆藏地方文献的数字化建设是数字图书馆建设的基石，经过这些年不断地摸索与思考，目前我们的文献数字化资源已经有了一定的规模，在国家中心的指导及帮助下，数字化建设的技术及条件也愈发成熟。以后我们将在保存这些资源的同时，对这些资源进行提炼和再开发，努力实现对馆藏地方文献的数字化纸本替代—数字资源功能提升—知识供给等目标任务。

文献缩微是文献保护、保存的又一种重要方式。我馆自 20 世纪 80 年代开始采用缩微拍摄技术对部分珍贵文献进行拍摄保存并提供给读者利用。1985 年"全国图书馆文献缩微中心"成立，湖南图书馆第一批被确定为缩微中心的拍摄馆，成为我国最早开展缩微工作的省级图书馆之一。我馆经过近 40 年的不断摸索和实践，缩拍了中华人民共和国成立前出版的旧报纸、旧期刊、古籍善本，中华人民共和国成立后地方性报纸、民国时期图书、普通古籍等文献资料，并建立图书馆缩微品文献书目数据库。现已缩微古籍 1009 种 1580 卷，报纸 122 种 2275 卷，期刊 1012 种 567 卷，民国图书 933 种 142 卷。1995 年我馆通过全国缩微中心和美国犹他州家谱学会签订了家谱资料拍摄协议，合作至 2016 年，共拍摄 1163 卷 287 万多拍。这些缩微品胶卷成为了我馆数字馆藏文献体系的一部分，为保护珍贵地方文献，服务读者发挥了重要作用。

二、弘扬地方文化，积极建设地方文献特色资源数据库

我馆重视特色数据库的开发与利用工作，早在 1994 年底开始，便成立专门的课题研制组进行人物信息系统软件的研制和配套的湖南名人资料数据库的开发工作。从 2002 年文化部、财政部实施文化共享工程以来，在文化部、全国文化信息资源共享工程国家发展中心的指导下，在湖南省文化厅的大力支持下，湖南图书馆从多媒体资源库和专题纪录片两个方向申报地方资源建设项目十余个，分别是"湖南近代人物数据库""湖南地方戏剧多媒体资源库""湖南非物质文化遗产资源库""湖南红色记忆多媒体资源库""湖南古村镇古民居建筑多媒体资源库""湖南地方戏剧系列专题片""湖南地下党人系列专题片""湖南《一城一街》系列专题片""湖南抗战老兵口述录""国民口述历史""湖南少数民族风情系列专题片""《匠心守艺》系列微视频""湖南红色记忆（湖南抗战）多媒体资源库微视频"、"湖南地方戏剧（湖南祁剧）多媒体资源库微视频"，对湖南特色地方资源的抢救、推广、保护与传承做了大量工作。湖南图书馆立足于申报成功项目，结合湖南地方特色资源现状以及我馆丰富的馆藏特色优势，在项目建设机制上全部采取自建方式，通过自主拍摄与征集购买的有机结合，获得所有项目相关文字、图片、音视频资源及其使用授权。在工作方式上，通过实地调查、走访专家学者、互联网搜索等方式，了解、收集相关资料，进行分析、探讨、研究，包括资源收录标准、资源收集获取和拍摄方案、技术平台架构等，所有项目均邀请相关领域和行业专家成立专家组，负责对项目进行专业指导。依托项目，我们收集了丰富的湖南地方特色资源，也弘扬了地方优秀传统文化。

三、扩大数字资源规模，建设地方网络平台

我馆建设有"天下湖南网"，该网站是湖南图书馆主办的湖湘文化网站，以"荟萃人文经典，传承湖湘文化"为宗旨，依托于湖南图书馆丰富的馆藏文献资源，汇集了大量的湖南地方特色资源，聚集了大批研究湖湘文化的用户，是湖南特色数字资源的集中展示平台，力争成为湖湘文化信息服务和交流的第一平台。

网站开设有"家谱族谱""氏族源流""湖湘名流""故事湖南""湖南风物""地方文献""湘人著述""湖南学术""国民口述历史""网上展厅"等特色文化栏目。其中"国民口述历史"项目围绕"长沙市井记忆""街区历史""湖南各界达人"等选题采集了大量的珍贵口述历史资源。网站同时提供湖南图书馆自建的"湖南地方戏剧资源库""湖南近代人物资源库""湖南非物质文化遗产资源库""湖南红色记忆资源库""湖南古村镇古名居资源库"等海量湖南特色数字资源的检索和使用。另外，为了加强宣传力度，我们通过互联网、电视媒体、平面媒体等加强对湖南特有的文化资源进行宣传。湖南图书馆"天下湖南网"首页植入了资源库的推送链接，读者可以通过链接直接访问资源库，直接感受到湖南独有的厚重文化底蕴，激发读者对湖南特色文化的强烈兴趣。"天下湖南网"共收录29万多篇文档，2017年访问量达500万次。同时，我们开通"天下湖南"微信公众号，通过公众号对馆内数字资源、讲座、活动等进行了多次推广。原创采编的多篇文章受到了三湘都市报、湖南在线、新湖南、网易、新浪等多家媒体采用转载，特别是三湘都市报在其E版上多次整版采用天下湖南网文章。同时，我们还尝试在公众号推出手机视频直播，取得了良好的效果。

四、创新数字资源服务，提升社会影响力

首先，编制书目、索引，向社会公众提供文献查阅服务。为了使浩瀚的地方文献得到合理有效的利用，揭示馆藏、建立比较完善的目录体系，是地方文献信息资料开发利用的基础工作。我馆一直配备专人独立负责地方文献的分编工作，保证地方文献信息的准确揭示和及时下库，我馆向全国图书馆联编中心和地方版文献采编协作网的地方文献数据库上载的地方文献数据一直排在前列。

其次，为了活化地方文献资源，让地方文献的价值得到真正体现，我们尤为重视为各党政机关、企事业单位及重点读者的课题研究提供深层次服务。目前，我馆所开展的智库服务、课题服务、舆情信息服务、两会服务、会议服务等多形式、立体化的信息服务，为我省政治、经济、文化、科技等多领域的发展持续助力。我馆2015年加入湖南智库联盟，在2015年和2017年受省政府督查室委托

对全省产业园区进行调查研究和分析研判，受宣传部委托对全省热点舆情进行综合分析，研究报告受到相关领导充分肯定，督查室来函商请我馆长期提供专项服务，宣传部将我馆列为舆情直报点。我馆课题服务始于1956年，多年来服务领域逐渐拓宽，服务课题数量不断增加。1971年，图书馆配合长江湘江大桥的建设，主动提供资料，为领导决策起了较大作用，在湘江大桥开工典礼上受到时任长沙市委书记李照明的表彰。舆情信息服务方面，自2013年起，我馆定期向省政府办公厅、宣传部、外宣办报送舆情信息，共计有110余条信息入选省政府《政务要情》，50余条信息获杜家毫、张剑飞、谢建辉、李友志等20余位省级领导批复，150余条信息被宣传部和中宣部采用，外宣办划拨专项经费30万元，连续3年获省政府办公厅信息工作先进单位。我馆自2012年至今连续7年进驻湖南省两会现场，提供两会热点专题汇编、电子书刊触摸式阅读、现场专题咨询等信息服务，打造现代立体的"两会图书馆"，受到杜家毫、李微微、蔡振红、张剑飞、冯毅、向力力、吴桂英等10余位省部级领导，以及众多代表委员、新闻媒体的肯定和好评。人大专程来函致谢，政协发来表扬信，人大政协均商请我馆长期提供该项服务。同时，我们设计开通了"政协委员履职服务平台""人大代表信息咨询平台"和"党政机关信息服务平台"，将资源和"省图代查"服务嵌入全省政协系统移动云平台，助力全省4万余名政协委员和机关干部履职，累计服务用户2.8万人次，深受用户好评。会议服务方面，2015年起，我馆定期向省人大常委会议和省政协协商会议提供专题信息服务共计50余次，为专项立法提供《审议参考》近20次，深受与会代表委员欢迎。

最后，为了宣传地方文化资源，我们创新思维，通过多种形式的读者活动来展示独特的地方典籍的魅力。湘图讲坛着力打造自己的地方特色，弘扬优秀湖湘传统文化。不仅将体现地方文化的讲座及时转化为视频讲座，扩大其辐射面和影响力，还在传播方式上不断创新、拓展模式，2018年我们与湖南人民广播电台FM106.9年代音乐台合作创作《湘图典藏》广播节目，介绍馆内入藏的珍贵地方文献，讲述其文化价值、版本价值、入藏故事、保护故事，让更多馆外受众突破空间与时间的限制，了解湖湘文献。在读者活动方面，湖南图书馆依托地方特色文化资源与优秀传统节日相结合，开展了一系列具有地方特色的大型读者活动,并已形成品牌,成为本地的文化名片。如"新春文化庙会"从 2006 年春节至今已举办 12 届,从最初的现场写春联、送春联逐渐发展到以主题活动为中心将各种传统民俗文化和体验相融合的市民体验互动性活动。"隆回摊头年画""湖湘木雕""湘籍名人手札"等主题庙会相继推出,其中"最美家书"和"福照潇湘,玩味新年"两届主题庙会通过现场直播主题活动,开启线上观看和线下体验模式,场均观众达 150 万。这些形式多样、内容丰富的活动加深了群众对湖南厚重文化的了解,体现了图书馆在公共文化服务和民族文化传承方面所拥有的无限生命力。

精神返乡与历史记忆：易代之际的怀旧式民俗书写

张 勃（北京联合大学）

摘 要：多重断裂是政权易代之际的一种社会现实，身处其中的人们往往会产生强烈的断裂感、破碎感、漂泊感、无方向感和人生如梦的空幻感，浓重的乡愁油然而生。中国易代之际出现了诸多怀旧式民俗文献，正是在乡愁寻寄的情况下文人们精神返乡的结果。它们在重构故乡的同时，也成为珍贵的历史记忆，成为当代人们寄托现代乡愁的精神家园。阅读并凭借想象穿越至他们书写记述的那些时代，那些城市，那些美好、安定、和谐、统一而完整的生活，是当下精神返乡的重要方式。

关键词：易代之际；怀旧式民俗书写；乡愁；精神返乡；历史记忆

Abstract: Multiple fracture is a kind of Social reality in the period of dynasty change, people in the time often produce a strong sense of fracture, fragmentation, drift, no sense of direction and life like a dream of the empty feeling, heavy homesickness spontaneously. There are many nostalgic folklore documents in China during the time of dynasty change, which is the result of the intellectuals' spiritual returning to their hometown in homesickness. These folklore documents not only reconstruct their hometown, but also become precious historical memory, and become the spiritual home of modern homesickness. By reading these folklore documents and by imagination, go back through the times that recorded in these folklore documents, the cities, the beautiful, stable, harmonious, unified and complete lives, are the important ways for the present spiritual returning to the hometown.

Keywords: dynasty change; nostalgic folklore writing; homesickness; spiritual returning to the hometown; historical memory

一、中国政权易代之际的怀旧式民俗文献

中国民俗传统悠久，并形成了民俗记述的学术传统，民俗文献十分丰富。而且中国古代的民俗文献还有一个特点，诚如钟敬文先生所说："就是从回忆的角度来记录民俗。"[1] 在流传至今的古代民俗文献中，怀旧式书写占了相当大的比重。《荆楚岁时记》《秦中岁时记》《东京梦华录》《梦粱录》《武林旧事》《北京岁华记》《如梦录》《金陵岁时记》《岁华忆语》等均是怀旧式民俗文献，尤其值得注意的是，它们往往书写于政权易代之际。[2]

《荆楚岁时记》是我国第一部区域岁时民俗文献。该书作者南朝梁人宗懔，字元懔，又字怀正，约生于公元500年，卒于563年。曾任职于梁朝，深受梁元帝宠信，承圣三年（554年），西魏攻破江陵，梁元帝遇害，宗懔则与数万百姓一起被俘，押解长安。"及江陵平，与王褒等入关。周文帝以懔名重南土，甚礼之。"

---

[1] 钟敬文：《建立中国民俗学派》，钟敬文：《钟敬文文集（民俗学卷）》，合肥：安徽教育出版社，2002年，第366页。

[2] 后文所引怀旧式民俗文献版本如下，没有特殊情况不再出注。宗懔原著，谭麟译注：《荆楚岁时记译注》，武汉：湖北人民出版社，1985年。孟元老：《东京梦华录序》，孟元老撰，李士彪注：《东京梦华录》，济南：山东友谊出版社，2001年。吴自牧：《梦粱录》，杭州：浙江人民出版社，1984年。四水潜夫辑：《武林旧事》，杭州：西湖书社，1981年。（明）佚名，孔宪易校注：《如梦录》，郑州：中州古籍出版社，1984年。陆启浤：《北京岁华记》，载张勃《明代岁时民俗文献·附录三》，北京：商务印书馆，2011年。（民国）潘宗鼎、夏仁虎撰，卢海鸣点校：《金陵岁时记·岁华忆语》，南京：南京出版社，2006年。

背井离乡的宗懔在北周政权的礼遇中度过了他人生的最后一段岁月。学者们多认为《荆楚岁时记》正是宗懔这一时期"寄人篱下，追思故乡"的作品。[1]

《秦中岁时记》出于唐亡之后。陈振孙《直斋书录解题》卷六据《中兴书目》著录"唐膳部郎中赵郡李绰撰"之《秦中岁时记》，引述说："其序曰：'缅思庚子之岁，洎周戊辰之年。'庚子，唐广明元年（880年）；戊辰，梁开平二年（908年）也。又曰：'偶记昔年皇居旧事，绝笔自叹，横襟出涕。'然则唐之旧臣国亡之后，伤感畴昔，而为此书也。"[2]

孟元老《东京梦华录》出于北宋灭亡以后不久，作者自序作于"绍兴丁卯岁除日"，即宋高宗绍兴十七年（1147年）的除夕。[3]《梦粱录》乃吴自牧入元后的作品。[4]《武林旧事》的作者周密，字公谨，号草窗，又号萧斋，南宋淳祐年间曾做过义乌知县。《武林旧事》是他"于宋亡以后在元朝统治下，回忆南宋旧事而写作的"。[5]

《北京岁华记》作于甲申年（1644年），其作者陆启浤，字叔度，浙江平湖人，但在北京生活长达20年。

《如梦录》是继《东京梦华录》之后出现的又一部详细记载开封的专著。虽然关于其作者到底是谁，自清代以来一直是个有争议的问题，迄今尚无定论，但

---

[1] 李裕民："魏恭帝二年（555年），宗懔约于此年撰《荆楚岁时记》一卷。"见宋金龙校注《荆楚岁时记》代序《宗懔及其〈荆楚岁时记〉考述》一文。萧放："回忆故里的生活成为他晚年的精神排遣，在这种思想动机之下，宗懔有心将江汉故里的日常生活记述成文，《荆楚岁时记》很可能成于这一时期，虽然我们还没有直接的证据。"参见萧放：《〈荆楚岁时记〉研究——兼论传统中国民众生活中的时间观念》，北京：北京师范大学出版社，2000年，第2—5页。

[2] （宋）陈振孙：《直斋书录解题》，上海：上海古籍出版社，1987年，第191页。

[3] （宋）孟元老：《东京梦华录序》，孟元老撰，李士彪注：《东京梦华录》，济南：山东友谊出版社，2001年，第2页。

[4] 吴自牧《梦粱录序》作于"甲戌岁中秋日"，但甲戌岁具体指哪一年，学者们有不同看法，据钱大昕《十驾斋养新录》，吴自牧入元后活了很久，于元顺帝元统二年甲戌年（1334年）写了这篇序文。日本学者梅原郁认可并论证了这一说法的正确性。参见日本学者梅原郁论文《关于〈梦粱录〉及其作者吴自牧》，《宋史研究论文集——国际宋史研讨会暨中国宋史研究会第九届年会编刊》，2000年。但学者一般认为这一时间标记可能是由于传抄失误的结果，亦有人认为这是作者故意为之。亦可见安德明的分析，见安德明：《对象化的乡愁：中国传统民俗志中的"家乡"观念与表达策略》，《民间文化论坛》2015年第2期，第6—7页。

[5] 参见西湖书社1981年版四水潜夫辑《武林旧事》的"出版说明"。

都承认该书著成于明末清初。[1] 有学者甚至明确指出"著者出身于'宗潢',其父祖辈或著者本人,在周藩(笔者注:开封是朱元璋之子周王朱橚的封地)属内一些统治的机构中,如宗正府、八所等任过一些有关的职务","入清之后,著者深怀胜国王孙之哀惧,和对故国乔木之思,为此,根据自己所拥有的文献资料,及回忆所及而写成此书,因面对着异族统治者搜寻'官朱'的严厉,故隐晦了自己的身份和姓名。"[2]《金陵岁时记》始记于"光绪之季",成书时间不晚于1923年。《岁华忆语》则始作于乙卯年(1915年)春,己巳年(1929年)完成。[3] 同样是政权易代之际的作品。

政权易代之际怀旧式民俗文献一览表

书名	作者	成书时间	所写地点	内容
《荆楚岁时记》	宗懔	南朝梁亡后	荆楚一带	岁时节日
《秦中岁时记》	李绰	唐五代之际	长安	岁时节日
《东京梦华录》	孟元老	两宋之际	开封	城池河道、街巷店肆、官署宫观、商贸娱乐、饮食物产、岁时节日、朝廷庆典等
《梦粱录》	吴自牧	宋元之际	杭州	城池河道、街巷店肆、官署宫观、商贸娱乐、饮食物产、岁时节日、朝廷庆典、神灵人物等
《武林旧事》	周密	宋元之际	杭州	朝廷庆典、岁时节日、饮食娱乐等
《北京岁华记》	陆启浤	明清之际	北京	岁时节日

---

[1] 参见"《守汴日志》提要",(清)永瑢等:《四库全书总目》,北京:中华书局,1965年,第489页;刘士岭:《〈如梦录〉及其史料价值》,《中国史学史研究》2008年第1期,第92—93页;张勃:《明代岁时民俗文献》,北京:商务印书馆,2011年,第234—237页。
[2] 参见孔宪易:"前言",(明)佚名,孔宪易校注:《如梦录》,郑州:中州古籍出版社,1984年,第7—9页。
[3] 参见(民国)潘宗鼎、夏仁虎撰,卢海鸣点校:《金陵岁时记·岁华忆语》的作者序、跋与该书的"导读",南京:南京出版社,2006年。

(续表)

书名	作者	成书时间	所写地点	内容
《如梦录》	佚名	明清之际	开封	城池形胜、周府故基、文武衙署、市井贸易、祠庙古迹、花园景物、制度典章、风俗礼仪等
《金陵岁时记》	潘宗鼎	清民国之际	南京	岁时节日
《岁华忆语》	夏仁虎	清民国之际	南京	岁时节日

为什么在政权易代之际出现如此多的怀旧式民俗文献，是个饶有兴趣的文化现象和学术话题，值得细细体味，认真分析。

二、多重断裂与乡愁寻寄

夏朝以来几千年的中国古代史是一部朝代更迭史，由是中国历史上出现了诸多的易代之际。近几年来，关于易代之际的研究逐渐成为一个重要学术领域，有学者认为，政治格局的变化与士人选择的多元、文化价值的重估与思想观念的活跃，以及文学风格的多样与审美形态的趋新，赋予了易代之际独特的研究价值与学术魅力。[1] 这里，他说明了易代之际的思想史和文学史意义。易代之际之所以成为历史上的特殊时间段落，根源于易代本身既是巨大的变迁，同时也是引发进一步变迁的动力。

政权易代本身是巨大的变迁。古代中国，政权易代很少是和平的禅让，每一次易代几乎都伴随着长期而残酷的战争。战争往往带来深重的灾难，令民生凋敝，人们的生命、财产和心理都遭受重大创伤。而易代成功，王朝易姓，往往同时意味着国号易名，国都易地，旧国灭亡，新国建立，虽然受其冲击最大的是旧王朝的统治者，但易代影响所及可以到每一个生民身上。因为每一个政权都有自己的治国方略，都有自己的政治制度、军事制度、经济制度和文化制度，而身处其中的人很难不受其任何影响。因此，对于生活于特定时空尤其是距离权力中心较近、

---

[1] 左东岭：《易代之际研究的学术价值与难点所在——兼及张晖之〈帝国的流亡〉》，《中国文化研究》2014年第1期，第47—53页。

具有较高文化自觉的人而言，易代绝不简单等同于时间的迁逝，而是一切正常状态的不能延续，是包括生活空间、社会身份、生活内容、心理认同、文化传统等诸多方面的断裂以及由此而来的断裂感。上述怀旧式民俗文献的作者都经历了多重断裂，并产生了痛入骨髓的断裂感。

首先是个人生活空间的断裂。在中国历史上，政权易代往往伴随着大规模的移民，上述民俗文献的作者一般都因为易代离开了自己正在生活的地方。宗懔本任职生活于江陵，梁朝灭亡后不得不居于长安；孟元老本卜居于京师汴梁州西金梁桥西夹道之南，而"一旦兵火"，不得不"出京南来，避地江左"；陆启浤"客燕二十年"，庚辰年（1640 年）"度天下将变，遂归隐"，离开了京城。身体的离开，让家乡变成了故乡，让异乡变成了居留之地和生活空间。

其次是社会身份的断裂。中国古代识字率较低，能够进行书写的人多是知识分子出身，上述民俗文献的作者在易代之前具有较高的社会身份，有些还担任官职。如宗懔在梁朝官任江陵令、尚书侍郎；李绰曾为唐膳部郎中；周密则在淳祐年间做过义乌县令；夏仁虎自幼聪慧，是"晚清的秀才、拔贡、举人，刑部、商部、邮传部的小京官"。孟元老的详细身份虽然不能确知，但从他"仆从先人，宦游南北"的自述中，也可知其出身于官宦人家。陆启浤虽然没有担任官职，但弱冠之年即已"博极经史"，客燕期间结交甚广，《光绪平湖县志》说他"交满长安"，乾隆《平湖县志》说连当时一些王公大臣也都争相"折节"与他往来。[1] 但是政权易代改变了他们的社会身份，使其从故朝文士变成了新朝遗民。

最后是个人生活的断裂。山河破碎、国家灭亡往往带来巨大的失国之痛，尤其宋代以降，伴随着夷夏之辨意识的增强，政权易代带给士人心理上的创伤更大。而生活空间的断裂和社会身份的断裂，往往又会导致既有社会关系的断裂。所有这些因素加在一起，使个人的生活与往时产生了很大的不同。这里的生活，不仅指生活内容，也指生活心态。元明之际的刘崧曾记述过一位号"逢掖生"的奇人，承平时他像多数士子一样"习举子业"，遭世乱后，生活就发生了巨大变化："稍解纵绳检，自放于酒，生事一不以介意，日与其徒剧饮于东西家。既醉，招摇而

---

[1] 张勃：《〈北京岁华记〉手抄本及其岁时民俗文献价值》，《文献》2010 年第 3 期。

归,即闭户酣睡。或造焉,辄瞋目大诟曰:'吾乃不知有吾身,何有公等也。'竟不答。感时触事,郁不得故,时时操翰引觚,咏述事物,陈摧古今,兼体风谣,绰有思致。"[1] 逄掖生在易代前后的变化正提示了他个人既有生活的断裂。尽管面对政权易代,不同的文人会有不同的政治取向和选择,有的投入新朝的怀抱,有的则"执义以自守",不仕新朝。然而,无论采取哪一种态度和选择,生活内容和生活状态都不能不改变。逄掖生只是易代之际众多文人中的一个代表。

怀旧式民俗文献作者们的个人生活同样出现了断裂。宗懔被俘到北周后,虽然深受礼遇,甚至还官拜车骑大将军、仪同三司,并"数蒙赐宴",但一个长年在南方生活的人在年过半百之后,作为亡国之臣背井离乡到北方生活,各种不适应是可想而知的。而他遗留下来的若干诗篇,"游客伤千里,无暇上高台""望望无萱草,忘忧易不忘",等等,也鲜明地揭示出在看似富贵安逸的生活背后,他的内心是如何的忧郁与悲伤。孟元老的生活也大大改变了,易代之前他过着衣食无忧、休闲娱乐的安定生活,所谓"数十年烂赏叠游,莫知厌足",易代之后则"情绪牢落"。本在南宋任职县令的周密入元后选择了隐居不仕,他"放浪山水,著《癸辛杂识》诸书,……有黍离诗人彼何人哉之感"。[2] 陆启浤客燕二十年,生活闲适优裕,明清易代则使他归隐山中,"偃息蓬门",偶与朋友相遇,"辄短歌欷歔,泪俱下"。可以说,洪晧所谓"故宫为禾黍,改馆徒馈于秦牢;新庙游衣冠,招魂漫歌于楚些。虽置河东之赋,莫止江南之哀。遗民失望而痛心,孤臣久絷而呕血"[3],成为他们普遍的生活状态。

政权易代不仅带来个体层面的各种断裂,同时也带来社会层面文化传统和生活传统的断裂。孟元老提到易代之前的文化传统和生活传统:"太平日久,人物繁阜。重髫之童,但习鼓舞。班白之老,不识干戈。"然而这样的传统断裂了。他不无悲痛地说:"暗想当年,节物风流,人情和美,但成怅恨。近与亲戚会面,谈及曩昔,后生往往妄生不然。"

与孟元老极为相似的是潘宗鼎和夏仁虎。在《金陵岁时记》的"自序"中,

---

[1] 刘崧:《逄掖生传》,李修生主编:《全元文》第57册,南京:凤凰出版社,2004年,第296页。
[2] (清) 永瑢:《四库全书总目提要》,北京:中华书局,1983年,第1417页。
[3] 洪晧:《功德疏》,引自《续资治通鉴》卷115,北京:中华书局,1957年,第3064页。

潘宗鼎通过今昔对比的方式，描述了文化传统和生活传统在易代之际的断裂：

> 繄我金陵，艳称江左。……属夫时丁隆盛，俗竞繁华，饼说元辰，糕题嘉节，腊尾年头之会，露初星晚之场，或绸缪于古欢，亦追逐于时尚。秦淮赏夏，笙歌画舫之天；萧寺延秋，金碧楼台之界。东南佳丽，人物雍熙，四时但醉，太平百年，不见兵革，宜乎渡名长乐、湖号莫愁者矣！而乃风景不殊，山河顿异，名士堕新亭之泪，美人销旧院之魂。玉树歌残，雨花香散，竟应"白门"之谶，屡书元二之灾。……即此一编，记于光绪之季，证以父老之谈，已觉见不逮闻，十未得一。洎乎民国改用阳历，未免夏时既易，汉腊谁知，谈天则《月令》无征，观稼则《豳风》何验？嗟人事之代谢，叹天道之靡常，俯仰之间，已为陈迹。

夏仁虎在其自叙中通过今昔对比的方式也谈到：

> 余家金陵，地当都会，为士大夫渊薮。风俗习尚，华而不侈。佳时令节，人家祭祀宴乐，及里巷间往来酬酢之礼，故多鄙俚，足资谐笔，然亦往往而近于古……自留滞北方，行二十稔，金陵再遇劫灰，闾阎生计萧索极矣。重以历朔既更，跪拜礼废，人家子弟，有不知祖宗何德望、亲族何系属、戚友何行辈者。而社会之娱乐，家庭之欢谑，所有存焉者益希矣。

多重断裂是易代之际的一种社会现实，身处其中的人们往往会产生强烈的断裂感、破碎感、漂泊感、无方向感和人生如梦的空幻感。孟元老、吴自牧和《如梦录》的作者都径直以梦来命名自己的书籍："古人有梦游华胥之国，其乐无涯者。仆今追念，回首怅然，岂非华胥之梦觉哉！目之曰《梦华录》。""昔人卧一炊顷，而平生事业扬历皆遍，及觉则依然故吾，始知其为梦也，因谓之'黄粱梦'。……缅怀往事，殆犹梦也，名曰《梦粱录》云。"其他怀旧式民俗文献虽未以梦名，但其作者同样有如梦的感觉。如周密在《武林旧事序》中说道："及时移物换，忧患飘零，追想昔游，殆如梦寐，而感慨系之矣。"夏仁虎也在《岁华忆语》中明确说："京华尘梦，忽焉已醒。"多重断裂，也会导致自我认同的严重危机。前引逢掖生醉骂"吾乃不知有吾身，何有公等也"，再好不过地揭示了这一危机。

我是谁？我从哪里来？我要到哪里去？这些平常隐而不显的问题，在易代之际则赤裸裸地摆在文人们的面前。

如果说，渴望稳定、安全和完整，追求生命的自在满足，对自我发展的连续感、归宿感的期盼，对真、美、善的眷恋等，是人的生存理念的基本诉求，那么它与个人在易代之际的生存现状就产生了巨大的反差，从而产生了强烈的现实世界对自己的异己感，正是在这种巨大的反差和强烈的异己感中，一种可以称为乡愁的情绪油然而生。

一般认为，乡愁是人类所具有的一种自然的心理机制和普遍性情绪体验。从西方词源学的角度看，乡愁（nostalgia）源于两个希腊词根nostos和algia，前者是回家、返乡的意思，后者是一种痛苦的状态。1688年，瑞士医生J.霍弗尔首次使用nostalgia，专指一种因为远离祖国而产生的痛苦而强烈的思乡病。随着社会的变迁和人们认识的深化，乡愁经历了"一个由生理病症转变为心理情绪再变为文化情怀的过程"。[1]在汉语里，乡愁一般指漂泊在外的游子对家乡故土的思恋之情，但从一开始，中国乡愁就具有浓厚的文化情怀。

个人"并非一个纯粹的、单独的、自由自在的个体，他必须置于文化传统的连续之中加以定位"。[2]乡愁需要找到寄托的地方。乡愁寻寄，是中国政权易代之际、受其影响较大的人们的普遍诉求。其本质，是人们在追求连续、完整、同一的人性召唤下，面对易代之际的断裂、破碎、漂泊、陌生、动乱而通过采取某些方式使断裂得以接续、破碎得以修复、漂泊得以安定、陌生得以熟悉、动乱得以太平的种种努力。

三、精神返乡与书写怀旧

如何使乡愁有所寄托，使断裂得以接续、破碎得以修复、漂泊得以安定、动

---

[1] 赵静蓉：《怀旧：永恒的文化乡愁》，北京：商务印书馆，2009年，第17页。
[2] 南帆：《冲突的文学》，《当代作家评论》1994年第4期。

乱得以太平？最好的办法就是返回故乡。返回故乡，不仅因为故乡是自己熟悉的有着明确四至以及各种景观的地理空间，也因为那里有自己熟悉的人和熟悉的风物，有自己曾经的生活，有自己安身立命、认同归属的文化传统，还因为故乡的生活曾经是那样热闹繁华安乐太平。那么对于一个身处异乡的人而言，怎样才能返回故乡寄托乡愁呢？

东晋葛洪《西京杂记》记载汉高祖刘邦建立汉朝定都长安后，将父亲刘太公接来同住，可太公整天"凄怆不乐"，派人一问，才知道缘故："以平生所好皆屠贩少年。酤酒卖饼。斗鸡蹴踘。以此为欢。今皆无此。"于是，高祖建了一个新丰，将老家的人移居于此，太公"乃悦"。汉高祖又"并移旧社。衢巷栋宇物色惟旧。士女老幼相携路首，各知其室，放犬羊鸡鸭于通涂，亦竞识其家。其匠人吴宽所营也。移者皆悦其似而德之"。汉高祖运用最高统治者的权力将故乡的景观、人物、风俗民情整体性迁移，成功在异地再造了故乡，或者说复制了故乡，从而在最大程度上保持了个人生活和文化传统的连续性与同一性。太公由凄怆不乐转而"乃悦"，乡愁有了寄托。

像营建新丰这样如此完整地在异地再造故乡的例子，在历史上并不多见，但是在异地努力延续故乡过去的生活，刻意保留曾经的生活方式、习俗传统，以对抗断裂、破碎、漂泊的社会现实，则是常见的现象。有学者曾经将北宋都城东京与南宋都城临安相比，认为"东京移民成为左右临安城市建设的强有力因素，他们的眷恋和记忆使临安经历了一个'东京化'的过程。在房舍街衢、服饰饮食、风俗习惯等方面皆与东京相髣髴，以东京改造和引导着临安的城市风貌，企图以此重温京师华梦。以致于这一时期的临安几乎成为东京的翻版"。[1] 在异地再造故乡，刻意保留过去，使异乡拥有故乡的模样和生活方式、文化传统，是寄托乡愁的重要方式。

身体返乡是寄托乡愁的另一种方式。然而，对于易代之际的人们来说，故乡所在的那个地方往往已经沦陷，身体是很难回去的；更何况即便回去，也已经物是人非，甚至物人皆非，再难以找到能够寄托乡愁的地方了。如《如梦录》的作

---

[1] 宋莉华：《汴州与杭州：小说中的两宋双城记》，《中国典籍与文化论丛》第七辑，第184页。

者目睹了"周府宫阙一旦拆毁,俱为瓦砾之场,荆棘丛生,芦苇满地,百花园俱为牧场,松柏果木,任人戕伐",这些地点仍在、景物全非的空间,既是作者记忆的一部分,也承载着作者的记忆。它们在作者眼前的再现,虽然勾起了作者对它们以及附着于其上的故人、往事、时景、旧情的种种回忆,却非但不能缓释寄托作者的乡愁,反而为作者增添了无尽的乡愁。

相比之下,精神返乡是一种更容易做到、也更有效的乡愁寄托方式,即通过对故地、故物、故景、故人、故事、故情等与故乡有关的一切的回忆和想象,从而使自己的精神、心灵、情感贴近故乡,通过回忆和想象建立过去与现在未来的连续性,满足对自我同一性和身份感的诉求,以抵抗对现实的不满,表达对理想的诉求。

拥有相似经历的人相聚一起谈论故乡,共同回忆往事,通过共同谈论和言说,是一种典型的精神返乡。恰如周辉在《清波别志》中所说:"绍兴初,故老闲坐,必谈京师风物,且喜歌曹元宠《甚时得归京里去》十小阕,听之感慨,有流涕者。"[1] 孟元老提到自己与亲戚会面时,也会"谈及曩昔"。然而,文人们并不止于谈论和言说式的回忆,他们还会用手中的笔,将过去写下来,通过怀旧式书写进行精神返乡。城市中的时间生活、空间场所以及人物风俗,是怀旧式书写的重要对象。

岁时节日构成了城市中的时间生活。岁时节日是以历日、月份和季节等组成的历年为循环基础的、在社会生活中约定俗成的、具有特定习俗活动的特定时日,是由特殊名称、特殊时间、特殊空间、特殊活动、特殊情感等诸多要素共同构成的文化时空。每个节日都有自己特定的"过法",一般都有专门的饮食活动、服饰活动、信仰活动、娱乐活动、社会交往活动等。这些活动的存在,使岁时节日成为时间的驿站、生活的华章,是日常生活的特殊部分和高潮部分。正如孟元老在其《东京梦华录序》中所说:"时节相次,各有观赏。灯宵月夕,雪际花时,乞巧登高,教池游苑。举目则青楼画阁,绣户珠帘。雕车竞驻于天街,宝马争驰于御路。金翠耀目,罗绮飘香。新声巧笑于柳陌花衢,按管调弦于茶坊酒肆。八

---

[1]（南宋）周辉:《清波别志》,知不足斋丛书本。

荒争凑，万国咸通。集四海之珍奇，皆归市易；会寰区之异味，悉在庖厨。花光满路，何限春游；箫鼓喧空，几家夜宴！"

　　回忆基于记忆和想象。一方面，岁时节日生活往往因其特殊性给个人带来不同寻常的生命体验，在个人的头脑中留下深深的印迹，从而成为可以回忆的重要内容。另一方面，节日是大家共同的日子，是一年一度、周期性度过的日子，节日里的各种活动将个人置于在血缘关系、姻缘关系、地缘关系、业缘关系等各种关系上建立的社会群体之中，置于年复一年、周而复始不间断的文化传统之中，置于和天地自然沟通对话的宇宙情境之中。在节日里，个人最能获得自己的身份归属感、文化认同感、生活安定感和世界完整感。此外，在易代之际文人眼里，岁时节日生活更被赋予了"太平之象"的意义，成为理想社会的象征。正如夏仁溥为《金陵岁时记》所作序中所说："承平本无象也。岁时点缀，则承平有象矣。小言之，不过地方土俗；大言之，关乎国家气运盛衰。"综上所述，当个体生命日渐走向被回忆往事充斥的老年阶段，当人生经历了从朝歌暮嬉、不识干戈到朋游沦落、国破家亡、繁华不再的巨大变迁，那些发生在故国故乡的岁时节日民俗生活，最适合易代之际的文人们对抗现实生活中的断裂感、破碎感和漂泊感，并用以表达他们对于太平盛世的理想诉求，也就成为他们精神回返的地方。

　　除了岁时节日民俗以外，空间民俗也成为易代之际文人书写的重要内容。无论是《东京梦华录》《梦粱录》，还是《武林旧事》《如梦录》，都专门对城市中的地方、场所、河流、街道、景观及其相关风俗等进行了详细描述。比如《梦粱录》卷七至卷十六以及卷十九，都是对城市空间的专门书写。尤应注意的是，在对岁时节日民俗的书写中，也格外对空间予以关注。"任何活动都涉及空间，节俗活动也不例外。对节俗活动而言，空间并非仅仅为它提供一个得以展开的、外在于它的场所或地点，而就是它的内在要素，在很大程度上决定着节俗活动的性质和意义。"[1] 但中国古代一般的岁时民俗文献多瞩目于岁时节日里的民俗事象或活动方式，而疏于对活动空间的把握。相较之下，怀旧式岁时民俗文献对于空间则十分关注。比如《东京梦华录》记述"七夕"时就提到潘楼街东宋门外瓦子、州西

---

[1] 张勃：《明代岁时民俗文献研究》，北京：商务印书馆，2011年，第225页。

梁门外瓦子、北门外、南朱雀门外街及马行街内，记述"重阳"则提到仓王庙、四里桥、愁台、梁王城、砚台、毛驼岗、独乐岗、开宝寺、仁王寺等处。《梦粱录》记述"元旦大朝会"提到禁中、宫门、阊阖门、宫城、大庆殿、殿陛之角、殿西庑、殿廊、殿前、折槛、明庆寺、灵隐寺、玉津御园等处。"二月望"则提到钱塘门外玉壶、古柳林、杨府云洞、钱湖门外庆乐、小湖等园，嘉会门外包家山王保生、张太尉等园，以及天庆观、崇新门外长明寺等地点。再如《如梦录》记述："初一日后，赴相国寺、萧墙街"；"初八日，赴东岳庙进香游玩"；"初九日以后，俱赴上方寺，或在树阴，或者禅室，或在五柳亭，或塔左右"；端午节，"亦有携酒赴繁塔寺、禹王台、九仙堂各处游宴"；"清明、中元、十月朔，俱是鬼节。预先请城隍行神至孤魂坛；请府城隍西门外孤魂坛，请县城隍宋门外孤魂坛"等等。

美国城市设计理论家凯文·林奇（Lynch，K.）曾经指出"一个整体生动的物质环境能够形成清晰的意象，同时充当一类社会角色，组成群体交往活动记忆的符号和基本材料"，并认为"一处好的环境意象能够使拥有者在感情上产生十分重要的安全感，能由此在自己与外部世界之间建立协调的关系，它是一种与迷失方向之后的恐惧相反的感觉。这意味着，最甜美的感觉是家，不仅熟悉，而且与众不同"。[1] 家乡的、有着确定地点和相应功能的特定地方，更容易给精神返乡的人们以确定性和安定感。这当是易代之际文人将城市空间及其民俗作为怀旧内容的重要原因。

由是，从时间生活维度和空间生活维度对城市民俗的怀旧式书写，成为易代之际文人精神返乡的一种方式，而书写的过程，也便成为他们精神返乡的过程。

四、故乡重构与历史记忆

易代之际的怀旧式民俗文献是其作者用文字对自己关于故乡多种构成要素（如岁时节日、街道、河流、井泉、祠庙、宫殿、店铺、职官、人物、物产等）的记忆按照一定逻辑关系进行组合与编织的结果。在书写故乡风物民情时总是本

---

[1] 参见［美］凯文·林奇：《城市意象》，方益萍、何晓军译，北京：华夏出版社，2001年，第3页。

着十分认真的态度,强调以实录原则记述所见所闻,对自己不能确定的事物甚至还会求助于知情者,所谓"及有未经从处,得于人,不无遗阙;倘遇乡党宿德,补缀周备",但乡愁寻寄、精神返乡的特性,决定了所有易代之际的怀旧式民俗文献,都不可能是真正的实录。它们所能呈现的都是作者带着人生如梦的空幻感,带着对生活现实的不满和绝望、对已逝生活的眷恋赞美痛惜、对未来理想生活的盼望而重构了的过去和家乡。

真实的、必然是如意与不如意共存的家乡,因为变成了故乡而被赋予新的意义,缺点被隐藏,不如意被遮盖,人们用赞美欣赏的态度看待故乡的一切。譬如岁时节日虽然是生活的华章,但在很多时候会因为奢侈浪费、破坏既定的社会秩序而颇受褒贬。比如隋朝的柳彧"见近代以来,都邑百姓每至正月十五日,作角抵之戏,递相夸竞,至于糜费财力",就"上奏请禁绝之"。[1] 明朝的王稚登对于苏州里社表现出极度的担忧,并进行言辞激烈的抨击:

> 每春夏之交,妄言神降,于是游手逐末、亡赖不逞之徒张皇其事,乱市井之听,惑稚狂之见,朱门缨笏之士、白首耄耋之老、芬锛篡笠之夫、建牙黑虎之客、红颜窈窕之媛,无不惊心夺志,移声动色,金钱玉帛,川委去输,百戏罗列,威仪杂嚘,启僭窃之心,滋奸慝之行,长争斗之风,决奢淫之渐,溃三尺之防,废四民之业,嗟乎![2]

但在易代之际文人笔下是看不到类似言论的。他们将岁时节日视为太平之象。对于"不论贫富,游玩琳宫梵宇,竟日不绝。家家饮宴,笑语喧哗"的节日生活,吴自牧虽然称其为"此杭城风俗,畴昔侈靡之习",但并无批评之意,反倒以其"至今不改"为自豪。孟元老更直白地表示:"伎巧则惊人耳目,侈奢则长人精神。"故乡的岁时节日就是由美酒佳肴、彩衣靓饰、游山玩水、歌舞赏花、祭神祀祖、礼尚往来等充实着的。在这里,没有矛盾,没有黑暗,歌舞升平,神

---

[1]《隋书》第62卷,列传第27。
[2](明)王稚登:《吴社编》,(明)杨循吉等著,陈其弟点校:《吴中小志丛刊》,扬州:广陵书社,2004年,第169页。

灵受到尊重，祖先得到礼敬，人心自由而欢快，万事万物处于和谐之中。这样的世界，无疑是天下太平的盛世！

总之，在承载着乡愁的怀旧式民俗文献中，故乡是一个时间有序、空间有序、人缘相亲、生活美好的完整的生活共同体。这是被回忆和想象重构了的故乡，代表着作者们的人生理想，成为他们的精神家园。

特别值得一提的是，易代之际怀旧式民俗文献的作者们，已经超越了对自我个体的一般注视，面对文化传统的断裂，他们有一种传递传统文化、保存历史记忆的自觉意识，他们的乡愁不仅是对故乡那些土地景物人情的乡愁，更是一种文化乡愁。这是中国古代文人具有淑世情怀的典型表现。孟元老说他写作《东京梦华录》的原因在于："仆恐浸久，论其风俗者失于事实，诚为可惜；谨省记编次成集，庶几开卷得睹当时之盛。"《如梦录》的作者在序言中也谈到："《如梦录》所纪者，汴梁鼎盛之时也。恐后人未见，不知有此光景而失其传，故记之，以便后人观览，阅之者了然在目，即见繁华之盛也。"夏仁虎亦明言："书视儿辈，使知故乡风物。小人怀土，无当大雅，拿鄙之讥，未遑顾也。"可以说，正是这样的责任感使得几乎每个易代之际都有优秀的民俗文献得以面世。这些几乎代代有之的怀旧式民俗文献，不仅自身构成了一个富有特色的文化传统，而且为我们留下了各个时代城市生活的样貌，成为珍贵的历史记忆，成为我们了解历史、认识历史、建立起与前人联带感和密切关系的重要凭依。

五、结语

多重断裂是政权易代之际的一种社会现实，置身其中的人们往往会产生强烈的断裂感、破碎感、漂泊感、无方向感和人生如梦的空幻感，浓重的乡愁油然而生。然而，生活总要继续，乡愁总要有所纾解与寄托。中国政权易代之际出现诸多怀旧式民俗文献，正是在乡愁寻寄的情况下文人们精神返乡的结果。通过精神返乡，书写怀旧，他们与不满意的现实和不如意的自己进行心理上的对话与抗争，并在这个过程中确认时移世易的事实，取得一定的心理平衡，逐渐形成新的认同感，并由此获得继续前行的动力。

当然，从历史记忆的角度看，这些怀旧式民俗文献也许不够完全的客观真实，但这一点在当代却有着另外的意义。处于现代社会和全球化时代的人们处于新的易代之际，尽管这个易代不是政权易代，但有着比政权易代更为深刻的影响，带来了更为深刻的多重断裂，也激发了普遍的不同以往的现代乡愁。而这些怀旧式民俗文献，恰恰营造了一个又一个值得所有中国人追忆怀念的美好的故乡和过去，它们是寄托现代乡愁的精神家园。阅读它们，"通过文本符号的解读进入作品的内在空间"，[1] 凭借想象穿越至其书写记述的那些时代，那些城市，那些美好、安定、和谐、统一而完整的生活，则是我们当下精神返乡的重要方式。

（原载于《民族艺术》2013 年第 4 期）

---

[1] 董学文：《试论文学价值和价值系统》，《北京联合大学学报（人文社会科学版）》2014 年第 1 期，第 6 页。

"城市记忆"与区域文化发展下的地方文献

特殊的"城市记忆"
——天津近代地方文献中的外文资料概述

王永华（天津图书馆）

摘 要：天津曾经有过九国租界，出版发行了大量外文报刊和图书，其中许多有关天津的新闻报道和研究著述成为天津地方文献的重要组成部分。这些文献最初大多收藏在天津各租界建立的图书馆中，日本侵华时，日军将天津英租界图书馆的藏书收缴归入日租界图书馆。日本战败投降后，日租界被收回，日租界图书馆的馆藏被完整地接收下来，英租界图书馆的藏书也在其中。中华人民共和国成立后，这些文献移交给天津图书馆收藏，成为天津城市发展史中特殊的"城市记忆"。

关键词：天津；地方文献；外文地方文献；城市记忆

Abstract: Tianjin once had nine national concessions and published a large number of foreign language newspapers and books, among which many news reports and research works about Tianjin have become an important part of Tianjin local literature. Most of these were collected in the Tianjin libraries of these concessions, because in the war of aggression against China, the Japanese army took the books of Tianjin British concession library and put them into the Japanese concession library. After Japan surrendered, with the return of the Japanese concession, Tianjin Japanese concession library collections were received fully, British concession library is among them. After the founding of the People's Republic, these collections were transferred to Tianjin library, forming a special "City Memory" in the history of Tianjin's urban development.

Keywords: Tianjin; local literature; local literature of foreign language; City Memory

在天津"城市记忆"当中，曾经有过的九国租界的历史是无法忘却的，它既是近代天津被列强侵略和掠夺这一痛苦记忆的重要组成部分，也是天津近代文化走向多元化的诱因。和其他开埠城市一样，天津的城市风貌受着外来文化的影响。随着电视剧《五大道》的播出和"天津五大道""意式风情街"等旅游项目的开发，人们对天津租界中的"小洋楼"有了较多的了解，但对天津近代地方文献中的外文图书报刊也许知道的不多，其实这些特殊的"城市记忆"对于天津近代城市发展史研究，具有重要的史料价值。

一、天津外文地方文献的产生

19世纪中叶以降，经过第二次鸦片战争和《天津条约》《北京条约》的订立，天津被迫开辟为商埠，并强行划定外国租界，逐步沦为西方列强对华侵略的重镇。随着各国侨民的不断涌入和长期居住，他们在中国的建筑房屋虽然可以就地取材，但是风格样式一定是属于自己母国的，他们宣扬的思想和文化的内核也是外来的。所以，不管是从租界当局的统治需要出发，还是从这些侨民的文化生活的需求出发，都客观要求要有自己文字的书籍和报刊，以维护自己的文化血统，这也就不难理解，为什么在天津会产生这么多外文地方文献了。

(1) 外文报刊

英文报刊：天津出现的第一种外文报刊是《北方邮报》（Northern Post）。它刊行于 1880 年至 1881 年，主要刊登海关贸易统计之类的内容。[1]《中国时报》（The Chinese Times）创刊于 1886 年，由英国人亚历山大·宓吉（Alexander Michie）任主编，主要刊登华北地区的新闻，被当时外国人视为远东方面最好的报纸之一。《京津泰晤士报》（Peking and Tientsin Times）由英国建筑师裴令汉（William Bellingham）在英租界工部局（British Municipal Council, Tientsin）的支持下创办，发刊于 1894 年（清光绪二十年）3 月，开始时是周报，1902 年 10 月 1 日改为日报，重点报道京津地区和北方各通商口岸的新闻。该报表面是商业报纸，但因接受天津英国租界工部局的资助，实际上是半官方的英文报纸。可以说，天津的英国工部局是把该报作为自己的喉舌来扶持的，因为他们看到了英文报纸作为舆论阵地对西方人以及中国上层人士的巨大影响。该报于 1941 年太平洋战争爆发后停刊。[2]《华北明星报》（North China Star）创刊于 1918 年，由美国人福克斯（Charles James Fox）博士发起并任主编，因为价格低廉，一度成为华北发行量最大的外文报纸。[3]

此外，天津发行的英文报刊还有《华北每日邮报》（North China Daily Mail）、《华北星期报》（North China Sunday Times）、《中华星期画报》（China Illustrated Review）、《中国评论》（The China Critic）、《公闻报》（The China Advertiser）、《天津英文晚报》（Tientsin Evening Journal）、《天津英文时事日报》（The Tientsin Chronicle）、《华北商务报》《天津星期西报》《华北汉英报》等。

日文报刊：较早的日文报纸有《北清时报》和《北支那每日新闻》。1910 年日本总领事小幅酉吉下令将两报合并，改名为《天津日报》，于 1911 年开始发行。这是日租界内第一种官方报纸。[4]《华北时报》初名为《华北新报》，每周一刊，

---

[1] 马艺：《天津新闻传播史纲要》，北京：新华出版社，2005 年。
[2] 京津泰晤士报．[2016—11—26].https://baike.baidu.com/item/ 京津泰晤士报 /8503180？
[3] O.D.Rasmussen, Tientsin-An Illustrated Outline History, Tientsin, The Tients in Press. Ltd., 1925.
[4] 王薇：《近代天津租界报刊的产生及影响》，《新闻知识》2006 年第 4 期，第 45—46 页。

后改为隔日刊，最后改为日刊，名称改为《北洋日报》，1907年再次改名为《华北时报》。此外，天津发行的日文报刊还有《天津日日新闻》《时闻报》《京津日日新闻》《京津事情》《天津经济新闻》《华北经济新闻》《日华公论》《华北商报》《天津商业会所时报》《居留地》《北支那》《支那问题研究所报》《新晚报》《支那经济旬报》等。

其他文种的报刊：德文的有《北洋德华日报》《德军报》《德华日报》《德国新闻》等；俄文的有《霞报》《兴亚新报》《华北每日邮报》《天津俄文新声日报》等；法文的有《天津差报》《天津回声报》（又名《权务报》）、《天津人报》等。

据不完全统计，到20世纪二三十年代，外国人在天津所办的报刊达到40多种。[1]其中有一部分是用中文编辑的，如英籍德国人德璀琳（S. Detring）于1886年（清光绪十二年）创办的天津第一份中文报纸《时报》、1895年（清光绪二十一年）德国人汉纳根（Von Hanneken）创办的《直报》，以及天主教传教士，比利时人雷鸣远（Vincent Lebbe）于1915年创办的颇具影响力的大报——《益世报》等。

（2）外文图书

1860年（清咸丰十年）天津开埠后，英、日、美、德、俄等国相继在天津开办的印刷厂有30多家，其中半数以上是日本人开办的。[2]从现在流传下来的天津出版的外文图书，可以了解相关的出版机构。

在天津专门从事图书和报刊出版发行的机构有天津北支那社、中东石印局、庸报社发行部、天津要览发行所、北支那经济通信社、大地书房、东亚新报天津支社、日光堂书店、日进堂书店、天津经济新报社、天津日报社、天津商况日报社、Tientsin Press, Ltd.（天津印字馆）、Tientsin Chen Wen Press、Tientsin Chihli Press、Tientsin China Press、Tientsin Hautes Etudes、The United Publishing Co.。为殖民统治服务开办的对华的政治经济等研究机构

---

[1] 于树香：《外国人在天津租界所办报刊考略》，《天津师范大学学报（社会科学版）》2002年第3版，第76—80页。
[2] 天津地方志编纂委员会：《天津通志·出版志》，天津：天津人民出版社，2001年。

和行政部门有支那问题研究所、东方研究社出版部、天津兴信所、京津事情所、天津日本领事馆经济部、Special information Bureau、Hai-Ho Conservancy Commission（海河工程总局）、Tientsin British Municipal Council（天津英租界工部局）。在天津进行奴化教育和文化活动的学校及单位有天津日本文化协会、天津松岛日本高女学校、天津体育剑道部、天津日本图书馆、天津日本高等女学校、天津日本青年学校、天津日本教育博物馆、Tientsin Library（天津英租界图书馆）。在天津从事工商等经济活动的行业组织机构有天津日本商工会议所、东亚经济恳谈会华北本部天津地方委员会、华北纤维协会天津支部、华北纤维组合天津支部、华北盐业股份有限公司、京津纸卸商组合、南满洲铁道（株）天津事务所、天津邦人商工案内社、天津大东亚博览会事务局、中华海员公会、The North China advertising Co.。在天津的外国人建立的社团组织有天津居留民团、天津共益会、中日密教研究会出版部、日本俱乐部等。

这些不同领域的机构团体，在天津出版发行的外文图书也是五花八门，涉及政治、经济、教育、社会、人物、宗教等多方面的内容。

A. 有关介绍天津政治、时事、人物及基本情况的图书：

《天津概况》

《京津事情》

《（北支那案内）天津要览》

《天津事变史》

《北支天津事情》

《抗日运动と天津事变》

《北支事变に参加せし生徒感想文集》

《北支の现势》

《中华民国大事件と袁世凯》

《京津在留邦人官商录》

《天津华商公会名鉴》

Public Directory Tientsin-Peping 20th Century Advertising Service

Tientsin-An Illustrated Outline History

Tientsin und Umgebung: mit 21 photographien und einem plan

The Growth of Tientsin

B. 有关天津工商农业等经济领域的著作：

《天津ニ于ケル商工业》

《天津商工案内》

《天津棉花と物资集散事情》

《天津棉花及棉工业》

《北支经济事情》

《北支那の羊毛》

《最近の北支金融事情》

《北支那鑛业纪要》

《天津港ノ港费》

《天津输出入荷物通关手续》

《天津港の事情港费并ニ海关告示类集》

《北支那港湾事情》

《各种输移出入并配给组合员名簿（输联·商联ノ外）》

《小卖业者の再出发に就て（经济讲演第一辑）》

《北支棉花に关す一考察》

Extent and Effects of Industrialization in China

Industrialization and Labor in Hopei with Special Reference to Tientsin

C. 有关天津文化、教育、卫生等方面内容的书籍：

《支那の教育调查》

《(天津日本高等女学校) 各学科教授の实际》

《(天津日本中学校) 学校要览》

《天津日本图书馆图书目》

Nankai Institute of Economics: Its History and Work 1927–1941

Report for the Year 1938 of the Mackenzie Memorial Hospital

Catalogue of All the Works Contained in the Library on 1st December, 1892 (《天津英租界图书馆目录》)

Bibliothèque Française de Tientsin：Catalogue(《天津法租界图书馆目录》)

Schulordnung der Deutschen schule in Tientsin

D. 有关天津社会生活、宗教、社会团体等方面的图书：

《天津水灾志》

《天津水灾记念写真帖》

《天津の宗教》

《天津居留民团最近十年史》

《天津居留民团行政概观》

《天津居留民团写真帖》

《居留民团法施行规则　居留民团法施行细则》

《居留民会议事速记》

《居留民会议员选举有权者名簿写》

《共益会事务报告书　附共益会财产明细书》

《(财团法人)天津共益会设立许可愿关系书类》

《(财团法人)天津共益会事业一览》

The History of Union Church，Tientsin

E. 有关天津租界当局及海河水利工程方面的资料：

Report of the British Municipal Council for the year 1926

Building and Sanitary by-laws 1936

Hai-Ho Conservancy Commission：Report for 1916-1936

The Hai-Ho Palliative Scheme

三、天津外文地方文献的流传

从 1980 年和 1982 年分别编写的《天津地方史资料联合目录》第一和第二分册可见，收藏天津外文地方文献的单位主要是天津图书馆和南开大学图书馆，而且南开大学还出版了几种介绍南开大学经济研究所的历史和工作情况的英文图书。当然，天津图书馆收藏的相关外文地方文献最为丰富，而且天津图书馆馆藏的这部分旧版外文图书，来源也比较曲折，与天津租界史密切相关，是研究天津地方史的重要文献之一。

天津图书馆始建于1908年，是我国建馆较早、藏书规模较大的省级公共图书馆。天津图书馆收藏的外文旧版图书主要来自于天津英租界图书馆和天津日租界图书馆的藏书遗存。天津曾建立了九国租界，而且各国租界都建有自己的图书馆，那为什么天津图书馆收藏的旧版外文书只有这两个租界图书馆的呢？这其实跟日本帝国主义在"二战"期间侵华，日军占领天津有关。1941年日本发动太平洋战争，向英美宣战，占领天津的日本军队进驻英租界，将天津英租界图书馆藏书13000册全部收缴，归入天津日租界图书馆，即所谓的天津日本图书馆。1945年日本战败投降，日租界随即被民国政府收回，天津日本图书馆的馆藏作为敌产的一部分被完整地接收下来，英租界图书馆的藏书也在其中。中华人民共和国成立初期，天津市人民政府将这部分外文藏书移交给天津图书馆收藏。经过整理，其中的一些天津地方史料陆续被发现，成为天津图书馆重要馆藏文献之一。而其他的多国租界都是通过谈判达成协议后收回的，不存在收缴财产的过程，各租界的图书馆藏书自然也就不会留在天津了。

天津外文地方文献和其他馆藏文献一样，来源是多渠道的，主要有继承旧藏、交流和划拨、购买和惠赠等形式。天津地区的一些收藏单位进行馆藏交流，互通有无，有的馆藏文献上就有"请交换""赠阅"等字样的钤章。此外，中华人民共和国成立初期，天津市人民政府为了加强公共图书馆的藏书建设，征集了一些单位图书馆（室）的藏书，划拨给天津图书馆收藏。同时，天津图书馆也进行购藏和补充，如有的文献上就记有"古籍书店购"的字样。[1] 另外，馆藏旧刊除了一些藏书单位间的赠阅外，还有一些社会人士的个人惠赠。如中国近现代史上著名的外交家顾维钧先生就把他在天津寓所内的全部中外文藏书捐赠给了天津图书馆，其中绝大部分为外文旧版图书。

---

[1] 王永华：《浅谈公共图书馆二次文献的开发与利用——以天津图书馆建国前中文期刊目录编制为例》，《图书馆工作与研究》2016年第8期，第70—73页。

四、结语

本文述及的天津外文地方文献，主要指在天津出版发行的与天津有关的外文文献。其实天津以外地区出版的（包括国外出版的）与天津有关的外文文献，或天津人用外文撰写的内容可能与天津无关的著作，都可以视为天津外文地方文献。这些外文地方文献是特殊的"城市记忆"，可以帮助我们从不同的角度来审视城市的过去。比如，抗日英雄、爱国将领吉鸿昌在天津国民饭店遭国民党军统特务暗杀受伤，被法国巡捕逮捕的消息，《京津泰晤士报》(Peking and Tientsin Times)在1934年11月11日至15日就连续刊登了4条报道。这些距今已经远去的新闻报道，可以使我们了解外国人对当时事件的看法，也许会帮助我们对历史进行新的认识和解读。

另外，天津图书馆收藏的外文文献中也有一些关于北京和华北地区的资料，在京津冀一体化的时代背景下，有必要将这些文献作为京津冀地方文献进行深入的研究和开发利用，为京津冀协同发展发挥作用。

参考文献

[1] 马艺：《天津新闻传播史纲要》，北京：新华出版社，2005年。

[2] 京津泰晤士报．[2016—11—26].https://baike.baidu.com/item/京津泰晤士报/8503180．

[3] O.D.Rasmussen, Tientsin—An Illustrated Outline History, Tientsin, The Tients in Press. Ltd., 1925.

[4] 王薇：《近代天津租界报刊的产生及影响》，《新闻知识》2006年第4期，第45—46页。

[5] 于树香：《外国人在天津租界所办报刊考略》，《天津师范大学学报（社会科学版）》2002年第3版，第76—80页。

[6] 天津地方志编纂委员会：《天津通志·出版志》，天津：天津人民出版社，2001年。

[7] 王永华：《浅谈公共图书馆二次文献的开发与利用——以天津图书馆建国前中文期刊目录编制为例》，《图书馆工作与研究》2016年第8期，第70—73页。

地方文献工作在生态旅游建设中的作用
——以北京市密云区图书馆为例

张彩霞（北京市密云区图书馆）

摘　要：本文通过对地方文献资源的概念、范围、类型及特色的具体说明，总结近年来密云图书馆地方文献工作实践经验案例，全面论述了地方文献工作对促进当地旅游，实现生态绿色可持续发展发挥的重要作用。论文从地方文献资源为旅游产业的开发提供丰富史料、深厚文化内涵、科学依据等方面，详尽阐述了公共图书馆加强地方文献资源建设对促进旅游产业发展，实现文化和旅游产业深度融合发挥的重要作用。

关键词：地方文献；资源建设；专题服务；旅游产业；旅游文化

Abstract: This article aims to summary the existing local document datas accumulated by the Miyun Library in recent years by explaining in detail the concept, the scope, the types and the characteristics of the local document resources. This paper discusses, in wide-ranging views, on the great contribution of the local document resources accumulation to the promotion of the local tourism industry and to the realisation of sustainable development. Based upon the local document resouces, the writer provides abundant historic documents and rich cultural connotations for the development of the tourist industry, gives scientific basis to the tourist industry for creating better environment, thus, play a media role in promoting the development and growth of the tourist industry and makes an effective carrier to promote the competitive power of the local tourist industry. This paper states in detail the great impact of the public libraries to the promotion in the development of the local tourist industy and to the deep combination between the culture and the tourist industry.

Keywords: local document resources; resources accumulation; special service; tourist industry; tourist culture

一、密云区的发展方略

党的十九大以来，以习近平同志为核心的党中央带领全国人民进入了中国特色社会主义新时代。首都北京作为首善之区，全面贯彻落实十九大精神，按照首都城市战略定位，制定了以加强全国文化中心建设为重点，实现"一核一城三带两区"的发展战略。按照北京市委、市政府的总体要求，密云区制定了总体发展方略：坚持"发展是第一要务、保水是第一责任、生态是第一资源"的理念，保护生态环境，发展生态经济，促进生态富民，把建成生态涵养发展区、建设"绿色国际休闲之都"作为发展定位，把休闲旅游产业作为战略性重要支柱产业，把以绿色为特征、以国际为水准、以高端重大项目作为支撑，把建设宜居、宜业、宜游的城市作为产业发展之路，全面打造"红色密云（密云有红色的革命历史）、绿色密云（密云有绿色的优美环境）、金色密云（密云将有金色的发展未来）"的密云形象。

二、地方文献在密云区旅游产业发展中的重要作用

按照北京市的发展战略，结合密云区的整体发展要求，密云图书馆作为当地

的区级中心图书馆，自然成为密云地方文献信息资源的中心。因此，积极发挥公共图书馆地方文献信息资源优势，以旅游产业发展为突破口，以提供专题资料为手段，努力为当地"五位一体"发展服务，就成为地方文献资源建设的重要课题。

（1）地方文献资源为旅游产业的开发提供了丰富的史料

密云图书馆所收藏的各个年代的不同版本的《密云县志》，以及多年收藏的连续出版物《密云年鉴》《文史资料选编》和《密云革命斗争史》《密云水利史》《密云公路史》《密云教育史》《密云建设史》《密云绿化志》《密云地名志》等专题资料，全面真实地反映了本地区从古至今的政治、经济、文化、自然、军事、人物、艺术等自然和人文情况，再现了本地区社会发展的全过程，为制订旅游规划，开发旅游资源，建设旅游景点提供了翔实的文献资料，为旅游事业可持续发展提供了重要依据。

（2）地方文献资源为旅游产业的开发提供了丰厚的文化内涵

地方文化是旅游业的灵魂，旅游在本质上是以文化为主体的社会活动。著名经济学家于光远曾指出："旅游是经济性很强的文化事业，又是文化性很强的经济事业。"密云区特殊的地理位置和环境，使得该地区具有深远的历史文化和丰富的地域文化。

密云历史悠久，距今约10万年前，祖先们就在这片土地上开拓。密云是燕山山地与华北平原交接地，是华北通往东北、内蒙古的重要门户，战略地位十分重要，自古为兵家必争之地，故有"京师锁钥"之称，历史古迹和人文景观众多。特别是明长城在区域内绵延207公里，占北京市长城的三分之一。密云不仅有明长城，还保留着古老的北齐长城，被著名长城专家罗哲文教授誉为"中国长城之最"。另外，清代乾隆年间为了加强防御，还专门建立了檀营，作为满蒙八族驻防营。抗日战争和解放战争时期，密云也是重要的驻防要地，发生过多次战役，著名的古北口抗战就是重要的历史事件之一。

由于原始文化、游牧文化和农耕文化在这里交汇，经过千百年的繁衍生息，这里形成了以汉文化为主、满蒙等其他文化并存的多元文化，涌现了许多杰出的历史名人。不同的民族文化造就了不同的生活方式，形成了多彩的民间文化艺术，最终形成了丰富的地方文献信息资料。大到城池遗址，小到地方特产，民俗风情无不折射着密云多元文化的艺术灵光。就连最平常的人名姓氏，也都独具特色。如古北口河西村这个历代关口人员聚集地，仅560多户人家、1600多口人，就有姓氏135个，在北京地区是姓氏之最。

所以，密云图书馆充分利用地方文献信息资源齐全的优势，通过制作二次文献、提供课题服务、发放专题资料等方式，为旅游产业提供文化服务。我们制作提供的密云旅游便览、密云特产小吃、姓氏探源、民俗方言汇编、民间艺术、传统文化等专题资料，较好地提升了密云旅游产业文化内涵，促进了旅游产业经济效益提高。

（3）地方文献资源为旅游产业创造优美环境提供了科学依据

自然景观、山川风貌是反映城市地理特色的最佳资源，是创造城市环境美的重要内容。密云区位于燕山山地与华北平原交接地，东、北、西三面群山环绕、峰峦起伏，巍峨的古长城绵延在崇山峻岭之上。中部是碧波荡漾的密云水库；西南是洪积冲积平原。总地形为三面环山，中部低缓，西南开口的簸箕形。因此，密云的整体建设规划必须以此为依据，进行科学布置，合理开发。

我们通过提供《密云水利志》《密云地名志》《密云地质地理汇编》等相关资料，使各级领导全面了解了当地的自然环境和矿产资源，科学地制订了旅游规划。如今，密云区充分发挥自然资源生态优势，积极开发了雾灵山、云峰山、云蒙山、云岫谷、三峪、黑龙潭、白龙潭等风景区，还创造性地把因破坏环境而关闭的铁矿石场开发成铁矿博物馆。通过向游客普及铁矿知识的方式，传播热爱生活、注重生态、节约能源、和谐发展的理念，达到寓教于乐的目的。同时密云区还以铁矿博物馆为中心创建了红酒庄园、玫瑰庄园文化创意产业园，并从此拉开了特色旅游的序幕。如今，该产业园区特色旅游享誉全国，旺季游人如织，盛况喜人。

（4）地方文献资源为创建"红色密云"提供宝贵的史料资源

特殊的地理位置使密云成为历代兵家的必争之地。如今，残酷的战争已经结束，留下了不少的战争遗迹和可歌可泣的感人故事，既昭示后人要不忘历史，珍爱和平，又激励着当地人民热爱家乡，为创造美丽和谐新生活作贡献。

宋朝的杨家将曾在密云境内与辽国军队作战，全家英勇抗敌、保家卫国的精神为世人传颂，甚至被他们当时的敌人敬仰。辽国竟在本国土地，如今的古北口建立了杨令公帝庙以示敬重。明朝抗倭名将戚继光曾修建白龙潭龙泉寺，留下多首传世名诗被世代传诵。毛泽东主席当年也非常重视密云的革命斗争，做出了以雾灵山为中心创建革命根据地的重要指示。抗日名将白乙化遵照毛主席的指示，开辟了丰滦密抗日根据地，并坚持不屈不挠的斗争，在1941年的战斗中壮烈牺牲在密云深山区鹿皮关。另外还有诸如人民的母亲邓玉芬、古北口抗战遗址、"臭水坑"惨案遗址等，均被开辟为爱国主义教育基地。

密云图书馆把这些战争遗址、爱国主义教育基地及所有的可歌可泣的英雄人物事迹，全部通过文本格式、音像格式和图片格式进行数字化，并通过网站、公众号等形式进行展览和宣传，供密云区域内外的人民共同学习参观，以期达到促进宣传、扩大影响、提高旅游效益的作用。

（5）地方文献资源为提升旅游产业发展壮大发挥重要的媒介作用

一个地区的旅游产业定位和发展方略，是通过广大人民群众的共识来实现的。因此，如何提高当地干部群众的共识，形成强有力的凝聚力、向心力，是发展旅游产业的重要环节。大量的地方文献从多方面、多主题、多维度记录了当地的自然景观和人文历史，形成了丰富多彩的旅游资源，较好地激发了人们的旅游情怀。无论是自然风貌、人文景观、建筑风情、民俗文化、地域文化，无疑都给人以思想启迪和精神愉悦，对人民树立社会主义核心价值观发挥积极作用。另外，人们在查找、阅读和利用这些地方文献资料时，在潜移默化中增进了文化共识，凝聚了思想认知，最终形成强有力的合力，共同为宣传密云、建设密云、促进旅游发展发挥积极作用。

为了实现以上目的，我们采取多种手段制作了多种形式的地方文献专题资料。如把历代名人为密云撰写的题词和诗歌整理汇集成册，分别发放给相关部门，并通过组织诵读会、征文比赛等方式广泛宣传，形成了良好的知密云、爱密云氛围,最终被相关领导认可,及时拨付专款,在密云图书馆广场运用石雕制作成一面诗墙,供广大人民群众学习欣赏。如今,每天参观的人络绎不绝,好评如潮,不仅吸引着外地游客前来参观学习,同时还增强了密云人民热爱家乡的自豪感,并积极投身密云建设,以自己的实际行动为密云发展做贡献。

再如,今年是首都重要的饮用水源地——密云水库建设60周年。为了强化密云"注重生态环境,保护一盆净水"的理念,我们专门制作了《密云水库建设专题资料汇编》,内容涵盖密云水库规划设计资料、建设情况综述、当时重要宣传资料——《密云水库报》和内刊《密云水库建设》《水库建设者诗歌汇编》《水库建设者绘画作品集》以及水库建设现场照片资料。

其中,最受人瞩目和赞赏的是《密云水库建设领导关怀资料汇编》。该资料汇编收集的资料图文并茂,翔实地反映了各级领导对水库建设的重视和关心。人们被伟大领袖毛主席高瞻远瞩,修建密云水库的英明决策而折服;人们敬佩朱德老总不顾高龄毅然投身水库建设一线的无私奉献精神;人们为周恩来总理爱民如子,六次亲临现场指挥,关心关怀水库建设者生活和移民生活的举动所感动;人们被叶剑英、陈毅等领导人物创作的大气磅礴的赞颂密云、歌颂水库的文学作品而感染;人们更被邓小平、习仲勋、万里、彭真等领导人多次从不同角度对建设密云、保护生态的重要思想所激励。

密云水库的建成,以及因此而形成的密云良好的生态环境,让密云享誉全国乃至世界,吸引了世界各地的文人墨客前来观光写生,因而更好地促进了密云旅游的发展,终使绿色生态旅游成为密云支柱产业,密云区人民从此走向文明、和谐、富裕、幸福的新生活。

总之,密云图书馆地方文献资源建设实践对当地旅游产业的发展壮大所起到的促进作用,充分说明了地方文献资源的开发利用对当地经济社会全面发展发挥着不可替代的作用。

参考文献

[1] 陆志欣:《浅论地方文献读者服务工作》,《科技情报开发与经济》2013年第5期。

[2] 武小茹:《树立地方文献品牌 建设地方特色馆藏》,《科技情报开发与经济》2007 年第 19 期。

[3] 王静:《地方文献对中国农村研究的利用及其价值》,《晋图学刊》2010 年第 5 期。

[4]《党的十九大报告》,2017 年 10 月。

[5]《2018 年北京市政府工作报告》,2018 年 3 月。

[6]《2018 年密云区政府工作报告》,2018 年 3 月。

探寻尘封千百年历史的记忆
——文化部和旅游部深度融合后地方文献开发利用的探索

姜 楠（北京市西城区第二图书馆）

摘 要：2018年3月13日，国务院机构改革方案提请十三届全国人大一次会议审议关于组建文化和旅游部的方案，西城区第二图书馆充分把握当前机遇，开发历代帝王庙试点工作，寻找文化与旅游相结合的交集，通过资源深度融合，将地方文献开发利用。

关键词：文化和旅游部；地方文献；历代帝王庙

Abstract:On March 13, 2018, the institutional reform plan of the State Council requested the first session of the 13th National People's Congress to review the plan for the establishment of the Ministry of Culture and Tourism. The second library in Xicheng District fully grasped the current opportunities and developed pilot work for successive Dynasties of Emperor Temple to find the intersection of culture and tourism, through the deep integration of resources. Development and utilization of local literature.

Keywords:Ministry of Culture and Tourism; local literature; successive Dynasties of Emperor Temple.

地方文献可以综合地反映出一个地区的政治、经济、文化、教育、历史、地理、风土人情、人物传记、物产资源、名胜古迹等方面的重要内容，具有很高的历史文化、科学艺术、现实社会与开发利用价值。同时地方文献具有较强的时代性和广泛性。地方文献是旅游业发展的灵魂，地方历史文化是旅游业持续发展的动力，应高度重视地方文献资源的挖掘整理、开发利用，寻找旅游文化的脉络和根基。地方文献是具有地方特征的区域性文献，地方文献记载的信息内容丰富多样，具有鲜明的地方特色，是一个地区历史的沉淀和缩影。

2018年3月13日，国务院机构改革方案提请十三届全国人大一次会议审议关于组建文化和旅游部的方案，目的是"增强和彰显文化自信，统筹文化事业、文化产业发展和旅游资源开发，提高国家文化软实力和中华文化影响力，推动文化事业、文化产业和旅游业融合发展"。

在这次机构改革的大背景下，北京市西城区文化委员会将西城区内的旅游资源及文物保护工作成果与图书馆的地方文献收集、整理、管理相结合，发挥本区自身优势，以极具文物价值和研究价值的历代帝王庙为试点，由西城区第二图书馆牵头组织专业技术人员主动参与旅游资源开发的全过程，对文物保护及地方文献搜集工作进行分析，抽取文化与旅游的交集，通过分析、整理、组织、整合等多个环节，有效地利用和开发重要的地方文献资源。

一、图书馆开发历代帝王庙地方文献资源的优势

党和国家高度重视中华民族优秀文化遗产的传承和弘扬，党的十八大以来习近平总书记多次强调指出：优秀传统文化是一个国家、一个民族传承和发展的根本，如果丢掉了，就割断了精神命脉，中华优秀传统文化是中华民族的精神命脉，要努力实现传统文化的创造性转化、创新性发展，使之与现实文化相融相通，共同服务以文化人的时代任务，要让收藏在禁宫里的文物、陈列在广阔大地上的遗产、书写在古籍里的文字都活起来。

历代帝王庙作为古都北京的皇家庙宇，展现的是中华优秀传统文化，而图书馆所承载的是文献收藏和知识传播的任务，虽然各有侧重，但是它们之间却有着

千丝万缕的联系,有互补性与相似性。正所谓他山之石可以攻玉,无论从历史的渊源,还是当前文化旅游资源的整合上看,它们都有合作的基础,具备共建共享、共融互通的条件。

(1) 资源优势互补

图书馆是专业的搜集、整理、收藏与流通文献资料,以供读者进行学习和参考研究的文化机构。历代帝王庙是西城区非常有代表性的旅游资源,也是保存、陈列、研究物质文化和精神文化及自然标本的文化教育机构。历代帝王庙中的宝贵文物资源虽然也对游人开放,但仅仅将珍贵的地方文献陈列在展柜之内,只是系统、合理陈列实物资料供游人参观,实行普及教育。但历代帝王庙是对文物、历史实物资料的保护机构,它所陈列的物品无法让游客加以延伸利用和参考研究,多年历史的积淀会随着岁月的流逝尘封起来,而图书可以翻译成世界的语言,让更多的读者、学者、专家对资源进行研究,最终还原历史本貌,使文物绽放异彩,发挥更大的价值。

(2) 专业队伍互补

图书馆拥有着图书资料系统的专业人才,他们在一个终身免费学习的场所主动获取知识;而历代帝王庙的工作人员主要是文博系统及旅游专业的,两种专业技术人员的侧重点不同。图书馆人是将文献的原始记录转化为书籍,博物馆、旅游专业人员则直接通过实物与历史对话,通过时空的穿梭,俯瞰历史的风风雨雨,可见图书馆人的工作队伍需要一个更加直观的旅游文化队伍与其互补。

(3) 服务对象互补

提供信息服务和传播文化信息的功能是它们共有的社会属性。但是多年来图书馆主要在知识传播领域引导读者阅读,而旅游历史资源则主要针对游客,两种资源的管理单位具有不同的管理生存环境,无法协调成为一个整体,也无法发挥资源整合、资源共享的作用。在国家机构改革的大环境下,将文化与旅游相结合,使两种资源相互得到进一步开发,服务对象达到互补。

（4）研究方向互补

图书馆与旅游历史资源都具备采集、鉴定、编目、研究、刊刻、复制、图录等功能，从本质上是相通的，但目前两个部门的信息资源相对独立、难以整合，更不用说资源的合作开发利用，要摆脱各自为政、互相抢夺资源的状态，将彼此的研究与开发成果共享才是未来的发展方向。

通过对历代帝王庙与西城区第二图书馆各自职能与定位的探讨和分析，可以发现，二者在存储文化知识、开展社会教育、丰富大众生活等基础功能上有着很多的共通点。博物馆和图书馆职能互融互通、紧密相连，共同保存着人类文明与智慧的重要结晶。博物馆和图书馆作为两种不同的文化贮藏主体，你中有我，我中有你，互相联系碰撞，共同融合发展。

二、历代帝王庙地方文献资源特点

（1）历史文化价值

历代帝王庙是明清两朝的一座皇家庙宇，始建于明嘉靖十年（1531年），距今已有480多年历史。在历代帝王庙中祭祀着中华历代帝王、名臣，展示着中华民族祭祀祖先的文化传统。历代帝王庙庙宇建筑气势恢宏，主体建筑相对保存完整，凝重肃穆、巍峨庄严，文化内涵博大精深，是全国重点文物保护单位，本身就是一个独立的文化品牌。通过将馆藏丰富的地方文献资源开发，让一个个深埋在地下的谜团重见天日，还原历史的本来面目，极具历史文化意义。

（2）科学艺术价值

庙堂中陈列着各朝代的御旨、碑文、诗歌、楹联、乐章、祝文、评文等，这些都是北京地方文献独具特色的历史沉淀，具有很高的文化与艺术价值。庙宇的修建、祭祀器具与祭品等，具有很高的科学与艺术价值。同时，对于研究中国祭祀制度的演变、帝王及名臣、中华礼仪及历史文化等方面还有很高的历史价值，这些文化遗迹激发人们探寻中华千百年历史的热情。一件件珍贵文物，通过西城区第二图书馆的平台优势向社会提供服务，将珍贵的历史资源开发利用。

(3) 现实社会价值

历代帝王庙本身就是一个国家历史标志性建筑，这是一座"绝版庙宇"，唯一集以三皇五帝为代表的历代帝王于一体的历史纪念场所，丰富的旅游文化资源映衬出历史的延续和深厚的中华民族底蕴，正是这些文物见证和捍卫着国家的统一，深刻地说明中华民族五千年的传统文化和历史脉络。

图书馆馆藏文献资料可以深化旅游资源的文化内涵，文化的复杂性和多样性是激发旅游者产生旅游动机的重要因素。发掘旅游资源的文化内涵，是旅游资源开发的重中之重。通过发掘文化内涵来增强民众的民族认同感和使命感，使历代帝王庙创造更大的社会价值。

(4) 开发利用价值

文化是旅游业的灵魂，这就需要从文献资料里挖掘，把旅游地绵延不断的自然变化和历史演进再现、还原、活化，将图书馆文化资源与旅游文物资源相结合，通过保留和还原古典地方文献的方式，形成西城区旅游资源的核心吸引力。通过以政府为主导，社会资源相参与的资源开发模式，把珍贵的地方文献资源复制或数字化，在图书馆内打造高端旅游文化品牌，丰富文创产品的开发利用途径，将文化与旅游整合。充分发挥图书馆文化资源优势，为历代帝王庙旅游品牌的传播提供更广阔的平台。

图书馆搜集、整理地方文献是为了有效地开发利用，可以为博物馆建设服务，使地方文献的价值得到真实体现。首先，编制专题，创建关于历代帝王庙的特色数据库，主动提供剪、摘，并帮助复印专题文献，可减少读者的检索时间和精力。其次，利用网络提供便捷的服务，主动为读者做好代查、汇编筛选和相关文献资料摘编。西城区第二图书馆通过与历代帝王庙融合开发地方文献工作，可以逐渐尝试把地方文献与西城区特色地域文化开发紧密结合，为创建全区文化品牌提供更多的理论依据。

三、在开发利用过程中存在的问题

（1）缺乏较强的政策支持

北京市西城区在文化与旅游刚刚融合的情况下，将历代帝王庙珍藏的地方文献与西城区第二图书馆作为合作试点。在地方文献开发过程中，两个单位的工作人员都做好了充足的准备，但由于历史文物的种种限制，两部门还在牵头做好整个资源开发利用的顶层规划工作。两部门的专业技术人员虽然都是本行业的佼佼者，但此次毕竟是跨专业技术类别共同开发资源，因此还在研究如何为下一步工作提前做好专业技术的培训，将跨行业培训纳入到每年的继续教育中。

（2）有效提高政府的关注力度和投入力度

图书馆建设既属于地区基础建设的一部分，也属于地区文化事业发展的重要组成部分。希望以此次文化和旅游部机构改革为契机，政府能为加大文化部门和旅游部门深度融合提供政策、资金、人力等方面的支持。

完善地方文献保障体系是图书馆开展信息服务的基础。首先，除了政府支持外，还要充分利用广播、电视、报纸、网络等媒体，向社会各界进行宣传。尤其是与当地宣传部门建立合作关系，由宣传部定期向图书馆提供地方文献的出版动向和目录，使图书馆在第一时间全面了解地方文献的出版动向，开展有的放矢的收集。其次，逐步建立地方文献征集网络，保障地方文献的广泛性和连续性。

图书馆文化资源与旅游文化资源的结合，体现了图书馆的多方面价值。长期以来，图书馆只被人们看作是书籍传播和阅读的场所，这种情况严重制约了图书馆事业的发展。国家机构改革将文化与旅游部合并，打破了长期以来的种种限制，通过图书馆对重点旅游景区、博物馆等地方文献进行专业的分类开发，支持了地方文化事业发展，激发了文创产品的市场活力，重新发现和解释历史，带动了地方经济的发展，展示了图书馆发掘地方文献的作用。

参考文献

[1] 中共中央办公厅、国务院办公厅:《中共中央关于深化党和国家机构改革的决定》,2018年3月4日。

[2] 中共中央办公厅、国务院办公厅:《深化党和国家机构改革方案》,2018年3月21日。

[3] 柯平:《关于地方文献理论研究的基本问题》,《图书馆论丛》1994年第2期,第16—21页。

[4] 柯平:《论地方文献书》,《图书情报知识》1997年第2期,第35—37页。

[5] 吴佩林:《地方档案与文献研究(第一辑)》,北京:社会科学文献出版社,2014年。

[6] 习五一:《历代帝王庙的价值评估》,《城市问题》2001年第6期,第49—51页。

[7] 方允璋:《图书馆与非物质文化遗产》,北京:北京图书馆出版社,2006年。

[8] 欧阳有权:《文化产业概论》,湖南:湖南人民出版社,2007年。

青岛城市记忆文化中心
——利用传统文化建设城市记忆

宋 菲（青岛市图书馆）

摘 要：城市的文脉是城市记忆的重要组成部分，而富有地域特色的"老物件"和传统手工艺又是城市文化发展的主要推手，所以青岛市图书馆通过挖掘整理文化资源、搭建平台和载体，推进非遗传承来构建青岛城市记忆文化中心，以期达到保留城市记忆、创新城市发展的目的。

关键词：城市记忆；非遗推广；老物件；文创产品

Abstract: City Culture Context is a very import part of city memory, and Old goods with regional features and traditional handicraft are the main driver of city cultural development. So Qingdao Library wants to construct Qingdao city memory culture center in order to preserve city memory and innovate city development by exploring and organizing cultural resources, building the platform and carrier and promoting inheritance of intangible cultural heritage.

Keywords: city memory; intangible promotion; Old goods; cultural and creative product

中华文化源远流长、灿烂辉煌。在5000多年文明发展中孕育的中华优秀传统文化，积淀着中华民族最深沉的精神追求，代表着中华民族独特的精神标识，是中华民族生生不息、发展壮大的丰厚滋养，是中国特色社会主义植根的文化沃土，是当代中国发展的突出优势，对延续和发展中华文明、促进人类文明进步，发挥着重要作用。

一、项目背景

2014年2月，习近平同志强调培育和弘扬社会主义核心价值观必须立足中华优秀传统文化。中共中央办公厅、国务院办公厅就实施中华优秀传统文化传承发展工程印发文件，凝聚共识，明确任务，更是把弘扬优秀传统文化推向高潮。十九大报告又指出，深入挖掘中华优秀传统文化蕴含的思想观念、人文精神、道德规范，结合时代要求继承创新，让中华文化展现出永久魅力和时代风采。

山东是著名的孔孟之乡、礼仪之邦，传统文化底蕴深厚、影响深远。为继承和弘扬中华优秀传统文化，提高公共图书馆的文化服务能力，实现优秀传统文化的创造性转化、创新性发展，早在2014年，山东省文化厅就提出了"图书馆＋书院"的新型公共文化服务模式，推进传统文化的传承和发展。

青岛市图书馆以"时不我待、舍我其谁"的精神积极响应号召，深入挖掘传统文化资源，梳理历史脉络，展示城市文化，让青岛文化得以更好地传承和升华，目前已与青岛市国学会、青岛大学等十余家单位建立了战略合作关系，开展剪纸技法、传统吟诵、汉家衣礼、冷兵器体验等十余个种类的国学传承活动。

二、项目概述

文化是城市发展流淌的血液，没有文化的依托，城市便失去了生命根基和历史记忆。不忘源头、不忘根本、不忘优势，尊重、继承和弘扬优秀传统文化，把传统的、富有地域特色的文化宝藏发掘好、保护好、传承好、利用好并不断发扬光大是保存城市记忆最根本的途径。城市特色是城市文化厚度与广度的体现，本项目旨在通过挖掘整理文化资源、梳理历史脉络、搭建平台和载体，展示城市文化的沿革，让青岛文化更好地传承与升华。

青岛城市记忆文化中心主要开展三个方面的工作："老物件"展示、非遗传承推广和文创产品开发。"老物件"展示的方式分为长期固定展览、短期流动展览和微展览，按照品类和生活场景，以实物小场景结合现代声光电的形式来展示各个时期青岛市的人文记忆；非遗传承推广则主要通过举办相关讲座、沙龙和包括剪纸、纺纱织布、木版年画、活字印刷、鲁班锁等十余种极具胶东半岛特色的手工艺体验活动来实现。同时，也进行文创作品的开发，例如手机壳、围巾、抱枕等，所开发的文创产品都非常注重体现商品的原生态。

三、可行性分析

首先，青岛城市记忆文化中心所开展的城市历史文化发掘属于中华优秀传统文化的范畴，相关研究工作符合国家的政策导向。

其次，早在 2015 年，青岛大学城市品牌文化研究所就积极响应国家文物局在北京、山东等五省市开展经济社会发展变迁物证征藏试点、征藏 1949 年以前的实物的号召，组织专家对山东省和青岛市的"老物件"进行了专项收集与整理，近三年来成果尤其丰富，收集到各品类物件达 2 万余件，青岛市图书馆则深入挖掘场地资源，腾出近千平方米的展览空间，各种硬件条件已齐备。

再次，青岛城市记忆文化中心是青岛市图书馆与青岛大学非物质文化遗产研究中心和青岛大学城市品牌文化研究所合作开展的，参与人员的结构非常合理，投入本项目研究的人员具有高级职称的有 9 名，研究生 20 多名。

最后，青岛市图书馆在举办传统文化活动方面的经验非常丰富，2015 年至 2017 年已累计举办活动 500 多场，创建了国学传承品牌"知正国学堂"，建立起了传统文化活动宣传网络，拥有了一大批忠实的粉丝。

四、项目特色与实施

（1）特色与创新

青岛城市记忆文化中心的特色和创新主要体现在三个方面：一是"老物件"的集中全面展示。这些老物件展现了不同历史时期社会经济与生活的方方面面。一件件老物件，蕴藏着一段段尘封的历史，讲述着一个个古老的故事。二是推进非遗传承、创建"匠人工坊"。通过与专业团队的合作，坚持教、学、研三结合，深入挖掘关于胶东民艺的优秀民间资源，开展各种类型的体验活动，吸引各种非遗传人的入驻，不断提升学术水平和活动档次，最终建立自己的"匠人工坊"。三是服务模式的多样化，即"引进来"和"走出去"相结合、单次体验和周期培训相结合、预约制和自由参与相结合。

（2）实施情况

①展览展示

目前，青岛城市记忆文化中心已建成两个固定民艺展厅，总面积超过300平方米，展出展品3500多件，这两个展厅主要展示了不同历史时期的生活用品和劳动工具。

已开展多次流动展览，其中比较具有代表性的就是2018年正月初八举办的"'光阴的故事'——城市发展变迁物证展"。这个展览分为时光和记忆两大主题。时光主题的展览按时间顺序分为四个板块，还原了真实生活的场景，包括民国时期、社会主义建设时期、"文革"时期和改革开放后四个部分。记忆主题的展览则选择了四大品类的物品进行专项展示，包括票证类、生活用品、家用电器和文体娱乐。展览吸引了众多岛城市民的关注，每个人都能在这里找到属于自己的回忆，其中不乏一些知名民俗专家。大家都对展览品类的齐全表示震撼，认为展览的举办具有很高的社会价值和文化意义。另外，汉服展览、青岛本土知名企业发展变迁展和手工艺体验作品展等一系列流动展览的举办也取得了良好的社会效果。

②手工艺体验活动

青岛城市记忆文化中心已开展了手工扎染活动，基本上是每周举办一次活动，这个项目获国家社科基金项目"中国传统印染文化研究"资助，相关成果曾获山东省高校科研成果一等奖。

每月开展剪纸技法体验活动，每年的正月十五还会举办剪纸大赛暨作品交流会，到今年已连续举办了15届，加入了扎染、面塑和木版年画等内容。这个活动已经吸引到了非遗传承人李翠敏老师和李文玲老师的加入。李翠敏老师从事剪纸艺术已经50多年了，是中国民间文艺家协会剪纸艺术委员会副主任、山东省十大民间艺术大师、山东省手工艺协会会长，作品入选联合国教科文组织；李文玲老师被中国民俗学会授予"剪纸艺术大师"称号，多次参加世界博览会，曾为习近平总书记、吴邦国委员长、李肇星部长等国家领导现场表演并向他们赠送作品。

除此之外，青岛城市记忆文化中心还开设活字印刷、面塑、木版年画等传统手工艺体验活动，读者参与度都很高。

③文创产品开发

除展览展示和手工艺体验活动外，青岛城市记忆文化中心也致力于开发"原生态"的文创产品，现已有围巾、提包、抱枕、手机壳、床单、文化衫和手帕等。产品的图案基本上都是传统的山东织锦图案，手机壳和提包因为实用性高现在最受读者的欢迎。

五、展望

（1）近期目标

青岛城市记忆文化中心正在努力创新服务模式，非遗推广以往都是通过发布活动预告吸引读者走进图书馆来体验传统文化，现在实行"引进来"和"走出去"相结合的模式，目前已经走进了青岛市实验小学、青岛市大学路小学和超银小学等4所学校，计划年内再走进20所学校。这个活动非常符合社会主义核心价值观立德树人的要求，获得了所到学校师生的一致好评。

逐渐丰富非遗体验项目，即将增设鲁班锁展示体验。鲁班锁，也叫孔明锁，是山东滕州的一项非遗技艺，凝聚着古代劳动人民的非凡智慧，同时也象征着我们国家正在提倡的工匠精神。2010年上海世博会山东馆的标识符号就是鲁班锁，李克强总理在第七届中德经济合作论坛时也曾将鲁班锁作为礼物赠送给默克尔总理。这个板块的合作专家是中国海洋大学工程学院的一位教授，他长期从事鲁班锁的算法优化研究，对鲁班锁的教学推广有很深刻的见解。鲁班锁板块还将举办开放式的小型展览，让前来参观的读者都能拿起来玩一玩。

缠花和古法造纸体验也在紧张的筹备中。造纸术是四大发明之一，纸张又与图书馆有着天然的联系，公共图书馆的读者如果通过打浆、抄纸等传统手法亲手做一张花草纸，那会是非常有意义的一件事。除此之外，手工扎染的图案、手法和色彩也在进一步改进，力求更加突出山东特色。

（2）中期目标

青岛城市记忆文化中心计划年内再开放两个固定民艺展厅，展出纺纱机、织布机等大型展品，届时展品总数将超过一万件，还将举办传统纺织体验。中期之所以开展纺纱织布体验是因为青岛在历史上曾是我国的纺织重镇，我国纺织史上著名的"上青天"中的"青"指的就是青岛，传统纺织文化也是青岛非常重要的城市记忆。青岛大学的前身就是青岛纺织工学院，合作方的几位教授都是相关领域的专家，5月份公布的山东入选第一批国家传统工艺振兴名录中就有鲁锦织造技艺。所以，纺纱织布体验的开展肯定可以让城市文化得到最大化的保存。

这个计划也是一种工作的融合创新。青岛市图书馆目前开展了十余个传统文化板块，汉家衣礼就是其中一个比较受读者欢迎的板块，包括汉服展示、体验和成人礼、开笔礼等传统礼仪的推广。纺织体验的开展还可以将这两个板块有机地结合起来，通过汉服实物向大家介绍纺织知识，例如传统服饰的由来、发展史、图案，不同朝代的服装制式、不同的面料、印染的手法等。这样大家对纺织文化可以有更直观的印象，同时也可以让两个板块的受众更好地融合。

(3) 终期目标

本项目将常设 4—5 个固定展厅，举办不少于 50 场的流动展览、不少于 500 场的传统手工艺体验活动，吸引至少 5 名非遗传承人入驻，开发系列化的文创产品，形成国内首家以城市文化为主线的城市记忆文化中心。

青岛城市记忆文化中心成立后，将继续深入挖掘具有城市特色的文化记忆，并借助中心的平台进行展示推广，同时加强文创产品的开发。

区域文化背景下的青岛地方文献工作

李卫阳（青岛市图书馆）
刘　英（青岛市图书馆）

摘　要：本文通过对青岛地区地方文献及区域文化的介绍，结合青岛市图书馆地方文献工作中的一些实例，对地方文献开发的意义进行了论述，使地方文献更好地服务于当地的经济文化建设。

关键词：地方文献；区域文化；征集；图书馆

Abstract: This article, through the introduction of local literature and regional culture in Qingdao, and some examples in the local literature work of Qingdao library, discussed the significance of the development of local literature so as to make the local literature better serve the local economic and cultural construction.

Keywords: local literature; regional culture; collection; library

一、青岛地方文献与区域文化概要

地方文献，不管是正式出版物，还是非正式出版物，无论是历史的，还是现代的,既要全面系统地揭示青岛地区政治、经济、文化发展的轨迹,又要展示青岛地区人文风貌,体现出青岛宝贵的文化财富和社会文明的进步。有人说青岛仅有百年历史,没有多少地方文献可开发利用,笔者并不赞成"青岛百年史"的说法,而主张使用包括崂山、即墨、胶州、平度、胶南、莱西在内的"大青岛"概念。这样,我们才能充分开发利用这片地上的历史文化资源并寻找浩如烟海的地方文献资源的源头。从"大青岛"的历史文化地域来看,有四种文化与青岛的历史相伴随,即海岱文化、齐文化、方士道教文化及近代西洋文化与"旅寓文化"混合的"新文化"。在这样一个人文荟萃、文化底蕴丰厚的地区,汇集了众多的名人学子、迁客骚人、学术大家,留下了无数有地方特色的文献资料。在即墨历史上影响较大,经久不衰的人物事迹有齐封、田单破燕、田横入海、王吉、王骏(著有《鲁论说》二十卷)、徐万且研制《太初历》、蓝章《八阵合变图说》,还有清末四大奇案之一的李毓昌查赈被害案,涉及 217 人的黄培文字狱案,仅明清期间留有文字典章的就有 15 人。尤其蓝田的著作是青岛地区文化宝藏中的重要财富,在即墨民间关于蓝田的传说很多,有些几乎是家喻户晓,反映了人民群众对蓝田的敬仰。胶州更是人才辈出之地,被尊为胶东大儒的汉代经学家庸谭,留下了许多珍贵历史资料;以疾辞官,著有《绮存泉》的李世锡;与"扬州八怪"并列的南山阜人高凤翰,20 世纪 60 年代山东大学的几位教授根据他的一幅画作按图索骥,在他故里做了两次考古发掘,发现了距今 3990 年,内涵极为丰富的古遗址,从而使典型龙山文化的研究进入了一个新阶段。

  近代,青岛的区位优势和天然良港的条件,恰到好处地将自然与文化结合起来,代表了一种近代海滨城市文化。正基于此,在 20 世纪初至 30 年代,吸引了不少文化名人来此隐栖、寓居,如康有为、蔡元培、胡适、闻一多、梁实秋、沈从文、老舍、王统照、肖军、萧红等都曾在这里从事过旅寓性的文化学术经历,丰富了青岛的历史内涵和鲜明的地方特色。可以这样说,中国近代史大事几乎件件与青岛有关,中国近代史就是以"五四"运动为开端,"五四"运动又是以日占青岛为导火线,青岛本身就是中国近代史的实物见证。载入《辞海》《中国近代史辞典》的"胶州湾事件""胶澳租界条约""高密事件""康有为""宗礼光""张勋复辟""青岛日商纱厂工人大罢工""青岛惨案""王尽美""邓恩铭"等重要事件和人物，无疑都具有极重要的历史价值。青岛市图书馆馆藏有两本对青岛历史研究具有重要价值的藏书：《（同治）即墨县志》，上自先秦下迄清乾隆二十八年（1763年），但以清代为主。全志十二门，七十一目，附图十三幅。这是了解青岛历史、自然、地理、艺文等方面的重要史料。中国政府1922年收回青岛后称为"胶澳商埠"，1928年出版地方志《胶澳志》。《胶澳志》是第一种作为"市"的城市志，也是青岛市第一本方志，以记1922—1928年间事最详。正是因为以上种种，1994年1月国务院公布青岛为国家历史文化名城，从而使地方文献的征集、整理及开发、利用受到党和政府及社会各界的普遍重视。

二、我馆目前地方文献工作现状

青岛市图书馆地方文献的征集工作主要由采编部负责。采编部的职工岗位合约中明确规定了地方文献工作的具体工作任务。部门每年都要求对地方文献征集制订计划，年底写出工作总结，并根据当年的征集情况来制订第二年的征集计划，使地方文献的征集工作做到有章可循。

（1）征集途径及成果

在地方文献征集方面我们采取多种征集方式，除通过部门订购、采购出版发行的有关地方文献的图书外，对于其他有关资料，以及被漏收的有关图书报刊，我们都会设法征集。征集的主要方式主要有几下几种：

①固定渠道征集

地方出版的、有固定出版周期的出版物的单位，以及建立了密切关系的本地著名的作者，都能及时地把新出的图书送到图书馆以供保存。随着征集的范围越广泛、越经常，这种固定的渠道也就开辟得越多。在征集过程中首先是建立强化完善地方文献呈缴制度，这是地方文献征集工作最重要的渠道之一，例如我馆与本地两大出版社青岛出版社和中国海洋大学出版社都分别签署了呈缴协议，每年定期收集。因为青岛是一个海洋城市，与海洋有关的科研单位的个人与集体著述都是我们重点征集的方向。根据这个方向，我们与青岛地区科研单位及驻青高等院校积极建立联系，征集地方文献。以2016年为例，在经过几次主动沟通联系后，上半年我们与社科联、科协和科技局等单位举行了地方文献签约仪式，签约单位每年将学科获奖目录及时提供给图书馆，以完善我馆地方文献的征集工作。同年，我们还与史志办、党史办及政协文史委员会等单位建立紧密联系，依靠他们可以获得各类志书的编写、出版、印刷的情况，便于跟踪收集。

②上门征集

对于本市或路途较近的征集对象，我们就主动登门。上门征集虽花精力和时间，但是收效明显。除了能较容易征集到所需的文献外，还能得到新的线索，使我们获得意外的收获。像青岛本地的一些老作家鲁海、代路、耿林莽等，因为年事已高，行动不便，我们便主动登门进行征集，经过多次沟通交流，不仅仅收获到他们的作品，还征集到了他们作品的手稿原件，进一步拓宽了我们馆地方文献的载体形式。

③通讯及网络征集

通讯征集是向征集的对象发函或去电话，告知我馆"征集办法"，宣传征集意义，使之乐于支持。2017年开始我们通过青岛政府公文专用网站——金宏网向本地一些企事业单位发放地方文献征集函，像海尔、海信、青岛啤酒、青岛港等青岛著名品牌企业，都是通过这种先电话联系后金宏网发函的方式征集到它们的地方文献资料。当前微博作为一种便捷的网络交流工具，在人们的生活中已经占有了相当重要的地位，一些名人及作家都纷纷开通微博，与大家分享自己的思想及文章，与粉丝进行互动。对于这种新形式下的新载体，我们能充分利用其优势，在微博上关注一些外地的青岛籍人士及一些本地的作者，通过私信向他们宣传本馆地方文献征集的意义，使他们能够把自己的著述赠与本馆保存，收到良好效果。比如中国青少年教育专家孙云晓老师，他曾出版过多种教育专著，我们就是通过微博这种形式联系上他，并得到他对家乡地方文献工作的大力支持，除将他本人的全部作品捐赠给我馆外，他还到我馆进行了有关青少年教育的专场讲座。

④以活动带动地方文献的征集

现在各公共图书馆纷纷通过活动这样一种形式来带动读者进行阅读，宣传阅读。同样，活动这样一种形式也是地方文献征集的重要方式之一，通过活动来宣传扩大图书馆地方文献收藏工作的影响，促进收集工作向深度发展。从2013年起，我们与青岛作协进行了多次沟通联系，最终确定在年底与作协一起共同举办了青岛知名作家向市图书馆赠书的活动，共有39位岛城作家参与了此次赠书活动，其中5位作家还在活动现场与读者进行了互动交流，收到良好效果和一定的社会影响。此后一些作家主动与我馆联系赠书，通过活动，我馆与青岛作协形成一种长期固定的联系，也影响和带动社会各界人士向图书馆提供信息和主动送交或捐赠地方文献和其他书刊。通过活动，我馆地方文献的征集形成了良好的体系。

(2) 加强地方文献数据库的建设

目前，图书馆已经进入了以信息资源共享为目标的数字图书馆时代，图书馆自建数字资源是对馆藏文献资源深层次开发并提供服务的重要手段，不仅代表了图书馆对文献的二次开发和利用的水平，也体现着一个图书馆自动化、数字化建设的程度。青岛能够在现在这个竞争激烈的世界上成功地发展，取得今天的地位，成为北京申办2008年奥运会唯一的伙伴城市，使我们不得不冷静地思索，追溯它的人文根源。为了有目的、有重点地搜集青岛地方文化资源，揭示青岛独特的文化底蕴和历史特色，我们选择旅游、奥运、经济、文化、海洋、历史、人物等几个专题为核心，开展信息资源搜集工作，并通过图文、流媒体等多种形式进行发布利用。

目前我馆共有"青岛地方文献图文数据库""青岛市图书馆馆藏地方文献书目数据库""琴岛文苑——青岛籍作家名人访谈录数据库""青岛地方特色古籍数据库等"等十个地方文献数据库。这些数据库从不同的视角揭示了不同时期青岛地区的文化特色，其中"琴岛文苑——青岛籍作家名人访谈录数据库"以视频访谈的方式记录青岛籍优秀作家们的写作心得、人生经历和生活感悟等，对读者全方位了解作家及其作品具有重要参考价值。"青岛地方特色古籍数据库"围绕青岛地方文化名人和地域文化，收集、整理古籍地方文献，构建独具特色的地方古籍数字化馆藏，将对青岛地方优秀传统文化传承和历史人文研究起到积极的推动作用。"'青岛旧影'专题数据库"从建筑、市容、民俗、文体、乡村、工业、名胜几个角度出发，全方位地再现青岛从建制以来100多年的发展与变迁，让我们全面了解这个曾经不起眼的小渔村发展到今天成为一个国际化的大都市的经历。"名人与青岛专题数据库"以青岛历史的名人为出发点，设立"古代""近代""院士"三个分主题，分别从这三个方面收集图文资料来讲述生于青岛或在青岛生活过的名人。

（3）开发和利用地方文献的意义
①开发和利用地方文献是服务于当地社会的需要

地方文献是一个地区政治、经济、历史、文化发展的文献集合体。在宏观上，它担负着为全市政治、经济、文化、科技教育提供文献服务的职能，对于促进地方经济建设、文化建设和科学研究有着不可忽视的作用。以《青岛年鉴》为例，它为我市经济建设的发展做出的决策、规划、招商引资、制定政策提供了地方资料和历史借鉴资料，起到了促进地方经济发展的作用。又如海洋专家、海洋科学奠基人赫本的《中国近海水系》，是我国首次全面论述中国水团结构及其季节变化的重要文献，为我国今后的水团研究提供了真实的资料。再如，胶州市李哥庄镇村志办编印的《李哥庄村志》详细记载了中华人民共和国成立后李哥庄村的重要史料，堪称一村之信史，是该村承上启下、服务当代、有益后世之作，对于促进农村社会和经济协调发展具有很好的借鉴作用。

②是保存一个地区历史文化遗产的需要

地方文献是记载一定区域内自然、社会和人的存在、发展、变化及影响的特色文献。它的形成与地方政治、经济、历史、地理及文化环境密切相关，有"一地之百科"的深刻烙印，它的最大特点就是体现鲜明的地域性，突出地方特色。如我市港务局史志办编纂的《青岛海港志》，对1840—1949年百余年的青岛港口发展、兴衰作了系统的阐述：鸦片战争后围绕胶州湾的勾结和交易，德国侵占控制下的港口建设、管理、经营及对山东省诸港的影响；日占时期青岛港的影响和被控制下的港口贸易；北洋政府接收青岛后沦为半殖民地港口，扩港后的畸形发展；七七事变后，青岛港再次沦为了殖民地港口，之后在美蒋统治下，青岛港满目疮痍。《青岛港近代史》成为一部侵略同反侵略、压迫同反压迫斗争的历史，是一部几代青岛港口工人用血和汗写成的历史。它使我们体悟到开发地方特色文献的重要性，形成自己独特的优势，既是突出地方特色有效配置地方文献的需要，又是保存一个地区历史文化遗产的需要，更是服务于当地历史文化遗产的需要。

南开大学来新夏先生曾提出：地方文献是不同于其他文献的一种特色文献，它充分体现着地域的特色。地方文献作为了解和研究地方状况及地方人物的重要资料，具有长期的收藏价值，它对地方的经济发展和社会进步，对继承和发扬优良的文化传统都起着巨大的作用。作为公共图书馆，重视地方文献工作，重视地方文献为区域文化所带来的影响，不仅能形成图书馆自身特色，而且也能使地方文献更好地服务于当地的经济文化建设。

参考文献

[1] 杨爱香：《区域文化中地方文献的开发与利用》，《内蒙古科技与经济》2015年第5期。

[2] 袁桂英：《公共图书馆地方文献初探》，《福建图书馆理论与实践》2015年第5期。

"运河文库"中的北京记忆

杨兰英（通州区图书馆）
郑婉君（通州区图书馆）

摘　要：通州区图书馆地方文献部（"运河文库"）成立于 2000 年 8 月，迄今已走过 18 个年头。本文从特色专题建设、文献开发成果、活动积累成果、媒体立体宣传等方面阐述了 18 年来运河文库建设的经验和不足。

关键词：通州；图书馆；地方文献；资源建设

Abstract: Tongzhou District Library Local Documentation Department (Canal Library) was established in August 2000, has gone through 18 years. This paper expounds the experience and shortcomings of Canal Library construction in the past 18 years from the aspects of special topic construction, literature development achievements, accumulated results of activities, and media three-dimensional publicity.

Keywords: Tongzhou; library; Local literature; resource construction

通州区图书馆地方文献部（"运河文库"）成立于 2000 年 8 月，经过 18 年的建设与发展，已建成通州区图书馆的地方特色专藏体系，藏品涉及公开出版物、非公开出版物和非书籍资料三个部分，共计约有 5000 余种、22000 余件册。

"运河文库"的中心工作从建设之初的文献征收，到中期的二、三次文献和自有版权图书建设，到如今对文献资源活化与利用的探索，可以说步履坚实、顺应时代，在不同时期为通州乃至北京的地方文献事业贡献自身力量。

梳理已经开展或正在进行的工作，我们发现有成绩，有经验，有收获，当然白璧微瑕也有失误，现作简要记述。

一、特色专题建设

通州位于京杭大运河北起点，"上拱京阙，下控天津。潞、浑二水夹汇于东南，幽燕诸山雄峙于西北；地博大而爽垲，势雄伟而广平"，自古便是京畿重镇，漕运要塞。

自元以来，北运河通连京津冀、向南直达苏杭；京城水系在通州与大运河相连，保障皇城粮草。对内对外，通州都是水路枢纽、漕运节点。纵观历史，通州因漕运而发展、兴盛，可以说，大运河是通州的母亲河，孕育了一方水土与人文。

基于对运河文化的认同心理与传承理念，通州区图书馆将地方文献部门定名为"运河文库"，从名称上便可管中窥豹，略见地方文献工作的侧重点——传播运河文明，弘扬通州精神，扩大运河影响力，激发经济增长点。多年来，运河文库始终以运河漕运为特色，以通州文化为基础，不间断地进行地方文献资料的收集与服务。

2017 年 2 月 24 日，习近平同志考察北京，在通州大运河畔观景台瞭望北运河时，提出"要古为今用，深入挖掘以大运河为中心的历史文化资源"的要求，对运河文化资源的充分利用提出了更高的要求。通州区图书馆作为通州区重要的公共文化中心，自然自觉地承担起相应的责任与义务，着手对运河文化传承工作进行探索。

2018 年 6 月 2 日，由通州区委宣传部和区文化委主办、通州区图书馆承办的运河文献资源建设研讨会隆重召开，邀请了 19 名文史等领域的专家，为运河文献资源中心的起步与建设献言献策。会议成果丰富翔实，极具可操作性。运河文献资源中心将设在通州区图书馆地方文献部，以资源共享的方式竭诚为区内外机构、专家、课题服务。通过这一契机，"运河文库"将更加全方位、高质量地收集运河相关的稀有、新鲜、重要的各类资料，争取早日为国内外的运河研究提供"一站式"服务。

二、文献工作成果

"运河文库"建成以来，积极对二、三次文献开发进行探索，逐年加大整编力度，印制出版了不少成果。其中包括但不限于迁馆十年纪念文集《通州区图书馆纪念新馆建成十周年优秀论文集》、通州老城区记忆《十八个半截胡同》、通图建馆五十周年纪念册《翰苑书香：通州区图书馆50年发展纪念册1958—2008》、通州老照片《费利斯·比托：战争的冲击，1860》《百年沧桑：通州历史图片汇编（1860—1960）》《流光旧影认通州：通州区图书馆藏老照片集》、追本溯源的《百年通图·风华正茂：纪念北京市通州区图书馆建馆100周年》、百年馆庆通州诗选《古韵新歌：百姓咏通州》、通州旅游风貌《潞水行歌：通州景观赏略》、古地图摘编整理《北京通州历史舆图》、纪实摄影活动成果集结《浮光掠影瞰通州》《波光云影绘通州》……将通州的过去与当下以文字和图片的形式进行梳理与记录，温习历史、宣传通州，并不断丰富地方文献馆藏。

创办学术内刊《运河书苑》。为更好地集结优秀馆藏资源，展示最新地方文献成果，"运河文库"主持开办了通州区图书馆内刊《运河书苑》，收录内容涉及通州历史、地理、人文、图书馆建设、地方文献研究等，获得通州区内兄弟单位的认可与好评。本刊共印制三期，后因学术力量、人员精力和财务状况等原因中止。

三、活动积累成果

"运河文库"成立后，始终在地方文献资料资源的拓展上不懈努力。除了基础的文献征收、二次文献建设工作，另开展讲座、展览等活动，推广、传播北运河精神，更以活动为契机收集、整理大量珍贵资料。

先后开展了"通州十八个半截胡同""漕运文化展""历史镜头里的通州""百年通图·风华正茂""人文通州纪实摄影"等各式各类展览，图文并茂，翔实丰富，部分展览还有影像及实物展品，立体地突出展览主题，是将地方文献资料系统地转化并传播的有效尝试。展览结束后形成条理清晰的资料，经过编排、加工、印制，进一步生成二、三次文献成果，为专家学者、政府决策提供了更加直接、便捷的借鉴资料。

随着通州区图书馆搬入通胡大街新的馆舍，读者活动区域的面积成倍增加，吸引了越来越多的人前来图书馆学习、休闲。读者日益增长的文化生活需求向公共文化场馆提出：打造系列活动项目品牌工作迫在眉睫。通图主动承负使命，继续加大对已有活动品牌的建设力度，并结合运河文库自身特点，筹划并开展了"人文通州"公益摄影活动。该系列活动定期举办讲座、组织摄影爱好者外出采风、开展命题作品征集等，最大限度地保障读者参与度与活动体验感，通过良性互动锁住受众，聚集人气的同时获得优质作品及活动影像记录，形成新媒体传播材料，进行反复传播推广。

四、媒体立体宣传

在互联网技术爆炸和移动通信普及的今天，纸质资料的被关注度和应用率日渐式微。为使馆藏地方文献资料活化应用，运河文库搭载网络平台，在网站和自媒体建设上加以投入，建立了通州区图书馆官方网站下"北运通州"专栏，并开通"北运通州"微信公众号，将经过数字化加工的地方文献资料上传至网络进行共享，使更多的人足不出户知道通州、认识通州、了解通州、读懂通州。

"北运通州"专栏开通于2010年，作为下挂在通图官网下的栏目，可通过官网页面的链接点击进入。2013年，该专栏随新馆搬迁进行改版。新版页面美观大气，具历史厚重感，首页上循环播放馆藏数字化资源缩略图，点击即可直接跳转浏览。此专栏现有舆图、拓片、古籍、电子图书等资料约39G，随着馆藏资源的扩大，这一数据必将持续增长。

"北运通州"微信公众号开通于2016年6月，由"运河文库"馆员自行管理运营，原则上按照每周一期的频率进行图文消息推送。经过两年时间发展，现已有粉丝1700余人，发送文章210余篇（其中原创文章190余篇），多篇文章被通州区有影响力的媒体及自媒体转载，最高单篇阅读量达1860人，在没有进行任何商业推广的情况下，获得了通州文史爱好者的大量关注。虽然相较动辄"十万加"的商业大号，"北运通州"公众号的成绩并不显著，但是在地方文献活化利用上迈出了探索的一大步。今后"运河文库"馆员将不断深入学习、总结经验，争取早日将该公众号打造成为北京地方文献推广重要品牌。

五、存在问题不足

经过多年发展，通州区图书馆在地方文献建设上取得了长足的进步，但总结经验不难发现，我们的工作仍然存在纰漏和不足。

一是数字化进程缓慢。受版权、资金等条件的限制，目前能够合法合规地进行数字化加工、展示和传播的馆藏资源数量并不大。

二是馆藏利用率较低。地方文献资料具有天然的学术性，普通读者鲜少专程借阅地方文献。在2万余件馆藏中，借阅较频繁的书目大多集中在志略、年鉴等工具类书籍上，更多馆藏束之高阁。

三是收集手段受限制。地方文献资料有很多孤本，且较多集中在专家、学者、私人藏书家、非营利机构手中，与现行财政有冲突，购买程序复杂。

四是专业性有待提高。运河文库馆员为完成各项工作，需要具备采编加工、设计修图、排版编辑、剪辑校对、策划执行等各方面知识，素质全面但不够精通，相对于各领域专业人才来说，能力仍需提升。在馆员严格要求自己、学习进步的同时，购买社会专业服务也可解决这一问题。

六、小结

回顾"运河文库"多年建设工作，响应号召、服务地方、藏量大增、成绩突出，但白璧微瑕亦有不足。地方文献建设本是梳理历史、记录当下、服务未来的长期工作，通州区图书馆将不断总结经验、创新模式、联建共享，将"运河文库"打造成特色鲜明、内涵丰富、资源系统的地方文献藏馆。

"社区""地方文献"及其他

刘　瑛（甘肃省图书馆）
尹玉霞（甘肃省图书馆）

摘　要："社区"与"地方文献"在各自被定义的范畴中，都不是一个单项问题的存在，而是理论与实践双向并重问题的提出。"社区"与"地方文献"最可能的关联是"地方"（或"地域""区域"）。"社区"定义繁多并时有更新，但这并不能成为"地方文献"突破"地方"（或"地域""区域"）指向的理由。如果一定要说存在失去"地方"（或"地域""区域"）指向的"地方文献"，笔者以为，那应该称为"特色文献"。

关键词：社区；地方文献；特色文献

Abstract: Both "community" and "local literature" are not a single problem in their respective defined categories, but the proposal of both theory and practice. The most likely link between "community" and "local literature" is "local" (or "regional" or "territorial"). The definition of "community" is various and updated from time to time, but this is not the reason why "local literature" breaks the direction of "local" (or "regional" or "territorial"). If it is necessary to say that there is a "local literature" without the guidance of "local" (or "regional" or "territorial"), it should be called "characteristic literature".

Keywords: community; local literature; characteristic literature

一、缘起

作为图书馆"地方文献"工作者，笔者有限的认知能力不曾明晰地认知"社区"与"地方文献"可能的关联。和绝大多数"地方文献"理论者和实践者的认知相同，笔者以为"地方文献"最显著、最基本的属性是其"地方性"，或者称为"地域性""区域性"。但近年有学者持这样的论点，"地方文献"在未来有望实现"地方"前缀的卸载，换句话说，"地方文献"是可以不以"地方"（或"地域""区域"）为指向的，而是可以类于"社区"以时间、主题甚至事件为指向的，在这里一个明确的逻辑前提是"社区"概念由空间轴向时间轴再向主题轴的转变。[1] 作为图书馆"地方文献"工作者，笔者本能想到的是"皮之不存毛将焉附"？"地方文献"如果失去了"地方"（或"地域""区域"）指向，那么还能称为"地方文献"吗？是为其一；其二，在"地方文献""地方"指向下的理论与实践其实从来都存在着时间、事件及主题。笔者以为，何者持论，并不为要，探讨其实，方为根本，就"地方文献"而言，笔者坚信"地方"（或"地域""区域"）为其基本指向。是为本文缘起。

二、关于社会学理论意义的"社区"

笔者对"社区"的概念其实比较模糊、笼统。因着持论者的逻辑前提——"社区"从空间轴向时间轴再向主题轴的转变，笔者试图厘清其中的脉络，但限于学识，实在也是难得要领。笔者就"社区"的概念求教于2002—2003年任美国华人图书馆员协会会长的宋曼玲先生，因着持论者似乎认定"社区"在"向时间轴

---

[1] 2015年10月甘肃省图书馆学会年会、2015年12月中国图书馆学会年会"中国记忆项目资源共建共享"分会场，一位学者的论点。

再向主题轴转变"之前是以"空间"为轴的，宋曼玲先生说，"社区"既是空间概念，又是时间概念，但近年来，某些研究者对"社区"一词的使用似乎过于随便了。其实关于"社区"，国内也有大量的研究论述，笔者尝试有限梳理其社会学理论意义之一二。

一般认为，"社区"是西方经典社会学的一个基本概念，并普遍用于哲学、宗教及政治学等范畴。德国社会学家费迪南德·滕尼斯首次提出，源于德文Gemeinschaft，在其1887年出版的《社区与社会》（或译《共同体与社会》《公社与社会》）(Gemeinschaft und Gesellschaft)（英译Community and Society）中，将"社区"与"社会"进行对比分析，认为"社区"与"社会"是两种不尽相同又对立的社会结构。[1]这之后，关于社会学理论意义的"社区"其实是有着不同的轨迹的。1915年，美国社会学家佛兰克·法林顿开始把"社区"视为现代社会的区域性共同体（即"社会"是由不同类型的"社区"组成的共同体），而不再是与"社会"相对立的结构代表。而在20世纪20—30年代，社会学史上最早定义"社区"的美国社会学家罗伯特·帕克等认为，人类社会生活可以理解为两个方面，一个被称为"社会"，另一个被称为"社区"。"社区"首先需要一定数量并以地域组织的人口；其次，这些人口程度不同地深植于其所生息的土地；最后，其中每个人都处于相互依赖的状态。[2]

此后，关于"社区"的定义繁多，其含义也发生很大变化，不同的学者试图从不同角度、不同方面解释、理解、争论并定义"社区"，正所谓"任何概念的界定都是全部理论的展开"。据美国社会学家乔治·希勒里统计，在20世纪60年代，各种不同的"社区"定义已达90余种。在20世纪80年代初，美籍华裔社会学家杨庆堃统计出不同的"社区"定义达140多种。[3]其中强调聚集群体有之，强调地域划分有之，界定社会系统、生活方式及形成过程等均有之。但大部

---

[1] [德]费迪南德·滕尼斯：《共同体与社会——纯粹社会学的基本概念》，林荣远译，北京：北京大学出版社，2010年，第44—112页。
[2] 袁兰：《城市社区文化生活与公共文化服务——C市H社区调查与思考》，华中师范大学硕士学位论文2013年，第2—3页。
[3] 徐琦：《社区的概念与理论起源》，《运城学院学报》2005年第1期。

分的定义都包含人口、地域、共同联系和社会交往等要素，可见罗伯特·帕克早期定义对后来"社区"分析的影响。

即便如此，"社区"概念仍然具有一定的不确定性，这也是有些定义把相互关联的人所组成的社会团体都视作"社区"，某种程度混淆"社区"与社会群体、社会组织区别的原因之一。虽然有些研究者认为宽泛而且时有争议的"社区"定义是个问题，但同时说明"社区"在社会学研究中有非常重要的意义。从"社区"概念的外延来定义，可以说"社区是一定地域范围内的社会"，[1]是作为社会构成存在的，但其"共同性"和"地域性"的彰显，铺垫了"法定社区""自然社区""地域社区""功能社区""城市社区"和"农村社区"等分类的基础。

"社区"作为社会学家研究社会的起点，同时也是一个实践问题的提出，在美国、加拿大、新加坡、中国均作为一种管理体制，一种解决问题的政策工具，有着广泛与普遍的实践。但这与本文所欲表达的内容关联有限，恕不赘述。

三、关于"地方文献"的"地方"指向及其下的其他

在"地方文献"以往的理论与实践中，尽管有"广义"与"狭义"的概念之争，尽管有"图书馆界"与"非图书馆界""公共图书馆"与"非公共图书馆"的主体之论，但不曾有过脱离了"地方"（或"地域""区域"）指向的"地方文献"的理论与实践。罗列大师与名家的论述可能会给人喋喋不休的感觉，但条缕的辨析依然必要。杜定友先生指出"地方文献是指有关本地方的一切资料，表现于各种记载形式的，如：图书、杂志、报纸、图片、影片、画片、唱片、拓本、表格、传单、票据、文告、手稿、印模、簿籍等等"。[2]黄俊贵先生阐述"地方文献"的首要特点，即"鲜明的地方性"，之后是"较强的历史资料性""文献载体的广泛性"及"内容的时代性"。[3]邹华享先生则认为"地方文献"有两个主要特征，一个是"地方区域性"，另一个是"历史资料性"。"地方文献"是文献的种概念，在文献

---

1 费孝通：《当前城市社区建设一些思考》，《社区》2005年第13卷。
2 杜定友：《杜定友图书馆学论文选集》，北京：书目文献出版社，1988年。
3 黄俊贵：《地方文献工作刍论》，《中国图书馆学报》1999年第1期。

这一属概念下,"地方文献"与其他类型文献的本质区别在于"内容上具有地方特征",即"地方文献"就是内容上具有地方特征的区域性文献。[1] 骆伟先生说:"地方文献是人类文化发展到一定阶段的产物,是国家文献和历史文献的一个组成部分,具有鲜明的区域性和实用性。"[2] 雷树德先生说:"地方文献则指记录有关某地区的知识和信息的一切载体。"[3] 张勇先生等认为,"区域特征和区域关联性应该是地方文献概念,由文献属概念再次划分的客观标准,也就是地方文献的本质属性和范围确定的质的规定和要求。"[4] "地方文献是一个包含内容相当丰富的概念。地方文献的内容包罗万象。天、地、人、事、物,凡是人类认知的社会存在,都有可能以某一区域的特征表现出来,从而构成地方文献的形式内容特征。"[5] 韩朴先生认为,"地方文献,是指内容上带有地方性,同时具有重复使用价位的文献。"是时空意义上形成的完整、系统、连续记载某一地区自然和人文诸多信息的集合体。[6] 周丕显先生认为,"地方文献"正是结合"地方"特点来积累历史资料,给予"地方"特点以时间的深度,又给予历史资料以空间的概念。[7] 它是在资料工作方面"时间"和"空间"的辩证统一。

显而易见,"地方文献"貌似只能以"地方"为前缀指向,难能实现"地方"突破;在"地方文献""地方"指向下的理论与实践其实从来都存在着时间、主题及事件,比如"满洲铁路""九一八事变""西安事变""孙中山""河西宝卷"等文献集合,当然并不仅限于纸质文献集合。令人困惑的是,这里的时间、主题及事件与持论者所说的时间、主题及事件可能并不在同一层面。笔者以为的一定是"地方"指向下的时间、主题及事件,而持论者所说的可能是可以替代"地方"指向的时间、主题及事件。

---

[1] 邹华享:《中国公共图书馆地方文献工作概述》,《图书馆》1998年第6期。
[2] 骆伟:《论地方文献》,《图书馆论坛》1988年第3期。
[3] 雷树德:《地方文献学论要》,《湖湘论坛》1998年第5期。
[4] 张勇、伍艺、杨敏:《地方文献研究基本理论问题的再认识》,《图书馆》2007年第6期。
[5] 张勇、杨东:《谈地方文献资源建设》,《中国图书馆学报》2002年第6期。
[6] 韩朴:《关于图书馆地方文献工作基本理论的几点探索》,《图书馆学刊》1989年第2期。
[7] 周丕显:《关于"地方文献"几个理论问题的报告书》,《甘肃省图书馆业务资料》1962年第4期。

四、关于失去"地方"指向的"地方文献"

如前所述,既然"地方文献"不可能失去"地方"前缀指向,或者说,突破"地方"前缀指向的"地方文献"似与其他文献并无二致。那么持论者所说的可以突破"地方"指向,而代之以时间、主题及事件的"地方文献"有没有?在笔者和绝大多数"地方文献"理论者和实践者的认知范畴内是没有的。即便有,还能称其为"地方文献"吗?笔者以为应该称其为"特色文献"。对图书馆而言,"特色文献"并不是一个太过新鲜的话题。

有研究者认为,"特色文献"是收藏单位具有相对优势的某种范围特征的文献集合。[1] 这种文献集合至少有两个方面含义:其一,这种文献集合具有某一范围内容的特征,或某一范围时间的特征,或某一范围地域的特征,或某种载体形态的特征等等。其二,是指收藏单位的这种文献集合,具有相对其他收藏单位的藏量优势和应用优势。所谓藏量优势,是收藏单位具有某种特征的文献集合,在传统藏量或虚拟藏量规模、质量上具有的相对优势。所谓应用优势,是收藏单位具有某种特征的文献集合,在提供、开发、管理、应用诸方面具有相对优势。具有某种或内容、或时间、或地域诸范围特征的文献集合,在收藏单位形成馆藏或应用上的优势,这类文献集合即为该收藏单位的"特色文献"。"特色文献"是收藏单位藏品的精华部分,是区别不同收藏单位藏品价值的重要评估标准因素,是为大范围的资源共享建设提供独具特色文献集合的支持和保证。而"地方文献"应该是其中的构成部分,或者说是其中的类型构成。或者还可以这样表述,"特色文献"包含"地方文献","地方文献"是"特色文献"的子属。一个收藏单位可能有多种"特色文献",既有某一范围内容特征的"特色文献",又有某一范围地域特征的"特色文献",是为一。"地方文献"是一种客观存在,不管是否有收藏单位收藏。而"特色文献"似乎只有在收藏单位形成藏量或应用优势时,方可成为其"特色文献",是为二。"地方文献"存在着相对的专有性,比如公共图书馆,一般只会将本地行政区划域内的"地方文献"作为自己的专藏。而"特色文献",

---

[1] 徐贵军:《谈特色文献和地方文献》,《大学图书馆学报》2004年第3期。

鉴其义广面博，具有同一范围特征的文献集合，可能成为多个地方、多个收藏单位的"特色文献"，是为三。

来新夏先生说："地方文献是不同于其他文献的一种特色文献，它充分体现着地域的特色，只要是反映本地区的社会、政治、历史、地理、经济、军事、物产资源以及人文活动等内容的文献，不论其时间的上下限和使用各种不同的载体，即使是零篇散页，都应是地方图书馆典藏加工和利用的对象。"

骆伟先生说："地方文献是反映某一区域事物的文献，长期以来，她是图书馆藏书的一个重要组成部分，也是读者利用率较高的文献，更是体现馆藏特色的标志。"[1]

五、"社区"与"地方文献"可能的关联

首先，在各自被定义的范畴中，"社区"与"地方文献"都不是一个单项问题的存在，而是理论与实践双向并重问题的提出。只是"社区"对应其学科意义，显得更加繁复与厚重；而"地方文献"却难以避免这样的认知——理论研究处于较为单薄的状态，当然也就显得单纯又单调。

其次，"社区"与"地方文献"最可能的关联其实还是"地方"（或"地域""区域"）。1981年美籍华裔社会学家杨庆堃教授统计的"社区"定义多达140多种，而其中大部分的定义都包含了"地域"要素。由此前溯20年，美国社会学家乔治·希勒里统计的94种"社区"定义，其中有69种包含共同的"地区"要素。而就"地方文献"，迄今为止，意欲突破"地方"窠臼之论点尚属稀见。

再次，有研究者认为，社会科学中概念的重要性和准确性之间似乎有相反的关系，争论的引发预示对概念的歧义，多个歧义的产生反证着概念的不确定性，不确定性致使概念在其学科范畴保持基本并持续的思考态势。1951年，由塔尔科特·帕森斯提出的模式变量，是费迪南德·滕尼斯观点最有影响力的应用，并且塔尔科特·帕森斯的分析很少指向地域社区，而是集中于整个社会。甚至有研

---

[1] 骆伟：《地方文献可持续发展刍论》，《图书馆论坛》2005年第2期。

究者得出结论，在整个社会中的事件比地域社区更重要，超出地域社区之外的事件对地域社区现象的影响更加显著。

最后，笔者以为，尽管"社区"定义繁多并时有更新，但这并不能成为所谓"地方文献"突破"地方"（或"地域""区域"）指向的理由。

地方文献工作与地域文化发展

刘 群（长春市图书馆）

摘 要：地方文献工作是公共图书馆的重要业务内容，在收集、保存和研究地方文化遗产资源方面具有重要意义。随着社会公共文化服务体系的快速发展，公共图书馆承担了更多的新型读者服务内容，相应的地方文献工作也应该打破固有工作模式，探索新方法，为促进本地区的文化发展与繁荣做出积极努力。本文通过论述地方文献工作与地域文化之间的关系，介绍了地方文献工作在推进地域文化发展上的做法，为新时期公共图书馆地方文献工作发展提供参考。

关键词：地方文献；地域文化；特色文献；文化展览

Abstract: Local literature is an important business content of public libraries. It is of great significance in collecting, preserving and studying the resources of local cultural heritage. With the rapid development of the social and public cultural service system, the public library has taken on more new reader service content. The corresponding local literature work should also break the inherent work mode and explore new ways to promote the cultural development and prosperity of the region. By discussing the relationship between local literature work and regional culture, this paper introduces the practice of local literature work in promoting the development of regional culture, and provides reference for the development of local literature work in the public library in the new period.

Keywords: local literature; regional culture; characteristic literature; cultural exhibition

一、地域文化的含义

所谓地域文化是某一地区发展到一定阶段的历史产物，包括了历史遗留下来的各种文献资源、语言风格、建筑特点、风土民情、地方艺术、生活习惯等多方面内容。它是地域政治、经济、科学、社会生活状态的综合反映，具有浓郁的地域特色，其中凝结着人民生产、生活的智慧和文化认同。它时刻影响着社会的发展方向，并为本地区的社会进步提供精神动力！

目前我国正在大力倡导弘扬优秀传统文化，加强文化自信建设。推动地域文化发展与繁荣正是关键点，其历史的延续性和浓厚的地域基础，极易在本地区内获得广大群众的文化认同，从而达到加强文化教育和树立文化自信的目的。

二、地方文献工作与地域文化的紧密关系

（1）地方文献资源与地域文化密不可分

地方文献的内容非常广泛，包括地方年鉴、地方报刊、地方志、地方史、地方人士文集、专著、年谱、家谱，以及反映本地区域经济、政治、地方风俗、民间艺术、传统工艺、地方特产等各个领域的文献信息资源，具有强烈的地域性。

地方文献工作就是进行广泛收集、科学整理、系统开发、有效利用地方文献的全过程。我们所研究的这些文献资源，大都包含于地域文化的行列之内，地方文献所涉及的各类资源无疑都是地域文化的载体，地方文献研究工作也必须立足

于地域文化的发展脉络，地域文化本身所具有的特殊性，决定了公共图书馆地方文献在行业内的独特地位。

（2）地方文献工作有助于地域文化的传承

地方文献工作的首要任务就是收集、保存各类本地区历史发展中遗留下来的文献资源，并加以研究和开发。地方文献是人类社会进程中留下的地域文化瑰宝，深刻地记录了地区发展的历程。强化地方文献研究，对丰富和发掘本地区的社会发展、风土人情、文化特色和历史内涵，提高知名度，提升地域综合竞争力等方面具有着不可替代的作用。

（3）多角度的地方文献工作深刻影响着地域文化的发展

随着综合国力的不断提升，我国所面对的国际竞争压力也越来越大。在文化领域，面对文化入侵，人们更加深刻地认识到地域文化发展的重要性。在公共图书馆，对地方文献工作的支持力度逐年增大，采购经费逐年增加，管理政策更加宽泛。这为地方文献工作的创新开发提供了极为便利的条件。目前全国很多公共图书馆都在自己的官方网站开辟了地方文献专题资源库。近年来，各地区带有浓郁地域特色的文化展览、创意产品开发、数字推广和交流合作活动都开展得有声有色。地方文献工作已经打破了固有的搜集、整理、保存文献的模式，从多角度转变工作思路，推动着地域文化的发展。

三、长春市图书馆地方文献工作在服务地方文化发展中的新探索

（1）建立地方文献特色馆藏资源
①长春市图书馆地方作家作品文库

长春市图书馆自1992年新馆落成后，一直将收集本地区作家出版的文学作品列为地方文献收藏的重要内容。经过20多年的积累，目前已经入藏文学类图书1800多种、2200多册，形成了涵盖诗歌、散文、小说、报告文学、戏剧、影视文学、儿童文学、民间文学和文学评论等体裁广泛、藏量较大的专题文库，成

为记录长春地区文学发展成就的一处文化空间。

②地方史资料

目前的馆藏现状：1931—1945年的日伪时期东北和满蒙地方文献5319册、3000多种，其中孤本资料600多种。1906—1945年满铁旧日文资料2万多册，近现代东北地区地方文献14421册，近代民国时期文献11110种、12623册，地图150多幅，吉林地区的"文革"资料800多册。

③地域文化专题书库

长春市图书馆高度重视与本地文化人士的沟通与合作，重视对本地文化人士的研究，并为其收集、保存文献提供便利条件。目前已建成的馆藏特色文库包括敬贤书斋文库、上官缨文库、长春政务资料查阅室、齐放方志文库、末代皇妃李玉琴资料库以及百年长影专题数据库等。

（2）开展私人文献收藏专题调研

为了扩展地方文献搜集渠道，掌握民间地域文化资源，加强与本地域文化人士的沟通交流，了解大众阅读发展状况，长春市图书馆地方文献采访人员于2017年在全市范围内开展了藏书爱好者的调研活动，有选择地选取其中26位进行了专门访谈。

受访者多为离退休人员，他们从事行业均有不同，包括作家、政府退休干部、出版社编辑、教师、记者等。从藏量上看，在这些人中家中藏书量在万册以上的有12位，达到受访者近一半的比例，其他人虽有部分无法提供准确数字，但藏量也在3000册以上。其中藏量较大者，如时代文艺出版社前社长郭俊峰藏书4万册左右，省艺术研究所原所长田子馥藏书3万册左右，退休干部徐邦家藏书与个人出版图书合计达10万册。

采访中我们发现很多人都有自己的藏书特色，如时代文艺出版社前社长郭俊峰收藏的民国鼓词，红学专家王汝梅的明清版本《金瓶梅》《红楼梦》，省电力公司退休干部盛德昌的张伯驹图类和国内外名家文集，退休干部杨庆祥的党史系列丛书等。这些书无论从书籍装帧和文化价值上看，均有较高的收藏水平。

值得一提的是，在受访者中，更有一部分热心于公益文化事业的人，他们无偿地将自己的藏书捐献出来，与广大读者分享自己多年的收藏成果，使自己的图书服务于社会。如退休干部徐邦家，近些年来曾为省孤儿院募捐图书1万册，为中小学校募捐数万册，2017年将自己藏书1.6万册以及书法作品120幅捐献给长春理工大学广电信息学院，成立了"邦家书艺院"，此后还计划协助长白山机场成立书屋；退休干部杨庆祥，在2004年将家中藏书10000册无偿捐献给长春市图书馆，成立了"敬贤书斋"；本市知名儿童文学作家于德北，近年来也陆续为中小学校捐献图书数万册；长春知名作家杨子忱先生在接受采访时也表示愿意为长春市图书馆捐献图书5000册，以支持本市的阅读推广工作。

通过这次采访活动，我们获得了大量有关本地文化人士的资料，征询到大量有价值的与地域文化发展有关的素材和意见，对以后的地方文献工作具有重要指导意义。

（3）开展主题文化展览

在新时期，地方文献工作不仅要继续加强文献资源的收集与保存，更应该在宣传地域文化、推动城市文化自信方面做出更多的探索。2018年，长春市图书馆以馆藏的"地方作家作品文库"为基础，在市文广新局、市文联和作家协会的支持下，承办了"纪念改革开放四十周年'沃土芳华——长春市图书馆馆藏地方作家作品展'"。此次我们展出了长春市的102位作家的300余部作品，采用文字、图像、影像的多媒体形式，从梳理作家经历、揭示作品内容的角度，展现了80多年来，尤其是改革开放以来长春文坛的非凡实力与庞大阵容。

这次作家作品展，是长春文学沃野的收获，也是长春市民阅读体验的提升。展览成果得到了社会各界的认可，在扶持本土作家成长、传播地域文化和鼓励市民阅读等方面起到了积极推动作用。

四、新时期地方文献工作在推动地域文化发展中的策略

（1）加强与专业社会团体的合作

地方文献工作在文化研究和推广过程中，需要争取到更多的社会专业人士参

与进来，为我们的工作提供智力支持，如本地区的作家协会、汉俳学会、收藏家协会、书画协会、文化创意协会、文化产业推广协会等。这些社会专业团体中会聚了大量的文化艺术精英人才。通过与这些团体在专业领域的合作，能够有效地提高地方文献的工作效率和质量，拓展文献搜集渠道，并为开展灵活多样的文化活动提供可行性意见，提升活动质量。

（2）加速地方文献资源数字化进程

古籍文献数字化是公共图书馆近些年来都在做的一项工作，数字化处理能够更好地保存文献资源、方便读者查阅、加快文献流通。各地公共图书馆应当加强对地方文献的分类整理，以加快地方文献的数字化进程。以长春市图书馆为例，近年来一直致力于特色馆藏文献的数字化，通过自建、购买等形式加快文献资源开发，并开辟出信息资源检索平台，供读者们查阅。目前主要包括民国时期文献、伪满洲国文献、地方特色文献资料库等几大部分。已完成地方文献317册、15万页以及民国文献241册、20万页数字化。这项工作将长期开展。

（3）开展多角度的文化宣传

目前全国范围内的公共文化服务体系建设正在积极开展中，公共图书馆作为地域文化中心也在全民阅读服务上不断地拓展业务。从树立文化自信和文化认同角度上讲，地方文献无疑具有极大优势。应当从多个角度开展广泛的地域文化宣传，如读者见面交流会、主题文化展览、数字 e 阅读推广、文创产品开发等。此外，还可以与本地新闻媒体开展交流合作，录制一些本地文化名人的事迹和成就即口述史资源，以及富有地域特色的文化专题片，通过本地电视台和广播台进行播放。这些活动不仅有利于文献搜集，更对地域文化宣传大有裨益。

（4）关注政府文化投资，争取项目支持

在地方文献工作上应当努力争取政府相关部门的资金支持，如积极参与国家社科基金申报项目和省市级科研项目。公共图书馆掌握着大量别人不具备的文献资源条件，可以结合各类基金项目的申报要求，积极组织人员开展专题研究，进行申报。同时，在策划文化推广活动中，也应努力争取上级部门的项目支持，以此弥补地方文献推广在政策和资金方面的不足。

总之，地方文献工作和地域文化密不可分，地方文献应当在工作内容和工作方法上不断创新，为挖掘、保护、传播地域文化资源做出更多的努力！

参考文献

[1] 宋玉军、金晓英：《数字时代公共图书馆地方文献工作探析》，《图书馆理论与实践》2014年第11期。

[2] 张玲琳：《公共图书馆专题地方文献工作的特色实践》，《图书馆研究与工作》2013年第4期。

[3] 闫淑红：《地域文化视野下公共图书馆地方文献建设的思考》，《黑河学院学报》2016年第7期。

公共图书馆地方文献工作在地域文化建设中的角色扮演

张　楠（河北省图书馆）
冉　华（河北省图书馆）

摘　要：地方文献作为公共图书馆馆藏资源的重要组成部分，是研究和了解该地区的珍贵资料。系统地收集和保存地方文献是公共图书馆的重要任务。地方文献与地域文化有着密不可分的关系，两者相辅相成，共同成为传承文明、服务社会的精神财富。文章介绍了公共图书馆在地域文化建设中的优势，并以河北省图书馆为例论述公共图书馆开展地方文献工作的现状，总结出地方文献在建设地域文化方面有着增强群众自信、提供文献支持的作用。

关键词：公共图书馆；地方文献；地域文化；作用

Abstract: As an important part of the collection resources of public libraries, local literature are valuable materials for the study and understanding of the region. Systematic collection and preservation of local literature is an important task of public libraries. Local literature and regional culture are closely related. They complement each other and become spiritual wealth for inheriting civilization and serving the society. The article introduces the advantages of public library in the construction of regional culture, and taking the library of Hebei as an example the paper discusses the present situation of public library's local literature work, summed up the local literature in the construction of regional culture has enhanced the role of confidence of the masses, to provide literature support.

Keywords: public library; local literature; regional culture; role

一、地方文献与地域文化的关系

(1) 地方文献的概念和特征

"文献"是从古到今流传下来的名词,最早出现在《论语·八佾》:"子曰:'夏礼吾能言之,杞不足征也;殷礼吾能言之,宋不足征也。文献不足故也。'"朱熹注:"文,典籍也;献,贤也。"地方文献是文献的种概念,即"地方文献"是记录有关于某一地区历史、文化、政治、经济、教育、风俗等所有知识的一切载体,包括地方出版物、地方史料、地方人士著述等文献资料。地方文献作为公共图书馆馆藏资源的重要组成部分,是研究和了解某一地区的珍贵资料。

地方文献的概念体现出它所具有的特征:一是地域性,二是史料性[1]。地域性是指国家领土所辖的某一区域,地方文献所具有的地方特色,在很大程度上反映了某一地区的地理位置、气候状况、建制沿革、物产资源、风俗文化、政治经济等各方面内容的历史和现状。史料性是地方文献的另一个主要特征,只有具备史料价值的文献资料,才能供读者重复使用,背离文献老化规律,被相关机构收藏和保存。

(2) 地方文献与地域文化

地域文化是特定地区的空间特征和文化现象的结合。"地域"是指自然环境构成的空间,有着悠久历史和政治经济文化属性的地域空间是产生文化的前提,

---

[1] 张勇、伍艺、杨敏:《地方文献研究基本理论问题的再认识》,《图书馆》2007年第6期。

而"文化"又是人类经过历史的积淀形成的社会性、精神性的活动与成果，表现在文化形态、历史遗迹、生产生活、社会习俗等方面，一定范围内的文化和环境相融合就构成了地域文化。"地域文化"在特定区域内源远流长，影响广泛，并独具特色，是反映该区域的生态、民俗、传统、习惯等文明的表现，具有显著的地域性和传承性。[1]

河北古称燕赵，对河北地域文化的最早描述是在司马迁《史记》："中山地薄人众，犹有沙丘封淫地余民，民俗愤急，仰机利而食，丈夫相聚游戏，悲歌慷慨。"并将其概括为"好气任侠，悲歌慷慨"。张京华在《燕赵文化》一书中，概括燕赵文化特征为"一荣一秀一悲慷，厚朴坚韧亦国风"[2]。自古以来燕赵大地多慷慨悲歌之士，从荆轲到李大钊、狼牙山五壮士等众多革命前辈的慷慨赴国难，我们看到重情重义、甘于奉献、不惜牺牲，成为河北地域文化的因素。在2006年的河北第七次党代会报告中，燕赵文化精神被概括为"坚韧朴实、重信尚义、宽厚朴实、求实创新"。

地域文化是一个地区的形象标志，在地域文化长期发展过程中积累产生了大量的地方文献，它们系统、真实、全面地记录当地历史文化和人类社会发展轨迹。地方文献与地域文化有着密不可分的关系，地方文献是地域文化最权威的载体形式，地域文化又是地方文献产生的基础和源头。两者相辅相成，共同成为传承文明、服务社会的精神财富。

二、公共图书馆在地域文化建设中的优势

（1）地区优势

我国已经构建形成省市县乡镇四级、覆盖全社会的公共图书馆服务体系，结构合理、发展平衡。每个地区都有自己的特定文化，随着社会发展，各地都在挖掘地域文化、进行地域文化建设，地方特色则是图书馆在文化建设中取得优势的

---

[1] 王宇、刘偲偲：《地域文化视角的图书馆阅读推广创新——以沈阳师范大学图书馆为例》，《大学图书馆学报》2017年第5期。
[2] 武媛媛、张建党、颜彭丽：《河北地域特色文化与家风传承研究》，《艺术科技》2015年第3期。

基础。地方公共图书馆对地方文献资源的拥有量是其他机构无法比拟的，公共图书馆通过收集、整理、开发、利用地方文献，为地方文化的传承和发展提供保障和支持。

（2）资源优势

随着我国公共文化服务体系的不断完善，各地政府投入大量资金用于图书馆文献资源购置，馆藏量不断增加，种类更加系统丰富，并系统采集地方文献，发展特色馆藏。2018年实施的《公共图书馆法》明确规定"政府设立的公共图书馆还应当系统收集地方文献信息，保存和传承地方文化"，通过法律形式确保公共图书馆实现对地方文献和地域文化的传承。

（3）技术优势

图书馆作为保存人类记忆和文明的机构，技术上有着得天独厚的优势。相比古代的藏书楼，现代化的图书馆拥有联网的电子阅览室、音像资料阅览室、查阅文献的服务器、数以百万计的纸本文献和电子文献，并且逐步发展为数字化、信息化的复合型图书馆。通过对地方文化资源的采集、整理、保存、开发、利用，为地方文化的传承和发展提供便利条件。

三、公共图书馆的地方文献工作

作为公共文化服务设施之一的公共图书馆，是由各级政府管理、资助和支持，免费为社会公众提供各种服务项目的机构。地方文献工作是指图书馆开展地方文献资源的征集、收藏、开发、利用和服务的各项活动。近年来，地方文献在地方政治、经济、文化与社会发展中体现出较高的开发利用价值，越来越多的人注意到保存这一资源的重要性，因此地方文献工作也受到各级公共图书馆的重视。下面以河北省图书馆为例介绍公共图书馆的地方文献工作。

(1) 开发地方文献，发展特色馆藏

河北省图书馆在地方文献工作中坚持以公益、均等为原则，致力于为社会公众提供广泛的文化信息服务，为我省政府机关、企事业单位以及集体和个人保存和收藏有关文献。从 1995 年开始，在社会各界和政府相关部门支持下，已经征集有关河北地区各领域的资料数万册。这些资料的收藏，为燕赵大地留下了珍贵史料，对河北政治、经济、文化等各领域研究有重要的参考价值。近年来，更是收到许多有识之士的慷慨捐赠，其中包括政府领导、各领域学者、文化名人、社会大众等。经过长期努力，逐步形成了具有河北特色的馆藏资源体系。

①地方志专藏

地方志书是记述特定时空内一个方面或各个方面情况的资料性文献。河北省图书馆收藏的地方志不仅包括综合性志书和专门性志书，还包括古旧志书和新编志书，现存正式出版的省、市、县志数量有六百余种，并在继续采购中。除此以外还有部分村志、学校志、企业志等非正式出版物。

②政府公开信息专藏

《中华人民共和国政府信息公开条例》第十六条规定："各级人民政府应当在国家档案馆、公共图书馆设置政府信息查阅场所，并配备相应的设施、设备，为公民、法人或者其他组织获取政府信息提供便利。"从 2008 年该条例公布实施起，我馆就开始了政府信息公开服务工作，建立相关信息接收、入藏制度，整理、入藏政府纸质版与电子版公开信息，并整合网上的政府公开资源，供读者查阅。目前此专藏已收录河北省近 50 个厅局的公开信息。

③河北作家专藏

这是专门收集河北作家赠书签名本的专藏。近年来，省图书馆以文化沙龙为依托，通过举办诗歌朗诵会、作品分享会、展览讲座等多种活动，收集到河北作家签名本两千余册，其中有中国作家协会主席铁凝的《铁凝文集》、河北省作家协会主席关仁山的《关仁山文集》、河北省作家协会副主席郁葱的《抗战诗篇》等。此外还有各领域学者、文化名人、社会大众向我馆捐赠作品。

④年鉴、地方史料、人物资料、家谱等

这些记载某地区文化、人物、历史图集的学术史料，一方面是重要的地方文

献，另一方面还起到检索地方文献的工具书的作用，内容涉及到该地区发展中出现的重大事件、重要人物、重要机构等方方面面，有着巨大的学术价值。近年来河北省图书馆加大了对家谱、族谱的收集力度，这些文献共同构成了丰富的地方档案资料。

（2）创新活动形式，提供多种服务

河北省图书馆在地方文献工作中创新活动形式，为读者提供丰富多样的文化服务。除了传统的文献查阅服务以外，还广泛开展文化沙龙活动、诗歌朗诵会、各种展览和赠书活动，并通过微信公众号和网站扩大影响和宣传。2017年，通过举办5场赠书活动征集到《河北宗教史》《深泽王氏家谱》《固安古志汇编》等珍贵史料；举办了4场影响广泛的诗歌朗诵会，教育部姚喜双教授、诗人舒婷、朗诵艺术家殷之光等文艺界名人受邀与读者面对面交流；利用各种馆藏资源开设《河北作家签名本展》《河北作家手稿展》等展览；通过河北省图书馆微信公众号和网站发布多篇《地方文献征集函》，以多种形式对赠书活动进行宣传，扩大活动影响力。

（3）开发地方文献，传承地方文化

地方文献是记录地方文化的重要载体，公共图书馆不断加大对地方文献深层次的开发利用，更好地保护和传承地方文化。河北省图书馆通过开展"河北记忆"项目制作、建设地方文献特色资源库等活动，整理和挖掘地方文献。

①开展"河北记忆"项目

图书馆的基本功能是保存社会记忆、传播人类知识，其中保存社会记忆是首要功能。图书馆保存人类记忆的文本形式包括手稿、印刷品、口述资料、影像资料等。[1] 口述历史，就是将储存在当事人或知情人记忆中的各个时期、各个历史事件、自己或他人的各种经历，用口头表达的方式，采取记录、录音、录像等手

---

[1] 王子舟、张晓芳：《图书馆记忆功能的衰退与修复——2017年国家图书馆中国记忆项目培训班讲座整理稿》，《高校图书馆工作》2018年第1期。

段，经过整理形成文字或录音、录像等新的资料。[1] 近年来，"口述历史"在图书馆界得到普遍开展，通过对重要事件和重要人物的采访、挖掘、录制，用语言记录地方文化，开发和保存社会记忆。

为真实记录河北近百年的发展历史，为燕赵大地留存一份真实、生动的档案资料，河北省图书馆面向社会启动了"河北记忆"口述文献征集活动。通过采访河北省各行业有价值的人物，以音频和视频文献形成专题文献资源，记录时代，留存史料。2016年，河北省图书馆征集采访到9位相关人物，录制音视频文件，保存了关于河北历史、文化、农林等领域的记忆。2017年，又策划实施了"河北文艺名家"口述史专题，选择对社会有卓越贡献和影响力的文艺界领军人物8人，通过项目外包形式对其进行采访录制，记录这些文艺名家的创新和成就，形成地方文献资源的重要组成部分。

口述历史在复原历史方面具有其他文献无法替代的价值，"还是图书馆构建'人无我有'特色资源的极佳途径"[2]。同时，"口述历史"项目也是图书馆从收集文献到创造文献的重要转型。

②建立地方文献特色资源库

地方文献建设可以由传统意义的地方文献资源库升级到特色资源库建设上。图书馆的地方文献特色资源建设可以按照主题或者事件来形成相关的知识资源库，每一个知识库就是一个特色资源组成。我们可以通过图片、音频、视频、其他多媒体形式将馆藏文献数字化，形成特色资源，还可以通过建立地方文献书目数据库、多媒体资源库等形式揭示馆藏。

河北省图书馆在网站上设立了特色资源库，制作发布了"河北戏曲""河北古建筑""唐山皮影"等9个专题资源数据库。这些数字化的音频视频文献与传统纸本文献互为补充，优化资源，提高了图书馆在地方文化传承中的作用，共同向社会公众提供有效的文化服务。

---

[1] 杨立文：《口述历史刍议》，《纵横》2002年第8期。
[2] 陈俊华：《"创造史料"的图书馆——口述历史在地方文献工作中的应用》，《工作研究》2007年第5期。

四、地方文献在建设地域文化方面的作用

（1）为地方人士增强文化自信心

随着社会经济的飞速发展，全国各地纷纷打造"文化强省"，人们也越来越重视对传统文化和地域文化的研究和传承。一方水土养一方人，每个地区的人们都有着不同于其他地区的个性特征，每个地区也都有着令当地人引以为傲的风土人物、文化史实。地方文献的收藏积累越丰富，越是能提高当地群众的文化自信心和归属感，激发他们热爱故土的意识，从而提升文化品位，发挥地域文化的凝聚力。

（2）为弘扬地域文化提供文献支持

地方文献记载了某一地区的文化特色，并将这种特色的发生、发展及原因记录下来，对当地人们经过长期奋斗形成的经验成绩做了总结。[1] 这宝贵的经验总结就是继承和弘扬地域文化的精神财富，同时还对该地区特色文化的繁荣兴盛发挥着文献支持的重要作用。继承和发扬各地的优秀文化，是完成中华民族伟大复兴不可缺少的基础工程。

---

1 周利红：《地方文献的文化价值及其开发利用——以衢州市公共图书馆为例》，《全国中小型公共图书馆联合会 2015 年研讨会会议论文集（二）》，2015 年。

浅谈西城区地方文献在地域文化建设中的作用

郭天莹（北京市西城区第一图书馆）

摘　要：本文立足西城区地方文献工作，阐述了地方文献与地域文化的关系，地方文献在地域文化建设中的作用，并对西城区第一图书馆现阶段地方文献工作进行探讨，最后对地方文献工作发展提出几点建议。

关键词：地方文献；地域文化；服务

Abstract: This paper is based on the work of local literature in Xicheng District. Firstly expounds the relationship between local literature and regional culture. Then introduces the role of local literature in the construction of regional culture, and discusses the situation of local literature in Xicheng District No.1 Library. Finally puts forward some suggestions on the development of local literature.

Keywords: local literature; regional culture; service

一、引言

文化是一个国家、一个民族的灵魂。文化兴，国运兴；文化强，民族强。习近平总书记在十九大报告中指出，文化自信是一个国家、一个民族发展中更基本、更深沉、更持久的力量。推动中华优秀传统文化创造性转化、创新性发展，继承革命文化，发展社会主义先进文化，不忘本来、吸收外来、面向未来，更好构筑中国精神、中国价值、中国力量，为人民提供精神指引。

地域文化是众多文化形态之一，公共图书馆作为先进文化的重要传播者，需要在新文化环境中乘势而上，借力发展，立足本区域，突出主题，不断发掘，收集能够突出本区域特色的文献资源，建立独具特色的藏书体系，开展特色服务为社会所共享，着力打造品牌、特色，促进地域文化建设。

二、地域文化与地方文献

地域文化是一定空间范围内特定人群的行为模式和思维模式，是人类改造自然的产物，受地理位置、自然环境、历史文化的影响。不同地区居住的不同民族在民族传统、社会组织形态、生产方式、生活习惯、心理特征等物质和精神方面都存在着不同程度的差异，从而形成具有鲜明地理特征的地域文化。

地方文献是反映特定区域内一切自然现象以及群体活动方式的记录，其内容涵盖范围极广并具有一定价值。它不仅记录了地方的自然环境，社会政治、经济、生产等方面的实践活动，也记载民俗、艺术、文教事业等地方文化的方方面面，与地方文化有着天然的紧密联系。收藏和挖掘特定区域内人类社会实践的成果是地方文献的主要职能，也是图书馆资源建设的一大工作重点。西城区地方文献是城区政治、教育、经济、文化发展的缩影，对城区建设发展、人民生活有重要的信息价值。

三、地方文献在地域文化建设中的作用

（1）收集整理地方文献，打好地域文化建设基础

西城区是承载着党和国家首脑和心脏的地方，现在的行政区划在历史上曾是元、明、清三代京都的西半部，历史悠久。自古以来，西城区就与北京城的奠基、发展紧密相连，展示着千年古都的风貌。西城区历史悠久，经济文化繁华，人才荟萃。进入20世纪后，北京的行政区划多有变化。2010年6月北京市政府调整首都功能核心区行政区划，将原西城区、宣武区的行政区域变更为新西城区的行政区域。西城区历史文化遗存十分丰富，全区有历史文化保护区18片、文物保护单位179处，其中国家级32处、市级65处；非物质文化遗产10大类、107个三级"非遗"项目，其中国家级24个。西城区是古都北京的发祥之地、北京建都的肇始之处，其行政区划是随着首都政治、经济、城市建设的发展不断调整和完善的。

鉴于西城区重要的历史地位，西城区的文献也具有重要的作用。凡是反映西城区政治经济、科学文化、社会变革、民俗风情、历史地理、人物事件、百姓生活等方面的资料均属西城区地方文献征集范围。载体形式包括图书、报刊、音带、光盘、图片、画册等。

西城区第一图书馆地方文献室为个人及单位提供课题研究服务，利用西城区地方文献的优势参与地区调查研究，为编纂史料、图书等提供帮助。近几年，地方文献室提供课题服务并最终形成图书成果的有西城区文史协会的《西城史迹：宫苑·坛庙·王府》，什刹海研究会的《什刹海九记》《京城名刹护国寺》，西城区委宣传部的《西城之最》等。

（2）发动馆员科研精神，深入挖掘西城区地域文化

图书馆历来就是文化研究和文化创新的基地，任何文学巨作的产生都离不开图书馆，许多文化产品的创新也或多或少，或直接或间接地利用到了图书馆资源。图书馆为读者们提供的不仅仅是图书，更多的是图书馆员们的智慧与科研能力。

西城区老字号是最具中国传统文化特色的企业形态，是西城区宝贵的历史文

化资源，是"城市记忆"的重要组成。2013年，中共北京市西城区委宣传部主导成立了"北京西城老字号谱系研究领导小组"，旨在深入挖掘西城区珍贵的老字号地方文献资料，从而弘扬西城区老字号文化背景和深厚的文化底蕴。西城区第一图书馆基于地方文献的馆藏优势及馆员的科研能力，对馆内外文献资源进行深度加工并定期开展调研工作，注重搜集老字号的第一手资料，形成研究老字号学术基地。馆员不仅为西城老字号研究提供课题服务，更参与文献撰写。经过3年的不断调研与编写，最终形成并出版《北京西城老字号谱系丛书》（四册）、《北京西城老字号谱系研究文集》（上、下）、《北京西城老字号传承故事集锦》《北京西城老字号印谱》等图书。

西城区地域文化并不仅限于老字号，地区内社会环境变化更值得人们关注。西直门地区便是西城区最具代表性的地区之一。西直门不仅仅是一座城门，它是北京市重要的交通枢纽，更承载着历史更迭的印记。西直门地区内的六大王府、西直门天主教堂、崇元观、永泰寺、北下关娘娘庙、动物园、豳风堂、北京展览馆、北京提琴厂、白雪照相馆、西城区经济科学大学……这些标志性的场所有些已然变迁、有些依然矗立、有些蓬勃发展，不管怎样它们都承载着西直门地区的文化底蕴。2018年西城区文史协会计划编写《西直门内外话古今》一书，西城区第一图书馆馆员积极响应并予以大力支持，调查研究馆藏地方文献资料，深入走访各个单位及相关人员，梳理并形成文献材料，现阶段该书正在编写中。

（3）利用地方文献资源，推动西城区文化文明建设

由于对西城区老字号的走访调研，西城区第一图书馆与众多老字号企业建立了良好的联系，并有幸将国家级非物质文化遗产项目"鹤年堂中医药养生文化"代表性传承人王国宝老师请到图书馆，为大家讲述养生知识，介绍鹤年堂。此外，图书馆还借助阅读体验拓展视角，举办"我眼中的老字号"征文比赛、摄影比赛，加深了读者对老字号的了解和认同。助残日，图书馆带领视障人士走进了中华老字号张一元，亲身感受了中国茶的传统魅力，不仅弘扬中华茶文化，更促进了宣南文化传播。图书馆志愿者们也走进百年老字号"瑞蚨祥""内联升"博物馆，进一步了解北京的传统文化并学习体会老字号的经营智慧与商业文明，"质

量至上、精益求精"的工匠精神,"诚信为本"的商业道德精神。

除上述特色活动,西城区第一图书馆地方文献室自2014年起推出"名人之后话名人"系列讲座,并形成特色品牌。讲座以口述历史角度,从名人的后代亲见视角讲述其先辈们的生活逸事、艺术造诣等,弘扬西城区特有的人文文化。

(4) 与现代化接轨,扩大西城区地域文化推广

近年来,西城区第一图书馆在数字资源建设上不遗余力,利用创新技术将西城区文化进行全面展示。以"什刹海文化专题数据库""西城非物质文化遗产专题数据库""西图讲坛""走遍中国"为代表的几个优秀数据库,和"名人故居""昨日西城""西城胡同"等一些规模较小的数据库,形成西城区第一图书馆自建数字资源体系,为本地区读者和相关部门提供相关数据参考和信息咨询,为西城区文化传播提供有力平台。

四、结束语

现代社会中,图书馆已不再是人们心中仅仅搜集、整理、收藏图书资料以供人阅览、参考的机构,它承载着开发智力资源,进行社会教育的重要职能。地方文献也是如此,图书馆地方文献室不能只为储存书籍而存在,更主要的工作在于开展地域文化建设,发掘地域文化精华,传播地域文化内容。西城区第一图书馆地方文献工作正在逐步转型,但仍以被动式的提供为主。今后地方文献室的工作重点应主动参与到以地域文化为研究对象的学术活动及读者活动中去,加大地域文化的传播力度,扩大图书馆的社会影响力。

参考文献

[1] 陈婷:《论地域文化的教育价值》,《西北师大学报(社会科学版)》2013年第50卷第6期,第81—85页。

[2] 骆伟、朱晓华:《试论地方文献与地方文化的关系》,《图书馆论坛》2000年第5期,

第 3—6 页。

[3] 编委会：《今日西城》，北京：四二二九工厂，1990 年，第 1—4 页。

[4] 刘洋：《北京西城历史文化概要》，北京：北京燕山出版社，2010 年，第 1—2 页。

新时代背景下城市记忆建设与地方文献工作发展研究
——以北京法源寺丁香诗会为例

刘 郑（北京市西城区第二图书馆）

摘 要：本文从城市记忆与地方文献的关系谈起，结合目前城市记忆工程的现状，选取北京十大创新文化品牌"法源寺丁香诗会"为经典案例，提出构建集"5W+1F"大众传播模式、传播者、受众、传播渠道、社会环境、传播效果及信息反馈于一体的传播机制，是实现城市记忆和地方文献精准对接与可持续发展的有效途径。

关键词：城市记忆；地方文献；法源寺丁香诗会；传播机制

Abstract: On the basis of the relationship between urban memory and local literature, combining the present situation of urban memory engineering, this paper selects the ten major innovative cultural brands of Beijing, "the Clove Poem of Fayuan Temple" as a typical case, and proposes to build "5W+1F" communication mechanism of communication mode, infector, audience, media, social control, communication effect and feedback in one. It is an effective way to achieve accurate docking and sustainable development of urban memory and local literature.

Keywords: urban memory; local literature; the Clove Poem of

Fayuan Temple; communication mechanism

20世纪50年代,《威尼斯宪章》一经问世,人们对城市的保护就上升为一种自觉。中国当代著名作家、画家冯骥才指出,保护它,决不仅仅因为是一种旅游资源或是什么"风貌景观",更是要见证自己城市生命由来与独自的历程,留住它的丰富性,使地域气质与人文情感可触与可感。地方文献作为一种真实记录和反映一个地方历史变迁、文化发展、生产实践等的综合性的知识载体,在保护城市历史的延续性、保存城市文明的脉络中发挥着重要的作用。城市记忆是地方文献产生的物质基础,地方文献是城市记忆的物质承载和历史见证,因此,两者相互依存,相辅相成。

一、我国城市记忆研究现状

时间进入21世纪,人类跨入新的时代,保护城市记忆越来越受到各界有识之士的广泛关注。2002年青岛市率先启动了"城市记忆工程",通过四年时间建立了全面反映青岛市基本面貌的多媒体档案信息数据库;2003年北京首都图书馆文献中心开展"北京记忆"工程建设;2007年上海举办"档案与城市记忆"研讨会,又有天津、大连、苏州、福州等50余个大中小城市相继开展城市记忆工程。范慧婷、谭必勇在《我国"城市记忆"研究的文献计量分析》一文中运用文献计量学方法,通过对"中国知网"和"万方数据库"中国期刊全文数据库及中国学位论文全文数据库文献进行统计分析,发现近年来研究多为对城市记忆的收集和保护,而对如何有效传播城市记忆却鲜有涉及。本文以我馆特色品牌活动——法源寺丁香诗会为例进行探讨,以期通过构建集传播模式、传播者、受众、传播渠道、社会环境、传播效果与信息反馈于一体的传播机制,实现城市记忆和地方文献精准对接与可持续发展。

二、研究案例：北京法源寺丁香诗会

（1）法源寺

法源寺位于北京宣武门外教子胡同南端东侧，建于唐太宗贞观十九年（645年），是北京最古老的名刹。唐时为悯忠寺，清雍正时重修并改为今名。1956年在寺内成立中国佛学院，1980年又于寺内建立中国佛教图书文物馆，是中国佛教协会所属的宗教类博物馆，1983年被国务院确定汉族地区佛教中国重点寺院。2001年6月25日，法源寺作为清代古建筑，被国务院批准为第五批全国重点文物保护单位。

（2）丁香诗会

我国历史上有记载的诗会有三个，一是东晋时举行的"兰亭之会"，二是北宋"西园雅集"，三是明清北京法源寺"丁香诗会"。"丁香诗会"起源于明、清时期踏青时节诗人吟诗唱和活动，至清代极盛。每年春天法源寺内丁香盛开之时，僧人备好素斋，邀集文人名士赏花对诗。当时赫赫有名的纪晓岚、洪亮吉、顾亭林、何绍基、龚自珍、林则徐等人和名噪一时的宣南诗社，都在这里留下过流连的足迹和诗篇。特别是1924年4月26日，印度伟大诗人泰戈尔在徐志摩和林徽因的陪同下来到法源寺赏丁香、瞻古刹，成就了中国文学史上一段佳话。此后，由于战乱、社会动荡等原因，"丁香诗会"一度被中断，直到2002年，在多方共同努力下，法源寺丁香诗会才得以恢复，从此百年丁香诗会得以传承。

作为北京市十大创新文化品牌的丁香诗会，每年的4月10日，都会在法源寺如期举行，到2018年已经连续举办了17届。我馆作为主办方，在探索传承地方文化、保护城市记忆方面取得了一些经验，在此抛砖引玉，愿与各界同仁共同探讨。

三、城市记忆工程对接公共图书馆地方文献工作的启示

（1）公共图书馆"5W+1F"城市记忆大众传播模式

随着时代的发展，传播学的引入改变了公共图书馆传统的"重载体轻传播"

的思维模式，业界同仁越来越认识到大众传播是新时代公共图书馆做好地方文献工作面临的新课题。美国政治学家学者哈罗德·拉斯韦尔（Harold Lasswell，1902—1977）于1948年在《传播在社会中的结构与功能》中，首次提出了构成传播过程的五种基本要素，并按照一定结构顺序将它们排列，形成了后来人们称为“5W模式”或“拉斯韦尔程式”的过程模式。这五个W分别是英语中五个疑问代词的第一个字母，即 Who，Says What，In Which Channel，To Whom，With What Effect。霍艳芳、吴国娇在《基于城市记忆的公共图书馆大众传播机制探微》一文中所绘拉斯韦尔“5W模式”如图一所示：

传播者	→	信息	→	渠道	→	受众	→	效果
Who		Says What		In Which Channel		To Whom		With What Effect

图一：拉斯韦尔提出的大众传播“5W”模式

作为公共文化服务机构的图书馆不应该也不可能脱离社会环境而独立存在，也有学者提出拉斯韦尔的“5W模式”缺乏反馈机制。尽管如此，“5W模式”的提出还是有其科学性与实践性，因为它最早明确地将传播过程划分为5个部分或者要素，并且相对应地限定了5个研究领域，有效地描述了传播并规划了传播学研究，对于构建公共图书馆的大众传播机制仍然具有现实的指导意义。笔者借鉴“5W模式”提出“5W+1F”（F取反馈Feedback首字母）的公共图书馆城市记忆大众传播模式，如图二所示：

图书馆员	→	馆藏资源	→	传播渠道	→	读者	→	知识传播
Who		Says What		Through Which Channel		To Whom		With What Effect
↑	←			反馈 Feedback	←			↓

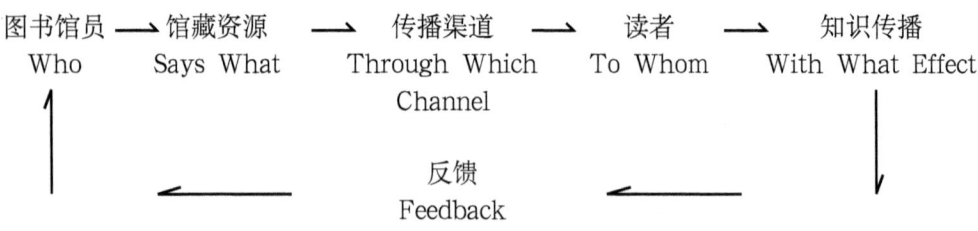

图二：公共图书馆“5W+1F”城市记忆大众传播模式

（2）社会环境

公共图书馆是由国家中央或地方政府管理资助和支持的免费为社会公众服务的图书馆。公共图书馆作为整个社会系统的组成部分，必然受到整个社会系统的制约。它对于城市记忆的传播，主要的社会控制力量来自于国家与政府、相关利益群体与经济势力、受众的社会监督和媒介的伦理规范。因此它不同于其他传播知识的媒体，它具有更严格意义上的政府性质和公益性质，它所传播的是国家倡导和大力弘扬的价值观及文化知识，例如2018年第十七届法源寺丁香诗会的主题就是围绕"改革开放40年""红墙意识""学习贯彻十九大精神"等主题，作品弘扬了社会主义核心价值观，歌颂党、歌颂祖国、歌颂人民的幸福生活，它反映的是时代的主题。

（3）传播者和受众

公共图书馆作为大众信息传播的中介，它的传播者即馆员应当具备较强的专业技能。首先具备的应当是馆藏素养，馆员应对本地区本图书馆的地域文化和馆藏特色有充分的了解和深入的研究。特别是负责地方文献工作的馆员，一方面能够对馆藏资源进行深度开发和利用，另一方面要精准对接受众的需求。其次，城市记忆涉及多学科多领域，单靠一己之力很难实现长远发展。信息时代，沟通协作是新常态，图书馆应积极主动与高校、科研机构、文化团体、档案部门、政府职能部门加强沟通，善于利用资源，整合资源，实现资源利用的最大化。法源寺丁香诗会自2002年恢复至今的十余年历程中，每年的举办都受到来自社会各方的支持，比如评审专家、社科联组织、街道办事处、法源寺等。

公共图书馆的受众一般为读者，但随着时代的发展和信息技术的广泛应用，公共图书馆的受众已不仅仅局限于持证读者，而涵盖了更广泛的社会成员，包括社区居民、网上用户、微信（微博）关注者、读书会员、讲座听众等群体。这些受众既有显性读者，又包含潜在人群。高度社会化的传播活动离不开广大受众，传播者应善于挖掘和培养受众，善于发现受众的关注点，提高受众的关注度。法源寺丁香诗会的受众由最初的文人雅士发展到今天的普通市民，全民性的关注和参与不能不说是其成功的关键因素。

(4) 传播渠道

公共图书馆常用的传播渠道按传播媒介的不同主要分为三种形式，第一种是以报刊、宣传册页等为媒介的纸本传媒；第二种是以网站、微信（微博）公众号等为媒介的网络传媒；第三种是以公共图书馆活动、展览讲座等为媒介的实体传媒。在具体传播渠道的选择上应根据受众的具体情况而有针对性地选择，比如，2003年由首都图书馆启动的"北京记忆"历史文化多媒体资源数据库建设，充分发挥了网络传媒的优势，它将北京经典的地方文献、老照片、金石拓片、地方表演艺术等资源进行整合，通过网络向公众展示了独特的北京城市记忆。2017年10月13日，图书馆地方文献工作学术交流暨"北京记忆"新版发布会在首都图书馆举行，这标志着首都图书馆"北京记忆"网站新版正式上线与读者见面。全新的"北京记忆"网站采用目前主流的互联网技术平台建设而成，提升了易用性、先进性和兼容性。新网站不但为所有内容建立了索引关键词，方便读者快速定位所需的文字、图片以及音视频类资源，还提供多种语言支持；在内容上，全新的"北京记忆"网站新增设的栏目有"特色专题""口述历史""非遗传承"和"北京历史年表数据库"，分别从首都北京特色文化、历史事件亲历者口述、鲜明地域色彩的非物质文化遗产和一部编年体北京简史的直观呈现角度讲解北京记忆。这种传播的优势在于强大的交互功能，彻底改变了传统媒介单一传播的模式，增强了传播者和受众之间的双向交流。在具体传播实践中，法源寺丁香诗会采用的是集纸本传媒、网络传媒和实体传媒于一体的多角度全方位的传播渠道，堪称经典案例。在诗会发布信息、征集稿件阶段采取纸本传媒为主、网络传播为辅的传播渠道；在诗会现场采取实体传媒为主、网络传媒为辅的传播渠道；在诗会后期诗集出版入藏阶段采取纸本传媒为主、网络传媒为辅的传播渠道。各阶段不同传媒的有机结合，相得益彰，畅通了传播渠道。

(5) 传播效果及反馈

传播效果是受众对信息刺激的反应，信息反馈是传播者及时调整和控制下一次传播活动的重要依据。影响公共图书馆传播效果的因素很多，归纳起来主要有如下三点：一是社会环境，本地区的政治、经济、文化底蕴等对该城市记忆的传播具有决定性的作用。二是传播渠道的选择应遵循受众优先的原则，不同条件下应选择不同媒介满足受众需求，关键是由受众的具体情况而定，如某地区传统媒介受众较多，应侧重选择纸本传媒进行传播；如发达地区网络覆盖率较高，传播渠道应多侧重网络媒介。三是传播者即公共图书馆自身的业务素质、馆藏文献资源、资金投入等，这些是决定公共图书馆传播效果的主要因素。

城市记忆从形态上可划分为物质形态记忆和非物质形态记忆两种，前者包括城市建筑、文物古迹和空间格局，后者包括历史事件、民间风俗、特色文化、历史传统、人文精神等。法源寺丁香诗会恰是集二者于一体的文化形态，它既有物质形态的城市建筑——法源寺，又具有非物质形态的特色文化——丁香诗会，它是一种"活化"的城市记忆，这种特殊性决定了它在社会环境、传播渠道、文献资源等方面占有得天独厚的优势，因而法源寺丁香诗会实现了极佳的传播效果。

收集反馈信息是一项重要的工作，传统的纸本传媒因为互动性差，反馈信息相对于网络传媒和实体传媒存在滞后性，由于实体传媒是面对面的传播形式，往往传播者和受众能直接交流，因而信息反馈更加及时有效。法源寺丁香诗会正是得益于这种直接的信息反馈才能不断完善，历久弥新。

四、结语

研究和实践表明，法源寺丁香诗会是保护城市记忆，创新城市记忆载体，传承地方文化的成功案例。新时代背景下公共图书馆应与时俱进，善于发挥自身优势，在立足馆藏资源创新社会服务方面应有更多的思考。

参考文献

[1] 冯骥才：《城市为什么要有记忆》，http://www.urbanchina.org/n/2014/0827/c369540-25549782.html，2018年6月2日。

[2] 《法源寺》，https://baike.sogou.com/v67592415.htm?fromTitle=%E6%B3%95%E6%BA%90%E5%AF%BA，2018年6月16日。

[3]《法源寺丁香诗会》，https://baike.baidu.com/item/丁香诗会/9937267，2018年6月16日。

[4]《5W理论》，https://baike.baidu.com/item/5W理论/10209874?fr=aladdin，2018年6月16日。

[5] 霍艳芳、吴国娇：《基于城市记忆的公共图书馆大众传播机制探微》，《图书馆学研究》2016年第21期。

[6]《图书馆地方文献工作学术交流 暨"北京记忆"新版发布会在首都图书馆举行[EB/OL]》，http://www.clcn.net.cn/modules/information/view.php?id=1840，2018年6月16日。

地方文献资源与经济发展的思考

杨 帆（陕西省岐山县图书馆）

摘 要：文章从地方文献的经济价值出发，从自然资源和人文资源两个方面来论述了地方文献的意义及其作用，阐述了地方文献与经济发展二者之间相辅相成、不可缺失的关系，并提出了做好地方文献的几点设想。

关键词：地方文献；资源；经济发展

Abstract: From the economic value of local literature, this paper discusses the significance and role of local literature from two aspects of natural resources and human resources, and expounds the relationship between local literature and economic development. And put forward some ideas for doing a good job in local literature.

Keywords: local literature; resources; esconomic development

以区域为中心地方文献的记载物，反映一个特定地区在经济、政治、历史、文教以及科学技术的全面情况，是地区发展的一个缩影，也是文化的深层结构。在商品经济的社会中，地方文献能为地区经济发展提供有效的信息服务。如何开发地方文献资源，促进经济发展，已成为图书馆亟待解决的问题之一。

一、地方文献资源的经济价值

地方文献内容广泛，既可纵观千年，又可横成百科，集古今科学成果于一体。它上及天文，下及地理，旁及社会、人文诸事物的历史与现状。从经济角度来说，地方文献可待开发的资源，主要表现在以下几个方面。

（1）自然资源

"一方水土养一方人"。自然资源是指大自然客观具备的特定区域内可供利用的原始资源，在地方文献中大量记载着先辈们对生活中的客观认识，有许多经济价值。

①记载了丰富的矿藏资源

在地方文献中，记载了大量蕴藏在各地的矿藏资源，有的还标明可待开采矿藏品位和含量以及历代开采经过，是提供国家或地区发展工业的珍贵资料。例如我国的煤矿，不仅储量大，品种齐全，而且分布面广，地方文献对煤炭资源都有不同程度的记载，可为现代地质普查和勘探提供参考。地方文献对石油的记载可追溯到很早时间，如《玉门县志》记载当地农民用"石脂水"（即石油）来点灯照明，四川《荣县志》、辽宁《抚顺县志》也都有关于石油的历史记载，为我们对石油的开发开采提供了依据。

②记载了众多的动物资源

我国野生动物资源丰富。据统计，已发现鸟类1166种，兽类414种，两栖类200种，爬行类300种，这些野生动物不仅可供人观赏，更能提供大量毛、羽、皮、肉、脂和贵重的动物药材，对科学研究和发展畜牧业有很大的价值。鲁迅先生曾亲自整理过失传的《岭表录异》（唐刘恂著），这本书专门记载了南国珍奇的鸟兽虫鱼和奇花异草，如岭南所产犀牛，已属稀有动物。书中还列有蚊母鸟、韩月鸟、嘉鱼、两头蛇等数十种稀奇动物，有些已经绝种，有些还有待开发研究。现在不少地方根据地方文献的提示，找到了鳗鱼、双脊鲤鱼、六腿蝎子等名贵土特产，成为发展地方经济的生财之道。

③记载了繁茂的植物资源

我国是世界上植物资源最丰富的国家之一，仅高等植物就有32000多种，李时珍《本草纲目》就著录药物1892种，如长白山的人参、西藏的红花、宁夏的枸杞、云贵的三七等，都是珍贵的药物。山东枣庄齐村区北庆公社过去生产一种能"咬人"的怪树，被视为"不祥之物"而砍伐殆尽，1981年，当地从地方文献中查出这是当地古来就有的一种优质漆树，后来经精心培养，现已发展到20多万株，从而变成当地发展经济的重要财源。

④记载了秀丽的风光

我国山川秀丽，有无数的名胜古迹，大自然把大好山河点缀得分外壮丽。我国有五岳，自古名闻遐迩。除五岳外，我国名山还有很多，如安徽黄山、江西的庐山、四川的峨眉山等，也是美不胜收。还有桂林，奇峰林立，山清水秀，杭州的西湖、苏州的园林、西北的莫高窟、西安的兵马俑、扶风的法门寺等，都属于我国旅游胜地。近年来，各地都注意运用地方特点去开发旅游事业，这些年我国评出了最美建筑，有鸟巢、颐和园、天坛、东方明珠、上海外滩、人民大会堂、平遥古城、国家大剧院、大雁塔、中山陵。上述秀丽风光在《天下名山胜概记》《海内奇观》《扶风县志》等地方文献中都有专门的记载。如何整理和利用这些文献，为旅游事业服务，是一个值得研究的问题。

（2）人文资源

人是构成一个地区最活跃的因素，是建设开发地区的主要力量。人类自古就一直从事着征服自然改造自然的活动，积累了丰富的经验，留下大量的劳动成果。这些人类的活动统称为人文资源。地方文献中可供开发的经济类人文资源主要表现在以下几方面：

①记载了独特的地方工艺和生产技术

在长期人类改造自然的活动中，人类利用特定地区提供的特有资源，进行了许多发明创造。这些地方手工艺，有的已经失传，有的一直延续到了今天，并得到进一步的完善和发展，如扶风的法门寺，一方面可为佛教的发展提供自然资源，另一方面也成为当地的旅游胜地，极大地提高了当地知名度，增加了地方经济发展与交流。

②记载了历史人物留下的遗迹、遗物、纪念性的设施，是以往社会的遗存

历史上有大量发生过的事件，涉及人物往往不是单独活动的，而是通过他做的事情来产生一定的影响。比如一说到曹操，我们就想到赤壁之战、官渡之战；讲到郑成功，我们就想到收复台湾，他们都是和一定的历史事件联系起来的。历史由无数的历史事件所构成，历史事件都成为过去了，有没有东西留下来呢？比如说古战场的遗址，我们在某个古战场的遗址上可以挖到古代的建筑、古代的兵器，甚至当时死人的白骨，这些都是遗物。为了纪念这些事件，我们也会建立纪念性的保护设施，如纪念碑，遗址的现场都可以把它留着。再如"二战"期间美国太平洋舰队在珍珠港击中的那艘密苏里号，它早已退役作为遗物留在那里，没有军事上的作用，而成为一种历史文化的资源留在了那里，像这样的一种历史事件遗迹遗物也是非常重要的。

③记载了物质文明和精神文明的建设

旅游在我们国家越来越普及，世界上很多人预测它将是未来最有前途的产业之一。因为人满足了衣食住行的基本生活以后，就要追求精神上、物质上的享受，旅游当然是最有效的途径之一。特别是在环境污染、精神危机已成为困扰人们社会问题的今天来说，对人文资源的充分利用，不失为解决这些问题的一个重要途径。同时，它将成为促进经济可持续发展和精神文明建设的一个重要资源。以文物、建筑群、遗址等物质形态出现的文化遗产，虽然挖掘整理时需要较多的投入，可是它们一经面世，毋需再进行加工生产，就会有丰厚的回报。一些地方以此而兴起的旅游产业，其财政收入的大量增加，已充分显露出人文资源的社会经济效益。不仅如此，人们在欣赏这些景物，感官上得到美的享受的同时，还会从它们身上接收到不少历史信息，从而增长了历史知识，受到精神文化的熏陶，使自己的灵魂得到一定的净化，感受到中华民族的伟大，从而激发起对祖国的热爱，以新的姿态迎接未来。许多地方将当地有纪念意义的精神遗址以及英雄模范人物的重要活动场所开辟为旅游景点和爱国主义、革命传统教育基地，在增加经济效益的同时，还会提高人们的精神世界，促进社会主义精神文明建设。

二、地方文献的作用

一个地方的发展离不开特定地区的各种自然资源，人文、历史等具体条件的制约和影响，从而使得记录某一地区自然现象和社会现象的地方文献，在地方经济发展中起着不可忽视的作用。这种作用主要表现在：

（1）为地方经济发展提供历史借鉴

地方文献是区域性经济建设的史料来源和决策依据。凡是地方文献中的地方史志，以全见长，以实独尊，既是一方经济社会活动规律的揭示，又注重一方人事、环境、民俗风情的勾勒，突出事物变化起伏规律及失败教训的记载，因此在地方性经济发展的总体决策和改革中，就可以借鉴历史的经验教训，避免决策的主观性和盲目性。如陕西的岐山县在制订岐山的经济发展规划时，认真查阅了地方文献，因为这个县为农业县，资源比较贫乏，就挖掘出了具有地方特色的自然资源。清胡谓《禹贡锥指》中说"岐山之下，周原在焉"。昔日，周人在这块肥美的土地上，进行了古公卜宅、建都立业、子牙垂钓、文王访贤、武王伐纣等重大事件，岐山人民创造了灿烂的古代文明，如景观迷人的周公庙，五丈原诸葛亮庙等旅游胜地，以周文化和饮食文化为载体，打造出一个旅游强县，吸引了更多的美食家和游客来岐山吃、住、游览，促进了县域经济更好更快发展。

（2）为地方基础设施的建设提供资料和设计依据

"地近则易核，时近则迹真"。地方文献所记录的文字多为编纂者耳闻目睹，或实地调查采访的原始材料。因此，一般来说地方文献的可靠性比较高，凡是其中的矿藏、物产、地质变迁、自然灾害、气候、水利、人口等有关经济发展的资料大多为原始记录。借鉴于这些原始资料，有关部门从事地方基础建设时，可以少走弯路，避免不必要的开支。如安徽省马鞍山市1960年在缺乏水文、地质资料的情况下，兴建沿江码头，到1983年码头塌陷，使第二期建港作业沉入江底，后来为调查这一事故查阅了有关文献，终于在地方文献中查明这一地段是明清时的沙洲，假如事前能及时查阅一下地方文献，这一重大经济损失是完全可以避免的。

（3）为地方政府发掘经济资源，拓宽致富途径提供信息服务

一个地方的经济发展有赖于对地方经济资源的深层次挖掘。由于历次社会的动荡和历史的变迁，有一些适合地方经济发展的传统作物、传统产业，今天已经鲜为人知。积极从丰富多彩的地方文献中挖掘经济信息，是地方经济拓宽致富门径的一个可行之道。如相传周文王时期，在岐山原下渭河畔，常有一条大蛟龙出没，伤害百姓，文王得知后，便下令除掉了祸害百姓的蛟龙，据传说，蛟龙的肉味道鲜美，吃了可以驱恶除邪，延年益寿。于是，文王叫人将蛟龙剁成许多小块，分给众人食之，吃了蛟龙肉，部落从此繁衍生息旺盛，人们体格健壮，部落逐渐壮大了起来。从此，人们沿用这一生活习惯，将肉食剁成小块，烧炒而食，以求得四季平安，兴旺发达。后人通过长期的烹调实践总结，将这种肉丁做成膳食品称作臊子，味道鲜美独特，不腥不腻，既可以独立膳用，而且还可同其他食品拌餐，且可以长期保存，逐渐成了地方的风味食品。岐山人将用猪肉做成的臊子和本地面食加以结合，创新出了风味独特的岐山臊子面，一举传遍方圆，香飘千里。原"岐山照壁背后面馆"的臊子面，以其经营有道、做工独特、味道俱佳曾受到过皇帝的褒奖。现在岐山臊子面几乎遍布全国各地，也带来丰厚的经济利润回报。

总之，地方文献因为其蕴含的经济价值对地方发展起着极大的推动作用，但同时我们也应当看到，这种作用不是单方面的，地方经济的飞速发展，地方改革风云人物的出现，反过来又为地方文献的编纂提供最新的数据和新鲜可靠的原始素材。没有了地方文献做依托，地方经济的发展就失去了参照的标识和文献基础，会多走许多弯路，甚至误入歧途，没有了地方经济政治发展的需要，地方文献同样也就失去了其存在的生命力。二者相辅相成，缺一不可。

三、做好地方文献服务工作的几点设想

（1）全面系统地收集有关地方经济资源的文献，这是做好服务工作的基础

有关地方经济资源，包括本地的自然面貌和自然资源，特别是富有地区的矿物、植物、动物、耕作技术、农作物、果蔬、水利工程、森林、园艺、畜牧、水产、

陶瓷、酿酒、饮料、烹调、食品、制烟、制茶、传统手工艺、中药、土特产以及工业、贸易、物价、旅游等，要进行全面地系统的收集。特别是经济特区与沿海开放城市，更应有计划地建立起自己的地方文献专藏，如深圳特区地方文献专藏、海南特区地方文献专藏等，建立专藏一方面可积累资料，了解"地情"，便于做好发展经济和引进、输出等决策，另一方面也可通过介绍有关"地情"，吸引外商投资加工，扩大经济开发与交流。我们做好经济文献的收集工作，才能更好地为本地区有关部门进行有效的服务。

（2）编制地方文献书目资料

地方文献书目在研究开发地区自然资源、发挥地区经济优势、发扬地区特色产品等方面有着重要意义。中华人民共和国成立以来，各地图书馆都十分注意编制地方文献书目（包括馆藏目录和联合目录）。如甘肃省图书馆，在中华人民共和国成立初十年中，就编制西北地方文献书目53种，20世纪60年代东北三省省馆合编《东北地区农业历史文献联合目录》，80年代又成立了"东北地方文献联合目录编辑组"，编制了大型书目《东北地方文献联合目录》。这些综合性的地方文献书目，当然也包括自然资源和经济领域方面的书目资料，如甘肃、辽宁、山东等省馆都曾编过农业书目、矿产书目、土特产书目等，无锡市图书馆还编了《无锡解放前后（1938—1950年）米价一览表》，为地方提供这一时期无锡市米价升降情况资料。有的馆还编了名胜古迹书目资料，目的是为发展旅游业和进行爱祖国爱家乡的教育，都收到了一定的效果。

（3）建立地方文献数据库

随着科学技术的进步和计算机的广泛应用，将收集到的地方文献数据资料输入计算机系统，建立地方文献数据库，由计算机进行存贮和检索，这是现代技术应用到地方文献研究与开发中的一项新工作，也是地方文献情报化的一种体现。目前，数据库的类型，大体可以分为题录型、参考型、综合型文献数据库以及数字、物质数据库等。广东省中山图书馆有鉴于提高地方文献的贮存率和利用率，在全国率先建立了"广东地方文献数据库子系统"，使用IBM5550高档微机作处理机,可进行人机对话方式的文献检索,机内标引词管理、文献标引管理、征集管理、打印、输出文献通报多种书目以及发行管理等一系列功能。该数据库具有总体设计合理、软件功能比较齐全、操作方便、检查迅速等特点,获得了国家科学技术进步二等奖,并在全国公共图书馆系统中推广使用。地方文献如要更好地为地方经济建设服务,建立地方文献数据库是一个必要的、可行的措施,可按大行政区、省区、市县区以及广东沿海开发区、珠江三角洲等建立各种数据库,如西北要言文献数据库、湖南省地方文献数据库、深圳特区地方文献数据库等。从经济方面,可以存贮这样一些最新的问题,如深圳外商独资企业的数量、名称、资产、职工数、领导集团、创汇的数据,深圳证券市场的发展概况、金融市场数据、货币兑比值数据等。只要有条件的图书馆,都应建立地方文献数据库,这是存贮、检索、利用地方文献的有效工具,也是我们服务工作准确、快捷、方便的一种手段。

综上所述,地方文献是一种可待开发的文献资源,它能为地方经济建设提供有效的信息,从而促进经济的发展。在我们注意收集整理历史性的地方文献的同时,更应及时地运用现代化技术,整理新的地方文献,使地方文献更好地为人类社会发展做出应有的贡献。

参考文献

[1] 梁小平:《试论利用古文献为现代经济服务》,《图书馆论坛》1997年第3期。

[2] 骆伟:《论地方文献对经济发展的作用与意义》,《图书馆论坛》1989年第2期。

[3] 周文化艺术节编委会:《岐山饮食文化》,2009年。

[4] 周文化艺术节编委会:《岐山非物质文化遗产图录》,2009年。

[5] 王子平、徐静珍:《论人文资源及其在社会经济发展中的作用》,《河北学刊》1999年第6期。

桂林民俗文献中的城市文化记忆

陈 晔（广西桂林图书馆）

摘 要：桂林是著名的历史文化名城，在2128年的建城历史中，深蕴着许多极具特色、种类丰富的地方民俗文献，这些文献承载着千百年来的城市文化记忆。目前，随着社会的发展，许多民俗文献正面临着前所未有的冲击，挖掘和保护这些民俗文献，对寻找桂林文化的力量、挖掘桂林文化的价值、重现桂林城市中的文化记忆有着深远的意义。

关键词：桂林；民俗文献；城市文化记忆；保护

Abstract: In his history of building the city for more than 2128 years, Guilin is the famous historical and cultural city where has many local unique features and rich varieties folk literatures, which bear the thousands of years of the urban cultural memories. However, many folk literatures are facing the unprecedented impaction due to the development of society. How to research and protect these folk literatures has a far-reaching significance in finding the Guilin cultural power, Guilin cultural value, and recreating the urban cultural memories of Guilin.

Keywords: Guilin; folk literatures; urban cultural memories; protection

我国历史悠久，自古有着"文献名邦"的美誉，各种丰富多彩的文献构成了中华民族高贵的文化遗产和精神财富。现今社会，由于文化越来越受到各级部门的重视，地方文献也越来越在城市建设中展现出它举足轻重的地位。各地流传着的地方文献，不仅可以成为当地政府进行重大决策的理论依据，为当地经济发展提供可靠的信息资源，还因其鲜明的地方特色和地域特点成为当地特有的地域文化符号，甚至与当地旅游文化产业相融合，形成特有的文化品牌。桂林是著名的历史文化名城，有着独特的文化记忆，研究桂林丰富的地方文献，对寻找桂林文化的力量、挖掘桂林文化的价值、重现桂林城市中的文化记忆有着深远的意义。

一、桂林特殊的地理位置深蕴独具特色的地方民俗文献

历史是城市之根，文化是城市之魂。桂林历史悠久，早在距今三万年前，就已经有人在山水之间繁衍生息。秦始皇三十三年（前214年）开凿灵渠，沟通漓江与湘江，为统一中国奠定了基础。汉武帝元鼎六年（前111年）建始安县，桂林至今已有2128年的建城历史。随着社会的不断进步，桂林于北宋初年发展成为广西的政治、文化中心城市和中国西南地区的军事重镇。桂林是多民族聚居地，汉族与壮族、瑶族、苗族、侗族、回族等各族同胞共建家园，经过历史长河的交替、交流、交融，桂林以"一种具有中原文化特征，融山地文化和水域文化、汉文化与少数民族文化、自然生态文化与历史人文文化、本土文化与外来文化于一体的文化形态"[1]层累于历史文化之中，成为城市文化最生动的记忆。在桂林，众多少数民族文化和汉族文化水乳交融，互相吸纳，形成了独特的文化特质。这些独特的文化气质在地方文献中就能找到其文脉。地方文献，顾名思义就是指有关本地的一切史料，包括地方史料、地方人物著述和地方出版物三部分。民俗文献是地方文献中重要的一部分，可从广义和狭义来阐述。广义指的是记录或反映民俗事象民俗生活、民俗知识、民俗概念的一切载体，既包括用文字记载的书面文体，也包括图像、音频、视频记录的资料，还包括口头传承的民俗读物。而狭义

---

[1] 潘琦：《漓湘文化调研报告》，《广西教育学院学报》2014年第4期，第1—6页。

的是指记录或反映民俗事象、民俗生活、民俗知识、民俗观念的书面材料。[1]

桂林历代的地方文献都记载了桂林的民俗。《桂林志》曰"岭南地气卑下，唯静江与湖湘接壤，民风民俗，不殊中土。杜工部云'宜人独桂林'，可以得其概矣"（《金志》）；"全州当湖南尽处，接轸广右。风俗淳朴，讼狱稀简。田野沃润，民以耕渔为业"（《李志》）；"八月十五日为中秋节，陈瓜果，烧柚香以祀月。一、五两区有迎神赛灶之庆会优巫歌舞，击缶侑神，戚友藉依欢聚。按六月祈苗、八月赛社，此古礼之犹存于乡者，所谓秋冬报赛田祖者也。"（民国十八年《灵川县志》）除此之外，宋代范成大的《桂海虞衡志》、周去非的《岭外代答》、明代邝露的《赤雅》都记载了桂林民俗。民国学者刘锡蕃多次走进瑶山壮寨，博采民风，广收资料，追溯渊源，花费三年时间所写成的《岭表纪蛮》记述了壮族、瑶族、苗族等少数民族的族源、风俗习惯和经济文化的发展等情况，为研究地方文化留下了许多的民俗实证材料。除了各种典籍，民俗文献在石刻上也留下了踪迹。桂林石刻分布于桂林市区附近的普陀山、月牙山、龙隐岩、龙隐洞（桂林碑林）、虞山、象鼻山、文庙等30余处名山洞府，这些石刻是随着桂林城市兴起而产生的，随着桂林政治、经济、文化的发展而繁荣，其内容涵盖政治、经济、文化、民族、宗教等多方面，有重要的历史、科学和艺术价值。比较有民俗文献价值的石刻有七星岩前岩壁上宋代范成大的《碧虚铭》石刻，石刻记述唐人郑冠卿在七星岩内与日华、月华二仙对弈的故事，反映出古人崇仙的观念，也为后人留下了一个七星岩风景名胜的胜迹，也可以说是为桂林城的古代旅游镌刻下一个历史记忆。李师中《劝农事碑》等碑刻反映了桂林古代农耕的风貌。2001年桂林石刻被国务院列入第五批全国重点文物保护单位。这些石刻不但有艺术价值，还是研究广西民族民俗文化的重要文献。[2]

除此之外，流传于桂林的山水传说、故事、歌谣、谚语等口头文学作品，萦绕于市井巷陌的戏剧曲艺旋律也是这座城市的历史回声。世世代代桂林人口口相传的神话、传说、故事、歌谣、谚语等民间文学作品如散珠碎玉点缀在山水之间，这些朴实无华的作品，寄寓了人们对自然、对社会的体验与认识，弘扬"真

---

[1] 萧放、陈纹珊：《中国民俗文献史的整理与研究综述》，《民间文化论坛》2004年第6期，第65—68页。
[2] 刘玲双：《桂林石刻》，北京：中央文献出版社，2006年，第1—5页。

善美",鞭挞"假丑恶",立体地反映了各个历史时期百姓的生活状况和精神状态,表现了百姓对社会生活、历史事件的评价与态度,是桂林千百年来积淀的文化宝藏。早在唐代莫休符就在《桂林风土记》中记载了桂林风物的传说和人物故事,其中有解释訾洲来历的《欧阳都护冢》、西庆林寺的《延龄寺圣像》《石从武射樟木灯》《开元寺震井》《米兰美绩》等。宋代尹穑于绍兴五年(1135年)刻在七星岩的石壁上的《仙迹记》记述了唐人郑冠卿在栖霞洞遇仙的传说。现在游人在七星岩前岩壁宋代范成大的《碧虚铭》石刻上也能读到这个古老的故事。自古以来桂林山水传说为人们游览桂林山水增添了许多情趣,现在仍有大量的传说在广泛流传。虽然桂林世世代代相传的民间故事、民间歌谣、民间谚语的作者都没有留下姓名,但正是因为他们善于发挥丰富的想象力,运用民间现实主义与民间浪漫主义相结合的口头文学创作方法,以一篇篇绝妙好辞,使桂林山水"活"了起来,添了"灵气",延伸了这方土地的文脉。流传于灵川、临桂、资源等地的人类起源神话《兄妹配婚》《人种》《石磨断婚》《董古老与南山小妹》等可以唤起中华民族远古的记忆;各地今天仍活态传承的以歌传情、以歌会友的文化传统,使我们能走进"趁墟之日,男女歌答"的"历史现场"。20世纪30年代,桂林船娘唱的民歌就被称赞为"绝妙的民歌"。桂林民歌民族特色鲜明,汉族的民歌情感较含蓄,在哭嫁歌、闹丧歌中可以看出其受中原文化影响较深;壮族、瑶族、苗族、侗族同胞用民歌表达情感则较直接明了,以歌咏志、随物赋形的特点鲜明。桂林人还善于用民歌反映时事,用民歌记录了红军长征过桂北的历史。民间谚语则充满了民间智慧,是百姓对自然万物规律的总结,是他们生活经验的真实体验记录。桂剧、彩调、桂林渔鼓等地方戏剧曲艺以艺术形式反映了古代百姓的生活状态。清光绪三年(1877年)流传于桂林的渔鼓《绣阁鸣言》以七言的民歌体形式,通过生动形象的比喻,对即将出嫁的女儿进行孝敬公婆、夫妻和睦、家庭和谐的教育,从中可见中国传统文化的审美情趣。除了民间文学、戏剧曲艺作品,节庆文化中的姊妹节、走众亲,龙舟文化中的走龙亲等民俗活动也表现出桂林城市乡村间百姓的情感,他们不仅是地方村落中宗亲联谊的情感延续,还是这座城市在历史发展中留下的人文轨迹。这些活动中保留的龙狮比赛、续修谱牒、对歌、唱大戏等活动代代相传,为民俗文献的传承提供了重要平台。

二、桂林地方民俗文献的价值

《中华人民共和国非物质文化遗产法》明确指出,"非物质文化遗产是指各族人民世代相传并视为其文化遗产组成部分的各种传统文化表现形式,以及与传统文化表现形式相关的实物和场所"。从某种意义来说,桂林地方民俗文献是典籍上鲜活的史料,有着多方面的价值:

(1) 文化传承价值

在桂林,许多节庆活动、口碑文献、美术、书法、音乐、舞蹈、戏剧、曲艺和杂技扎根几千年,目前由于社会发展受到了前所未有的冲击,逐渐淡忘在人民脑海里。文化空间一旦失去,就会带来民俗文献断裂、文化缺失的严重后果,因此,保护这些民俗文献是城市文化记忆传承的一个重要举措。如今的桂林,通过加大力度保护非物质文化遗产,各种传统文化遍地开花,现在已经县县有节日,村村有庙会。如全州湘山寺庙会、资源八角寨庙会,每逢庙会,湘桂两地的人民聚集此地,为两地的民间艺术发展提供了肥沃的土壤。少数民族文献的口碑文化也得到了很好的传承,如最有代表性的是瑶族保存的最完整的古典歌谣集成《盘王大歌》,累计一万余行,主要流传在南岭山脉以江华为主的瑶族居住地区,它随着盘王祭祀礼仪活动的变化和生产生活的变迁得到不断丰富,是瑶族人民的智慧结晶。《盘王大歌》最早的手抄本是在湖南江永县发现的,共187页,32段歌词,手抄于南宋咸淳元年(1265年),距今已有740多年的历史,歌词的内容主要包括瑶族先民的自然观、人类起源说、瑶族的产生与迁徙、瑶族的婚恋、瑶族的创业史,记述了瑶族的历史、思想和文化。[1] 后来在恭城瑶族自治县、灵川县兰田收集到的《盘王大歌》歌本,不但有歌,而且有曲,歌名不下几十种,都是瑶族"还盘王愿"时在请神、娱神、送神仪式上所唱,唱出了瑶族人民世世代代感谢瑶王的心情。以《盘王大歌》为代表的瑶族民俗文献是瑶族传统文化艺术中的宝库,通过世世代代的传承,在瑶族民间广泛流传,唱出了瑶族人民追求美好

---

[1] 农学冠、黄日贵、苏胜兴:《瑶族文学史》,南宁:广西人民出版社,2001年,第112页。

生活的愿望。目前由江华县瑶族同胞保存的祭祀盘王的民俗文献《盘王大歌》被列入国家文化部向社会公示的第四批国家级非物质文化遗产名录，这是瑶族民间文化传承保护的一件大事，有利于我们更好地保护瑶族的文化遗产。

（2）实用价值

桂林是著名的历史文化旅游名城，挖掘民俗文献中宝贵的历史文化财富，对提升桂林城市品位，弘扬民族文化，丰富人民群众的业余文化生活有着不可估量的作用。将民俗文化融进旅游项目中，还可以提升桂林旅游吸引力，吸引更多的中外游客。游客在欣赏桂林美丽山水的同时还会为桂林博大精深的历史文化所折服，既呼吸了桂林自然山川之灵气，又感受到了历史文化之氤氲。

（3）学术价值

随着历史的发展，许多文化和风俗也随之改变，民俗文献作为中国传统文化的重要载体，反映了历史进程，厚重的文化底蕴丰富了桂林的城市文化记忆。抢救发掘和保护、研究民俗文献，对研究区域文化史、民族史、地方艺术史具有一定的学术价值。

三、保护和研究桂林民俗文献对挖掘城市文化记忆的意义

桂林建城已有 2000 多年历史，各种静态或动态的地方文献传承桂林的文化记忆。光是民歌就有唱爱情婚恋的情歌、出嫁时唱的哭嫁歌、贺婚礼时唱的贺郎歌、出花园歌；歌唱岁时习俗的《十二月歌》；歌唱劳动的建房上梁歌、挖地歌等。桂林文化鲜明，有着地域性、包容性和开放性等诸多特点，体现出丰富多彩的多元性。正如顾颉刚先生所说："一件故事虽是微小，但一样地随顺了文化中心而迁流，承受了各时各地的时势和风俗而改变，凭借了民众的情感和想象而发展。我们又可以知道，它变成了各种不同的面目，有的是单纯地随着说者的意念

的，有的是随着说着的解释的要求的。"[1] 从这些呈现出桂林民俗事象、民俗生活、民俗知识、民俗观念的文化载体中挖掘桂林城市文化记忆，对文化传承有着不可估量的作用。在如今城镇化建设加快的时候，我们还要关注动态的民俗文献，在许多村民背井离乡、融入城市的时候，我们应该看到，他们的文化记忆虽然因离开原住地难免会渐渐淡忘，但他们也会将一些重要的文化元素在生活的城市进行传播。如已列入自治区级非物质文化遗产代表性项目名录的恭城油茶，就是一个例证。旅游城市的桂林，各地名小吃遍布大街小巷，而恭城油茶最受桂林人的喜爱，如今它的传统制作技艺为桂林增添了人文色彩，和桂林米粉一道彰显出桂林文化融合包容的特质。

目前，中国农村城镇化的历史进程已从"土地城镇化"提升为"人的城镇化"，[2] 这是对中国优秀传统文化保护的一个重要举措。因此，关注流动在城市各群体的活态民俗有利于发挥地方民俗文献为地方政府在决策中的作用，使城市的文化记忆呈现出多元文化的生命力。

---

[1] 顾颉刚：《孟姜女故事研究集》，上海：上海古籍出版社，1984年，第72页。
[2] 冯双白：《新型城镇化更需文化支撑》，《中国文化报》2014年3月13日第3版。

写在窗棂砖瓦上的历史
——毛里求斯的城市记忆

李东晔（国家图书馆）

摘　要：城市历史街区及其建筑的拆与留是一个全球性的议题，本文以非洲前殖民地国家毛里求斯为例，以该国城市遗产遗迹的使用与保护现状，提出几种城市历史建筑保护的可能性，如延续使用、建筑功能转换、保留局部，等等。

关键词：毛里求斯；城市记忆；老房子；建筑遗产保护

Abstract: The remove and protection of urban historic blocks and their buildings is a global issue. Mauritius, a former colonial country in Africa, as an example, this paper puts forward several possibilities for the protection of urban historic buildings, such as prolong the service life of the old buildings, the conversion of the functions, or preserving a part of the sites, etc.

Keywords: Mauritius; urban memory; old building; heritage protection

就好像卡尔维诺在《看不见的城市》中写的那样，一座城市的记忆都印刻在窗棂、街角、砖瓦之上，毛里求斯也不例外。由于原本是座无人岛，毛岛的人口、聚落及城市均发端于西方的殖民扩张，并在一定程度体现在至今尚随处可见的老房子上。在毛里求斯，大家通常不叫它们"老房子"，而是称作"殖民建筑"。毛里求斯有规模的建设始于18世纪初法国殖民者的到来，但由于不断遭到飓风袭击，所以目前保存下来的大部分殖民时期的老房子都是19世纪英国殖民时期留下的。总体上讲，这些老房子分为三大类，宗教建筑、公共建筑与民居；以建筑材料划分，则大致有石头、砖木和木结构三种。

一、教堂及庙宇

毛里求斯是一个宗教气氛浓厚的国家，走在街道上，教堂、清真寺、印度寺庙以及中国寺庙随处可见，而且相互毗邻，和平共处。由于欧洲人是该岛最早的殖民者，他们还同时带来了自己的宗教信仰，所以教堂是毛岛最古老的宗教建筑。

毛里求斯大部分欧洲裔、非洲裔和华人都信奉天主教或基督教，其中以罗马天主教信徒最多。现存最大最古老的法国天主教堂圣路易教堂始建于1740—1746年间，坐落在首都路易港中心波旁大街（Bourbon Street）与牛顿大街（Sir William Newton Street）交汇的地方。几经损毁，又分别于1780年、1813年以及20世纪30年代初期多次重建，是毛岛天主教会所在地。同样历史久远的主教宅邸与该教堂毗邻。

我们现在毛岛见到的大多数教堂也都是19世纪中期以来兴建的。其中包括位于Poudriere Street的圣詹姆斯教堂，这是毛岛历史最悠久的英国基督教教堂。有意思的是，这座教堂始建于法国殖民时期，最初是一座弹药军火库，交给英国人之后，英国人又将这里给了教会，于是，在原来的建筑上加上了尖顶，成为了现在这座英国教堂。此外，不经意间走在毛岛总能邂逅各式各样的老教堂。

毛岛的印度寺庙不算很古老，但由于印度教的教派很多，所以不同派别和风格的寺庙也很吸引人，特别是泰米尔人的寺庙，建筑、雕塑和色彩非常复杂丰富。在从首都路易港去岛北的路上，会经过一个叫"Triolet"（三个）的地方，那里的印度寺庙是目前全岛最大的，名叫"Maheswarath"，建于1850年，白色的墙体用各种鲜艳的色彩加以装饰，分外惹眼。

最大的清真寺（Jummah Masjid）在首都路易港唐人街附近，建于19世纪50年代，白绿相间的建筑装饰着各种伊斯兰风格的图案，据说这里还被毛国旅游部评为国家最美丽的宗教建筑之一。但最古老的清真寺则在唐人街以东以北一片被称作"绿地"的区域，那里是19世纪初穆斯林最初在毛岛落脚的地方，修建了一座名叫"艾格萨"（Al-Aqsa）的清真寺。

最古老的中国寺庙要算路易港的关帝庙，始建于1842年，是早期来毛华人集资修建的。每到春节、关帝生日等庆典，这里都会热闹非凡。

二、动静有别的公共建筑

除了那些随处可见的不同时期建造的天主教和基督教教堂、清真寺、印度寺庙和华人寺庙等宗教建筑之外，百余年来，大部分公共建筑也都恪守着各自的本分。

其中最为喧嚣热闹的要属坐落于首都路易港市中心的"中央市场"。这个大市场始建于1844年，乍看上去黑乎乎脏兮兮的，而且充满各种令人不很愉悦的气味。然而，想象一下100多年以来，这里承载着好几代毛里求斯人的日常生活——时光荏苒，岁月变迁，而这个大市场依然。可惜一不留神，我们往往会忽略掉它那渗透在每个房脊屋角的记忆，只是关注那些码放着的蔬菜，或者厌恶那种味道与杂乱。当然，这里一定也是变化了的。在市场的中部有一部通向楼上的滚梯，尽管下来的那部似乎从来没有动过，但这在农贸市场里也算罕见。不知何时，这大菜市的上面又增加了两层，二层是各种旅游纪念小商品，三层则是一个国际品牌服装折扣大卖场。

最为安静的可能是那座始建于1820年的"老剧院"。它是印度洋地区最古老的英国剧院，经历了100多年的各种辉煌之后，如今显得有些落寞地驻留在路易港的一个街角。据说因为当时的英国殖民官员喜爱歌剧，所以刚刚接任毛岛不久，就迫不及待地按照英国歌剧院的样式建造了这座剧院。剧院内部穹顶上绘有金碧辉煌的壁画，每组天使画像下面与包厢和舞台对应的拱门之上均以著名音乐家的名字加以标识，有莫扎特、威尔第、比才，等等。除了池座之外，还有三面多达4层的观众席，能同时容纳600名观众。那里不仅可以观看演出，也曾经对外出租举办婚礼、聚会，等等。20世纪90年代，该剧场曾经进行过一次内部翻修，一度再现风姿。目前基本上属于停业状态，几乎没有开过门，门前的广场也已被扩建的道路一再挤压显得无比逼仄。据说，正在进行又一次的整修，并且因为很多建筑材料及装饰品需从海外购置，所以用时较长。

正对路易港港口，是被称作"武器广场"的一条主要干道，虽然不长，但道路两旁竖立着高大的椰子树，映衬着海港码头，别有一番情调。路的尽头，是一院白色的政府办公楼，可算是毛里求斯现存最老的房子，始建于法国总督尼古拉斯（Nicholas de Maupin）当政时期（1729—1735）。这也是现存为数不多的法国殖民时期建筑。院子里竖着一尊维克多利亚女王的塑像。

位于中部城市鸠比的卡内基图书馆（Librarie Carnegie）估计是该岛现存最古老的公共图书馆了。它是著名的美籍苏格兰商人与慈善家卡内基先生在全世界捐资修建的2500多家图书馆之一，也是非洲地区唯一的。这里至今仍然履行着公共图书馆的职能。在这个图书馆附近还有一座过去的教堂、市政厅以及一家旅馆。走在其间，仿佛走进了一段历史。

三、老木屋的前世今生

最初，对于毛里求斯建筑的印象来自马克·吐温，只因为试图探究他老人家那句关于"天堂"的说法——他那本《赤道环游记》中有两篇关于毛里求斯的文章，其中一篇提到他去鸠比："CUREPIPE（意思大概是针插或者是椿子镇）。乘火车从路易港到这里是16哩（两小时）。每个屋顶的两端和每个老虎窗的顶上都有一根2呎高的椿子竖立着。其中有一些的顶端是钝的，其余都是尖的，像牙签一样。对这种简单之装饰品的爱好是很普遍的。"等到了毛岛，果真发现很多殖民式样的新老房子顶上有这样两根针状物，当地人告诉我"那是避雷针"。实际上，这些老房子更大的特点除了全木质结构外，就是门多、窗户多，另外就是都带门廊。

如今保存完好的殖民时期木质民居并不算很多，散落在毛里求斯的各个角落。目前，这些殖民时期的老房子大部分被改造成了其他职能，有些成为博物馆，如马埃堡的国家历史博物馆；有些则成为了兼有博物展览的主题餐厅，如位于莫卡的 EUREKA，位于岛北的 Goodland，皇家大道上的 La Demeure Saint Antoine，位于鸠比市的 DOMAINE DES AUBINEAUX 等。其中，EUREKA 是由一位英国贵族于 18 世纪末修建，几经易主，最后因 2008 年诺贝尔文学奖得主法国作家勒·克莱齐奥购置而尤为引人瞩目。

我熟悉的一位当地朋友家里至今还保留着一院珍贵的老房子。这个院落临近路易港市中心，是一桩纯木结构的二层楼房，据说已有 150 年历史。这位朋友的父亲在 20 世纪 50 年代中期从一位法国人手里买下了这院房子。听说后来曾经有位法国女士来访，说自己小时候曾经生活在这里。

按照现在的标准，这所房子里面的房间并不算宽敞，特别是对于他们这种有 12 个子女的大家庭而言。底层的每个房间都是相通的，居中的客厅就相当于一个交通枢纽，四面都有门，其中的一个门是通往二层的，其他每个小房间也都至少有两个门。二层的开间比较大，虽然有隔间，但因为斜屋顶，所以隔墙并没有封到顶，不知是为了节省材料还是便于通风，这里是当年的"男生宿舍"——因为这家的男孩子多。二层有一个很大的阳台，还有一些用于存放杂物的小阁楼。房子里面原本没有厨房和卫生间，都另外建在院子里。院子比较大，但因为当年这里不仅仅是一个居住空间，还要兼顾各种生意，住房扩建到了后院墙外，临街的房子是铺面，侧面与邻居的隔墙则是库房。再加上几棵上百年的果树，院子里的空间已经所剩无几，而且很难看到主体建筑的全貌，因为周围的障碍物太多了。即便如此，据说还能同时停放 6 辆汽车，当然必须依次排队进出。

目前，这院老房子的四周就只有隔壁一家还保留着原来的老屋，据说属于一位有钱的法国后裔。他并不住在那里，但买下房子后重新进行了整修和维护，他的房子算是那附近保存状况最好的。而朋友家的兄弟姐妹也一直没有对他们的老房子的未来做出选择。当年，老父亲留下遗嘱，12 个子女中只要有一人反对，就不可以出售这所房子！但大家目前已经散居在世界各地，年纪也越来越大。如果留下，谁来维护？木房子每隔几年就必须重新油漆保养一次。并且，据说，现在这座老院的地价已经相当值钱。

四、一段一段的老墙

其实，世界各地老建筑所面临的困境与难题都大同小异，毛里求斯也不例外。大多数老房子已经或正在消失，而留下来的大多年久失修，面临不得不拆的难题；情况良好的则大多被改造成了餐厅。政府虽然制定了各种相关的保护政策及法规，却依然挡不住推倒重建的城市建设与发展势头。不过，还是有几个有意思的个案值得我们学习和借鉴。

首都路易港国家银行大楼底层有一面与众不同的墙，上面有马头和马槽，乍一看以为是特意做的仿古装饰墙，但实际上却是有意留下的一面老墙。这面老墙里面曾经是政府印刷厂，而在那之前则是"国王面包店"，是法国时期的遗存，因此当时建造这座新建筑的时候有很多反对拆除的声音。最后，建设者保留了这面墙，同时保留下了这段两百多年的记忆——当年大家曾经把马拴在那里，休息、饮马。

现在的路易港市政厅附近有法国殖民时期的消防队和监狱，尽管如今早已是过往的历史，但每次走路经过那里，看到特意留下的老墙，仍然禁不住会慢下脚步，想象一下那里曾经作为监狱的历史。

作为城市历史组成部分的老街区、老房子往往会勾连起人们的各种记忆——集体的或个人的，世界各地关于拆与不拆的争论几乎从未停止过，然而，城市的建设总是要继续，城市的历史总是要延续，我们如何才能既守住宝贵的历史又不为之牵绊？这种将历史建筑的一部分嵌入新建筑，或者保留老建筑的某一部分，作为一种历史遗迹加入城市景观，不失为一种策略，但也一定不是放之四海的唯一方法。不过，可以肯定的是，一个城市，有历史，有记忆，才可能有未来。

试论地方文献对区域文化建设的重要性
——以首都图书馆北京地方文献中心为例

张　田（首都图书馆）

摘　要：地方文献是指记载某一区域政治、经济、文化、教育、历史、风俗、人文、自然环境等一切相关内容的文献。它从地域角度出发对区域内的人文现象和自然环境进行记录，是研究某一区域的重要文献基础，同时还为地域的经济发展提供了精神动力和智力支持。本文以首都图书馆北京地方文献中心为例，试论地方文献对区域文化发展的重要性。

关键词：地方文献；区域文化；图书馆

Abstract: The local documents refers to the literature that records all related contents, such as the political, economic, cultural, educational, historical, custom, humanities, and natural environment of a certain region. It is an important document basis for the study of a region, and it also provides spiritual and intellectual support for the economic development of the region. Taking the Beijing local document center of the capital library as an example, this paper discusses the importance of local documents to the development of regional culture.

Keywords: local documents; regional cultural; library

北京是一座历史名城，曾为五朝古都，今天是中华人民共和国的首都，依旧是全国的首善之区。它古老神秘又充满活力，很多人都为之倾倒并为它留下了文字记录。从这些古籍典章中看到了对它的方方面面的记录，如历史古迹、节日民俗、自然环境、政治经济等，记载这些内容的文献就可以称为地方文献。

地方文献是区域文化的重要组成部分，它是从地域角度出发对人文现象和自然环境进行记录，是研究某一区域的重要文献基础，同时还为当地的经济发展提供了精神动力和智力支持。本文以首都图书馆北京地方文献为例，浅谈地方文献对区域文化建设的重要性。

一、地方文献与区域文化的概念及其关系

（1）地方文献概念

地方文献是指记载某一区域政治、经济、文化、教育、历史、风俗、人文、自然环境等一切相关内容的文献，它载体形式多样，不仅包括图书、杂志、报纸等以文字为主体的文献，还包括图片、照片、拓片、票据、手稿、舆图、传单、声音、影像等不同形式的文献。

（2）区域文化概念

区域文化是指某一区域由于受到了自然环境、地理环境，以及不同的历史文化背景的影响，而形成的不同于其他地区的文化，其中包括了有形文化和无形文化。有形文化又称为物质文化，它是一种看得见摸得着的东西，包括历史遗迹、古籍典章、工艺美术、城市建筑等；无形文化则是民众在长期的生活劳动中总结出的一种精神层面上的文化，如民风民俗、传统技艺、饮食传统及一些口口相传保留下来的表演形式等。这两种文化形式不同，但都带有浓郁的地域特色，是当地人民的智慧结晶。

（3）地方文献与区域文化的关系

地方文献形成于地方文化的基础上，真实、全面地反映了地方文化的方方面面，系统地记录了区域内的自然和人文方面的各种信息，并在时间方面形成一个连续的信息集合。人们通过查阅地方文献便可以了解这一地区的文化。地方文化是地方文献的来源，地方文献是地方文化的载体，二者是相辅相成、相互依赖、互相促进、不可分割的关系。

二、地方文献在区域文化建设中发挥的重要作用

地方文献是区域文化的记录者与承载者，包括记载区域内历史、人文、自然、地理、政治、经济等一切内容的文献资料，从时间与空间两个方面反映了区域事物的真实面貌。这些文献经过文献工作者的收集、整理后，当区域文化建设需要时，可以及时、准确、有针对性地为当地政府、企事业单位、专家学者提供信息、情报及文献支持。北京地方文献中心以首都图书馆为依托面向大众，利用丰富的馆藏为百姓服务，同时也为党政机关、科研单位、企事业单位、教育机构提供大量的、全面的、准确的地方文献信息，取得了较好的社会效益和一定的经济效益，并且在区域文化建设中也发挥了重要的作用。

（1）北京地方文献为区域文化建设提供文献支持

北京地方文献是首都图书馆中的一个特藏部门，建于1958年，是当时北京地区唯一一家地方文献专业机构，也是全国公共图书馆中较早开发地方文献工作的学术部门。经过多年的建设和发展，该中心目前拥有一支较为专业的研究地方文献的工作队伍，成为集采访、分编、典藏、流通、参考咨询数字加工于一体的文献服务机构。

北京地方文献中心利用丰富的馆藏文献以及专业的文献知识，为北京方志工作者提供了大量的原始文献资料，由此也编纂出了不少北京的方志，如《北京邮史》《北京公路交通史料汇编》《北京邮史资料汇编（1949—1980）》等。除此以外，北京地方文献中心还为企事业单位编纂过文献汇编，如《北京合作供销志料》

《北京近代体育史料》《北京金融志料》《北京煤炭流通志料》《北京邮史资料汇编》《北京印刷工业志料》《北京人事管理史料丛编》《北京饮食服务志料汇编》《北京园林绿化志料》《北京市西城区文物志料汇编》《北京慈善史资料汇编》等大型史料汇编。

(2) 北京地方文献提升区域文化建设软实力

党的十八大报告中指出：全面建成小康社会，实现中华民族伟大复兴，必须推动社会主义文化大发展大繁荣，兴起社会主义文化建设新高潮，提高国家文化软实力，发挥文化引领风尚、教育人民、服务社会、推动发展的作用。提升各区域文化的软实力，可以促进民族和地区的团结，实现社会的繁荣发展，最终实现民族的伟大复兴。地方文献是区域文化的根基，它为文化软实力的提升创造良好的信息环境，具有积极的促进作用。

弘扬爱国主义教育，培育民族精神和时代精神是提升区域文化软实力的基础。北京地方文献中心利用其丰富的馆藏文献及固定的地点，定期对民众进行爱国主义教育，通过设立北京各区县抗日运动史料及党建文献专架来加深人们的爱国主义情怀。加强地方文献的研究工作，还可以进一步提升区域的综合实力与地位。例如2017年9月《北京城市总体规划（2016—2035年）》中提到要开展北京地区"三个文化带"的建设工作。三个文化带即大运河文化带、长城文化带和西山永定河文化带。这三个文化带的建设，不仅带动了北京地区文化与经济的繁荣与发展，还带动天津、河北等周边地区文化与经济的繁荣与发展。北京地方文献中心经过长年的文献积累，入藏长城文化带的相关文献182种，永定河文化带的相关文献84种，大运河通州区的相关文献352种，为专家学者提供了研究的一手资料。利用文化产业获得经济效益也是提升文化软实力的重要部分，文化创意产品就是文化产业中的一种，北京地方文献可以为广大企事业单位提供实物，如老照片、老票据、老报刊等供其开发。

(3) 北京地方文献为区域文化建设提供智力支持

北京是座历史名城，它的皇城文化、市井文化、民俗文化、国粹文化吸引了国内外大量的游客前来旅游。深度挖掘整理北京地方文献，可以为恢复北京历史人文景观，加强北京旅游业、文化事业、文化产业以及区域文化建设提供智力支持。例如北京地方文献中心就曾为天主教北堂和恭王府花园的重建出谋划策，还曾为旅游区的开发设计提供历史文献，如龙潭公园和紫竹院公园的改建工程、元大都遗址公园的规划与设计等。北京市政府为了大力宣传北京地区的人文历史文化，在北京卫视创办了《这里是北京》的电视栏目，大量历史资料和有趣的民风民俗受到了广大观众的欢迎。北京地方文献在节目开播之初，一直为其提供文献支持与创意支持，为该节目的成功播出保驾护航。由此可见，地方文献为区域文化建设提供了重要智力支持。

三、新时代下的地方文献工作

随着时代的发展，地方文献的工作也进入了新时代，利用数字资源、网络信息资源成为现代地方文献工作者主要手段之一。

（1）建立资源数据库

在大数据的环境下，地方文献工作也需要紧跟时代脚步，将文献进行数字化并建立多种多样的地方文献数据库供读者使用，"北京记忆"是以首都图书馆近百年馆藏为依托的北京历史文化资源性网站，是集信息资源和咨询服务于一体的大型多媒体资源数据库。它包括《北京文汇》《燕京金石》《京城舆图》《旧京图典》《旧京戏报》《京华舞台》等多个栏目。北京地方文献中心将馆藏的古籍、报刊、老照片、老戏单、舆图、音像制品等文献进行数字化加工后建成数据库，用户利用这些数据库可以在很短的时间内检索出所需的文献内容，并且在最大的范围内实现文献的资源共享。

（2）利用多媒体手段保存"即将消失的记忆"

区域文化中除了有形文化外还包括无形文化，这其中就包括各种口口相传的技艺传承及人们记忆中的故事，我们需要尽早保护这些没有文字记载的文献，它是区域文化的重要组成部分。北京地方文献中心早在2005年就已经开始关注。我们利用影像、声音等技术手段来保留这一段即将消失的记忆，除了使用音像手段外，我们还将它整理为文字，按类归档保管，在征得当事人的同意后出版成书，将人类记忆的故事永久地保存下来。

（3）利用新技术向公众宣传区域文化

智能手机的普及让人们又一次体会到高科技的力量。各种类型的手机APP让人应接不暇，其中腾讯开发的微信软件是人人都有的一款APP，微信中的公众号成为人们获得新信息的重要手段。2015年9月，北京地方文献中心开始推出首图北京记忆的公众号，通过公众号向大众推广北京的历史、人文、语言、趣闻等内容的公众文章。利用新技术新媒体宣传区域文化，也是地方文献工作者的一项新内容、新尝试。

四、结语

加强地方文献工作可以推动区域文化的创新与发展，丰富国民的文化生活，提升国民的基本文化权益。地方文献是区域文化建设的根基与原动力，挖掘、开发、利用地方文献，为区域文化建设提供全方位的信息服务，是实现区域乃至国家综合实力和核心竞争力的重要途径。

参考文献

[1] 周羽、谭晨雨：《加强地方文献研究　提升地区文化软实力》，《现代交际》2018年第7期。

[2] 卢宏、卢宁、杨凝希：《地方文献的功能提升：文化软实力的另一维度》，《图书馆论坛》2008年第5期。

[3] 周利红：《地方文献的区域文化价值及其开发利用——以衢州市公共图书馆为例》，《图书馆研究与工作》2015年第4期。

地方文献研究

传承、发展、创新，拓宽地方文献读者服务新视野
——甘肃省图书馆地方文献延伸服务实践探索

李芬林（甘肃省图书馆）

摘　要：本文回顾了甘肃省图书馆地方文献服务工作在传承刘国钧馆长建立西北地方文献和办馆中心思想基础上取得的成绩，介绍了新时期在文献收集、阵地服务、书目整理、读者服务、参考咨询、数据库建设、文献开发、推广阅读等方面做出的实践活动，以及近几年来创新服务理念，拓展服务方式，开展各类延伸服务的活动，如举办地方作家作品推广赏析、地方文献研读、文化沙龙、创建数字资源共享平台——"甘肃知识文化服务平台""陇右寻珍"等，拓宽了地方文献服务新视野，获得了业界及读者的好评和上级主管部门的表彰。

关键词：甘肃省图书馆；地方文献；延伸服务；传承；创新

Abstract: This article reviews the results achieved by the Gansu Provincial Library's local literature service work on the basis of inheriting the ideology of Liu GuoJun, the director of the establishment of Northwestern local literature and the establishment of the center of the library, and introduces the literature collection, position services, bibliographic arrangement, reader services, and reference in the new era, practical activities in database construction, document development, promotion of reading, etc., as well as innovative service concepts in recent years, expansion of service methods, and various extension service activities, such as the promotion and appreciation of local writers' works, local literature research, and culture Sharon and the creation of a digital resource sharing platform — "Gansu Knowledge and Cultural Service Platform" and "Long You Xun Zhen", have opened up new horizons in local literature services, and have won praise from the industry and readers and commended by higher authorities.

Keywords:Gansu Provincial Library; local literature; extension service; heritage; innovation

甘肃省图书馆创办于1916年，至今已有百年历史，馆藏图书460余万册，以古籍和"西北地方文献"为馆藏特色。"西北地方文献"概念是1944年国立西北图书馆馆长刘国钧先生在《筹备国立西北图书馆计划书》中首次提出的。他指出：国立西北图书馆的建设思想和发展目标是要成为"西北文化问题的研究中心、西北建设事业的参考中心、西北图书教育的辅导中心"。这是我国公共图书馆地方文献发展史上首次提出的跨地域收集地方文献和图书馆建馆的思想，由此奠定了甘肃省图书馆建设三个中心思想和"西北地方文献"工作的实践方向。

在70年的历史进程中，我馆始终把建设三个中心和"西北地方文献"的目标作为图书馆工作的重中之重，并有目的、有步骤地建立了一个在全国文献收藏单位中占有优势的"西北地方文献"藏书系统。经过历任领导的不懈努力，西北地方文献藏量已达6万余种、13万余册，并且在文献收集、书目整理、读者服务、参考咨询、数据库建设、文献开发等方面取得了良好的成绩，获得了国家、省级、厅级的表彰，成为全国公共图书馆"西北地方文献"收藏服务中心，并由此引领我省地方文献工作的建设方向。十余年来，我馆在地方文献信息服务、数据库建设、参考咨询等方面进行了多方面的探索，取得了一些成绩。

一、传承刘国钧馆长建设"西北地方文献"和三个中心思想，打造"西北地方文献"读者服务中心

（1）以阵地服务为主，采用纸质文献与网络电子文献阅读相结合的方式，多方面满足读者需求

依据刘国钧馆长建设"西北地方文献"和三个中心的服务思想，国立西北图书馆在1948年成立"西北地方文献专室"之后，一直是集文献藏借阅于一室，并同时开展阅览、检索、参考咨询等工作。文献收藏以中西交通史（包括丝绸之路研究资料）、西北民族宗教资料、西北地方史地研究资料、敦煌学文献汉简及其考释研究资料、西北冰川冻土沙漠治理资料、西北地方文物研究考释资料为重点，以图书、期刊、报纸及缩微胶卷四种文献类型为主要服务载体，以科研读者为服务主体，多方面满足国内外读者的查阅需求，先后接待国内外读者数十万人次。2004年后，为了提高服务质量和工作效率，我馆对西北地方文献图书、期刊、报纸缩微文献分别进行专藏管理，改善硬件设施，配备专人提供服务，优化工作流程，缩短文献传递时间，使读者借阅量成倍增长。在2004—2009年的6年间，读者由1043人增至4473人，[1] 2013—2017年读者人数1.4万人次。阵地服务成为我馆地方文献读者服务的一大亮点。

随着网络资源、电子资源的购入，读者对电子文献的使用量有所增加，尤其是2007年全国古籍普查工作推进以后，我馆缩微胶卷、电子版古籍利用率逐年增加，其中西北五省年鉴类和地方史志类图书利用率达到266%以上，使用量连续5年不低于90%。从近十年阵地服务和网络资源的利用情况来看，我馆西北地方文献收藏完备，重点突出，为全国各地文史工作人员提供了大量的文献资源，是全国"西北地方文献"的收藏服务阅读中心，发挥着"西北地方文献"中心馆的作用。

---

[1] 郭向东、李芬林主编：《甘肃图书馆地方文献工作述论》，兰州：甘肃人民出版社，2017年。

（2）加强书目参考咨询服务建设工作，建立地方文献参考服务中心，服务地方政治与经济建设，提高地方文献利用率

我馆历来重视编制参考书目工作，在1944年国立西北图书馆创建之初，就先后编辑《西北问题论文索引》《西北书目提要》《西北乡贤著述目录》等，并致力于"西北建设事业的参考中心"建设。之后的70年中结合不同历史时期的需求以及西北地方文献的长远规划，编制了大量具有使用价值和学术研究参考价值的书目、索引、文摘、馆藏目录、联合目录等，内容涉及西北地区的政治经济、历史地理、民族宗教、文化教育、自然科学、物产资源等多方面，截至2016年，累计编制各种书目、文摘、索引题录143种，其中综合性书目34种，如《馆藏西北地方文献书目》《西北地方文献索引》；专题书目34种，如《黄河书目索引》《十年来西北地区建设成就索引（1949—1959)》《西北地区经济建设资料书目索引》《西北民族宗教史料文摘》甘肃、青海、宁夏、新疆分册，《丝绸之路文献叙录》等；地方志目录7种，如《馆藏方志目录》；报刊索引23种，如《西北地方报刊目录（1907—1949)》；地方出版物目录4种，如《馆藏十年来甘肃地方出版物简目》、地区联合目录3种。此外，还编辑了内部出版物《西北研究通讯》38期，内容涵盖西北地方文献重点专题。经过多年的积累，我馆已经建立了一个基本完备的西北文献书目体系，成为读者查阅西北问题的参考必备的检索工具，这些工具服务于本地区的经济建设和文化建设，满足不同读者的查阅需求，收到了较好的社会效果，提高了我馆地方文献的利用率，我馆由此成为研究西北问题的参考服务中心。

（3）采用现代技术手段，建立西北地方文献数据库，满足读者网上查阅需求，使我馆成为西北地方文献数字查阅服务中心

随着计算机技术在图书馆的应用，我馆也实施了地方文献数字化工程。2004年3月完成了系统网络改造，建立了自己的网站，引进了清华同方公司TPI全文数字加工发布系统软件，结合我省经济发展的具体需求和我馆特色馆藏，遵循实用性、特色性、系统性原则，创建了"西北地方文献资源数据库"[1]，数据库包

---

[1] 西北地方文献资源数据库，http://www.gslib.com.cn/xdwx/xdwx.htm。

括书目、提要、全文、图片等形式，内容以我馆特色专题文献为主。书目数据库包括"西北地方文献书目提要数据库""西北地方文献报刊索引数据库"。图片库有"西北地方文献图片数据库"。文摘库有"西北民族宗教史料文摘数据库"。题录库有"西北地方文献报纸题录数据库""西北地方文献期刊题录数据库""丝绸之路文献叙录"。全文库有"西北地方文献古籍善本全文数据库""西北地方戏曲全文数据库""西北地方文献研究文库"等。此外还结合省情建立了"西部大开发研究论文精选全文数据库""西部文化产业发展资料汇编数据库""沙尘暴专题研究全文数据库""甘肃工业发展研究专题全文数据库""中外牦牛数据库"，这些自建数据库均纳入"西北地方文献资源数据库"系统范畴。地方文献数据库的建立是我馆数字图书馆建设的重要组成部分，既方便了国内外读者网上检索地方文献资源，又提高了我馆文献的使用率，扩大了我馆地方文献在全国的影响力。

（4）创建网上地方文献参考咨询工作，采用在线服务和网上虚拟服务相结合的方式，满足不同读者阅读需求

为了方便馆外读者使用我馆文献资源，我馆于2004年建立了虚拟参考咨询服务和文献传递服务，2013年建立了QQ在线服务，通过8小时以内QQ在线服务、8小时以外虚拟参考咨询回复、全国图书馆网上联合参考咨询综合服务等方式，为读者提供文献复制、传递、咨询等服务，解决了读者各类问题。据我馆后台统计，地方文献参考咨询量在我馆参考咨询工作中占比达到35%以上，网上多种参考咨询提高了我馆地方文献服务效率，满足了不同读者阅读需求。

经过多年的发展，我馆西北地方文献逐步形成了集阵地服务、参考咨询、网络服务于一体，服务全国、支持西北其他省区经济和社会发展，重点学科突出、区域优势明显，兼具综合性与区域性，传统纸质文献与多元电子资源相结合的服务模式。

近年来，随着网络技术的普及和新媒体的涌现，地方文献服务工作仅仅开展阵地、网络技术和参考咨询服务还是远远不够的。十九大召开以来，振兴民族文化、提升全民的文化自信成为文化工作者的首要任务，地方文献在繁荣地方文化、推动文化事业发展中具有重要作用，开展地方文献延伸服务又成为公共图书馆助推地方文化服务的新任务。我馆近几年来在延伸服务方面做了一些尝试，拓宽了服务领域，获得了广大读者和业界的支持和赞誉。

二、创新——以地方文献专业委员会为引领，推动全省图书馆地方文献工作

我馆的地方文献工作虽然取得了一定的成绩，但是甘肃省内图书馆地方文献工作发展缓慢，有些图书馆地方文献工作属于空白。为了推动全省地方文献工作发展，2013年12月"甘肃省图书馆学会地方文献研究专业委员会"成立，在专业委员会成立的5年间，先后深入基层图书馆进行了文献调研工作，举办了地方文献基础业务培训班、高级研修班、实地培训班，加强了与省内公共高校图书馆界的交流合作，推动了地区的地方文献工作。

（1）与《中国知网》合作，创建了全省第一个数字资源共享平台——"甘肃知识文化服务平台"[1]，解决了我省县区图书馆资源缺乏、服务不足的问题，开启了我省地方文献数字资源共享服务的新模式。

2015年1月，我馆与《中国知网》经过数年谈判，最终达成合作共识，建立了"甘肃知识文化服务平台"（以下简称"平台"），"平台"依托《中国知网》总库海量资源，建立了我省85个县级图书馆地域文化数字资源库，形成一个集资源检索服务、特色馆藏展示、区域经济建设、地域文化集萃、党政工作参考、图情工作指南于一体的全省综合文化服务平台。"平台"运行以来，受到参加成员馆的欢迎，经过后台统计，"平台"数据使用量逐年增加，年下载量在10万篇以上。"平台"是我馆在全省建立的第一个公共图书馆数字共享联盟，发挥了省馆在本地区图书馆事业发展中的引领示范和指导协调中心的作用，为贫困边远地区图书馆精准文化扶贫提供新模式。

（2）加强与省内高校图书馆地方文献工作交流，举办地方文献工作整理研究，宣传我省图书馆地方文献，推动全省地方文献的研究与出版工作。

---

[1] 甘肃知识文化服务平台，http://dbase2.gslib.com.cn/gss/。

地方文献专业委员会成立以后，于2015年7—11月对甘肃各县图书馆地方文献存藏情况进行了实地调研，调研发现我省的一些市县区图书馆和高校图书馆有着丰富的地方文献资源，地方文献工作开展得有声有色。为了宣传我省地方文献资源，展示我省地方文献工作取得的成绩，2016年5—8月，专业委员会在全省范围内开展了"甘肃图书馆地方文献工作"征稿活动，收到了来自39个公共、高校图书馆的44篇论文，经过精心审稿和编辑，于2017年3月由甘肃人民出版社正式出版了《甘肃图书馆地方文献工作述论》一书，该书收录图片300余幅、文字30余万，收录论文回顾和总结了甘肃图书馆地方文献事业发展历程，展示了甘肃各级图书馆地方文献工作现状和取得的成绩，宣传我省及各类图书馆地方文献的收藏整理情况，对加强我省各级图书馆地方文献工作发展、合作、交流起到了良好的推动作用，也为地方文献专业委员会今后工作提供了有益的参考。

三、拓宽地方文献服务新视野，延伸地方文献服务新领域，提升地方文化新高度

（1）以地方名人作品为阅读推广重点，提高地方文学作品的影响力

自2015年文化部颁发关于全民推广阅读活动文件精神以来，"甘肃省图书馆学会地方文献研究专业委员会"联合政府机关和高校共同筹划举办了地方作家作品推广赏析和地方文献研读等文化沙龙、读书交流活动，扩大了地方文献作品的阅读量，提高了地方文学作品的影响力。

①举办甘肃地方作家作品推广阅读会——邵振国作品赏析阅读会

据我馆西北地方文献使用分析数据显示，西北地方文献中传记文学、报告文学和部分乡土文学作品及具有地方特色的花儿、皮影、傩戏、敦煌乐舞等内容的艺术资料使用率较高，而个人小说、诗歌作品与摄影作品集等几乎无人借阅。[1] 我省许多作家的作品在全国享有很高的声誉，多次被国内知名高校和研究机构邀请做报告，引起共鸣，而他们的作品在本省却阅读量很少，如邵振国、弋舟等。

---

[1] 郭向东、李芬林主编：《甘肃图书馆地方文献工作述论》，兰州：甘肃人民出版社，2017年。

邵振国，毕业于武汉大学中文系，曾任甘肃省作家协会主席，著有《麦客》《日落复日出》《祁连人》《月牙泉》《若有人兮》《白龙江栈道》等小说作品和30余篇文论作品。其代表作《麦客》获中国作协第七届全国优秀短篇小说奖、1984年《当代》文学奖、首届《小说月报》百花奖，译有英、法、俄、日本等国文字。

2016年12月10日上午，我馆与绿洲读书沙龙联合举办了"甘肃地方作家作品推广阅读会——邵振国作品赏析阅读会"。我馆职工和绿洲读书沙龙书友及读者50余人参加了阅读会，9名书友在阅读会上发表了对邵振国作品的研读感想。在交流环节中，书友们向邵振国先生提出了有关"在当代极端功利性的情境之下，乡土作家怎样突破作品不被关注的困境""如何看待网络文学与传统文学""当今文学的使命"等问题。邵振国老师的解答客观理性又充满豪情，体现了作家对人类命运的关注和守望以及对这个时代的担当与忧患。通过书友和作家零距离互动交流，使读者对邵振国作品和人品有了进一步的了解。

②弋舟作品欣赏——与我共同看世界

弋舟，甘肃著名作家，"甘肃小说八骏"之一，其作品多次获茅盾文学新人奖、郁达夫小说奖、百花文学奖、鲁彦周文学奖、《小说选刊》年度大奖、《青年文学》奖、《十月》文学奖、黄河文学奖、敦煌文艺奖等多种奖项，是我省在全国获奖最多的作家。2017年11月19日上午，我馆与兰州大学文学院、甘肃广播电视大学图书馆、兰州文理学院音乐舞蹈学院共同举办了主题为"与我共同看世界——弋舟作品研读赏析书友会"读书活动，作家弋舟与读者和书友朋友分享他阅读与创作的感受，并签名赠书。阅读赏析会有研读、有赏析、有朗诵、有歌舞，有互动，会场发言踊跃，载歌载舞，书友和作家零距离接触，使读者对弋舟作品有了进一步的了解。

两次阅读会对宣传我省作家作品、扩大本土作家影响力起到了很好的推广作用。

（2）举办报刊收藏品展览沙龙活动　拓展文献收藏渠道

为了拓展地方文献收集渠道，我馆尝试与省内外收藏机构联合举办展览、藏友会、沙龙书友会等方式，鉴赏各类藏品，收藏相关特色珍稀文献。2016年12

月17日上午，我馆与兰州绿洲读书收藏沙龙共同举办了"你阅我读、杂谈天下"阅读书友会，书友会上，甘肃收藏家协会主席李小舟先生分享了自己的读书体会并介绍了我省集报协会近年来取得的成绩；收藏家苏留曾先生为大家分享收藏体会并展示自己收藏的扇报、伞报及一些老报纸创刊号等收藏品；收藏家杨勇辉先生谈了自己收藏"红色"期刊报纸的感受和体会，这些收藏家和我馆建立了合作关系，为我馆收藏地方文献藏书拓宽了渠道。

（3）举办"陇右寻珍"系列活动，宣传地方古籍，推广地方文化

①"铄古切今，一期一会——成语派"

为了重点推广与西北地域相关的成语典故以及成语故事里蕴含的地方文化，2018年"4·23世界读书日"期间，地方文献专业委员会举办了名为"铄古切今，一期一会——成语派"的主题活动。活动邀请专家担任讲解嘉宾，参与者用肢体语言描述成语内容，活动现场气氛热烈，既诙谐又富浓郁学术气息，专家们对每一个成语形成历史背景都做了阐述，为参与者体悟理解西北历史文化典故提供了难得的学习机会。

②**举办"书前书后，无问西东——张绍重先生的古籍人生"地方文化推广活动**

张绍重先生是甘肃中医药大学研究馆员、中国农工民主党党员、甘肃省文史研究馆馆员、甘肃省古籍保护专家委员会委员，专注于古籍研究与保护工作30年。从2007年开始，为配合我馆古籍普查工作，被我馆聘为专家，担任版本鉴定、编目、指导后学等工作。2018年3月2日，年逾90的张绍重先生在我馆参加了"书前书后，无问西东——张绍重先生的古籍人生"地方文化推广活动。会上，张绍重先生讲述了与甘肃的渊源、甘肃省图书馆古籍的地方特色、古籍甄别与鉴定知识等，他的同事和弟子分享了与他共事的美好岁月和从事古籍工作的收获，此项活动为全省从事古籍地方文献工作者提供交流学习机会。

甘肃省图书馆在地方文献服务方面开展了一系列延伸服务实践活动，今后将本着"以读者需求为中心"的服务原则，扩大服务区域，开展西北地区图书馆地方文献联合服务，探索西北地方文献联合服务新模式，实现地方文献服务效益的最大化、最优化，为提高全民族文化水平、繁荣祖国文化事业做出贡献。

担当地方文化使命　致力地方文献建设
——庄浪地方文献发展变化述要

贾善亮（甘肃庄浪县图书馆）

摘　要：本文记述了庄浪县图书馆地方文献的收藏现状及特色馆藏，分析了地方文献工作近40年的发展变化，重点介绍了馆内乡土文化专架、"吴家军"研究专题、梯田文化专区的基本特色，对二次文献的开发利用做了系统总结，指出了地方文献工作在地域文化建设中的重要地位和作用，并对未来发展也做了初步规划和设想。

关键词：庄浪县图书馆；庄浪著述；庄浪戏曲（曲艺）；吴玠；吴璘；庄浪梯田

Abstract: This paper describes the collection status and characteristic collection of local literature in Zhuanglang County Library, analyses the development and changes of local literature work for nearly forty years, focuses on the basic features of local cultural special frame, Wu Jiajun research topic and terrace cultural area, and makes systematic general development and utilization of the two documents. It points out the important position and function of local literature work in the construction of regional culture, and also makes preliminary planning and tentative plan for future development.

Keywords: Zhuanglang County Library; Zhuanglang writing; Zhuanglang Opera (Qu Yi) ; Wujie WuLin; Zhuanglang terraced fields

    地方文献是记录一个地区政治、经济、文化、历史、地理、人物发展的重要文献，也是一个地区地方文化发展状况的重要体现。地方文献工作是公共图书馆工作的重要组成部分，十九大后第一部图书馆专门法《中华人民共和国公共图书馆法》规定："公共图书馆还应当系统收集地方文献信息，保存和传承地方文化。"

    庄浪县图书馆地方文献室自2014年成立以来，经过近5年的建设，已形成一个门类齐备、服务周到、地域特色鲜明的服务窗口。目前，该室辟有近100平方米的专储室，收藏有各类文献资料1200多种、6300多册（件／套），共分地方史志、乡土文化、文学、书画、学术、工作指导及其他等七大类，新设名人著述、家（族）谱专架、书画专区、校园文化四个特色板块，该室有读者席位20余张，年外借2000多册次，年流通3000多人次，是一个融藏、借、阅三位于一体的综合性办公室，是庄浪县图书馆为读者提供全方位服务的重要窗口和基地。

一、地方文献的发展变化

（1）地方文献馆藏数量的动态变化，首先反映在庄浪专题著述的出版发行上（见表1）

表1 庄浪著述出版发行年度汇总

年代 \ 出版日期	A 清代之前	B 民国时期	C 50年代	D 60年代	E 70年代	F 80年代	G 90年代	H 2000年后	I 2010年后	小计（种数）
2014年之前	2	2	2	1	0	17	26	124	141	315
2014年之后	1	0	1	3	11	17	17	39	142	231
合计（种数）	3	2	3	4	11	34	43	163	283	546

统计表明，改革开放以来，庄浪著书立说已蔚然成风，仅 80 年代这一时期的著述出版是前数百年的总和，尤其是进入 2000 年之后，更呈爆发式增长，出版物的数量是前一时期无法比拟的。它既见证着庄浪图书出版发行的历史进程，更反映着庄浪作为一个文化大县在著述领域的巨大成就。

（2）大量出版物的面世奠定了地方文献采集的基础

近年来，地方文献室专职人员以高度的敬业精神，积极进取，多方联动，文献征集成绩斐然，短短数年，馆藏数量从 600 多册激增到 6000 多册，总藏量增加了 10 倍，近 5 年的馆藏年均新增加量是前 30 年馆藏总量的 2 倍之多。实现了庄浪县图书馆成立近 40 年以来，地方文献收藏由专册到专柜最终到专室的巨大跨越。

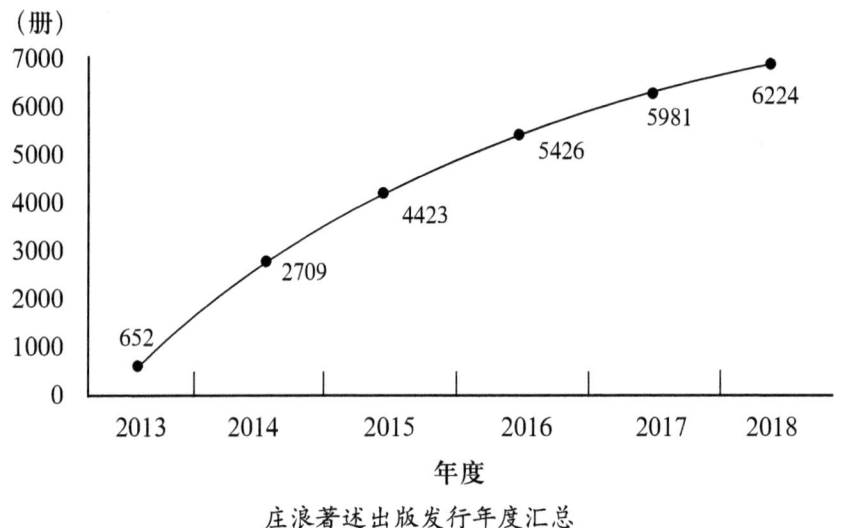

庄浪著述出版发行年度汇总

（3）地方文献的特色是其存在和发展的生命力所在，其特色体现在别具一格的馆藏门类上

目前，该室已形成以文学类和地方史志为基础，以乡土文化类为重点，以学术类为延伸的馆藏体系（见表 2）。文献涵盖各门类、各学科，从低质读本到多媒体音像，从复写誊写本到油印本以至珍贵的手抄本一应俱全，还收藏有存世量十分稀少的校对稿、征求意见稿、讨论稿以及送审稿等不同版别的原始初稿本。文献室成立之前 30 年，以本地域正式出版的当代文学类著述为主。近年来，文献的征集从"大庄浪"思路出发，采集地域已面向全国各地，内容横陈百科，洋

表 2 庄浪著述分期分类汇总

文献类型 / 年度	内容分类							出版类型				发行类型			
	G 文学类	K 地方史志	L 学术类	M 乡土文化	N 书画类	O 工作指导	P 其他类	Q 正式出版	R 书稿样本	S 内部印行	T 内部刊物	U 图书	V 期刊	W 报纸	X 其他
2014年及之前	105	54	73	17	38	17	11	146	103	54	12	286	22	4	3
2014年后	35	39	19	64	35	34	5	101	47	75	8	221	6	2	2
合计（种数）	140	93	92	81	73	51	16	247	150	129	20	507	28	6	5
排序（从高到低）	1	2	3	4	5	6	7	1	2	3	4	1	2	3	4

洋大观，并以文献室为中心，汇聚了一批在国际上有相当影响、事业上卓有建树的本土人士的著述；文献成书时间从清代到民国延伸到现当代，跨度达200多年；尤为难得的是，近半数的作品以"内部印行""书稿样本"的形式面世，印量小，存世量更少，珍罕性不言而喻。

二、地方文献的馆藏特色及开发利用

（1）"越是地方的，越是世界的！"

原生态的民俗文化更是民族文化的核心所在。近年来，地方文献室大力发掘民间乡土文化，广征博采，取精用宏，已收集乡土文化类著述近百种，其中"庄浪戏曲（曲艺）"单列的专题文献就达二十余种，相当一部分是未见于本地图书出版发行登记的稿本。庄浪"民间文学三集成"（《民间故事》《歌谣》《曲艺志》）、《戏曲志资料汇编》《秦腔实用音乐》《庄浪民歌选》《庄浪"影子腔"》《庄浪花儿》《庄浪戏曲音乐集成》《庄浪曲艺音乐集成》等传递的乡音经久传唱，其与《庄浪方言》《庄浪诗钞》等乡邦文献共同构筑了本土文化的"大观园"。

（2）文献室的征集工作

近年来，随着"吴家军"文化研究的兴起，文献室也不遗余力地征集了"吴家军"（吴玠、吴璘）研究专题著述近20种。有最早见于"批林批孔"简报中《吴玠和吴璘》油印册，以及书画巨匠王连升（丹波）于1982年时所编历史剧《吴玠》的初稿本。尤其是本土人士柳林的系列专著，爬梳出二吴在宋金交战的大场景中，实际超过岳飞、韩世忠的大作为，彰显出二吴的英雄本色和历史地位，还原了历史真相。其一系列研究著述的问世，使英雄的故里在"吴家军"研究领域处于全国领先水平。同时，因古兴州（陕西略阳）是西部战线抗金大本营和信王吴璘的魂归之处，文献室和当地政协文史委建立了长期的文献交流互赠机制，互通有无，以期使区域性、碎片化的"吴家军"研究走出大西部，推动打造"吴家军"文化品牌的专题系列，使英雄的家乡成为"吴家军"文化研究的文献中心。

（3）庄浪梯田文化专题

"庄浪梯田文化专题"收藏有梯田建设方面的画册、志书、报告文学、剧本、小说、通讯、散文、诗歌以及音像资料等共计20余种。庄浪梯田堪称"人间天梯"，从历时之久，工程量之大，以及带来的巨大的生态效益和社会效益来衡量，并不逊于70年代曾享誉全国的"人间天河"红旗渠。这个专题的意义不仅在于保存属于庄浪40多万儿女用34年时间修成的梯田壮举，保存属于庄浪两代人战天斗地、气壮山河的历史记忆和精神符号，更在于从现实角度、文化层次全方位深挖相关的素材，传承这种自强不息、艰苦创业具有象征意义的梯田精神。

（4）原始文献的采集是地方文献工作的前提和基础，如何开发利用是体现地方文献价值的重要环节

近年来，随着文献室基础资料的逐步完善，文献室利用自身丰富的馆藏资源优势和独特的情报信息搜集职能，开发整理了很多资料文献。如："庄浪县第一个自愿回乡当农民的大学生蒙占辉"图文资料，将各种图片与丰富的文字资料结合，重现特殊时代的"集体记忆"；将口述资料与纸质文本相结合，为民间老艺人现场采录，开发《庄浪方言》系列、《庄浪民间文学集锦（小曲、快板、笑摊）》《庄浪"花儿"著录汇编》以及编辑《吴家军研究专题目录索引》《庄浪梯田文化简编》等；为方便读者查阅，将典藏的珍本文献《甘肃通志稿》（1964年油印本）

人工检索庄（浪）、静（宁）、隆（德）三县相关的关键词条；继2014年成功联办"首届庄浪著述展"之后，地方文献室启动《庄浪著述拾遗》的汇编，将近五年征集的200多部本土著述专题著录。总之，在文献特色资源的开发上，突出地域性，使已开发的这些二次文献，随编即用，随后在央视七套记者采访梯田建设实录，《皇粮五味》纪录片的现场拍摄，以及省内相关专家学者研讨本土历史文化时发挥了积极作用。

三、地方文献建设的前景展望

地方文献所具有的"存史、资政、励志、教化"的重要作用以及地域性、稀缺性、综合性和传承性的特点，决定了其建设必须植根于深厚的地域和历史文化，服从于时代和社会大背景的需求，立足于自身发展和社会责任的实现。

（1）走进"大地域"的圈子

庄浪地处古成纪文化圈，位于大地湾文化坐标的显著位置，是陇东民俗文化圈的重要组成部分，历史渊源深厚，与陕宁两省交汇，与相邻的静宁、秦安、张川、华亭、泾源、隆德等六县山水相连，联系广泛，这决定了地方文献征集的范围不能局限于现居地。在"庄浪地方"这个范畴内，凡历史上与本区域以及在自然区划、行政规划演变中有关的地方皆可纳入"大庄浪"的圈子，同时，一并将分散全国各地，已走出本土的庄籍人士与"写庄浪"的外籍人士的著述一并纳入，增加地方文献的可获范围，使地方文献工作在时空上无限延伸。

（2）聚合"大文化"资源

地方文献和戏剧、音乐、舞蹈、美术、文博、摄影等广义上的大文化有着千丝万缕的联系，和政协文史委、党史、县志、文联、档案等文化相关单位以及作协等民间组织有着广泛的合作，他们都在"地方文化"这个大圈子发挥着不同的职能，在庄浪地区六大特色文化（盘古华胥、伏羲女娲文化；大宋"三军文化"；梯田王国文化；文物胜景文化；文学艺术文化；民俗风情文化）的建设中，地方文献已发挥着不可替代的作用，典型的如各种乡土资料的征集和抢救，事实已属"非遗"范畴。在广泛合作的基础上，须突出地方文献职能，进一步整合各种资源，取长补短，共建共享。同时，在研究"地方"历史的同时，更要关注"地方人"的迁移变化历史，它所探究的领域已超出本土范围，更需聚合在不同文化背景下的各种资源。

（3）注重"大服务"实效

"图书馆的发展方向就是博物馆方向"，这要求地方文献工作在开展常规的服务之外，将服务前延后展，凸显其服务大众的"展览"功用。同时，加强对馆藏文献的开发利用，编制二、三次文献，使文献资源"活"起来，并结合电子阅读的实际需要，建设特色文献数据库，并依托文化共享工程，利用数字化、网络化技术建立线上线下相结合的地方文献信息共享平台，使文献信息的传递在更广的范围、更深的层次上进行。地方文献资源是有限的，服务是无限的！地方文献虽为"地方"而建，其服务理应"走出去"，为跨地域、跨行业、融合各学科的文献交流合作奠定基础。总之，地方文献的生命和活力在于运用，在"聚书"而产生的"人缘"上，这都将体现在由被动向主动、由静态向动态、由点到面，卓有成效的服务上。

地方文献是我们创造新文化和促进文化进步不可或缺的信息资源，是地方文化的集萃地，特色文化的新符号，它的核心是"书"，但活的因素是"人"，它的建设工作，既需要组织机制、资金技术，更需要图书馆人的职业意识、责任和热情，随着文化发展大繁荣时代的到来，它必将承担起保藏传承地方文化和文献的历史使命和责任，把家乡的根留住，让故乡的文化和文明恒久传播。

参考文献

[1] 庄浪县县志编纂办公室、庄浪县道南学会：《庄浪著述》，2014年。

[2] 柳林：《吴玠吴璘传》，兰州：敦煌文艺出版社，2014年。

[3] 薛栋、苏凯：《河西学院"河西文献中心"建设述要》，2017年。

华夏文明的历史记忆
——甘肃省现存古旧地方志考述

岳庆艳（甘肃省图书馆）

摘　要：地方志是我国特有的一种文献形式，被誉为中华民族历史记忆的宝库。自2007年中华古籍保护计划实施以来，甘肃省古籍保护中心组织全省各级各类图书馆、博物馆和文化馆，有计划地对所藏1912年以前的古旧地方志进行了全面的摸底调查，掌握了基本的存世状况。同时参阅近年来地方志学科的最新研究成果，进行了版本鉴定、数据整合和提要揭示，最后结集成册出版发行。笔者有幸参与并主持了这一工作，由此，著文考述甘肃省现存古旧地方志的状况及其特点。

关键词：历史记忆；甘肃省藏；古旧方志；古籍普查；现存状况；存藏特点

Abstract: Chorography is a kind of Chinese-specific literature which is praised as the treasury of Chinese historical memories. The Chinese ancient books protection project launched from 2007. Since then, the Ancient Books Protection Center of Gansu Province has investigated the ancient chorography before 1912 throughout all libraries, museums, as well as cultural centers in Gansu province. According to the survey results and the frontier achievements of chorography research, the Protection

Center has published a book involving the version identification, data integration, and abstracts exhibition of ancient books in Gansu province. In this paper, as one of the leaders of this protection project in Gansu province, I state the current situation and characteristics of the ancient chorography of Gansu Province.

Keywords: historical memories; ancient book collection of Gansu province; ancient chorography; general investigation of ancient books; current situation; storage characteristics

地方志作为记录地方史地的重要文献典籍，是我国特有的一种文献形式，其详细记载一地方某一时期的地理、沿革、风俗、物产、教育、人物、名胜、古迹及诗文、著作等，是一方社会结构和自然环境的完整记录，被誉为中华民族历史记忆的宝库。地方志以其内容的系统性、资料的可靠性、编纂的连续性而受到历代统治阶级及社会各界的广泛重视。根据中国科学院北京天文台主编的《中国地方志联合目录》（1985年版），笔者对其中清代以前存世的地方志逐条做了统计，为6600余种、9万余卷。实际上，我国现存清代以前的地方志书可达8000—9000种之多，占中国古籍总藏量的1/10左右。

随着中华古籍保护计划的有序推进，自2011年开始，甘肃全省各级各类图书馆、博物馆、文化馆对各自所藏的1912年以前书写或印刷的、以中国古典装帧形式存在的古籍地方志，包括省志、府志、州志、厅志、县志、卫志、所志、里镇志、乡土志、屯志及具有方志初稿性质的志料、采访册、调查记等文献进行了全面的普查登记。截至2012年底，全省23家古籍收藏单位的近3000条地方志数据上传至"全国古籍普查平台"。通过参阅近年来地方志学科的最新研究成果，以及国家图书馆数字方志资源库、高校古文献资源库和各省、市、县新方志中对旧方志的记载等，我们博采众家，根据版本整合数据，最终厘定甘肃省现存1912年以前的古旧地方志约为1068种、2571部。收藏状况列表如下：

收藏单位名称	种数	部数
甘肃省图书馆	882	1591
西北师范大学图书馆	233	264
西北民族大学图书馆	212	225
兰州大学图书馆	106	144
天水市图书馆	95	146
甘肃省博物馆	79	105
兰州市图书馆	11	12
兰州文理学院图书馆	9	9
天水市麦积区图书馆	2	2
秦安县博物馆	1	4
甘谷县图书馆	17	20
会宁县图书馆	4	4
定西市安定区图书馆	8	9
渭源县图书馆	1	1
临洮县图书馆	7	8
临夏市图书馆	1	1
泾川县图书馆	1	1
镇原县图书馆	1	1
武威市博物馆	7	7
民勤县图书馆	1	1
永昌县博物馆	6	10
张掖市甘州区图书馆	5	5
酒泉市博物馆	1	1
合计	1068	2571

注：种数为根据版本整合而成。

随后，我们在整理研究的基础上，对每部方志的题名、卷数、修纂者、版本年代、版式行款、内容提要、藏书单位及收藏状况等详加考释，于2014年底，结集出版了《甘肃省藏古代地方志总目提要》一书。

综观甘肃省现有古旧地方志的存藏状况，可归纳如下几个特点：

其一，地方志的收藏状况很不均衡。甘肃省图书馆是1916年创建的百年老馆，古籍藏量向称丰富，共收藏古旧地方志882种1591部，约占全省方志收藏总量的62%；其次是西北师范大学图书馆收藏233种264部、西北民族大学图书馆收藏212种225部、兰州大学图书馆收藏106种144部；此外，天水市图书馆在1939年接收了国民党元老邵力子先生的藏书，其中不乏有价值的古籍，地方志收藏95种146部；甘肃省博物馆于中华人民共和国成立后接收了我省著名方志学家张维先生家藏的百余部带有钤印、题跋、校注的地方志，共收藏79种105部。此6家大型收藏单位，地方志藏量占全省方志总藏量的96%以上，而且现存方志中的珍本、孤本和稀见本也基本存藏于此6家单位。其余的17家小型或市县图书馆、博物馆的方志总藏量仅占全省方志总藏量的4%左右，其中有7家单位的收藏仅为1部，8家单位的收藏仅为几部，相对收藏较多的是甘谷县图书馆17种20部、兰州市图书馆11种12部。这些单位的收藏在内容上也较为单一，或为（宣统）甘肃新通志，或为本地志书。甘肃民间应该还有少量的收藏，只是我们目前还缺乏更广泛深入的调查了解。此外，就地方志藏量较大的6家收藏单位的分布而言，除天水市图书馆外，其余5个收藏单位均位于省会兰州市内。所以，甘肃省现存地方志从藏量到内容再到区域分布均反映了各种不均衡的状况。

其二，地方志的收藏具有浓厚的地域色彩。甘肃地处西北边陲，有关陕西、甘肃、宁夏、青海、新疆五省（区）的方志为270种1158部，约占全部收藏种数的1/4和部数的1/2，为现藏的骨干典籍。其一是应归结为地域原因，而另一更重要的原因是基于藏量最大的甘肃省图书馆丰富的、有着悠久历史的西北地方文献专藏。早在1928年著名方志学家张维先生任甘肃省公立图书馆（甘肃省图书馆前身之一）馆长之初，就呈请当时的甘肃省政府教育厅，征集各县志乘以备陈览，令各县寄送该县志书或列表汇览。20世纪40年代，著名图书馆学家刘国钧先生创立国立西北图书馆（甘肃省图书馆前身之一）时期，制定的重点馆藏就有"西北文献，地方志乘"。可见，甘肃省图书馆地方志书的搜集、庋藏工作，从早期就带有明显的"为地方经济建设服务"的地域特色。此后经过半个多世纪的搜集补充、抢救散失、接受捐赠、专款求购，奠定了今天馆藏地方志，尤其是西北地方志的规模，成为我们今天普查、整理、研究古籍地方志最深厚的、可依赖的基础。

其三，地方志的收藏面比较广泛，且不乏珍善本。在现存的 2571 部古旧地方志中，全国除香港、澳门和海南省之外的 31 个省、市、自治区都有不同程度的地方志书收藏。其中《(正德)姑苏志》(明正德元年刻嘉靖间增修本)、《(嘉靖)秦安志》(明嘉靖十四年刻清顺治增修本)、《(康熙)庄浪县志》(清康熙六年刻本)、《(康熙)静宁州志》(清康熙五十五年刻本)、《(咸丰)甘棠小志》(清稿本)、《(光绪)保安志略》(清稿本) 6 部地方志，分别入选国务院公布的第一至五批"国家珍贵古籍名录"。此外，尚有《(万历)重修凤翔府志》(明万历五年刻本)、《(顺治)秦州志》(清顺治十四年刻本)、《(康熙)朔方广武志》(清康熙五十六年刻本)、《(雍正)剑州志》(清雍正五年刻本) 等 58 部地方志，分别入选甘肃省人民政府公布的第一、二批"甘肃省珍贵古籍名录"。

其四，所藏地方志具有延续不断，与中国地方志的发展史一脉相承的属性。在调查整理过程中，我们发现某些志书或因刊刻早，或因存世少，或因为抄稿本，而具有极高的文献价值和文物价值。就内容而言，最早为唐代的《(乾元)西州图经残卷》，记唐朝中叶吐鲁番地区之县名、道路、风情和佛教等内容，为迄今所见新疆最早的方志残卷，弥足珍贵，可补正史记载之不足；宋代有《(熙宁)长安志》《(元丰)吴郡图经续记》《(绍熙)云闲志》等 22 种；元代有《(至元)齐乘》《(大德)昌国州图志》《(至正)昆山郡志》等 6 种；明代有《(正德)武功县志》《(嘉靖)山东通志》《(万历)钱塘县志》等 30 余种，其余大部分为清代所修方志。综览甘肃全省所藏古旧地方志，基本上勾勒出我国地方志自隋唐初具雏形，至宋元明发展，再到清代鼎盛的历史发展脉络。

对现存 1912 年以前地方志状况的调查，是甘肃省将散存各处的地方志——这一华夏文明的记忆宝库，第一次全面系统的搜集、整理和揭示。了解其存世状况，公之于众，充分发挥地方志的"存史""资治""教化"作用，不仅有裨于地方史或区域史历史全貌的恢复还原，而且伴随着社会经济、文化事业的不断发展，对鉴古知今，继往开来，利用地方志资源，突出区域地方特色，服务社会治理、经济建设和文化建设，有着重要的现实意义。党的十八大、十九大报告中都提出了"建设优秀传统文化传承体系、弘扬中华优秀传统文化"的重大任务。习近平总书记要求:"要讲清楚中华优秀传统文化的历史渊源、发展脉络、基本走向,讲清楚中华文化的独特创造、价值理念、鲜明特色,增强文化自信和价值观自信。"[1] 因此,保护好、传承好、利用好这些古籍地方,对于继承和发扬中华民族优秀传统文化,弘扬以爱国主义为核心的民族精神和以改革创新为核心的时代精神,推动社会主义文化大发展大繁荣以及"一带一路"战略的实施,都具有十分重要的意义。

参考文献

[1] 中国科学院北京天文台:《中国地方志联合目录》,北京:中华书局,1985年。

[2] 金恩辉:《中国地方志总目提要》,台北:汉美图书有限公司,1996年。

[3] 甘肃省图书馆:《甘肃省图书馆藏地方志目录》,兰州:兰州大学出版社,1996年。

[4] 郭向东、岳庆艳:《甘肃省藏古代地方志总目提要》,兰州:甘肃人民出版社,2014年。

[5] 岳庆艳、陈军:《百年记忆——甘肃省图书馆100年》,兰州:甘肃人民出版社,2016年。

[6] 来新夏:《中国地方志的史料价值及其利用》,《国家图书馆学刊》2005年第1期,第5—8页。

[7] 勾学海、杨艳平、金敏求:《东北地方志(1949年前旧志)收藏状况调查与校核目录》,《图书馆学研究》2004年第8期,第80—90页。

---

1 2014年2月14日,习近平总书记在中共中央政治局第十三次集体学习时的讲话。

地方文献典籍资源出版的学术价值
——以蒋绍宗《蒋氏经学五种》为例

李彦丽（河北省图书馆）

摘　要：在中国古代，学而优则仕，从政为官一直是中国文人志士们的共同追求。蒋绍宗因治狱政绩突出，升任同知、知府等职。他以自身渊博的知识，在从政之余，著述修撰，撰写了《周易观象》《读诗知柄》《礼记通解》《春秋见心》《书经节解》等经学著作。《蒋氏经学五种》作为河北籍文人的经学著作，对于研究传统文化具有很高的学术价值和鉴赏作用。在京津冀协同发展的大主题下，对探讨研究京津冀地方典籍文化出版及地方文献建设也具有重大意义。

关键词：蒋绍宗；青县；出版；学术价值

Abstract: In ancient China, it was always the common pursuit of Chinese literati and scholars to learn from others and become officials. Jiang Shaozong was prominent in his political achievements, and became an expert in knowledge and government. With his profound knowledge, he wrote his writings in the rest of his politics, wrote the book of the observant of the Zhouyi, the knowledge handle of reading poetry, the general interpretation of the book of rites, the view of spring and autumn, the solution of the book of books, and so on. As a Confucian classics of

Hebei scholars,the five classics of writings is of great academic value and appreciation for the study of traditional culture. Under the theme of coordinated development of Beijing, Tianjin and Hebei, it is also of great significance to explore and study the publication of local classics and cultural publications and local literature in Beijing, Tianjin and Hebei.

Keywords: Jiang Shaozong; Qingxian County; publish; academic value

地方文献记载着本地区历史、政治、经济和文化教育等方面的内容。挖掘这些典籍资源，对研究开发本地区经济、政治、文化建设具有重要意义。本文拟以河北青县蒋绍宗的《蒋氏经学五种》为例，探讨地方典籍资源出版的学术价值。

《蒋氏经学五种》是清代蒋绍宗所著，包括《周易观象》《书经节解》《读诗知柄》《礼记通解》《春秋见心》这五部著述。蒋绍宗深受家学影响，并在家传经学的基础上，在其著述中提出了自己独到的见解，其见解在当今看来具有很高的学术价值，值得当代学者进行研究和继承。

一、蒋绍宗其人及取得经学成就的原因

蒋绍宗，字晋祚，号星垣，又号春岩。青县（今河北省沧州市青县）人，清代官员。乾隆丙午年（1786年）举人，乾隆五十七年（1792年）任石门知县，嘉庆年间任长沙知县，后历任湖南泸溪、浏阳、星沙、衡阳、攸县知县，靖州知州、永绥厅同知，辰州、衡州、长沙知府，辰沅永靖道。莅任攸县最长。《（同治）攸县志》卷三十五载:"嘉庆九年任、十年复任、十三年复任、十六年复任。"[1]1826年，蒋治理攸县水灾，因积劳成疾，卒于任上。从政凡三十余年，廉政爱民，深受百姓爱戴。因治攸突出，入祀攸县名宦祠。

---

1 （清）赵勷等修：《（同治）攸县志》卷三十五，第4—5页。

蒋绍宗是古代文人"学而优则仕，仕而优则学"的典范，是古代河北籍文人官员著书立说、道德教化理想的践行者，彰显了古代河北文人官员为官清廉、造福百姓的仕途信念。

蒋绍宗博学笃行，尝言："士不通经不能致用，然非通诸经不能通一经，非通四部之书，亦不足以通一经。"其对《周易》《春秋》《尚书》《礼记》《诗经》等经学著作有独到的研究，因此在从政之余，潜心著述，著有《周易观象》《书经节解》《读诗知柄》《礼记通解》《春秋见心》等著作。

蒋绍宗家学渊源深厚。《周易观象》序言："予自韶龄向学以来，不乐栉比，章句竟其事。当啁啾积岁，时偕予仲，日受读于大人侧，教益谨，凡有领略，即令识以待质。而韦经，尤家君所素习者，每指予而言曰：士不通经，果不足用。而通经之难，非通诸经，不足以通一经；非通四部之书，亦不足以通一经。"[1]《读诗知柄》之《行露》诗中载：

> 犹记余年十二三时，受读于子华先叔，偶讲斯篇，余叔以手掩后二章，视余而言曰："尔试思'厌浥行露'三语，突突兀兀，夭夭蟜蟜，劈空而来，说的是什么？"余不能应，久之曰："此即唐人所谓'横空盘硬语'也。"因起手而言曰："他上三句如顶上圆光，如着棋者，既得先手，这以下便势如破竹矣。又须看他这管笔飘飘洒洒，更复曲曲折折，将'不从'的意思写的如桶脱底，如土委地，而不嫌质直者，所谓'妥帖力排奡'也。盖不有前一章不得后十二句之透辟，不有后二章不见前三句之空灵，可以悟行文之妙矣。"吁！余叔以茂才，屡荐于乡而不售，乾隆甲午季春，壮岁去世，忽忽于兹计三十余年矣。平昔讲解类，皆出自心得，惜余稚龄，无多记忆，聊存此则，以志一斑已耳。[2]

蒋秉承父辈之训，读经不为章句所囿，博览群书，并能从中别出心裁，不读死书，不专重古人一家之谈，强调读书不可无识，对四书五经诸书具有独到见解。

---
1 蒋绍宗：《周易观象》第1册，清嘉庆十年（1805年）长白蒋氏刻本，第1页。
2 蒋绍宗：《读诗知柄》第1册，清道光六年（1826年）长白蒋氏刻本，第9—10页。

例如，他认为《古文尚书》的序并非孔子所作，书中篇目真赝混淆，大都是周秦时期的人们杜撰而成，但也有真篇目留存。他指出人们长久以来沿袭的错误观点，以此强调读书不可无识的重要性。例如：《蔡仲之命》误于解《金縢》"我之弗辟"一语。《礼记·明堂位》周公朝诸侯，误于解《洛诰》"周公诞保文武受命惟七年"一语。千古承讹，习而不察。

二、《蒋氏经学五种》出版的学术价值

对于《周易》，他在《周易观象》序中提出："六经之义，浩若烟海，洁净精微，尤莫如易。言数入于飞符、纳甲、卦气之陋，言义理则近乎老庄之旨。诸若此者，大抵得数而遗义理，得义理而遗象，不知易者，象也，象也者，像此者也。自乾坤以迄坎离，自咸享以迄既未济，且自上下系，以及诸传，亦无在非象，君子观则得之，故曰观象。"[1]

对《礼记通解》中关于"天王之说"提出独到见解。天王之说特见于《春秋》，他如《易》《诗》《书》三经及"四子书"中均未有此称谓。况三代称王，即如唐虞之称帝、古帝之称皇，尊无二上矣。又何必于"王"字上复加一"天"字，自示张大乎？盖时至春秋，楚与吴越皆僭称王。孔子修史增一"天"字，虽曰尊之，实以别之，非鲁旧史本有天王之号也。不然其本经何以有王而不天者，而《顾命》乃周之真书，又何以止曰乙丑，王崩也？学者不知狃于一时沿袭之说，辄以此为天子通号，陋矣！又生名、死亦名之说，亦系为说《春秋》者所误，为此说者必以《春秋》书王子猛为据，不知猛之不王，周敬之志也。周以斯告之，鲁即以斯记之，孔子即以斯书之，是非固自昭昭耳。不然岂既已王矣，而可名也乎哉？又帝之说，三代所无，自系杂采，周末及秦汉之制本经类此者綦多，缘此与世道有关，故略辨之。

在《春秋见心》一书中提出，春秋五霸是指当时的五霸国，而不是五个霸君。他认为："《春秋》者，以五霸为终始者也。天子之良牧则曰伯。天子之乱人则曰

---

[1] 蒋绍宗：《周易观象》第1册，清嘉庆十年（1805年）长白蒋氏刻本，第1页。

霸。霸，非美称也。春秋之初，郑实开之，而旋归于弱，迨其后齐盛于东，晋强于西，楚横于南，大抵皆逞力争雄，迭相起伏，计百七十有余年。而终其局者，则吴也。"[1]"郑之霸也始于叛王，齐、晋之霸也假于尊王，楚与吴之霸也逞其暴而不知有王，均之，皆无王也。无王而有以威诸侯，霸之名于以成焉。孟子谓：五霸，盖言五霸国，非言五霸君也。孔子成《春秋》，亦以五霸为始终也。说者不知，辄以宋襄、秦穆当之。"[2] 五霸君之说还流传至今，并兼有三种说法：其一是齐桓公、宋襄公、晋文公、秦穆公和楚庄王，此说源于《白虎通考》；其二是齐桓公、晋文公、楚庄王、秦穆公和宋襄公，此说源于《史记》；其三是齐桓公、晋文公、楚庄王、吴王阖闾和越王勾践，此说源于《荀子·王霸》。蒋绍宗《春秋见心》关于五霸之说则独树一帜，足令今人多思。

《读诗知柄》是清代评析类《诗经》的代表作之一。时代因素是促成《读诗知柄》形成的一个因素，清代由于统治者的文化趋向及对文人的安抚政策，导致对《诗经》研究的一个兴盛时期出现。另外，还源于蒋本人博学笃行。对于《诗经》，他突破恪守经学传统的做法，从整体上对诗经进行赏析，对《诗经》的体裁和形式给予关注，从中去发掘其审美价值及体会诗中所蕴含的韵味。他有自己的切入视角，不是分析诗中字词的训释和名物的解说，也不是录制经文，而是对诗的主旨进行分析，抓主要句。这一点和评点派类似，但不像评点派那样对经文进行眉批、旁注等，而是进行分析、阐发，可以说是在自己建立的体系中建立了对《诗经》的理解和认识。

蒋从文学角度评析《诗经》，继承传统的诗论，注意诗歌意境的赏析。欣赏意旨浑融的意境美及景中藏情的意境美。蒋氏评析《诗经·鹊巢》以"之子于归，百两成之"二语为柄。盖"御之"是就娶者一边说，"将之"是就嫁者一边说。上二句则引起下二句也。平平叙次，有意无意间着以"百两"二字。那敬其事而重其人的意思隐隐自在言外，而文王政令之行、德化之感俱见。[3] 由此可见，蒋氏文学功底深厚，对《诗经》艺术性的深入领悟，既具有以奇为美的审美理

---

[1] 蒋绍宗：《春秋见心》第4册，清道光六年（1826年）长白蒋氏刻本，第73页。
[2] 蒋绍宗：《春秋见心》第4册，清道光六年（1826年）长白蒋氏刻本，第52页。
[3] 蒋绍宗：《读诗知柄》第1册，清道光六年（1826年）长白蒋氏刻本，第7页。

想，欣赏章法结构的奇特美，又有对诗歌中诗人想象出来的奇特美、含蓄美，希望达到言有尽而意无穷的审美境界，肯定中国古典诗歌创作中诗人极力追求的含蓄美，并极力推崇与欣赏这种美。

在中国古代，学而优则仕，从政为官一直是中国文人志士们的共同追求。蒋绍宗因治攸政绩突出，升任同知、知府等职。他以自身渊博的知识，在从政之余撰写了《周易观象》《读诗知柄》《礼记通解》《春秋见心》《书经节解》等经学著作。实现了"学而优则仕，仕而优则学"的中国古代文人的传统理念。

数千年来，中华典籍世代相传，成为宏富庞伟的中国传统文化。"让书写在古籍里的文字活起来"，是习近平总书记的呼唤。《蒋氏经学五种》作为清代的经学著作，对于研究传统文化具有很高的学术价值和鉴赏作用。在京津冀协同发展的大主题下，对探讨研究京津冀地方典籍文化出版具有重要意义。

参考文献

[1] (清) 赵勷等修:《(同治) 攸县志》，清同治十年（1871年）刻本。

[2] 万震霄等修:《青县志》，民国二十年铅印本。

[3] (清) 蒋绍宗:《周易观象》，清嘉庆十年（1805年）长白蒋氏刻本，国家图书馆藏。

[4] (清) 蒋绍宗:《书经节解》，清道光六年（1826年）长白蒋氏刻本，国家图书馆藏。

[5] (清) 蒋绍宗:《读诗知柄》，清嘉庆十一年（1806年）长白蒋氏刻本，国家图书馆藏。

[6] (清) 蒋绍宗:《礼记通解》，清道光六年（1826年）长白蒋氏刻本，国家图书馆藏。

[7] (清) 蒋绍宗:《春秋见心》，清道光六年（1826年）长白蒋氏刻本，国家图书馆藏。

[8] 王敏:《蒋绍宗〈读诗知柄〉研究》，安庆师范学院硕士学位论文，2015年6月。

以济南市为例，谈地方志书的活化与利用

郭其程（山东省济南市图书馆）

摘　要：文章主要对济南市 12 种有代表性的方志内容和整理出版情况进行了简单介绍，同时也分析介绍了济南市图书馆、济南出版社、济南市史志办公室三家单位在地方文献活化利用方面的工作进展。

关键词：济南市；地方文献；方志；开发利用

Abstract:This paper mainly introduces the content of twelve representative books of the local chronicles and their arrangement and publication in Jinan city, and also analyzes and explains the progress of three units of Jinan Library, Jinan Press and Office of Local Chronicles Compilation of Jinan in the activation and utilization of local documents.

Keywords:Jinan; local literature; local chronicles; development and utilization

1952 年 10 月 26 日，到济南考察的毛泽东主席下榻于山东省政府交际处（现济南饭店），在处理完相关事务后，虽然时间已比较晚了，但仍不改其原有的习

惯，让卫士李银桥去找一些济南的地方志书来看，以便自己能更好地了解当地的历史发展和风土人情。李银桥赶紧让人从山东省图书馆将《济南府志》借来供毛主席查阅。从毛主席每到一处都要查阅当地的地方志书这一习惯，就可以佐证地方志书的重要历史地位和作用。

地方志是我们国家特有的文化宝藏，其存在和发展已有两千多年的历史。我国历朝历代都非常重视地方志的编修，所谓的"盛世修志"，更是为后人留下了一笔笔巨大的文化财富。

一、济南市地方志书的概况介绍

济南历史悠久，人文荟萃，有"济南名士多"的美誉，是国家历史文化名城。据《济南府志》记载："山东六郡，济南为之首，负山环海，沃野相望，自古称名区。在明清两朝曾辖州四，县二十有六，卫所九。泰山、渤海皆在境内。东西朔南，提封千里，肩摩毂击，生齿殷繁，挺英植秀，贤才众多，纡紫拥皂，名流叠至"。济南文献典籍丰富，历代著述浩繁，迄今为止，地方志书就近百种，这还不包括各单位和行业的志书，仅中华人民共和国成立前济南的地方志书就多达六十余种。依据我们的研究和读者的利用情况来看，其中深受欢迎比较有代表性的主要有以下12种。

1.《齐乘》：元于钦撰，六卷，分沿革、分野、山川、郡邑、古迹、亭馆、风土、人物等八门。该志专记三齐舆地，所记以当时山东东西道所辖益都、般阳、济南三路并德州为主，并附古代曾为齐邑的高唐、禹城、长清、聊城、东阿、阳谷、临邑、齐东等县。《齐乘》为元代名志，文字简洁，体例严谨，考核精当，四库馆臣称其"叙述简核而淹贯，地志中之有古法者"。更为重要的是，于钦本为齐人，又仕于齐地，满怀乡土热情，谙熟乡土掌故，因此四库馆臣认为该志"援据经史，考证见闻，较他地志之但据舆图凭空言以论断者，实为详确可信，故向来推为善本"。

2.《历乘》，明刘敕撰，十八卷。历城现为济南市的一个区，但在济南市的发展历史中，历城一直担当着济南首府的角色。《历乘》包括后面提到的《历城县志》，其记载的内容基本上也都代表每个时期整个济南的概况，概因当时社会发展的缘故，除一个地区的首府比较发达外，其余所辖各方面都比较落后，现在人们研究当时济南的历史，查阅相关资料，也基本上围绕历城、历下展开。由此在当地也就有"先有历城，后有济南""没有历城就没有济南"之说。弄得大家形成一个印象，好像历城比济南要早要大似的，这就使一些人对济南历史的认识受到了一定的限制。不过县志总归是县志，首府就是首府，康熙《济南府志》出现后，基本上改变了这一现实。但受两种方志利用率的影响，这一观点目前仍有一定的市场，部分济南人的县域思维有点根深蒂固，受篇幅所限，这一问题不做展开论述。《历乘》分为图经考、星野考、舆地考等十八类。不仅记述了明代济南升为省会后之城建、人口、田亩、驻军等情况，而且在"文苑"类中完整地收存了当时各名家记述、歌咏济南名胜古迹、湖光山色的诗赋文章（如晏璧的《七十二泉诗》、张珣的《七十二泉总咏》等），使这些美文佳作得以流传至今。单就这方面，《历乘》的美誉度还是很高的，所以当读者查阅济南历史资料时，除了《历城县志》外，再早的我们就推荐《历乘》了。

3.《济南府志》，唐梦赉等纂。受济南知府邀请，济南府淄川县人唐梦赉等9人担任纂修，清康熙二十八年（1689年）开始编纂，他们广泛征集素材，从经史子集、新旧通志、济南府所辖30个州县的地方志书，到野史、口碑，无不详细考证；对山水志等，则亲自考察。成稿后，又送请当时的诗坛盟主王士祯予以校正。康熙三十一年（1692年）刊刻出版。全志共54卷，为第一部济南府志。由于当时济南府所辖区域较大，受篇幅所限该志对所涉区域的记载均言简意赅，比较简略，致使后人在查阅相关资料时，很难满足要求，所以该志的利用率较低，认可度不高。但却不能因此而否认该志的历史地位，且不说它是济南府的第一部志书，但就其编纂班子的名望和投入的时间、精力，以及康熙年间出版志书的质量要求，足以使该志成为济南市一张重要文化名片而开发推广。但不知什么原因，在前期对《济南府志》的整理再版上，济南市首选了道光版的而非这康熙版的，如果仅仅是因为道光版的记载文字多一些，资料详尽一些，那也就显得眼光太狭窄了，其实，从平时读者的利用反馈来看，其多出来的那部分文字并不能解决多少问题。

4.《历城县志》，胡德琳主修，李文藻、周永年编纂。五十卷首一卷，乾隆三十八年（1773年）刻印，全书约48万字。历城为济南的首府，当时为齐鲁首邑，书中详细记载自周代至清乾隆三十一年（1766年）历城县的历史变迁。"卷帙繁富，广征博引，考据精严，词旨隽洁"，以地方史志代表作见称于世。

5．《济南府志》，成瓘、成琅纂修，七十二卷，道光二十年（1840年）刻印，全书设32目，计180余万字。据评该志与康熙《济南府志》相比，体例更为完备，目类、字数大为增加，资料更为充实、详尽。

6．《济南金石志》，王镇等撰。道光二十年（1840年）刻印，四卷。该书是首部系统总结济南地区金石文字成果的专志，对清道光年间济南府所存历代钟鼎碑碣做了较详尽的记载，以记名为主兼记所在地，有些附有考证，全面展示了济南深厚的金石文化，为研究济南及其周边史地的重要参考书。

7．《济南指南》，叶春墀著，民国三年（1914年）大东日报社出版，全书记有"地势户口""官厅""公益团体""工商业""金融业""交通机关""游览食俗""杂录"八章，后环衬页粘贴的纸袋里装有"济南城厢图""济南商埠图""趵突泉全图""汇泉寺全图""铁公祠全图""展览会场房略图""济南至青岛（火车）行车时刻表"等图表。书末附录为明末诗人王季木的《济南百咏》。

8．《续修历城县志》，毛承霖主编，民国十五年（1926年）刻印，全书五十四卷，60余万字。记述了自清乾隆三十六年（1771年）至宣统三年（1911年）历城县的历史沿革。由于该志上承《乾隆历城县志》，因此称为《民国续修历城县志》。

9．《济南快览》，周世铭著，民国十六年（1927年）济南世界书局发行。该书主要描述了19世纪20年代有关济南历史、地理、人口、经济、文化、教育、宗教、社会生活等方面基本状况。内容翔实，编排有序，资料性强。全书共分为总论、名胜、古迹、交通、公益团体、军政及民政、司法及警察、教育、各种工商业、游戏场所等10编。

10.《历城县乡土调查录》，民国十七年（1928年）历城县实业局印行，该书上接《续修历城县志》，记述民国元年至民国十五年间济南社会、典章、文物状况。全书分为概况、政务统计和结论三编。

11.《济南大观》，罗腾霄编，民国二十三年（1934年）济南大观社出版，此书有三个突出的特点，第一是记述内容"务在纪实，所有各项记载均以现时调查为标准"，且叙事简明，"俾阅者，易于了然"。第二是分类详尽，全书共分为方域、古迹、院陵祠宅馆墓、寺观庵庙、农业概况、礼俗风尚劳动、民情、交通、济南市水利、禽畜、商民须知、宗教、公民概数、诉讼摘要、教育、公共实业、党部、山东省行政、军事范围、济南市行政、司法、中央直属机关、济南市公安、县行政、实业、外侨、食宿游览、市北、济南市自治、新闻事业、省县机关等31大类（篇），每一大类（篇）之下，视收录内容之多寡再进一步细分。第三是重视对法规性文件的辑录。

12.《济南市山水古迹纪略》，民国三十一年（1942年）济南市公署编印，该书共分山、水、古迹（一）、古迹（二）四编，记述济南市区及市郊（近在30里以内者）名胜古迹。

二、济南市方志活化工作情况介绍

本文之所以对上面12种地方文献，不惜篇幅地进行罗列介绍，除了让大家对中华人民共和国成立前济南市的各个历史时期有代表性的市级方志有个大体了解外，还因为在济南市政府的大力支持下，济南市图书馆和市史志办积极配合，通过近十几年的努力，将除了康熙版《济南府志》外的其余12种全部整理再版，为济南市历史方志的活化利用做出了里程碑式的贡献，此举受到各级领导和地方文献爱好者以及广大读者的一致好评。

2011年，在济南市政府的大力支持下，济南市史志办公室启动了道光《济南府志》的整理工作。他们按照"整旧如旧"原则，聘请了山东大学、山东师大等高等院校及其他有关部门的古籍专家，开始了长达两年多的点校整理工作。据济南市史志办负责人介绍，整理道光《济南府志》是济南建市以来旧志整理工作中规模最大的一次，对于摸清济南市旧志文献的家底并有计划地陆续进行整理发掘和开发利用具有推动意义。点校本专家指导委员会的安作璋先生认为，道光《济南府志》（点校本）"不失为一个严谨、规范、成功的古籍点校范例，堪称济南市近年来一项重要的文化工程"。道光《济南府志》（点校本）不仅最大程度保留了志书原貌，还消除了阅读障碍，方便今人阅读，为人们了解济南历史和文化打开了一扇不可替代的窗口，是研究济南历史的一部较为可靠的参考书。该书于2013年由中华书局出版。随后，史志办又对道光版的《济南金石志》进行了整理再版，于2015年由中华书局出版发行。

相对于史志办强大的政府背景和雄厚的财力，济南市图书馆在各方面条件有限的情况下，只能依靠自己现有的资源，将馆藏的部分史志进行激光扫描整理再版，虽然不能像史志办那样组织强大的专家进行点校整理考究，但也原汁原味保持了原有史志的特点，出版发行后，不但没有受到冷遇，反而受到了不少专家和地方文献收藏者的好评。经过近十多年的努力，济南市图书馆不仅出版了上面12种地方志中的11种，另外还出版了《趵突泉志》《华泉先生文集选》《章丘县乡土志》《历城金石志》《山东通志》等5种地方文献，其成果之丰硕，深受济南各界和全国同行之好评与羡慕。济南市图书馆这项文化工程，为济南地方文献的活化和开发利用打下了雄厚的基础，也做出了巨大的贡献。

三、济南市地方文献工作的未来发展

在济南市地方文献活化与利用这项文化工程中，目前有三家单位成绩比较突出，它们分别是济南市图书馆、济南出版社、济南市史志办公室。在济南市的统一领导下，三家单位分工协作，互相配合，各有重点，将济南市的地方文献工作推向了一个新的发展历程，为济南这座历史文化名城的建设不断添砖加瓦。

济南市图书馆在继续挖掘整理市级地方文献的基础上，把课题选项更加细化深入，目前他们已把目光盯向济南历史名人、名胜古迹、各区县方志以及地方著名老字号、文化传承等各个方面，选题范围也不仅仅局限于现在的区县，而是放大到了明清时期整个济南府的管辖区域。同时，他们也不再将精力全部停留在原始资料的搜集整理上，同时还将馆藏和搜集到的地方文献资料通过各种方式提供给广大读者。截至目前，他们在资料数字化和文创产品的推广利用方面已取得了一定的社会效益和经济效益。

济南出版社则专门成立了一套班子，并划出专项经费和预留部分书号。对涉及济南地方文献，弘扬宣传地方文化的书籍，优先安排出版，他们派专人与济南市图书馆和史志办挂靠联系，一有成熟选项，就立刻加强合作，济南市图书馆这几年所有出版的地方文献和文创产品都是和出版社大力合作的结果。

济南市史志办则充分利用自己的官方优势，除了"开门修志"，办好《济南年鉴》等各项具体本职工作外，这几年还陆续编辑出版了《济南市志》《济南泉水志》《济南历代著述考》《济南史志文萃》等书籍，其中《济南泉水志》的编纂出版，是济南文化建设的一件盛事，很多专家认为此志在填补史志文献、提升泉水文化、宣介济南形象等方面将产生巨大的意义和价值。这部卷帙浩繁的泉水巨著内涵丰富、全面系统，它立足于济南泉水文化的丰富历史典籍，并吸收当代泉水研究的最新成果，它的出版无疑开启了济南泉水文化和泉水研究的一个新的历史阶段。这部独特的志书还填补了济南方志一项空白，有助于济南历史文化特别是泉文化的积累与传播。目前，济南市史志办又陆续启动了康熙《济南府志》《济南名士多》《济南图志》等重大文化工程。

地方文献是一地社会、历史与文化的忠实记录，是一地人文精神和内涵的最好载体，也是研究一地各项资源的最大宝库。济南，作为山东省的首府，一座历史文化名城，历史文化中心的地位从来就不曾动摇过，充分利用这一优势，积极研究、开发和利用好地方文献，意义重大，任重道远。

参考文献

[1]（清）王赠芳修，（清）成瓘纂，济南市史志办公室整理：《(道光)济南府志》，北京：中华书局，2013年。

[2] 徐泳撰：《济南历代著述考》，济南：济南出版社，2014年。

博物馆中"地方文献"资料的梳理与研究

龙霄飞（首都博物馆）

　　摘　要：传统地方文献的研究主要集中在图书馆、档案馆，对于博物馆，尤其是地志类博物馆中的"地方文献"资料的关注和研究远远不足，这一类文献资料从来源、种类及面貌上都具有其自身的特殊性，需要从众多的博物馆馆藏资源中进行甄别梳理后加以应用。传统地方文献的研究需要扩大到对博物馆"地方文献"资料的范围并加强整理与研究，做好传统地方文献与博物馆"地方文献"资料的对比应用、互证互用。

　　关键词：地方文献；博物馆；研究；应用

Abstract:The study of traditional local literature mainly focus on library and archives center. However, in terms of museums, especially the chorography museums, the study of local literature still hasn't attracted enough attention as it should be. This kind of literature recourses has its own particularity from source, species and features and this recourses will be used after screening and processing.The study of traditional literature need to include the field of museums' local literature and to strengthen the research process and arrangement data collection. Therefore, the aim of this paper is contrast applications and testify of the traditional local literature and museums' local literature.

Keywords: local literature; museums; research; application

地方文献这一概念在图书馆、地方志研究中使用广泛，其基本含义也得到了普遍的认可，但对其包含的范围还有不同的认识，其普遍而广泛的看法还是以图书馆、档案馆所藏文献资料为多，而提及或涉及博物馆实物资料的则很少。就"地方文献"这一概念的探讨中提到文物与博物馆范围的也是寥寥无几，方文真在《地方文献在公共图书馆中的地位和作用》一文中指出，"地方文献是指本地方一切具有历史价值的图书、文物史料"[1]，明确提到了"文物史料"也是地方文献。而刘发在《东北地方文献论略》一文中提出，"凡关于本地区自然的社会的一切史料记载均可以视为地方文献"[2]，这里明确提到了关于本地区的"一切史料"都是地方文献，之后对文献类别和收藏单位也明确指出，"不论是文字的、录音、录像的或其他什么形式'信息载体'，也无论其收藏管理单位为档案馆、图书馆、博物馆或其他性质单位，只要记载着与本地区有关的历史的现实的资料，都可目之为地方文献"[3]。如此，就把博物馆中收存的古代文物史料也作为地方文献的内容之一，这样也就大大地扩大了传统地方文献研究的范围。而在实际的工作中，博物馆的文物史料也常常会被地方文献的研究者加以利用，用以佐证传统文献资料的记载。因此，把博物馆中收藏的关于本地区、地域的文物实物资料作为"地方文献"研究的内容之一是十分必要和现实的。

一、博物馆"地方文献"资料的特殊性

不是所有博物馆收藏的文物资料都可以作为"地方文献"的内容的，也不是

---

1 方文真：《地方文献在公共图书馆中的地位和作用》，《广东图书馆学刊》1986年第3期，第96页。
2 刘发：《东北地方文献论略》，《图书馆学刊》1980年第3期，第44页。
3 刘发：《东北地方文献论略》，《图书馆学刊》1980年第3期，第44页。

博物馆收藏的所有文物资料都可以作为"地方文献"的内容的。博物馆中收存的是反映历史、艺术与科学的历代文物资料，而对于一个博物馆来说，在藏品中能反映本地区、地域历史、文化、艺术等的文物实物资料才能够列入"地方文献"的范畴中，特别是反映和展示地区、地域历史文化的地志类博物馆所收存的文物资料才更有可能成为"地方文献"的内容，其他与此无关的则不论。

博物馆中"地方文献"与图书馆、档案馆所藏地方文献既有相同的部分，更有其特殊的内容。相同或相似者如古代的出版物、舆图、老照片、抄本、书画、拓片等平面资料，而不同者更多的是青铜器、瓷器、玉器、碑刻、金银饰物等立体造型资料。首先，博物馆所藏地方文献实物资料多为立体形，这些实物资料不像传统地方文献资料以纸、丝织品、胶片等单一材质存在，而是呈现多样化材质特性，范围很广，涉及到了陶、瓷、玉、石、金、银、铜、木、玻璃等，远较传统地方文献的材质丰富而多样。其次，博物馆所藏地方文献实物资料与传统地方文献资料相较而言，其包含的明确的文字资料较少或者没有文字资料，这样对于如何利用这些资料就提出了很高的要求。除了碑刻、墓志等文字资料较多的实物外，其他如青铜器上铸的铭文都不是很长，金铜佛造像上往往会有题记，玉器、瓷器、木器等器物上或有款识、或有简短文字，诸如此类都不会有很长篇的文字内容，一般多见时间、人名、地名或吉语题记等内容。由于文字内容较少，无疑增加了其利用与研究的难度。最后，博物馆所藏地方文献实物资料多以独立个体而存在，缺乏一定的序列性和系统性，很难达到传统纸质文献记述的针对性和明确性。在应用这些资料时，必须要进行预先的深入研究，发掘出其中的地方史料价值。这些实物文献资料往往是由于其来源或其上的款识铭刻等文字内容才与地方历史文化中的人物、地点或事件紧密连接在一起，进而真正成为地方文献研究的重要内容之一。

二、博物馆"地方文献"资料的获取与甄别

博物馆所藏地方文献实物资料属于文物，这些实物资料的获取主要有以下几种途径：

一是传世拨交。不同级别的地方政府在不同历史阶段由于历史的原因都收存有一定文物资料，在地方建立博物馆时会将相关可以入藏的文物交与博物馆收存，而这些文物资料常常都是传世实物，即有明确的传承经历和来源。如首都博物馆很多文物就来自于北京市财政局的实物库。

二是考古发掘出土。这一类文物对于一个地志类博物馆来说是非常主要和重要的收藏。往往一个地区重要遗址、重点建设等在经过文物考古部门的发掘后，文物或由考古所收存，或交给博物馆入库。如首都博物馆的收藏中，很重要的文物，尤其是反映北京城市历史发展的实物资料都来源于考古发掘。

三是征集购买。博物馆会根据自身定位以及馆藏情况向社会征集或购买相关藏品，以丰富馆藏，填补空白。如首都博物馆关于近现代历史文物的收藏、对于当代历史重要事件资料的征藏就是通过征集购买的方式实现的。

四是捐献。博物馆经常接受社会捐赠以丰富馆藏，而社会人士在认识到博物馆对于收藏、保存社会物证的重要性和必要性后，很乐于把自己手中的相关文物或实物资料捐赠给博物馆，既可以长久保存，又能够为社会研究与利用。如首都博物馆就接受有马连良、郝寿臣、陈垣等名家名流关于京剧和文化资料的捐赠。

此外，还有采集、拨交、交换等不同方式可以获得博物馆藏品。

但以上途径获得的文物资料，并不是都可以作为"地方文献"资料来使用，哪些可以作为"地方文献"资料则必须经过甄别。可作为"地方文献"资料的文物应该从以下几个方面来确定：

一是文物资料来源与本地区、地域历史文化相关。出土于本地区、地域范围之内，有明确的地点信息，或有清晰的流传经历，能表明与本地区、本地域的直接关系。

二是文物资料本身带有明确的地方、地域信息遗存，如铭文、题记、题跋、印章等内容。

三是文物资料本身与本地区、地域人物、地点或事件有直接或间接的关联。

四是文物资料能印证传统文献资料的相关记载。

目前博物馆对于入库的文物资料都会经过编目登记，但并未能与地方文献编目要求相结合进行。地志类博物馆在今后的文物编目中应该考虑增加编目类别，增设"地方文献"相关条目，以方便研究与利用。

三、博物馆"地方文献"资料的种类

博物馆中文物收藏众多，并非所有藏品都可以成为"地方文献"，但每类文物藏品中都有"地方文献"资料的存在，其种类与博物馆文物藏品的种类是重合的，只能从中择取符合"地方文献"标准的资料予以应用。因此，探讨博物馆"地方文献"资料的种类也必须从博物馆藏品全部种类入手加以分析。本文为表述清楚，特以首都博物馆藏品为例，按照上文所说可作为"地方文献"资料文物的标准用表格予以说明。"地方文献"有四个主要特征：一、文物资料来源与本地区、地域历史文化相关；二、文物资料本身带有明确的地方、地域信息遗存；三、文物资料本身与本地区、地域人物、地点或事件有直接或间接的关联；四、文物资料能印证传统文献资料的相关记载。

种类	资料举例	特征一	特征二	特征三	特征四
青铜器	西周伯矩鬲	出土于北京房山区琉璃河251号墓	铭文与北京历史相关	铭文中"匽侯"与"伯矩"为本地区历史人物	
玉器	明白玉"子刚"款樽	出土于海淀区小西天黑舍里氏墓			
陶器	汉彩绘铺首博山盖陶壶	出土于北京怀柔区城北西汉墓葬110号墓			
瓷器	金耀州窑月白釉鋬沿洗	出土于北京丰台区王佐乡金乌古论窝论墓			
金银器	明宣德云凤纹金瓶	出土于北京海淀区董四墓		本身有铭文"随驾银作局宣德玖年玖月内造捌成伍色金拾伍两重外焊伍厘"	

(续表)

种类	资料举例	特征一	特征二	特征三	特征四
珐琅器	清洋金珐琅怀表	出土于密云县董各庄清皇子墓			
漆器	元嵌螺钿漆器残片	出土于北京元大都居住遗址			
佛造像	明韦驮菩萨像			铭文"大明崇祯辛巳年虔命御用监恭造",标明是明代宫廷御用监铸造	
钱币	明"万历年造"银钱	出土于北京郊区明朱忠禧墓			
书法	元鲜于枢行草书《进学解》卷			作者为北京(大都)的书法家	
绘画	民国陈半丁花鸟轴			作者为北京地区书画家	
篆刻	民国陈衡恪白文印			作者为居于北京的书画篆刻家	
织绣	清酱色暗花缎堆绫绣花卉纹袈裟	出土于北京白塔寺		反映北京地区佛教发展	
文房用具	明翻手式洮河石砚			此砚曾为纪晓岚所有	
石刻	西晋华芳墓志	出土于北京石景山	铭文有明确北京城位置的记载		
民俗	剃头挑子			反映北京三百六十行的商业资料	
家具	红木嵌螺钿扶手椅	曾陈列于北京北海公园静心斋			
契约	乾隆二十二年陈雄会做德胜窑合同		门头沟郑家坡		

以上仅是将博物馆藏品中的主要种类加以列举，并选取该种类中的具有"地方文献"特征的一件藏品作为示例。当然，博物馆文物藏品的分类有其特色的一面，但与地方文献的分类有着重要的差别。博物馆文物的分类大同小异，但不同博物馆对于同类藏品的分类存在一定的差异，因此，在对博物馆所藏"地方文献"文物资料加以利用时，需要进行认真的分析与甄别。在将博物馆的文物作为"地方文献"加以整理、利用时，既可以以文物本来的分类予以应用，也可以将文物资料按照地方文献的分类方法进行梳理。

四、博物馆"地方文献"资料的展示与利用

博物馆目前对于具有"地方文献"性质的文物资料还没有能够按照地方文献的标准进行充分的整理与利用，对于这部分特殊的文物馆藏也仅仅是通过专题研究和展示加以利用，但这种研究与展示是针对某一专题展开的。博物馆对于"地方文献"资料的展示与利用，从传统地方文献研究的角度看是不自觉的和无意识的，是从博物馆的角度出发而不是从地方文献的角度出发进行的博物馆文物的宣传与展示。

对于地志类博物馆来说，这种不自觉的和无意识的展示与利用其实更多的还是从地方历史与文化艺术的角度进行的具体实践，同时也是对于传统地方文献研究的补充与延伸。这一实践是从以下几个方面来进行的：

1. 从展示方面来说，最主要的就是博物馆的展览。地志类博物馆最重要的就是宣传、展示地方文化、历史与艺术，这一类的展示既有全景展示地方历史的通史类展览，也有对局部时段历史文化诠释的专题或断代史展览。以首都博物馆为例（下文举例亦同），前者展览如全景展示北京从50万年前到中华人民共和国成立时期历史的"古都北京·历史文化篇"和"古都北京·城建篇"通史陈列，展示北京民俗文化的"京城旧事·老北京民俗"展，这些展览涉及北京历史文化的各个方面，全部用与北京历史文化相关的出土及传世文物用"以物说事、以物说史"的方式进行解读与展示；后者如"城市记忆·北京的城门与城墙""城市记忆·百姓之家""北京的胡同和四合院""奔向光明——中国共产党北京革命足

迹展""白山　黑水　海东青——纪念金中都建都860周年特展""匠心筑梦烁古今——燕京八绝""包容的北京———一座城市的成长""北京老字号展"等，将博物馆及相关单位收藏的与主题有关的文物资料经过编排组织后进行集中展示，以博物馆的诠释手法向公众展示北京的城市发展、百姓生活、民居建筑、经济商业和革命历程。

2. 从研究角度来说，是对与地方历史文化等相关的文物资料进行专题研究后发表论文或做资料汇编、出版图书专著等。专题论文如对北京房山西周琉璃河墓地出土青铜器伯矩鬲、克盉、克罍等器物的专题研究；对石景山出土西晋华芳墓志铭文与北京城历史与方位的专题研究等。出版物如配合展览出版的图书《北京的胡同和四合院》《北京老字号》《城市记忆·百姓之家》等，专题文物资料研究如《首都博物馆藏清代契约文书》《华梦遗珍：老北京三百六十行绘本》《中国共产党在北京》《极简北京史》《图说北京史》等。这些图书都是从馆藏的"地方文献"资料进行专题研究后的汇编，一般来说都是图文并茂，以文物资料为主进行的深入整理和研究，其最重要的内容就是将所研究的文物资料以图片的形式完整地展现出来，同时加以专业研究和梳理，而不仅仅是纯文字的研究论述。

以上对于博物馆所藏"地方文献"资料的基本情况进行了简单梳理，对如何开展利用做了说明，基于以上内容，小结如下：

传统地方文献研究的范围应扩大到博物馆藏品中，尤其是具有地志特点的专题博物馆；博物馆"地方文献"资料应加强整理与研究，依照传统地方文献的要求结合博物馆馆藏特点进行梳理；传统地方文献更要与博物馆"地方文献"资料结合起来整体研究，做好传统地方文献与博物馆"地方文献"文物资料的对比应用、互证互用。

北京"五顶"的现状及文化遗产保护实践
——以奥运中心区北顶为例

李彩萍（北京民俗博物馆）

摘　要：北京的"五顶"环列于京城，历史上是碧霞元君信仰的五座庙宇。五顶既是过去北京人寄托精神信仰之所，又是民俗活动之地，同时也是商品交易之处，在明清、近代北京人的生活中扮演着十分重要的角色，成为北京传统文化的重要载体之一。随着北京城市历史的发展，五顶中的北顶现代意义更加凸显。北顶坐落于北京奥运中心区，是北京中轴线北端北延长线的标志性建筑。因其历史价值、优越的地理位置和神奇的传说在北京奥运会中向世界人民展示了它的历史积淀和文化魅力。因此，对于研究如何在新时代发挥北顶娘娘庙的当代价值是一个重要的课题。需要更多的开展学术研究，充分发挥北京文化遗产的积极作用，发挥遗产的文化教育功能，妥善加以利用，传承中华传统文化。

关键词：五顶；北顶；文化遗产；人文奥运；传承

Abstract: Beijing's "Five Tops" is located in the capital city. In history, it is the five temples of Bi Xia Yuan Jun, Five Tops is not only a place where many people in Beijing have been entrusted with spiritual beliefs, but also a place for folk activities and a place for commodity trading. Therefore, it plays a very important role in the lives of people in the Ming and Qing Dynasties and in modern Beijing. One of the carriers.

With the development of Beijing's urban history, the modern meaning of Beiding in Five Tops is more prominent. Beiding is located in the landmark area of the Beijing Olympic Center and the northern extension of the northern axis of Beijing's central axis. Because of its historical value, superior geographical location and magical legends, it has shown its historical accumulation and cultural charm to the people of the world in the Beijing Olympic Games. Therefore, it is an important topic for studying how to play the contemporary value of the Niang Niang temple in the North in the new era. More academic research is needed to give full play to the positive role of Beijing's cultural heritage, to give full play to the cultural and educational functions of the heritage, to make proper use of it, and to inherit the traditional Chinese culture.

Keywords: Five Tops; Beiding; heritage; Humanistic Olympics; inherit

北顶娘娘庙坐落于北京奥运中心区，是北京城中轴线北端北延长线的标志性建筑，因其历史价值、优越的地理位置和神奇的传说故事而名扬。本人最近工作在北顶娘娘庙，有幸能够近距离地调查、研究北顶的历史、现在与未来。

历史还得回溯到 2001 年 7 月 13 日，一个伟大的时刻，国际奥委会终身名誉主席萨马兰奇宣布，第 29 届奥运会的举办地是北京。在那一刻，13 亿的中国人民沸腾了，从此实现了跨越百年的奥运梦。与此同时，一幅奥林匹克公园的规划蓝图就此展开。在北京南起永定门，贯穿正阳门、天安门、故宫等大型建筑的传统中轴线一路向北，延伸到国家森林公园的仰山，最终形成了奥林匹克的"两个公园，一条道，六个场馆，两个庙"[1]，其中一个庙即是北顶娘娘庙。这些传统与现代的建筑赋予奥林匹克公园丰富的内涵。北京奥运会申办成功，为北京城市发展带来了新的机遇。

---

1 两个公园指的是奥林匹克公园和国家森林公园；六个场馆分别是鸟巢、水立方、国家体育中心、国家会议中心、中国国学馆、中国科技馆；两个庙就是北顶娘娘庙和森林公园的龙王庙。

北京是一座历史悠久、举世闻名的都会城市，是全国的政治中心、文化中心，历史文化遗存丰富。道教文化在北京传统文化中占有极为重要的地位，其中碧霞元君信仰在明清时期乃至以后很长一段时期在民众信仰中都很重要。[1]碧霞元君庙最多的时期达到27座，[2]现在还保留着五顶中的北顶、西顶、中顶，还有妙峰山、丫髻山，在现代的生活中具有传播和承载社会历史文化的功能，在民众的生活中发挥了重要的作用，随着社会的发展，而今还在继续地发挥着作用，它们见证着城市的发展。

在2022年即将召开的北京冬奥会的前夕，对北顶娘娘庙与北京的其他几顶的研究具有重要的历史意义和现实意义。

一、北京五顶庙的现状

北京的五顶娘娘庙自明代建立以来，历经岁月，得以保存下来的有西顶、北顶、中顶三顶，而南顶只剩一条以南顶命名的南顶街，东顶已经无存。根据笔者的调查，目前几个顶的现状如下：

（1）西顶娘娘庙现状

西顶所在的位置，在今天的海淀区四季青乡世纪金源购物中心北面，称为蓝靛厂。旧址为明正德朝创建，清朝有过重修。据调查，中华人民共和国成立以后，庙址曾被疗养院和福利工厂占用。50年过去后，除戏台和牌楼已毁外，西顶娘娘庙遗址保存完整，2001年7月12日列为北京市文物保护单位，2004年以后开始修缮。笔者调查中看到，最后一进院落的殿堂正在修建，尚未完工，工作人员说近期正在试开放，完工后将正式开放。

庙坐北朝南，共三进院落，由山门、前殿、工字殿、后殿及藏经楼组成，殿宇多为硬山式、绿琉璃瓦顶、黄琉璃瓦剪边。山门的右侧有关于该庙的简单介绍。左侧挂有"中国传统文化研究中心——中国人民大学西顶研修学苑"牌子。

---

[1] 佟洵、孙勐：《道教史》，北京：国家宗教文化出版社，2013年，第4页。
[2] 吴效群：《北京民间社会的历史变迁》，北京：人民出版社，2006年，第33页。

走进山门，地面有八卦图。进门后左右两侧各有一个养生池，右侧养生池旁边立有"广仁宫"石碑，上书"北京市文物保护单位广仁宫"，是 2001 年 7 月 12 日北京市人民政府所立。第一进院主殿是保留下来的原建筑物，左侧配殿是后修建的。主殿上书康熙御赐"金阙宣慈"牌匾，左右各有石碑，上面刻有碑文。正殿供奉碧霞元君、妈祖、慈航道人；右边配殿是药王殿，药王殿内供奉的是药王孙思邈，药王殿右侧有一间办公用屋；左边配殿是财神殿，财神殿里供奉的是道教财神赵公明，财神殿左侧还有一间屋子正在修建。左右两侧还有法物流通处，陈列着跟信仰相关的物品和书籍以及道场法事登记处。第二进院落内，包括左右两边的"二十太岁"，以及"诸真殿"一座，殿内供奉南极仙翁、吕祖仙师、文昌帝君，大殿两侧还有两个侧殿。正对大殿有一棵古树，树后的墙上有四块说明牌，从左至右依次介绍拜太岁、六十甲子、道教朝拜礼仪等知识。庙内有拜太岁活动，香客可以根据需要登记，庙内提供法事，按照重大节日举行法事，可以请符，也可以请文书，文书由庙内工作人员撰写，庙内工作人员统一着装道服。店内有道德经书，可以免费领取，还有吉祥符小礼包，自愿请，金额随意，店内不收现金，全为微信二维码支付。庙内还有书院和武道场（教授拳法、剑法），招收 5 到 15 岁的孩子（庙内员工负责教），还承接社会上的古筝班、古琴班、绘画班、国学班等，各种研究团体会在庙里面举行论坛。

（2）中顶娘娘庙现状

中顶庙在丰台区南苑乡中顶村草桥西北。中顶庙又叫"护国中顶岱岳普济宫"。经过复修，现有山门、门前石狮、夹杆石残件、正殿、东西配殿、正殿前两通石碑，山门额曰"护国中顶岱岳普济宫"。中顶庙始建于明代天启年间(1621 年—1627 年)，清乾隆三十六年（1771 年）重建。中顶庙在"文革"运动中遭到破坏，中顶庙先后做过西铁营生产队办公室、幼儿园、仓库、工厂等。1984 年中顶庙定为丰台区重点文物保护单位，丰台区政府和西铁营村于 2003 年和 2011 年在保留原有风格的同时将其全面翻新，重修了山门、大殿及配殿。正殿前廊正中悬挂"元君殿"牌匾，东侧悬挂"大德日生"，西侧悬挂"资生溥化"，正殿供奉碧元霞君像，左侧供"眼光娘娘"，右侧供"送子娘娘"，"送子娘娘"塑像前还供奉"王奶奶"神像。西配殿内正中左右供奉着"医圣张仲景""神医华佗"塑像。东配殿匾额为"财神殿",殿内供奉的是关羽等三座塑像。石碑立于大殿前,增加了楹联,在门前修建了文化广场、中顶庙历史介绍的专栏,重修时在院内墙壁雕刻了二十四孝图和朝元图。为了满足社区民众对精神文化生活的需求,西铁营村恢复了中顶庙的活动,并在2006年农历六月初一举办了"西铁营村中顶庙民俗文化节"暨传统庙会,除了本村花会外,还有北京各地多档花会闻讯纷纷前来接洽、祝贺、献艺、进香。中顶庙民俗文化节已连续举办了七届,成为当地民俗文化活动的庆典盛会,受到群众的热烈欢迎,近万人参加,以社火和走会为主的历史功能得以恢复,展现更多的中顶庙文化,同时也为北京各档花会活动搭建了平台。[1]

(3) 北顶娘娘庙现状

北顶娘娘庙位于奥运主场馆区内,与国家体育场、国家游泳中心毗邻,是北京城中轴线北延长线上的标志性建筑。北顶始建于明宣德年间,清乾隆年间奉敕重修。主体建筑有山门殿、八字影壁、钟楼、鼓楼、天王殿、娘娘殿、东岳殿、玉皇殿,共四进院落,其中东岳殿和玉皇殿没有复建,主殿娘娘殿两侧的配殿经常举办临时展览。2002年,北顶村作为奥运储备地进行大面积拆迁,搬迁了当时占用北顶娘娘庙的铸造厂和北顶小学两家单位,以及侵占庙产的附近居民。2003年,北顶娘娘庙被公布为北京市第七批市级文物保护单位,设立了保护范围及建控地带。2004年,朝阳文化委员会配合北京市文物研究所对北顶娘娘庙进行遗址勘探发掘,确定了北顶娘娘庙的建筑格局、四至范围,占地约1万平方米,古建1000平方米,遗址面积3000平方米。2005年,朝阳区文化委员会组织召开北顶娘娘庙古建修复和遗址保护专家论证。2006年,经市领导和北京市文物局批准,确定对北顶娘娘庙的修缮方案为局部复建方案,即恢复第一、二进院落,恢复其中的鼓楼、二重殿和东、西配殿,后院整理出各殿基座和围墙基础作为遗址保护。2007年北顶娘娘庙修缮主体工程竣工。2007年,北京民俗博物

---

[1] 高世良:《中顶庙的故事》,北京:北京燕山出版社有限公司,2016年,第61页。

馆运用传统工艺，对北顶娘娘庙进行了塑像绘制壁画的工作。2008年，修缮一新的北顶娘娘庙在世人面前亮相，成为体现人文奥运理念、向世界人民展现中华民族悠久历史文化的重要载体。

（4）东顶娘娘庙现状

根据史料记载和实地调查，东顶娘娘庙旧址位于东城区东直门外，因庙侧有一株数百年的老榆树，顺义、通县一带人又称呼古榆树庙。实地调查中，其位于华都饭店南侧，一位遛弯的老人讲，"以前那个庙就在那片树林里，后来庙没有了，只剩下两棵大榆树。但是这片树林里现在是三里屯使馆区，有警卫值守，不让进入，所以网上流传的老榆树我没有找到了"。

（5）南顶娘娘庙现状

根据史料记载和实地调查，南顶娘娘庙旧址位于永定门外丰台区大红门附近，现在已无存，只留下了南顶路街。在北京，有很多庙宇即使早已名存实亡，但如果名称仍被用作街道名或者作为公交车站名使用时，它依然会具有强大的生命力，享有很高的社会知名度。

二、北京五顶庙的文化遗产价值

作为与制度性宗教相对的范畴，民间信仰是指民众在日常生活中所持奉的信仰及其仪式表现，它是非物质文化遗产中的一项重要内容，是中国传统社会与文化体系，以及国人精神生活理念的重要组成部分。[1]北京的"五顶"环列于京城，历史上是碧霞元君信仰的五座庙宇。各庙宇担负着不同的功能，各有特色，西顶为皇太后祝厘之所；北顶、东顶为庙市，是民间物资交流之所；中顶以社火走会为主。五顶既是过去许多北京人寄托精神信仰之所，又是民俗活动之地，同时也是商品交易之处，在明清、近代北京人的生活中扮演着十分重要的角色，是北京

---

[1] 叶涛、周少明主编：《民间信仰与区域社会》，桂林：广西师范大学出版社，2010年，第19页。

传统文化的重要载体之一。

碧霞元君是中国古代祠祀的道教女神，起于宋代，盛于明代。"碧霞"意指东方日光之霞，"元君"是道教对女子成仙者的尊称。道教认为碧霞元君"庇佑众生，灵验九州""统摄岳府神兵，照察人间善恶"。《易经》泰卦表阴阳交合而化生。因此民间称碧霞元君为"泰山老奶奶""泰山老母"，遂成为中国古代妇女信奉的主要偶像。为什么碧霞元君庙称为"顶"呢？因其上庙在泰山顶上，顶为高处，所以称其为"顶"。在中顶庙里，康熙三年（1664年）所立《中顶泰山行宫都人香贡碑》曰："祠庙也，而以顶名何哉？从其神也。顶何神？曰岱岳三元君也。然则何与顶之义乎？曰：岱岳三元君本祠泰山顶上，今此栖，此神亦犹之乎泰山顶上云尔。"相传阴历四月十八日为碧霞元君的生日，此时各地娘娘庙都有庙会，规模隆重盛大。

随着北京城市历史的发展，五顶中的北顶现代意义更加凸显。北顶坐落于北京奥运中心区，是北京中轴线北端北延长线的标志性建筑。因其历史价值、优越的地理位置和神奇的传说在北京奥运会中向世界人民展示了它的历史积淀和文化魅力。因此，研究如何发挥北顶娘娘庙的当代价值是一个重要的课题。需要更多地开展学术研究，充分发挥北京文化遗产的积极作用和教育功能，妥善加以利用，传承中华传统文化。

五顶庙的历史及当代价值有以下几个方面：

（1）五顶庙方位反映了"国之永固，百姓安祥"

北京的五顶"城郭环列"，对北京城形成一种包围之势，护卫着北京。环绕北京的五顶碧霞庙，是一种哲学观念的表达。在任何地方都存在四方和中央的观念，这是汉民族世界观中五行思想的一种表现，五行相生相克才能产生世界万物，并使世界永远处于生生不息的生命流变中，这是一种非常古老而有影响力的思想，它为政府和社会界定自身提供了一个稳定的理解物理世界结构的模式。至晚在17世纪30年代，北京的居民就已经通过碧霞元君崇拜，在他们本地再造了这种宇宙模式的小的结构样板，他们有选择地设计了碧霞庙的选址，西南东北中各顶。五个神处的点的保佑，就这样指向了都城——这个小宇宙的中心，还让北京的五顶娘娘庙中的碧霞元君,可以护卫自己的统治,并给京城带来安定和吉祥。[1]

(2) 五顶庙展示了民众的生活空间(信仰、庙会、集市、娱乐)

明清时期,北京的"五顶"环列于京城,形成了东西南北中每一个区域的生活场景。这些场景既是过去许多北京人寄托精神信仰之所,又是民俗活动之地,同时也是商品交易之处。首先,五顶庙是北京精神信仰之所:民间传说的碧霞元君神通广大,能保佑农耕、经商、旅行、婚姻,能疗病救人,尤其能使妇女生子、儿童无恙。在各地也建有许多"娘娘庙",并常在左右配祀送子娘娘、催生娘娘、眼光娘娘、天花娘娘等四位娘娘,这种信仰延续至今。每年的娘娘诞辰日,每月的初一、十五,都有进香的香客来上香祈福、静坐冥思、许愿还愿,表达自己的精神诉求。其次,五顶庙是当地及周边的民俗文化活动中心,每年的四、五月都有庙会。《旧京风俗志》记录中顶庙会的情景:"游人甚众,均前来瞧会"。当时的花会品种很多,如五虎、少林、中幡等花会扮演屡见不鲜。中顶庙会最有特色,曾有古诗描述,"右安门外少见尘,人影衣香早稻新,小不足芳开市后,坐着中顶进香人"。清代富察敦崇《燕京岁时记》记载,南顶庙会"每至五月,至初一起,开庙十日,仕女云集,至夕散后,多在大沙子口看赛马"。文人吴言有《游南顶庙》诗云,"柳映江亭水映桥,碧霞宫殿郁迢遥。年年五月开香社,大好风光慰寂寥"。西顶娘娘庙会的描述"西顶以庙会而闻名,相传农历四月十八,为碧霞元君诞,西顶庙在每年旧历四月初一到十八办有庙会,规模也很盛大,乾隆皇帝来看京西的五虎少林会"[2]。东顶和北顶"每岁四月有庙市,市皆日用农具,游者多乡人"[3]。这从侧面反映了当时五顶庙会给民众生活带来了极大的乐趣。庙会往往也是商品交易之处。

(3) 五顶庙的建筑艺术价值

五顶庙中的西顶娘娘庙建筑保存完好,殿宇坐北朝南,中轴线上由南向北依

---

[1] 吴效群:《北京民间社会的历史变迁》,北京:人民出版社,2006年,第37—38页。
[2] 赵兴华著:《北京史话·老北京庙会》,北京:中国城市出版社,1999年,第176页。
[3] 北京东城区园林局汇纂:《北京庙会史料通考》,北京:北京燕山出版社,2002年,第308页。

次是戏楼、牌楼、山门、山门殿、正殿、后殿、垂花门和藏经楼。特别是西顶庙在布局上沿用了宋代的格局，前殿与中殿有廊建筑的廊庑相通，呈工字形，建筑形制目前在北京庙宇中已经十分少见，造就了西顶娘娘庙独特的建筑风格。大殿内彩绘依旧保持原样，后殿诸君殿东西山墙有壁画。北顶娘娘庙的建筑从遗址挖掘来看比较完整，山门、八字墙、钟鼓楼、天王殿、娘娘殿、东岳殿、玉皇殿、药王殿、关公殿，规模非常完整，但东岳殿、玉皇殿、药王殿、关公殿殿宇以及前面的戏台已经无存。从这两个顶的遗迹我们能感觉到过去的五顶娘娘庙建筑的等级、形制是非常严谨的，具有重要的意义。

（4）保留的大量碑刻资料，提供了重要研究价值

五顶庙保留了大量的石碑，这些石碑资料对当今研究北京的民间信仰、民众生活具有重要的历史价值。碑文石刻中不仅保留了许多书面文件中没有记录的信息，还储存了与日常生活息息相关的点滴片段，为历代学者打开了还原历史事实的时间隧道。据1936年政府统计，北京西顶娘娘庙有石碑38座，[1] 而现存完整的石碑5座，其余均已遗失或损害。在《北京图书馆藏中国历代石刻碑拓本汇编》中收录有西顶娘娘庙的碑文拓片23份，均为明清时期所制的拓片，有助于我们研究西顶庙的历史流传情况、当时的信仰状况及社会风俗。[2]

（5）五顶娘娘庙之北顶的当代价值

2006年北顶娘娘庙被列入北京市人文奥运修缮项目，北京市和朝阳区两级文物部门共同投资，对北顶娘娘庙进行修缮。因其位于国家游泳中心水立方南侧，为原地完整地保护北顶娘娘庙及其遗址，国家游泳中心比原有规划项目向北移动了100多米，实现了传统与现代的完美融合，富有时代感的新建筑与传统建筑构成了一幅奇妙的图画。水立方和鸟巢最早规划的时候是在一条线上，现在水立方往北移了，体现了北顶的当代价值，更是体现了国家对文物保护的重视。国际奥委会第29届奥运会协调委员会主席海因·威尔布鲁根参观完北顶之后发表

---

1 北京市档案馆编：《北京寺庙历史资料》，北京：中国档案出版社，1997年，第501页。
2 田源、靳昊千：《北京西顶娘娘庙明清时期石碑统计分析》，中国道教协会网站2017年3月23日。

感言："简直难以置信，突然发现一座 500 年历史的庙宇，这是一个伟大的发现，感谢北京奥组委，这是北京这个伟大城市的一个不朽的传奇。"现在北顶已成为奥运中心区接待国人和外宾的重要场地，向世界人民展示着它的历史积淀和文化魅力，展示着北京的传统文化。

三、五顶庙的保护存在的问题及建议

（1）存在的问题

①整体保护的问题

经历了岁月的沧桑，北京的五顶只剩了 3 个。妙峰山和丫髻山，从现有的保存状况来看，整体来说保护的还比较好。西顶、北顶、中顶、妙峰山、丫髻山都被定为各级文物保护单位，受到文物部门的保护，但是古建修缮的过程还是比较缓慢。中顶娘娘庙已经修缮，但多年不开放。西顶娘娘庙也在修缮，开放了一部分。北顶娘娘庙已辟为北京民俗博物馆，还有几个殿座没有修缮，但场地无法发挥博物馆的功能。

②多部门使用的问题

西顶娘娘庙由道教协会管理，成为道教信众举行宗教活动及民俗活动的场所，也是青少年培训教育机构以及研究机构。中顶庙由丰台文化委管理，每年的六月初一开放，平时不开放。北顶娘娘庙由北京民俗博物馆管理，成为博物馆的分馆，常年免费对外开放，由于地处国家奥运中心区，在交通、安全方面由奥运管委会管理，举办庙会或大型民俗活动受限，即使游客进香也很难找到位置。

③物质与非物质传承的问题

碧霞元君信仰历史悠久，自明代五顶建庙时，就以碧霞元君为中心，逐渐形成了上至皇帝、下至普通百姓的群体狂欢行为。明清时期，民间活动达到繁荣鼎盛，留下了很多的物质与非物质文化遗产的内容：古建、碑刻文物、庙会、香会等，但是目前由于条件的限制已经无法开展活动。比如北顶、西顶自恢复开放以来一直没有举办过庙会，中顶庙会也时间很短。各顶至今也没有举办一个有关"五顶的历史文化展览"，过去五顶的香会组织已经不复存在，部分民间艺术形式后继无人，传承成了重要的问题。

（2）五顶娘娘庙的保护建议——以北顶为例

为了历史的传承和发展，为了民众的文化生活的多样性，为了成为一个名副其实的向世界展示北京传统文化的窗口，北顶娘娘庙的合理利用，如何使之适应现代化生活的要求，使之依然保持存在的价值和鲜活的生命，是当前我们需要思考的重要问题。以北顶为例提出一些保护建议：

①北顶文化环境的建设

北顶娘娘庙的复建以及水立方建设让位 100 米，足以说明政府、文化遗产保护界和民众对历史遗产价值的充分认同，体现了各界遗产保护意识对建筑的保护。但目前北顶娘娘庙在奥运中心区的空间已经完全不能适应整个庙宇的发展，里面的文化设施和奥运中心区有一定的差距，与北京民俗博物馆分馆的功能也不相匹配。第一，建议对古建进行恢复与修缮。北顶现有建筑有山门殿、天王殿、正殿三个部分，不能满足既有物质的又有非物质的内涵的表达。需要把后面东岳殿和玉皇殿及配殿恢复起来进行展示。第二，要增添传统的文化氛围，原本殿宇少，钟鼓楼常年锁门，没有发挥作用。请教有关专业人士，增加各个殿宇两边的楹联内容，前区制作一些劝善向上警示的牌子，各种设施更有氛围，设置一些游客休息区。第三，要加强北顶旅游合作对象的文创产品的内涵，讲解词要进一步规范，加强讲解队伍的素质。第四，增加展厅面积，正常发挥博物馆功能。第五，考虑烧香的不安全的因素，改为敬香，但不能以福牌来替代上香的作用（目前旅游讲解说挂福牌和上香是一样的），香客捐的香款应该全部用于寺庙的建设。

②物质与非物质的整体保护

北顶娘娘庙承担了博物馆的职能，也要进行非物质文化遗产展示。那么，要在博物馆方面加大投入力度，做展览进行展示，要协调各顶，进行娘娘信仰的文化展览，进行巡回展出，制定有关碧霞元君的相关展览如中国女性形象系列、儿童系列的展览。举办非遗展示活动，与管辖社区共同举办庙会活动，每月初一、十五举办民俗活动及系列讲座，如北京的庙宇文化、礼仪文化、民俗文化等。

③整体联动、统一保护

首先,要纳入奥运中心管委会的管理。目前北顶娘娘庙的安全由管委会管理,游客团队由管委会统一安排社会公司管理,没有形成一个整体。比如奥运中心区的奥运博物馆没有提到北顶娘娘庙,中心区的讲解词只讲北顶的传说故事,整个园区没有娘娘庙的引导指示牌。其次,北京的几顶要统一介绍宣传,几个顶包括妙峰山、丫髻山,京津冀的其他碧霞元君信仰及泰山有关碧霞元君信仰的机构能否组织一个联盟,出版宣传册,经常举办学术交流会会、巡回展览等活动。

④多媒体的保存、记录

在新媒体时代下,信息的储存和传播具有数字化、及时化、互动化的特征,快速影响着文化活动的传播。科技本身是文化的组成部分,同时还是文化发展的重要因素和条件,现代信息技术促进了大众媒体的发展,已经成为中华传统文化保护与传承的载体和重要手段,五顶庙也可以建一个自己的微信公众号、微博号,写一些文章进行推送,发一些碧霞元君信仰的知识或者是一些建筑照片,因为建筑本身也是有价值的。五顶微博还可以鼓励人们接受传承传统文化,不仅是信仰方面的,还包括传统服饰、传统节日等的。除此之外,有活动的时候也可以提前向大家宣传,鼓励大家来参加,用文章本身吸引大众的兴趣。新媒体的应用,使大众足不出户就能在网上游览五顶。数字化的好处就是能展现更多内容,因为没有空间的限制,但是展现效果方面是比较准的,也可以放进 APP 应用里。

⑤发挥北顶娘娘庙在新时代的价值

北京是一个国际化的大都市,尤其是奥运中心区。通过调查发现,目前北顶接待的国内香客、游客比较多,外宾进来的比较少,奥运中心区的活动很多,如大型的国际会议、体育赛事、冬奥会的各类发布会等,要认真地分析外宾不进来的原因,活动主办方不了解北顶的历史文化?不了解为什么水立方让位 100 米与北顶?或者压根就不知道奥运中心区有个北顶娘娘庙?因此,如何在新时代发挥北顶娘娘庙的当代价值是一个重要的课题。北顶娘娘庙不仅展示的是北顶和五顶的历史文化,更重要的是向世界人民展示的是北京传统文化。总之,对北京文化遗产进行保护的目的,绝不是仅仅留住北京过往的时光,而是要充分发挥北京文化遗产的积极作用,发挥遗产的文化教育功能,妥善加以利用,传承中华传统文化。

担当地方高校使命 致力地方文献建设
——河西学院河西文献信息中心建设述要

薛　栋（河西学院图书馆）
苏　凯（河西学院图书馆）

摘　要：河西学院图书馆是河西地区规模最大，藏书最多，业务水平最高的图书馆。全力建设"河西地方文献信息中心"，是河西学院图书馆工作的重点和着力点。本文主要从河西地方文献信息中心建设的背景、历程、现状、效应四个方面来探讨担当地方高校使命、致力地方文献建设。

关键词：地方高校；图书馆；地方文献

Abstract: The library of Hexi University is the largest library in the Hexi region, with the largest number of books and the highest level of business. It is the focal point and focus point of library work of Hexi University to construct "Hexi Local Document Information Center" with all efforts. This paper mainly discusses the background, course, current situation and effect of the construction of Hexi local literature information center to undertake the mission of local universities and devote to the construction of local literature.

Keywords: local colleges and universities; library; local literature

人才培养、科学研究、文化传承，服务社会，这是大学的使命和责任。位于丝绸之路黄金段、甘肃河西走廊中部的河西学院，是兰州以东、乌鲁木齐以西两千多公里地域中唯一的综合性本科院校，在我国高等教育战略布局中具有独特和重要的地位和作用。经过多年的建设和发展，学校拥有4000多亩校园、2300多名教职工、20000多名学生；设有涉及文、理、农、医、管理、教育、艺术等12个学科门类的16个二级学院、46个本科专业和9个专科专业，办学实力和规模影响不断扩大，成为有较高影响的丝路名校。学校在办学中坚持"以学生发展为中心，以服务社会为使命"的办学宗旨，确立了"做河西文章、出特色成果、争同类一流"的办学发展目标，已初步把学校建成了河西及周边地区应用型人才培养基地、科学研究与应用技术开发基地、地方文化传承创新基地和区域经济社会发展服务中心。

作为学校文献信息中心的河西学院图书馆，目前拥有40000多平方米馆舍、120多万册藏书、80多名员工，是河西地区规模最大、藏书最多、业务水平最高的图书馆。图书馆如何分担大学使命，如何助力学校办学目标的实现，如何更好发挥自身职能，在确保基本服务的前提下，立足区域经济文化发展，全力建设"河西地方文献信息中心"，就成为河西学院图书馆工作的重点和着力点。

一、中心建设的背景

习近平总书记提出"共建丝绸之路经济带"国际合作发展倡议，"一带一路"建设成为国家发展战略；《甘肃华夏文明传承创新区总体方案》提出了以敦煌文化为核心的河西走廊文化生态区建设目标，再造河西成为备受关注的发展热点。机遇叠加，使河西走廊的研究、开发和建设迎来了重大的历史机遇期。

历史悠久、民族众多、文化多彩、广漠富饶的河西走廊是古代拱卫中原、经略西域的战略要地；它既是古代丝绸之路的要道，也是今天欧亚大陆桥的咽喉要冲；这里不但是我国重要的商品粮基地，更是我国重要的生态屏障和经济通道走廊。发端于河西走廊的敦煌文化、长城文化、丝绸文化、石窟文化、简牍文化、五凉文化、西夏文化、边塞军旅文化、民族宗教文化、岩画图腾文化和非物质文化是华夏文明的重要组成部分，更是国内外学者关注研究的热点。

河西学院目前设立有"复旦—甘肃丝绸之路经济带协同发展研究院"和"陕西师范大学—河西学院丝绸之路经济带河西走廊智库"，并建立了甘肃高校人文社科基地"河西史地与文化研究中心"和"河西走廊民俗民族研究中心"。本校高荣、何茂活、谢继忠、吴浩军、颜廷亮、崔永胜、李建宗、贾小军、王明博等一些教授和博士致力河西研究，已取得了一批研究成果，受到省内外学者的关注。全面占有河西特色文献，是深化研究和广泛研究的基础保障。

河西地方文献每种出版发行量较少，有相当一部分为内部印刷，部分公开出版的图书又是自办发行，研究者很难得到相关信息，更难以收集利用；就河西地区而言，河西地方文献分散在不同市、县的不同部门及民间，研究者难以全面系统掌握和利用；而国内公开出版发行的河西文献，又分散收藏在不同地区不同类型的图书馆中，研究者也难以查检获取。因此，全面汇集河西地方文献，建设河西地方文献信息中心，成为超越行政区划和行业界限的地方性高校不可推卸的职责和使命。

在数字图书馆全面建设和馆际互借全面开展的今天，减少馆藏同质化，加强特色馆藏建设成为各图书馆新的使命。全面掌握占有河西特色文献，建成全国独具特色的河西文献信息中心，为国内外学者提供全面系统的特色学术资源服务，是提高学校办学水平和影响力的重要举措。

二、中心建设的历程

创建阶段。1996年我馆提出了收集整理河西地方文献的设想，对馆藏河西地方文献进行了专架陈列，并于1997年进行了河西各地县走访和搜集工作。2000年设立了"河西文献室"，在藏书建设中特别注重河西地方文献的现采和订购。截至2014年底，室藏河西文献近2000种4900多册。这一阶段的建设虽是有意的，但却是被动的，按自然进程进行的，为今后的建设打下了基础。

加速建设阶段。2015年，图书馆馆向学校提出了深入河西各市县调研搜集地方文献，加快建设"河西地方文献信息中心"的请示，得到了学校的高度重视和资金支持。由图书馆负责人、历史旅游文化学院和文学院教授组成工作小组，于2015年7月至11月，历时50多天，行程7000多公里，遍访河西五市及其所属19个县区，另加兰州市永登县和白银市景泰县，内蒙古阿右旗和额济纳旗，青海祁连县和门源县，以及域内酒钢公司、金川公司、玉门石油管理局和祁连山自然保护管理局，共计32个市县（区）和公司；深入各地宣传部、政协、人大、文化局、史志办、党史办、档案馆、博物馆、图书馆、文联、旅游局、统计局等相关部门200多个，拜访人员260多人次；共系统收集地方文献2100多册，价值14万多元，完成了各市县区现有70%地方文献的收集工作；对暂未收集到或"佚失"图书掌握了图书信息，为进一步做好收集工作提供了线索。调研搜集活动取得了丰硕的成果，得到了地方文史工作者的充分肯定和大力支持，得到了学校领导和教授专家的高度赞扬和好评。

今后的工作。地方文献建设工作是一项动态的需持续建设的工作。为了打造一个国内河西地方文献收藏最全最系统的河西地方文献信息中心，我们在学校支持下将继续做好以下工作：

近百年来，国内外有关敦煌、西夏、简牍、河西民族和宗教等研究的文献众多，这些文献收藏于国内各图书馆。我们已对国家图书馆、复旦大学图书馆和省图西北文献中心收藏的有关河西地方文献进行了全面检索，整理出了基本目录；在进行馆藏查重的基础上，到各大馆对缺藏图书进行复制或按需印刷，全面充实馆藏。

限于时间和精力，各地村镇志、宝卷抄本、家谱和个人著述需要进一步进行收集。长期以来，由于频繁的人事更迭，又缺乏专门的机构、制度和意识，部分地方文献"佚失"。我们需要改变传统被动的随机采购模式，主动组织馆藏，通过访求、征集、捐赠、交换、网购和复制等多种方式，建设具有地方特色的理想馆藏。

地方文献建设是一个动态的、持续不断的过程，需要有广接地气的组织和措施来保障实施。我们将通过与市县图书馆的协作或聘请地方文史专家做特聘研究馆员的方式，及时获取地方文献编辑出版信息，快捷全面收集新发现新出版文献。

对现有河西文献室进行调整改造，建设全面开放的、具有浓郁地方文化特色的、集藏书阅览和网络一体化服务功能的"河西地方文献信息中心"。配备具有学科背景的专职馆员，负责对藏书进行科学分类排架，负责地方文献信息收集和图书收藏工作，负责与地方的联络和服务接待工作。

三、中心建设的现状

（1）收藏文献类别和类型

在20多年的建设过程中，我们立足河西、面向全国，重点收藏了以下专题和类型的文献资料：①河西古代和近现代历史文献，古代方志和新编地、市、县志和各类专业志；②国内外有关丝绸之路、敦煌学、简牍学和河西历史考古、民族宗教、文化遗存方面的专题文献和相关研究资料；③河西宝卷、凉州贤孝、裕固族历史传唱等非物质文化遗产资料；④有关红西路军研究和党史资料；⑤河西籍人士以河西为题材撰写的文学艺术作品和非河西籍人士撰写与河西有关的文学艺术作品；⑥有关河西地理环境、地质矿产、农林水牧、工业交通和人口社会，尤其是生态资源和治沙业、酒产业、种养业等科技和经济方面的研究资料；⑦各类重要的档案、文书及其馆藏信息。从收藏范围讲，既包括专论河西的文献，也包括兼论河西的文献和河西地区周边乃至西北地区的文献；从收藏文献的类型讲，既包括正式出版的图书、期刊、报纸、硕博论文，也包括非正式出版的政府年报、专题报告、文物目录、档案、谱牒、图录、字画、音像资料等。

（2）主要收藏文献

经过几个阶段的建设，中心目前收藏河西地方文献3000多种7000多册。其中收藏大型图书主要有《西北文献丛书》及其续编二编、《中国简牍集成》《俄藏黑水城文献》《俄藏敦煌文献》《法藏敦煌西域文献》《敦煌石窟全集》《敦煌百年文库》《中国藏西夏文献》等；其他初具特色的收藏为丝绸之路文献、各地县古今方志、文史资料、宝卷整理文本、红西路军和裕固族研究图书等。

四、中心建设的效应

随着中心建设的日臻完善，这里将成为河西地方文献和文化的保护与传承中心；成为河西走廊多彩文化和辉煌历史的展览馆，成为丝路文化的一张名片；成为域内外河西研究者的能源富矿，成为深入研究河西开发河西的学术研究基地。对河西学院引领河西研究，增强办学特色，提升办学水平和影响力具有显著的作用。

通过汇书而聚人，促进共建共享，共研共进。以河西文献信息中心建设为平台，深入了解河西历史地理、经济文化和民族民俗研究现状，密切校地联系和协作，促进地方文化专家和国内外专家与我校研究者的合作，开展广泛的校校、校地、校研合作，深化河西研究，共同促进河西经济文化建设。

促进河西问题的系统研究。河西走廊的历史、文化、宗教、民族和自然生态是一个有机的整体，需要超越现有行政区划，在一个更大的历史地理背景下去系统研究。依据河西文献信息中心充分占有的研究资料，今后可以开展系统性研究，如红西路军研究、河西民俗研究、河西宝卷研究、河西岩画研究、河西佛教与佛寺研究、河西水陆画研究、玄奘在河西的史实与传说研究……

在中心全面占有资料的基础上，有关研究者、我校教师可组建项目团队申报简牍数据库、红西路军数据库、裕固族数据库、河西宝卷数据库、丝绸之路数据库等课题项目，通过网络更好地弘扬河西文化，传承华夏文明。

通过中心建设，将从以下几个方面有力促进图书馆业务提升和发展：①图书馆采访工作由被动采购转为主动采用多种方式，有计划有目标地组织馆藏；②通过专题网页建设，实现河西文献的 OPAC 书目检索，实现校地共知共享，从而提高高校图书馆服务地方经济文化的能力；③在 CALIS 馆际互借服务中，地处遥远西北的河西学院图书馆，在"索取"的同时，也能够有特藏而"给予"；④通过区域内和全国馆藏河西文献书目信息的整理，编制《河西地方文献总目》，撰写《河西地方文献综述》，编制《河西研究资料检索主题词表》，对促进学术研究具有积极作用；⑤依照《中图法》对河西地方文献进行分类，地方文献特有的地域性和特色专题性被割裂，需要设置和扩展专题类目进行科学实用的分类和排架组织。

五、中心建设的感想

作为地方高校图书馆，对地方特色文献的建设，不是标新立异，不是"特"立而行，必须植根于深厚的地域和历史文化，服从于时代和社会大背景的需求，立足于自身发展和社会责任的实现，开展有组织有计划有目标、有实效有成果有前景的工作。

地方文献具有"存史、资政、励志"的重要作用，是地方历史和文化的深厚积淀和重要载体，是一个地方的精神和灵魂史，是我们创造新文化和促进文化进步不可或缺的信息资源。各县市图书馆应设立"地方文献室"，承担起保藏传承地方文化和文献的历史使命和责任，把家乡的根留住，让故乡的文化和文明恒久传播。

地方文献搜集工作要以人为本，我们的目标是"书"，但着眼点应是"人"。我们在河西地方文献搜集工作中，发现各市县都有几位地方文史专家，他们深爱生养着他们的这片土地，安贫乐道，甘于寂寞，脚踏实地，皓首穷经，探究地方的历史与文化，成为地方的良知和精神文化的传承者。通过他们才能了解地方文献，获得地方文献，也才能更好地开展校地合作研究。

地方文献建设工作，既需要组织机制、资金场地，更需要图书馆人的意识、责任和热情。要素具备，持之以恒，地方特色文献建设工作必有丰硕的成果。

北京市公共图书馆总分馆服务体系推进地方文献特色化建设探索与研究

于景琪（首都图书馆）
刘 佳（首都图书馆）

摘 要：本文以北京市公共图书馆总分馆服务体系为例，从特色地方文献建设的历史、发展、成果等方面进行了阐述，从总分馆制地方文献特色化建设的总体规划、收集利用、宣传拓展、读者队伍建设、引进社会力量支持等方面进行探索与研究。

关键词：图书馆；地方文献

Abstract: Taking the service system of the total library of the Beijing public library as an example, this paper expounds the history, development and achievements of the characteristic local documents construction. It explores and studies the general planning, collection and utilization, publicity and expansion, the construction of the readership, and the introduction of social force support.

Keywords: library; local documents

北京市公共图书馆突出北京特色，构建了市、区、街道（乡镇）、社区（村）

级图书馆的四级公共图书馆总分馆制服务体系。截至 2017 年，北京市公共图书馆 5269 个，其中市级图书馆 1 个；区级图书馆 22 个、街道级图书馆 164 个、乡镇级图书馆 176 个；社区级图书馆 1630 个、村级图书馆 3276 个，按常住口人计算约 4124 人共享一个图书馆；24 小时自助图书馆 178 台。"一卡通"成员馆 206 个（其中通还馆 133 个）；数字文化社区 300 个；共享工程基层点 4295 个。2017 年全市各级公共图书馆文献总藏量 4280.7 万册（件），人均藏书 1.97 册；年文献购置费 9184.6 万元，人均文献购置费约 4.2 元；年接待读者 2008.2 万人次，外借 1710.4 万册，人均到馆约 0.78 次。

一、北京市公共图书馆特色地方文献建设发展

北京市公共图书馆特色文献建设，经历了从对流行文化的追逐，到将传统地方文献特色化淬炼的过程，经年累月不断创新、摸索前进。

（1）探索阶段

1978 年党的十一届三中全会后，随着以经济建设为中心的党的基本路线的确立，图书馆也将工作重点转向为经济建设服务，北京市公共图书馆开始了探索特色图书馆发展之路，东城区图书馆于 1979 年开始建立了科技阅览室，征订上百种科技杂志，并为北京市热电器厂研制热交换器提供大量的信息资料，取得了科研成果。丰台区图书馆为满足菜农的需要，在为农业科技服务上做出了突出成绩，受到农民的欢迎和政府的表扬，成为全市图书馆的学习典型。

（2）初创阶段

1986 年东城区图书馆创立了服装资料馆，标志着特色图书馆的初步形成。继东城馆之后，1991 年崇文区图书馆创建了"包装资料馆"；西城区建立了"旅游资料馆"；海淀区成立了"装饰艺术资料室"；朝阳区成立了"法律资料馆"。特色图书馆纷纷涌现，百花盛开争奇斗艳。随着北京地区特色图书馆的形成，部分区县图书馆开始尝试将地方文献特色化的道路。

(3) 发展阶段

为加强北京市中心图书馆建设，整合文献资源、拓宽特色服务项目、系统保存北京市的特色文化遗产，为地区文化服务特色与地区经济发展服务，在北京市文化局的支持下，北京市公共图书馆自2006年启动了专题资料分馆的建设。首都图书馆与区县图书馆合作，依托地区资源优势，以共建共管的方式先后建设了宣南文化、运河文化、传统手工艺、西城名人故居、京城会馆、海淀叙录等11个专题特色地方资源体系，为各馆最终确立本馆的地方文献特色化建设奠定了基础。

二、北京市各级图书馆共同推进特色地方文献建设

北京市公共图书馆总分馆服务体系不断发展，中心馆、区域总馆与基层图书馆共同挖掘本辖区地方文献资源，形成了各具特色的专题服务。

(1) 中心馆地方文献创品牌

首都图书馆作为北京市公共图书馆体系的中心馆，不断挖掘本馆地方文献优质馆藏，于2002年底正式启动"北京记忆"建设项目。2007年4月26日，"北京记忆"正式发布到互联网上，成为国内第一家专业化的大型地域文化资源数据库。栏目包括"北京文汇""旧京图典""燕京金石"等10个栏目，涉及古籍、老照片、拓片、舆图、音视频等各种载体类型，为用户提供文献浏览、全文检索、音视频点播等多种形式的服务。开通至今，用户访问量已逾百万。

(2) 区域总馆突出地域优势开展特色地方文献建设

首都图书馆2009年1月制定了《北京市公共图书馆特色资源数字化建设规范手册》，以"北京记忆"为统一平台，采用分布建设、集中整合的方式，探索共同建设北京地区专题特色数据库群。各区县图书馆作为区域总馆也积极组织本馆特色数据库建设，先后推出深受读者喜爱的特色数据库。其中将地方文化深入挖掘的部分特色地方文献数据库有：

品牌名称	馆名	重点建设内容
东华流韵数据库	东城区第一图书馆	结合本馆"北京古都历史文化"系列讲座、"档案见证北京"系列讲座资源建库,方便读者在聆听讲座的前后查找相关信息
科举辑萃数据库	东城区第一图书馆	结合区域内皇城与孔庙等地域特色,将科举文献进行开发、利用的专题数据库。
"石文化"专题数据库	房山区图书馆	依托房山云居寺石经、区内石料加工等特色,大量收集石经文化、采石文化等文献,进行特色化建设与服务
北京什刹海专题文化数据库	西城区第一图书馆	依托《北京什刹海文化专题文献资料汇编》《北京什刹海文化专题文献资料档案》等专题文献进行建设
西城区非物质文化遗产专题数据库	西城区第一图书馆	全方位展示西城区非物质文化遗产保护成果,数据库包括34个国家级保护项目、22个市级保护项目和84个区级保护项目以及59项普查项目
西城胡同专题数据库	西城区第一图书馆	数据库收录原西城区和原宣武区的胡同共1593条,包括胡同的介绍、名称来历、典故、老照片等
西城名人故居专题数据库	西城区第一图书馆	数据库收录区内的名人故居共66篇,包括故居地址、名人介绍、故居介绍、文保级别、保护状况等
"北运通州"数据库	通州区图书馆	设有图书、图片、舆图、拓片、专题、视频共六大栏目,收录不同载体、反映通州历史文化的馆藏地方文献资源
海淀叙录网站	海淀区图书馆	《海淀叙录》网站的前身是"海淀西山文化网",是海淀图书馆第一个区级非物质文化遗产发掘传播网站,内容包括海淀区的历史、地理、风物等珍贵资料
京城会馆数据库	西城区第二图书馆	包括北京会馆的历史文献资料、碑文拓片、诗词楹联等

随着读者需求与热点形势的不断变化，各区域总馆积极探索新时期特色地方文献的收集与利用。如怀柔区图书馆为适应人民不断增涨的旅游热情，将长城文化、庙宇文化等方面的区域旅游资料组成一个专题数据库；发挥国际重要会议举办地优势，将本辖区举办的95NGO论坛、APEC会议、"一带一路"国际合作高峰论坛等大量纸质和数字文献收集加工，进行"国际会都"数据库的建设等。

(3) 基层图书馆特色地方文献的利用

①开展特色文献资源服务

基层分馆以结合服务区域读者需求为主，着力打造特色文献资源服务，吸引读者利用。2014年由西城区文化委和正阳书局等多方共同打造的"北京砖读空间"开馆服务，这是北京市首次将文物保护单位打造成公共阅读空间。这里可供读者看书、借书，也可以买书、捐书，兼具图书馆、档案馆、博物馆的功能。还定期举行读书会，京味文化公益讲座，北京历史文化题材摄影展、美术作品展，以不同形式的公共文化活动向大众介绍北京的历史文化。

②利用特色建筑吸引读者

积极寻求合作，利用特色建筑，或在人流稠密区选择合作单位，扩大服务范围。如房山区文博分馆在故宫博物院院长单霁翔的大力支持下，于2012年在房山贾公祠原址上落成开馆。馆藏资源主要来自于专家、学者及社会各界的捐赠。

③形成特色主题

结合本区域传统文化，创建具有鲜明特色的基层馆。如大兴区西红门镇理想家园图书室，坐落于西红门清真寺院外，本着贴近民族特色办书屋的理念，从书籍配置、装饰风格都突出民族宗教特色。

三、发挥总分馆制优势推进特色地方文献建设

依托总分馆服务体系采用协作共建，互通有无等方式，完善特色地方文献收集与利用工作。

（1）统筹规划，共同发展

市属中心馆负责统筹、协调各区域总馆特色地方文献建设，避免重复建设并及时开展共享共建，形成特色文献互通有无、共同发展的机制。

各区域总馆结合本馆地域特色、文化积淀、馆藏资源，在开展调研的基础上确定本馆特色地方文献的建设方向。同时，对辖区内各分馆进行调研，选取地方特色鲜明的基层图书馆建立特色分馆。

基层分馆在了解辖区居民需求的基础上，依据地区文化、热点服务组织收集特色资源开展服务，对基层分馆服务资源无须强行体现地方特色，可在服务中摸索专属特色，以此为全市地方文献发展增添新的元素。

（2）广泛宣传，扩大认知

目前，市民及部分单位对地方文献了解不足，致使对地方文献的收集工作造成困难。因此通过全市总分馆形成合力，进行全市性或区域性的统一宣传，如开展特色民俗展览、地方文献讲座、数字特色资源推荐、微信微博读者互动活动等多形式、全方位的宣传活动，使广大市民发现地方文献的价值，积极参与到地方文献建设上来。

在特色地文献建设及宣传活动取得成效的基础上，大力向政府机关、相关企业事业单位汇报成果，争取长期支持，获得其相关文献资源。还可以通过设定解密公开期限的方式，对机构暂不愿公开的文献进行收集，以备今后利用。

（3）全面收集、合作共享

在地方文献的收集上，要关注本区域发生的特殊现象、新鲜事物、名人学者、重大事件、作家专著等方面，同时通过购买、剪报、走访、口述历史、网络截取等方式进行收集，务求全面、充分地反映本区域的历史、地理、人文、教育、文物、科技等信息，定期通过对信息整合与筛选（重点突出对非物质文化遗产的收集），进行地方文献特色化建设，并将相关文献资源共享于其他特色资源建设馆共同使用，互通有无合作建设。

(4) 注重利用、成果创新

要注重对特色地方文献的利用与再加工,除日常通过讲座、报告、交流、观摩、竞赛等多种形式的活动和服务将特色文献向读者推荐外,还应从检索咨询、课题服务、二次文献、跟踪服务、结集出版等方面深化特色地方文献服务领域。同时建设特色地方文献数据库,实现全文检索、影音呈献,完成对特色文献的数字化加工与网络化传播。

(5) 发展专家、巩固读者

应特别重视读者队伍的建设,一方面邀请相关知名专家共同建设本馆特色地方文献资源,利用名人效应推广和充实本馆特色资源。另一方面巩固一批读者队伍,定期了解需求动向,组织专题活动盘活特色资源。

(6) 争取支持、增强联系

现阶段人员、经费紧缺制约着图书馆特色地方文献的收集,因此积极争取政府支持、社会力量协助做好收集工作,一方面中心馆与区域总馆要与辖区内新闻出版单位、地方文献出版单位、档案馆、中国人民政治协商会议、科学技术协会、文学艺术联合会、地方志办公室等机构有关建立长期的合作关系。另一方面在区域总馆的协助下,基层分馆要与各乡镇文化站工作人员合作,做好所属乡镇地方文献的收集工作。

四、特色化地方文献建设拓展

(1) 增加对新媒体上特色地方文献的收集

一方面,注重整合互联网上特色地方文献内容,并对一些随书光盘上的内容加以收集与利用;另一方面,对微博、微信、抖音、快手等新媒体上出现的特色内容进行收集与利用,不仅对其发布内容要进行甄别和收集,同时也应对其有意义的重点评论、反馈、延伸讨论等内容进行收集,以此反映当下地域文化的流行方向与发展趋势。

(2) 发展专业化志愿者队伍

北京市总分馆服务体系成立了以首图为龙头，以全市 23 个区级公共图书馆为骨干的北京市公共图书馆文化志愿服务总队。24 个分队结合馆情和读者需求，申报、开展各具特色的文化志愿服务项目有效地带动了全市文化志愿服务的开展。在此基础上，可结合各馆特色地方文献的收集与宣传工作，通过培训加强志愿者专业能力，让他们成为图书馆与各机构之间的纽带，以此拓宽特色化地方文献的获取途径。

参考文献

[1] 金沛霖：《图书馆地方文献工作》，北京：北京图书馆出版社，2000 年。

[2] 马晴云：《谈公共图书馆地方文献工作》，《图书馆建设》2001 年第 4 期。

[3] 章小芳：《县级图书馆地方文献收集探析》，《图书馆建设》2010 年第 4 期。

[4] 赵大志：《地方文献建设研究》，成都：西南交通大学出版社，2012 年。

口述史工作的外围思考

范瑞婷（国家图书馆）

摘　要：口述史工作是一项人本工作，它立足于人，其质量与人之间的关系息息相关，它尊重个体，最终又由一群个体的记忆汇成一个大时代的历史和文化。每个人都是不同的，性格、经历、学识、思想，所以很难直接借鉴经验，也因此这是一项必须活到老学到老的工作。采访者能从受访者身上学到很多，但更多的进步来自自我反思。

关键词：口述史；受访者；采访者；反思；追问；敬业

Abstract: Oral history work is a humanistic work. It is based on people,whose quality is closely related to the relationship between people. It respects the individual and eventually merges the memory of a group of individuals into a history and culture of a great era. Everyone is different, character, experience, knowledge, and thought, so it is difficult to learn from experience directly, and therefore this is a must to live to learn. Interviewers can learn a lot from the interviewees, but more progress comes from self-reflection.

Keywords: oral history; interviewee; interviewer; reflections;

questioning dedication

曾经跟一位做纪录片电影的导演聊天，她说觉得人是最有意思的，观察不同的人，听他们说话，能看出彼此之间的关系，是私下亲密，是厌恶还是事不关己。她拍以人为主体的纪录片，人物真实、自然，可见已深入（被拍）人心。

做口述史，也是一份不断与人交往的工作，是访谈者与受访者不断磨合，日久见人心的过程。跟前面说的观察不同人的关系不太一样，更多的是跟不同的人相处、逐渐信任、共同和完成一件作品的过程。

每个人都不同，这是做这份工作特别有意思的部分，不会因重复而枯燥，时时有惊喜，总会有一部分打动你，总有一些事让你觉得竟然还可以这样，所谓开眼界见世面。也因此，每一位新的访谈对象都是新的挑战，新的专业领域，新的性格和做事方式，以前积累下来的经验很难在新的访谈对象上直接起作用。也因此更要求从业者活到老学到老。

访问一位先生就像读研究生，跟着导师学习，你能从他那学到很多新知识，包括历史文化的、人生阅历的、术业专攻的，还有做人的准则和思考问题的方式。学到什么，不一定是他身上是最好的，直接拿过来这一种模式，还包括听到他的某些做法、他的阅历和思考之后，访谈者自己的反思。

最开始做口述访谈时懵懵懂懂，最大的精力被恐惧占据，担心跟受访者建立不了信任关系，担心每一次访谈准备的问题不够，焦虑因为知识储备不够先生提出的问题回答不上来怎么办。如果不是一位长期的受访者，还要担心他太紧张了怎么办，他讲的话都是包装好的套话，没有朴实吸引人的内容怎么办？这些都是访谈前和过程中会持续考虑的问题。最近开始的口述史工作，因为有了些许经验，逐渐有一些访谈的专业问题之外的思考。

一、打断受访者合适吗

这次学者口述史的第一次访谈，回来的路上我征求团队成员的意见，我在访谈中有什么问题。他们提了两个，一个是先生本身的思路清晰话语流畅，尽量不要打断他，让他自己完整叙述；第二个是我说话不够柔和，容易用祈使句。

我在后面的工作中努力改正这两个问题。第一个问题，最开始我做得很顺畅，不插话，让先生自己讲完。可这样做的问题也随之出现，我想要问的问题一直在积累，没办法得到解答。一方面是追问的问题方向可以有很多，大多是很小的点，可能当时他一句话就回答了，可如果事后去问，他为了回答这一句有用的信息，还要说很多前后文来表述清楚，这些当然都是重复的；或者有些当时合适追问的问题单拿出来问缺少上下文的语境，很奇怪。问题积累的另一个原因是先生的身体和习惯，先生年纪大了，非常容易累，说到可能半个小时就需要休息，最后访谈结束时很累，这之后追问问题不合适，所以就放到下次。可每次见面，先生的习惯又是拿出来很多资料，包括文章和照片，做一些说明，这是这次访谈有关的内容，你先了解下，很多时候很难插话。如果访谈开始又去提上一次的所谓"追问"，那这次的访谈内容跟上次的相似率会特别高。所以在访谈过程中，如何适当打断和追问，是需要持续学习和锻炼的技能，也是根据不同受访人要持续调整的。

二、我说话是不是太冲了

上面提到的第二个问题是说话太直接，给人感觉不够柔和礼貌，这个我在结束后重复听访谈音频时也感受到了这点。谁都不愿意给人不礼貌的感觉，主要是担心与受访者的关系建立不好，大家都知道关系好坏对一个访谈的成败特别重要，尤其还是长期访谈。中间我跟同事、朋友多次聊过访谈技巧的问题，包括怎么开始第一个问题比较合适。

后来随着访谈次数的增多，跟老师关系的拉近，又慢慢意识到，说话方式可能不是决定性的问题，或者这也是处在访谈不同阶段的原因。在访谈中，只要彼此能适应对方说话的方式，找到两个人都舒服的方法，就是最好的。据说唐德刚做李宗仁的口述，两个人是互相骂着做完的，虽是传言，也侧面印证了这种理念。访谈者的真诚和用心是可以在相处中被感受到的。所以虽然访谈中应该注意说话的方式、语气,但要注意别因小失大,在访谈中过多陷入对自己说话方式的关注,影响了跟受访者的交流和对内容的敏锐捕捉。所以尤其是相对稳定的关系已经建立时,更多的精力应该放在跟访谈者相关的学术和历史知识的学习和积累上。

三、来自农村也可能是你的资本吗

此次访谈,先生对小时候农村的生活念念不忘,一次次提起,夜晚纳凉时听哥哥讲故事,盛开的扫墓花,跟着家里的大人去赴圩(赶集)吃豆泡,看温泉中的小鱼,那种天地人紧密融合在一起的情景,也深深影响了他以后的学术和思想发展。

我也是农村的,虽然有南北方的差异,但是农村生活中跟自然的亲密接触,祖先崇拜和家族家人的关系,尤其是在节日时的紧密联系,我感受颇深。所以跟先生念念不忘的很多儿时记忆很有共鸣。

突然想到原来你的任何经历都可能成为资本,包括你原来认为是弱势的部分,也可能有利于工作内容的理解,拉近与工作对象的关系。有这样的感慨也是有感于现在的新闻,可能更多是娱乐新闻,比如某明星家是农村的,回家干农活一点架子都没有之类的新闻标题,让人很无语,好像农村人就是一个特殊的存在,至少现在的社会舆论没有觉得农村比城市好。对我个人来说,来自农村和城市只是儿时家乡的不同,所以在访谈过程中突然有这样的认知,有些吃惊。

随着访谈深入,会发现自己有越来越多的知识盲区、短板,因为对面的先生太优秀,自己更多的是不自信、担心、怀疑,所以这种自我认同尤其对年轻的访谈者我觉得非常重要,更重要的还有改变你认识和看待问题的角度。

四、偶尔取消拍摄是不是不够敬业

今年夏天北京的雨很大,最近一段时间因为大雨取消了两次访谈。取消一次访谈很麻烦,首先是打乱了原有的计划,其次是需要跟受访人、车队、拍摄团队其他成员分别沟通联系,已经准备的拍摄设备、存储卡、人员协调工作都清零。

这时候，别人一句"取消拍摄是不是不够敬业，是不是应该冒着大雨冲出去"让我想到很多。以前团队外出拍摄，对方的老师是这样夸我们的：他们都趴在（跪在）地上拍摄，太敬业了。

对，局外人看到的都是这些吸引眼球的部分，动作是高难度的，甚至是伤害身体的，这是非常有吸引力的敬业。那敬业就是这样吗？想保持长久的战斗力，敬业应该不是这样吧。不是说不应该冲到大雨里，不可能跪在石子路上，如果我们的工作要求我们必须这样，无可厚非，可大多数工作不需要我们"自讨苦吃"。

我们如果冒着大雨出门，有五个人会淋雨、蹚水，路上要精心保护设备，也有淋雨的可能性，光线不好可能必须要打灯，而有些先生不太受得了这种强烈光线的刺激。其实最重要的原因，是这种苦可以不吃，完全可以改天再做同样的工作，不会耽误访谈本身。

这种不用"自讨苦吃"的做法，却是我近两年才得出的结论。如果是以前，我肯定早冲进了大雨中，还要殃及同伴，毕竟这项工作需要团队合作，因为心里想着跟老先生已经约好了，不能辜负他们的信任，我们淋点雨无所谓。

所以，从事口述史工作是很独特的经历，甚至可以说它拓展了你自身生命的宽度。在这个过程中，你可以像海绵一样，不停吸取知识的水分，所谓厚积；你以不同人为镜，查自身得失，间有顿悟。在不断的实践和自我反思中，我们的口述史之路也是自我成长之旅。

北京市公共图书馆地方文献工作现状与问题浅析

权菲菲（首都图书馆）
任 凯（首都图书馆）

摘 要：地方文献是一种重要而独特的文献资源，是公共图书馆的特色馆藏，更是公共图书馆工作的重要组成部分。文章通过对北京市公共图书馆地方文献建设的现状梳理，浅析影响本市各区图书馆工作发展的因素，并针对各区图书馆地方文献工作整体发展提出一些问题与建议。

关键词：北京市；公共图书馆；地方文献工作

Abstract: Landlord literature is an important and unique literature resource, is a characteristic collection of public libraries, but also an important part of public library work. This paper combs the current situation of local literature construction in Beijing public libraries, analyzes the factors affecting the development of local library work in each district of the city, and puts forward some problems and suggestions for the overall development of local literature work in libraries in each district.

Keywords: Beijing city; public library; local literature work

我国当代的图书馆地方文献事业，起自20世纪40年代以杜定友先生为代表人物的广东地方文献工作。至50年代后期，杜定友先生在南京会议上宣讲《地方文献的搜集整理与使用》一文后，各地的地方文献工作出现了第一次较大的发展。尤其是地方档案馆、博物馆、文物部门以及地方报刊、广播电视部门，都在不同程度地从事着地方文献工作。但对于图书情报界来说，1982年12月文化部颁发的关于《省（自治区、市）图书馆工作条例》中，明确规定了省（市）级公共图书馆的重要业务之一是"搜集、整理和保存文化典籍和地方文献"一条；关于藏书建设部分，也有"本省（自治区、市）的正式出版物和有关本地区的地方文献资料应尽全收集"的规定。此后，各地的地方文献工作出现了第二次较大的发展，涌现出大批进展明显的省级和地、县级的地方文献机构，并且各自做出了相应的成绩，呈现良好发展态势。

随着时代的发展，地区文化对社会经济发展的影响越来越大，政府与社会各个层面更加重视公共图书馆地方文献的开发与建设。其中图书馆的重要使命和职能之一是保存、传承人类的文化遗产。对此，1994年版《公共图书馆宣言》中关于公共图书馆的使命是这样阐释的："加强文化遗产意识，提高艺术鉴赏力，促进科学成就和科技创新。"

近几年，在全国公共图书馆评估定级工作中，地方文献作为评估专项指标被列其中，并不断细化和提升了对地方文献建设工作的要求。第六次全国公共图书馆评估定级标准中，地方文献工作基本分值（地市级）达到25分，提到了重要地位，呈现出良好的发展态势。

2018年1月1日起正式施行的《中华人民共和国公共图书馆法》第三章"运行"中明确规定了公共图书馆应当根据办馆宗旨和服务对象的需求，广泛收集文献信息；政府设立的公共馆还应当系统收集地方信息，保存和传承地方文化。通过法律形式规定，提升了公共图书馆地方文献建设法律保障制度，为公共图书馆地方文献建设工作打开了新的局面。

地方文献是地方文化深厚的积淀，记录了地方的文化、科技、经济、政治、社会等方面发展的实际情况，是推动地方全面发展必不可少的信息资源。公共图书馆无论怎么转型发展，始终要坚持以内容为王，保持对工作实质内容的重视。

地方文献具有地方特色，是各地公共图书馆的特色馆藏，因而地方文献是公共图书馆藏书体系建设的重要内容，地方文献工作是公共图书馆工作的重要组成部分。因此，北京市公共图书馆十分重视并纷纷有计划、有目的地开展地方文献工作，并取得了一定成绩。

但随着全媒体时代的到来，公共图书馆地方文献建设面临重大的挑战，也存在着一些值得探讨的问题。北京市公共图书馆加强地方文献方面的研究就显得非常重要。笔者通过近几年参与北京市公共图书馆评估工作，就本市各区图书馆的地方文献工作浅谈自己的看法。

一、北京市公共图书馆地方文献工作建设现状

地方文献机构的设立是开展地方文献工作的基础。目前，全市各公共图书馆相继成立了专门工作机构。

首先，首都图书馆（以下简称首图）作为省级图书馆建有独立地方文献机构。首都图书馆北京地方文献工作始于1957年，创业之初，无论是从历史角度看还是在现实环境中，与全国范围内其他省市级公共图书馆相比，首都图书馆在藏书、馆舍、人员诸方面都无明显优势。就生存条件而言，首图由于跻身于图书馆如林的大北京环境中，竞争激烈，其发展前景更是堪忧。因而，首图必须在图书馆中拥有自己的特色项目，而北京地方文献工作正是一个不错的选择。此后，首图将北京地方文献工作作为重点，1958年正式起步，组建了独立的北京地方文献专藏库，为北京地方文献事业奠定了最初的物质基础，还于1963年6月举办了"北京地方文献展览"进行宣传。这期间，首图编制了"北京地方文献分类表"，为北京市公共图书馆召开展地方文献工作探索出了一些可行经验。

首都图书馆北京地方文献工作根据首都的地域特点和实际工作探索，确定了自身的发展模式。特别是近十几年的建设，北京地方文献中心已拥有国内独有的北京地方文献专藏，具有丰富的文献形式和全面的载体类型，是一个参考研究级的文献资源系统。包括中外文图书、中文古籍、报刊等主体文献及舆图、金石拓片、照片等特种文献，除传统纸本文献外，还包括缩微胶片、磁带光盘等现代载

体。首都图书馆地方文献中心现有普通文献59538种，连续出版物1335种，缩微胶卷139种268卷（包含缩微报／刊，继承关系的报刊），房契204张，地契243种319张。VCD(OV1)521种1474张，DVD(OV2)17种109张，录像带（UV）63种64盒。

北京市各区图书馆以首图地方文献工作精神为指引，在不同层面上采取措施加大地方文献馆藏建设及开发服务的力度，取得了一定成效。但是，由于各区经济发展与图书馆投入的不平衡，加之各馆在文献收集和管理上缺乏宏观调控，造成北京地区地方文献在建设上缺乏整体性和规划性，在利用上无法实现资源共享，在文献管理和揭示上更是缺乏规范性和系统性。

为进一步了解北京市公共图书馆地方文献工作的建设和发展，本人通过参与2017年北京市公共图书馆评估工作，了解到首都图书馆及本市18家区图书馆（不含3家少年儿童图书馆及房山区燕山图书馆在建中的新馆）地方文献建设的相关数据（截至2007年初），进行了现状梳理，见下表：

馆名	地方文献馆藏数量	人员与管理情况	资源开发	工作制度
首都图书馆	6万种 16万余册	1.1958年建立北京地方文献专藏 2.设立地方文献中心，集中管理，除负责文献采访、分编、流通等基础业务外，还包含数据库建设、活动推广、图书馆志编纂、口述历史采访、地方专题片编制等工作 3.有专职人员	1.自建"北京地方文献书目数据库""北京地方政务公报百年数据库""北京记忆——北京历史文化大型多媒体数据库" 2.设有著名京剧表演艺术家孙毓敏先生捐赠专柜	《北京地方文献采访工作条例》《北京地方文献非公开出版物的定价标准》《首都图书馆特藏文献竞拍工作规章》《北京地方文献中心善本标准》《北京记忆工作手册》等

(续表)

馆名	地方文献馆藏数量	人员与管理情况	资源开发	工作制度
东城区第一图书馆	5000余种6228册	1.1998年设立地方文献部，集中管理相关工作 2.有专职人员	建有"东华流韵特色数据库""科举辑萃专题数据库""东城地方文献书目数据库""东城地方文献全文数据库""多媒体数据库"等 2.编制《胡同索引》、出版《北京科举地理》 3.设有诗人臧克家、出版家石景宜、编辑家戴文葆、宫明山、杜克、高德、刘晓晨、姜昆阳等名人捐赠专柜及文化部、北京市委宣传部、北京市社科联、东城区人大、东城区政协、东城区作协等多家单位赠书	《北京市公共图书馆特色资源数字化建设规范手册》《东城区第一图书馆文献采选方针》《东城区第一图书馆采编部图书采访条例》

(续表)

馆名	地方文献馆藏数量	人员与管理情况	资源开发	工作制度
东城区第二图书馆	7500余册	1. 建立地方文献专藏 2. 设立地方文献部集中管理相关工作 3. 有专职人员	建有"传统手工艺特色数据库""老北京特色数据库"	《地方文献阅览规则》
西城区第一图书馆	817种2420册	1. 设立地方文献室，地方文献工作分散管理 2. 有专职人员	建有"什刹海特色专题数据库""西城区非物质文化遗产专题数据库""西城胡同数据库""昨日西城数据库""名人故居数据库"等数据库	《地方文献室安全管理制度》《地方文献室读者管理制度》
西城区第二图书馆	1254种1635册	1. 地方文献工作归资料阅览部，负责文献的保管等工作 2. 有专职人员	1. 建有"京城会馆数据库" 2. 出版《北京会馆资料集成》《北京宣南寺庙文化通考》两部大型工具书	《北京地方文献分类表》《西城区第二图书馆地方文献标引规则》《西城区第二图书馆地方文献加工规则》《西城区第二图书馆地方文献征集方案》

（续表）

馆名	地方文献馆藏数量	人员与管理情况	资源开发	工作制度
朝阳区图书馆	3000余册 石刻拓片150余套	1.建立地方文献专藏 2.2007年设立地方文献中心集中管理，承担地方文献的征集、加工、保管、研究与利用，地方文献数字化及特色资源数据库建设以及政府信息公开等工作 3.有专职人员	1.建有"地方文献书目数据库""老工业遗址数据库""公共文化信息平台数据库""政府信息资源数据库""朝阳区图书馆拓片展数据" 2.2015年推出"国东贞石——朝阳区石刻拓片展"，出版《国东贞石——朝阳区石刻拓片选粹》一书；出版《朝阳区图书馆馆藏石刻拓片汇编》	《北京地方文献分类表》
石景山区图书馆	2661种3301册	1.设立地方文献专架 2.地方文献归阅览部资料室，负责地方文献相关工作 3.有专职人员	自建"地方文献特色数据库"	《石景山区图书馆地方文献征集方案》《地方文献收藏规则》

(续表)

馆名	地方文献馆藏数量	人员与管理情况	资源开发	工作制度
房山区图书服务部	无	1.2002年建立地方文献专藏 2.设立地方文献专架 3.有专职人员	建有"地方文献书目数据库""石文化、印象房山全文数据库""房山非物质文化遗产数据库"	《房山区图书馆地方文献管理制度》
海淀区图书馆	2100余种 3000余册	1.设立地方文献专架 2.有专职人员	1.自建"海淀叙录"数据库 2.出版口述文化《海淀镇记忆》《关于海淀》 3.设有海淀文史专家张宝章捐赠专柜	《北京地方文献分类表》
丰台区图书馆	3114册	1.2004年建立地方文献专藏库 2.地方文献归参考资料部，负责地方文献相关工作 3.有专职人员	建有"花卉特藏全文数据库""地方文献全文数据库""中国红色艺术馆图片库"	《丰台区图书馆地方文献采访工作规则》《丰台区图书馆地方文献分编工作规则》等
门头沟区图书馆	598册	地方文献归采编部负责收集、加工工作	暂无数据库	暂无相关制度

(续表)

馆名	地方文献馆藏数量	人员与管理情况	资源开发	工作制度
通州区图书馆	4860 种 21822 册	1. 2000 年建立地方文献专藏库 2. 有专职人员	建有"地方文献书目数据库""北运通州数据库""今日通州数据库"	《通州区地方文献编目规则》《通州区图书馆地方文献阅览室出纳员工工作规范》《通州区图书馆地方文献保护制度》《通州区地方文献书库管理规则》等
昌平区图书馆	1303 册	1. 设立地方文献阅览室 2. 有专职人员	建有"地方文献书目数据库""昌平区非遗资源库""昌平文化创意产业资源库"	《昌平区地方文献征集方案》《北京地方文献分类表》《北京地方文献分编工作规则》
顺义区图书馆	588 册	1. 设立地方文献专架 2. 有专职人员	"地方文献数据库"	《古籍、地方文献、工具书阅览室管理规定》
大兴区图书馆	1015 种 1563 册	1. 设立地方文献阅览室 2. 有专职人员	1. 自建《大兴记忆》历史文化资源数据库、外购"中国历代地方志集数据库""中国文史资料集萃数据库""年画集锦专题库" 2. 出版《大兴记忆：民间趣闻逸事》《大兴记忆：岁月光影》	《北京地方文献分类表》

(续表)

馆名	地方文献馆藏数量	人员与管理情况	资源开发	工作制度
怀柔区图书馆	581 种 1815 册	1. 设立地方文献阅览室 2. 有专职人员	建有"地方文献书目数据库""地方文献全文数据库""地方文献专题数据库""多媒体数据库"	《怀柔区图书馆地方文献征集工作方案》《怀柔区地方文献呈缴制度》
平谷区图书馆	579 种 958 册	1. 设立地方文献部 2. 有专职人员	自建"地方文献数据库""地方文献多媒体数据库""冰心特色数据库""古籍文献数据库"	首图编制的《编制地方文献联合书目注意事项及有关规则》
密云区图书馆	1000 余种 3000 余册	1. 建立地方文献专藏 2. 设立地方文献室 3. 有专职人员	1. 建有地方文献数据库 2. 出版《密云民间传说故事》	《北京地方文献分类法》
延庆区图书馆	439 种 1119 册	1. 设立地方文献阅览室 2. 有专职人员	建有"地方文献数据库"	《延庆区图书馆地方文献征集方案》《延庆区图书馆地方文献阅览室制度》

基于以上对北京市各区图书馆地方文献工作发展的现状梳理，本人对制约当前工作发展的因素作以下几个方面的浅析。

(1) 对地方文献概念理解不清

虽说北京市各区图书馆对地方文献工作都加以重视，但目前各馆还处于各自为政的状态，没有统一的工作条例和标准。各馆对于地方文献概念的认识就不一致，理解的偏差导致在具体工作中出现了一些差异和问题。尤其在地方文献征集中因范围不确定，收集的重点不明确，简单地把收到的地方出版物、地方人士著述一律作为地方文献，甚至出现应属征集范围的未征集，而征集到的却不是地方文献。

（2）工作机制不科学，难以实现系统管理

从地方文献工作流程来看，其藏书目标、标准、服务对象、工作方法等方面，与图书馆的常规业务的确存在着差异，这决定了地方文献工作机制在图书馆中实际上处在一个馆中馆的位置。随着地方文献的发展，也带来了其工作的管理问题。当前，北京市各区图书馆地方文献工作管理机制大体有两种：一种是集中管理，指设立地方文献部门，将地方文献的征集、服务、保存、开发等工作由地方文献部门统一管理；另一种是分散管理，是将地方文献相关工作依附于其他业务部门。从现状数据表格中看，首都图书馆、东城区第一图书馆、朝阳区图书馆、平谷区图书馆设立地方文献机构集中管理；尚未设有专门地方文献机构、涉及地方文献相关工作业务分散于各个部门、没有制定完整的收集、管理制度的大有馆在。其中，西城区第一图书馆、西城区第二图书馆、丰台区图书馆、石景山区图书馆等图书馆的地方文献相关工作分散管理。

地方文献的征集、开发与利用等环节看似相互独立，实则密不可分。地方文献中很大一部分为非正式出版，通常散落在各学术研究机构和学者手中，这类文献线索往往在图书馆对学术机构和学者提供文献服务过程中获取。此外，地方文献的征集人员长期接触文献和读者，从中积累丰富的地方文献知识，才能很好地把握文献的内容和使用需求，更能胜任地方文献资源的选题策划及开发利用等工作。分散管理的状态导致各馆地方文献业务无法有效衔接，就难以实现地方文献工作的系统管理和统一规划。

（3）各区发展不均衡，缺乏经费保障

各区经济发展与图书馆经费投入不均衡，一些区图书馆没有认识到地方文献工作的重要价值，不能主动参与其中，收集工作没有得到关注，更关键的问题是没有引起各区政府部门的普遍重视，导致地方文献资源建设与服务存在着严重的不平衡。首都图书馆、东城区、西城区、朝阳区、石景山区、通州区等图书馆经费比较充足，地方文献藏量相对丰富。相比之下，房山区、门头沟区、昌平区、顺义区、密云区、延庆区等图书馆图书购置经费不足，地方文献收藏数量过少，难以形成藏书特色，在资源的数字化及开发利用方面也无法深入开展。这种不均衡的状态不仅导致北京市地方文献资源保障不完整，也使地方文献资源无法为该地区经济、文化发展服务起到应有的作用。

（4）地方文献专业人才匮乏

专业人才资源匮乏一直是各地公共图书馆面临的突出问题，其中针对地方文献方面的人才更是严重不足。地方文献的收集、整理、组织、研究都对图书馆员的专业技能有较高的要求，要求馆员应具备相当的历史知识、对乡土深入了解、善于发现当地文化价值的学术敏感以及一定的科研能力。而人才培养不足，研究型馆员稀少，成为限制地方文献工作发展的瓶颈。

三、北京市各区图书馆地方文献工作的问题思考

基于上述对北京市各区图书馆地方文献现状的浅析，要解决当前存在的问题，本人从以下几个方面提出几点思考。

（1）各区图书馆要设立地方文献机构集中管理

地方文献不同于普通图书，其性质和作用都与普通图书有很大区别，必须要设立专门机构，配备专职人员进行管理。同时，要制定严谨可行的工作制度，按照地方文献工作制度进行良好的管理。做好地方文献的登记、分类等基础工作，选用合适的管理系统。要坚持妥善保管、合理开发的工作原则，提升地方文献利用价值。注重与时俱进，采用新方法新技术，不断改进工作效能，充分发挥地方文献的功能。要加强对地方文献的保护，一方面要采用现代化设施设备，不断改善存放条件；另一方面要研究保护技术，注意文献的防潮、防虫等，使文化瑰宝

完好流传后世。

（2）各区图书馆要加大地方文献征集力度

在数字化信息时代的今天，各区图书馆需要从原本传统的地方文献整理工作深入到文献包含的各项信息的开发和利用之中。虽然现阶段各区图书馆从事地方文献工作的人员很少，但我们可以将原有的"等客上门"转化为"主动上门"，让地方文献的工作人员主动走出去，利用多渠道、多形式、切实可行的征集方式增加地方文献的藏品。

其一，可主动和当地政协、文物局、地方志办公室等地取得联系。以上几处是编辑出版地方文献资料的地方机构，是地方文献中相当重要的组成部分。因而将编辑出版的地方文献留存到公共图书馆，是公共图书馆征集地方文献的一个很好渠道，且可形成固定渠道。如首都图书馆开展文物局与文化局之间的战略合作，就资源共享和文化建设磋商合作框架协议；海淀区图书馆与海淀区档案馆共同合作进行京西稻史料征集研究工作，完成之后将以展览形式呈献给各界读者。其二，可主动与新闻出版部门联系。新闻出版部门对内部资料出版物具有审查职能，当审查结束后，这些内部资料出版物直接流向公共图书馆地方文献部门收藏利用起来，也是较好的选择。其三，可接受公众捐赠。相关机构或个人，不愿意只是把书摆放在机构及个人书架上，而是想把书推广到社会公众中，不计报酬，把书无偿捐赠给公共图书馆。公共图书馆应珍惜捐赠机构和个人的意愿，主动配合接受捐赠，做好登记、管理和利用。其四，对合适的地方文献，各区图书馆应积极进行采购。如东城区第一图书馆地方文献部工作人员定期或不定期，单独或组织相关文献利用人员到三联书店、王府井新华书店、西单图书大厦等知名实体书店进行现采。

（3）做好地方文献数字化、网络化服务

《中华人民共和国公共图书馆法》第四章"服务"中明确规定，政府设立的公共图书馆应当加强数字资源建设，推动公共图书馆利用数字化、网络化技术向社会公众提供便捷服务。在数字时代、全媒体时代的当下，北京市各区图书馆全部实施数字图书馆推广工程，把馆藏文献进行数字化加工转化为电子资源永久保存，并通过网络进行传播，从而实现文献价值最大化。地方文献鲜明的地域性使其具有得天独厚的优势和价值，最合适进行数字化加工转化为电子资源，为公众远程共享，才会保持其生命力。目前，各区图书馆意识较欠缺，条件有限，一些图书馆对于地方文献数字资源还没有实施。

（4）搞好特色数据库建设

图书馆结合馆藏资源，选择具有独特人文和地方文化建设的需求，建立特色数据库，整合资源，共建共享，是当前地方文献建设的重点和发展趋势。地方特色是地方文献数据库的核心，各区图书馆应根据自己的特点和现状以及有关政府部门规划，来规范地方特色数据库的建设。地方文献数据库要选择利用率高、有一定学术价值、经济价值和史料价值的文献，分阶段、分步骤地建立各类地方文献数据库，为社会公众提供便利快捷、完整的查询信息。

目前，北京市各区图书馆大部分建立了不同规模的地方文献数据库，以书目、专题、全文、图片、视频、多媒体数据库等类型，实现资源整合、优势互补、共建共享。

①首都图书馆"北京地方文献书目数据库"涵盖了中文普通图书、古籍、音像资料、舆图的全部书目信息；"北京地方文献连续出版物书目数据库"是地方文献报刊专题书目数据库，文献载体包括普通纸本文献和缩微胶片文献；"北京地方政务公报百年数据库"内容的时间跨度为1914年至今，整体分为"近代北京政务数据库""现代北京政务数据库"两个子库，其中"现代北京政务数据库"为全文数据库；"北京记忆——北京历史文化大型多媒体数据库"集多媒体数据库和全文数据库于一身，是全国首个以保护和传播地方文化为宗旨的数据库工程，是北京地方特色的精品文化资源门户网站，详尽展现了北京建城三千余年的发展轨迹，立足于保存、弘扬北京历史文化遗产。"北京记忆"包括"金石舆图""旧京图典""旧京戏报""百年公报"等栏目，截止到2017年初，数据总量已达到15.6TB。

2017年10月1日，北京市委书记蔡奇同志视察首图时对"北京记忆"数据库的资源及建设情况给予了肯定，他希望"北京记忆"能为市民服务提供更多更好的优质资源。作为重要的北京历史文化资源的专藏机构，首都图书馆地方文献中心将继续在首都文化建设事业中发挥积极作用，助力历史文脉传承，以及长城文化带、大运河文化带、西山永定河文化带的建设，从而凸显北京历史文化的整体价值，强化"首都风范、古都风韵、时代风貌"的城市特色。

②东城区第一图书馆"东华流韵"专题数据库共13个子栏目，包含动态、胜迹、胡同、四合院、名人、展览、老字号、图书、论文、传说、非遗、视频与今日东城，截至2017年初，数据库总容量45GB；"科举辑萃"专题数据库包含10个单元，学界动态、人物传记、专家学者、进士题名碑、论文、图书、展览、视频、科举辞典、台湾科举，总容量达到5GB。

③西城区第一图书馆致力于将本地区具有地方特色的文化资源数字化，建设"什刹海特色专题数据库""西城区非物质文化遗产专题数据库""西城胡同数据库""昨日西城数据库""名人故居数据库""西图讲坛数据库""走遍中国数据库"7个数据库，数字资源总容量15.12TB。

④西城区第二图书馆"京城会馆特色数据库"是本馆利用地方文献专藏资源建立的，以北京市特别是宣南地区的会馆文化为主题内容的多媒体资源数据库。设有"京城会馆""文献史料""会馆碑拓""馆图集粹"等栏目，通过充实的文字、图表、照片、拓片、视频、音频资料，反映了北京会馆文化的起源、历史沿革、故址遗迹等内容，其容量为10TB。

⑤朝阳区图书馆非常重视地方文献数据库建设，建成"地方文献书目数据库""老工业遗址数据库""公共文化信息平台数据库""政府信息资源数据库""朝阳区图书馆拓片展数据库"。其中，"老工业遗址数据库"是朝阳区图书馆的特色资源数据库，容量为49.5G。

⑥海淀区图书馆2009年自主建设运行地方文献数据库"海淀叙录"，浏览量超过百万人次。它记录了与海淀历史相关的各类文献，通过这一特色数据库，起到保护、宣扬、挖掘海淀地域特色与文化内涵的作用。

⑦通州区图书馆"地方文献书目数据库"对馆藏地方文献资源进行书目数据加工；"北运通州数据库"收录了地方文献图书、图片、舆图、拓片、专题、视

频等资源，可实现全文检索；"今日通州"收录人文通州、报载通州、政府信息、统计通州等图片、视频、文档资源，可实现全文检索。

⑧房山区文化活动中心房山区图书服务部（原房山区图书馆）2002年建立"石文化数据库""地方文献数据库"。"地方文献数据库"名为映像房山，内容包含房山区志、房山区图书馆地方文献目录索引、房山风物、专题荟萃、房山影像资料；"石文化数据库"，依托房山源远流长的"以石为载体"的经济文化发展脉络，发掘其文化内涵，搜集、整理、研究相关文化。

⑨大兴区图书馆建立"大兴记忆历史文化资源数据库"，点击率破10万次。

建议密云区图书馆、通州区图书馆可结合长城文化带、大运河文化带的资源建设作为各自图书馆的特色馆藏，充分发挥地域优势、资源优势，进一步开发挖掘地方文献资源的使用价值和历史价值，树立地方品牌意识，在地方文献资源建设上形成具有鲜明特色的馆藏。

通过建立完善的地方文献数据库和检索系统，可以从根本上解决地方文献的完备性问题。但地方文献数据库建设的实践中存在着普遍性问题，其中主要一点就是文献的分类和主题标引的深度、规范和标准化问题，这些问题影响着地方文献资源数字化以及共建共享的效果，因此各馆在加强数据库建设的同时，加强协作、统筹规划、制定标准和规范，是地方文献资源建设工作中亟待探讨和解决的问题。

（5）善于挖掘读者信息

地方文献工作应顺应大数据时代的要求，建立《读者服务信息数据库》，这也是变被动为主动的转化。其一，对于到馆查阅地方文献的读者，做好相应的登记信息服务，内容可含姓名、工作单位、查阅内容、查阅需求、意见建议等。这样可以为读者的"主动利用"奠定数据基础。其二，建立读者阅读档案，内容可以是个人建立查阅的周期档案也可以是常来查阅的单位周期档案，对被查阅的文献内容和频率建立档案，从中找到相应的数据规律，为主动利用文献奠定基础工作。其三，根据档案数据，用各种形式将最新的地方文献目录进行预告处理，读者就可以从文献目录中按自己的需求进行查阅，以降低读者查阅资料的盲目性，以此来提升图书馆的服务能力,加大馆藏利用率。

(6) 创新活动形式,提升活动效果

相对于密集组织、内容丰富、形式多样的图书馆阅读推广活动而言,地方文献推广活动呈现出活动数量少、频率低、形式单一、内容枯燥等特征。地方文献阅读推广的方式通常局限于展览、讲座等传统方式,缺乏新意和吸引力,难以调动读者深入了解与研究的兴趣,诸多方面导致阅读推广活动效果不理想。要改变这种不温不火的现状,各区图书馆应寻求新的切入点。讲座、展览等传统方式已不足以吸引读者,应充分利用微博、微信等媒体资源,推送精简文章,争取做到密集发布、每日更新;定期印制地方文献简报、内刊等材料摆放在图书馆台口及明显位置,供读者取阅;更要注重传统文化和现实生活的紧密结合,配合传统节日、重大纪念日等举办阅读促进活动,或走进大、中、小校园,配合学生们爱国主义主题教育,开展地方文献阅读推广;与群艺馆等相关单位加强合作,将地方文化推广融入到艺术表演创作等形式中。同时,还要注重个性化和适用性,针对不同年龄阶段、学历水平等不同读者采用不同推广策略;注重品牌建设,努力打造独具特色的地方文献阅读推广品牌,以品牌效应吸引更多读者参与活动。

(7) 扩大宣传推广,提高地方文献影响力

地方文献蕴含深厚的历史底蕴和独特的文化内涵,能激发大众热爱祖国、热爱家乡、建设北京的自豪感和爱国情怀。

首先,北京市各区图书馆应对地方文献进行积极的宣传展示,让公众进一步了解地方文献,并利用它。宣传展示可以举办地方文献展览;开展老照片征集活动;开展古籍拓印体验活动内容,可包含雕版印刷、活字印刷、汉砖拓印、碑帖拓印等,让读者现场观摩,亲身体验,近距离接触馆藏文献;举办地方文献介评会,对于有影响力的作品或者新出版的作品适用此举;开展阅读推广活动。各图书馆可通过报纸、电视、广播、APP、微博、微信等媒体扩大地方文献宣传推广的覆盖面,提高地方文献的影响力,向政府机关、社会各界、大众读者宣传地方文献工作的重要意义,让全社会意识到地方文献保护传承的必要性和重要性,鼓励号召大众积极参与地方文献收集和保护工作。2014年来,首都图书馆先后制

作《北京百年城市生活展》平面展在马耳他展出；《北平公园开放记》和《旧京民俗》多媒体展在台北市立图书馆、正修科技大学、东海大学图书馆等地展出；通州区图书馆举办了《京杭大运河》《1860—1960 历史镜头里的通州》等展览。

其次，目前已建立了地方文献数据库的图书馆其数据库利用率不高，虽说一些图书馆在政策的鼓励下，抓紧时机进行大量的建设，但却缺乏系统有效的规划，使得建设成果不尽如人意；在技术手段的可用性和资源内容的有效性方面，一些图书存在质量不高的情况，从而影响了数据库的利用效益；一些图书馆在数据库建设方面仅停留在建设上，缺乏后续的宣传与引导工作，使得数据库建设读者不知如何利用。因此，各区图书馆在做好地方文献基础工作外，还应对数据库资源做好相应的宣传和推广工作，从而使读者更好地了解数据库资源。比如，各区图书馆可在其网站醒目位置宣传数据库，标注"指南"和"说明"等帮助读者更好地使用数据库资源。同时，积极利用新媒体和网络的力量，打造具有图书馆地方特色资源 APP，并利用移动、电信、联通等运营商对 APP 进行推广。在移动阅读逐步代替纸质阅读的时期，通过运管商对软件进行推广，能够让广大读者第一时间及时下载并了解 APP 的用途，并不断地扩大使用率。

（8）争取业务经费，培养专业人才

地方文献资源的共建共享是一项意义深远的工作。首先，各区图书馆应积极向政府部门宣传，以取得政府部门的支持，把它作为文化信息资源共享的一项重要内容，争取立项，使各级政府下拨专项经费，确保工作的顺利进行；其次，各区图书馆应加强队伍建设，培养和引进地方文献、自动化建设等人才，以适应地方文献数字化建设的要求。

北京市公共图书馆地方文献建设已经取得了较好发展，但随着文献的动态发展和新的技术环境变革，地方文献建设如何全面、有效、合理、持久地开展，这需要各区图书馆对地方文献及其建设的重要性和特殊性进行清晰定位，提升地方文献理论研究的深度和广度，建立指导地方文献实践工作的理论体系，拓宽社会政治、经济、文化建设的服务领域，充分发挥北京市公共图书馆在公共文化服务体系中的重要作用。

参考文献

[1] 李诚：《首都图书馆北京地方文献工作综述》,《图书馆》2011年第3期。

[2] 吴丽杰：《辽宁省公共图书馆地方文献工作发展研究》,《图书馆学刊》2015年第7期。

[3] 许志云：《公共图书馆地方文献建设的现状与变革》,《图书馆》2016年第4期。

[4] 北京市公共图书馆第六次评估定级工作小组：《北京市公共图书馆评估定级工作自查报告》,2017年。

浅议现代公共文化服务体系下公共图书馆古籍文献中的地方古籍文献
——以首都图书馆地方古籍文献为例

马小龙（首都图书馆）
刘雅婷（首都图书馆）

摘　要：公共图书馆作为地方古籍文献的主要收藏单位之一，在收藏、保护和研究地方古籍文献方面有着良好的优势条件和重要的责任。在如今的现代公共文化服务体系下，公共图书馆古籍文献中的地方古籍文献在收藏、整理、利用的过程中呈现出了新的特点，也面临着新的挑战。

关键词：公共图书馆；古籍文献；地方文献

Abstract: As the main collecting department of local ancient documents, public libraries have favourable condition and important responsibility in the collection, protection and study of the local ancient documents. In nowadays modern public culture service system, the collection, management and utilization of local ancient documents in public libraries are showing new features and facing new challenges.

Keywords: public library; ancient documents; local documents

现代公共文化服务体系下公共图书馆古籍文献中的地方古籍文献受到了越

来越多的重视，越来越多的学者和机构开始对这一领域的文献进行专题化研究，并对相关的古籍文献进行了数字化的整理。

一、地方古籍文献的概念和界定

地方文献的概念有广义和狭义之分，最早提出地方文献这一概念的是杜定友先生。他在《地方文献的搜集整理与使用》一文中，将地方文献定义为有关本地方的、表现于各种记载形式的一切资料。他指出地方文献应包括地方史料、地方人物与著述及地方出版物三个方面。图书馆学界把杜定友先生的这一论点定义为广义的地方文献。而与此对应的狭义地方文献仅指地方史料，即具有地方特征的区域性文献。

地方文献的广义和狭义概念，虽然是经过图书馆界几十年研究探索得出的，但是这两种定义仍具有一定的局限性，未能准确、系统地概括出地方文献的内涵与范畴。

首都图书馆地方文献中心根据实际工作的需要，将收录范围进行了科学的转变，一般以北京地方史料为主，对于地方人物著述与地方出版物适当地予以收录，但对于具体内容不具备地域特征的一般不予收录。

地方古籍文献既可以说是地方文献中未采用现代印刷技术印制的书籍，又可以说是古籍文献中具有地方性质的文献。在首都图书馆历史文献中心收藏的古籍文献中，诸如《燕京杂记》《燕京访古录》等既符合地方文献的概念，又属于古籍类的文献，便可以归为地方古籍文献的范畴。

二、现代公共文化服务体系下公共图书馆古籍文献中地方古籍文献

随着古籍文献整理工作及地方志研究的不断发展，古籍整理中的地域性倾向逐渐显露，国内众多地方图书馆纷纷加强了地方古籍文献的整理和研究，越来越多的学者也开始关注这一领域，各地地方古籍丛书大量出版，如《安徽古籍丛书》《福建丛书》《岭南丛书》《陇右文献丛书》《湖北地方古籍文献丛书》等。近年来，

现代公共文化服务体系逐渐建立和完善，在这一体系之下的公共图书馆地方古籍文献的整理也呈现出了更加专题化、数字化的趋势。

（1）地方古籍文献的主要收藏单位

地方古籍类文献从不同的角度进行归类，既可以归为地方性文献，也可以归为古籍文献，因此，在地方，古籍文献的主要收藏单位也并不是单一的。各地地方古籍文献的主要收藏单位之一就是当地图书馆的古籍部门和地方文献部门，北京市地方古籍文献的主要收藏单位就是首都图书馆的历史文献中心和首都图书馆北京地方文献中心。除了图书馆之外，各地的地方志馆也是收藏大量地方古籍文献的单位之一，如北京市方志馆。由于地方古籍文献的地方性因素，其主要收藏单位还包括当地的档案馆，档案馆中的地方性档案是地方文献的一种，而地方性档案中的地方历史档案也就是地方古籍文献的一种。此外，一些地方博物馆也可能会存有少量的地方古籍文献。由此可见，地方古籍文献的主要收藏单位包括地方图书馆、地方志馆、地方档案馆、地方博物馆，这些收藏单位所收藏的地方古籍文献有所交叉又各具特色，因此在整理和利用的过程中也各有侧重。

（2）地方古籍文献整理的新特点

在现代公共文化服务体系下，各类文献的整理方式都随着时代的变化而发展进步，从以往的以收藏为目的的整理方式，逐渐转变成为为研究利用提供便利的整理方式。因此，如今的地方古籍文献的整理也呈现出了更加专题化、数字化的新特点。

"专题化"指的是在古籍文献的整理过程中，除了按照以往的分类编目方式进行编目外，还会按照不同的主题对古籍文献进行二次整理和加工，以不同专题进行课题研究、制作展览、数据库等。按照地方主题对古籍文献进行整理，是地方古籍文献整理的主要方法和趋势之一，如首都图书馆历史文献中心制作的"日下旧梓——古代北京的书籍刊印"展、"首都图书馆历史图片数据库"中的"京城胜迹"板块等，就是围绕北京地方特色馆藏进行专题化整理的成果。这些成果可以更好地服务于地方百姓、地方学者甚至地方政府部门，从而推动各项地方事业的发展。

"数字化"指的是随着数字化扫描的技术不断成熟,越来越多的珍贵馆藏被制作成为数字化格式并被收录到不同种类的数据库中,从而达到保护馆藏古籍和提高开放利用率的双重目的。地方古籍文献在各个收藏单位往往也都面临着同样的数字化趋势,地方特色数据库作为特色数据库的一个重要种类,是目前公共图书馆建设的主要数据库类型。

三、地方古籍文献整理的意义

地方古籍文献的整理主要意义可以从两个角度进行考量,一是古籍文献的角度,二是地方文献的角度。

从古籍文献的角度出发,地方古籍文献整理可以提高古籍文献的利用率和服务效能,通过专题化、数字化的整理可以使古籍文献在更多领域提供参考服务,提高古籍的利用率,减缓古籍受损速度,充分体现古籍保护的成果。

从地方文献的角度出发,地方古籍文献不同于现代文献,可以更加准确、更加直观、更加真实地反映地方文化、历史、艺术等方面的情况,有利于保护和传承地方文化,推动地方发展,增进对地方的了解,为地方学术研究提供更有力的支持。

四、地方古籍文献的发展方向

(1) 现存问题

地方古籍文献在现阶段的收集、整理、利用等过程中还存在着一些需要注意的问题。

一是地方古籍文献的收集范围亟须进一步拓宽,增加收集数量,提高收集质量。二是要提高对地方古籍文献整理的关注度,不但要提高图书馆从业人员对地方古籍文献的重视程度,还需要通过宣传和推广,提高整个社会对地方古籍文献的关注度,形成全社会共同保护地方古籍文献的良好氛围。三是要在整理和利用的过程中，加入更加先进的技术，实现数据库更精准的识别和更高效的检索。四是人才缺乏，要定向培养相关专业的高素质人才。

（2）发展方向

首先，在现代公共文化服务体系下，公共图书馆地方古籍文献未来的收集渠道将更加丰富，收集范围更加广泛。文献的开放程度正在逐步提高，未来文献的利用率也会进一步提高，利用范围进一步扩大，从"重藏轻用"转变为"藏用并举"，有利于地方文化的传承、发展、研究和保护。

其次，加强地方古籍文献整理的专业人才培养，地方古籍文献的收藏、整理和利用，需要从业者具备良好的地方文化素养，专业的古籍保护知识，扎实的历史功底，甚至一些数字化设备的使用等多方面的知识和能力储备，因此，加强人才的培养和训练是地方古籍文献未来发展的必要条件之一。

最后，由于地方古籍文献的收藏单位并不单一，未来的收藏、保护和研究工作需要这些收藏单位之间加强沟通协作，互相学习借鉴。

五、结语

地方古籍文献与其他古籍文献的不同之处在于其独特的地方性，与其他地方文献的不同之处在于其史料的珍贵性。现代公共文化服务体系下公共图书馆古籍文献中地方古籍文献可谓是通向地方历史的重要桥梁，是了解地方文化的关键所在。对地方古籍文献的收藏、整理、利用正在受到越来越多的关注。在专题化、数字化的大趋势下，未来的地方古籍文献研究将更加专业化，体系更加完整健全。

参考文献

[1] 李诚：《首都图书馆北京地方文献工作综述》，《图书馆》2011年第3期。

[2] 张军华：《浅谈对地方文献概念、特征、范畴的再认识》，《西域图书馆论坛》2017年第4期。

[3] 丁蕊:《图书馆特色数据库建设实践——以首都图书馆历史图片数据库为例》,《图书馆研究》2016年第6期。

[4] 沈蕙:《古籍整理的地域倾向》,《图书与情报》2009年第4期。

[5] 李晓黎、周琼芳:《浅谈古籍整理中对地方文献的思考》,《湘潮(下半月)》2012年第10期。

试论公共文化服务体系下非物质文化遗产文献的信息组织
——以首都图书馆地方文献中心为例

郑春蕾（首都图书馆）

摘　要：具有鲜明地域特色的非物质文化遗产文献，作为地方文献的重要组成部分，在非物质文化遗产保护方面发挥着重要的作用。首都图书馆地方文献中心的书目数据通过对非遗文献的信息组织，为非遗保护提供文献资源的支持。文章在举例说明非遗文献著录的基础上，对如何更好利用非遗文献进行了讨论。

关键词：非物质文化遗产文献；北京地方文献；文献编目；文献标引

Abstract: As a special type of local literature, the intangible cultural heritage literature with distinct regional characteristics plays an important role in the protection and inheritance of intangible cultural heritage. Local Literature Center in Capital Library of China provides the support for the protection of intangible cultural heritage by organizing of the intangible cultural heritage literature. This article discusses how to make better use of the intangible cultural heritage literature on the basis of giving an example to illustrate the cataloging of the intangible cultural heritage literature.

Keywords: intangible cultural heritage literature; Beijing local literature; cataloging; lterature indexing

2005年3月26日，国务院办公厅印发的《关于加强我国非物质文化遗产保护工作的意见》特别提及，"各级图书馆、文化馆、博物馆、科技馆等公共文化机构要积极开展对非物质文化遗产的传播和展示"。2011年6月1日，经全国人大常委会审议通过，《中华人民共和国非物质文化遗产法》正式颁布施行，其中"第三十五条 图书馆、文化馆、博物馆、科技馆等公共文化机构和非物质文化遗产学术研究机构、保护机构以及利用财政性资金举办的文艺表演团体、演出场所经营单位等，应当根据各自业务范围，开展非物质文化遗产的整理、研究、学术交流和非物质文化遗产代表性项目的宣传、展示"。在非物质文化遗产保护由政府工作上升为国家意志的过程中，公共图书馆作为公共文化机构始终承担着整理、保护和传承的社会职责。具有鲜明地域特色的非物质文化遗产文献（以下简称"非遗文献"）无疑是公共图书馆地方文献工作的重要组成部分，如何科学详尽地描述及揭示已有资源，方便查找利用，成为一个值得探究的问题。

一、非遗文献概述

（1）非遗文献的定义

2003年10月27日在联合国教科文组织第32届大会通过的《保护非物质文化遗产公约》（以下简称《公约》）中，明确了"非物质文化遗产"（以下简称"非遗"）的定义，即被各群体、团体，有时为个人视为其文化遗产的各种实践、表演、表现形式、知识和技能及其有关的工具、实物、工艺品和文化场所。按照这一定义，非遗包括口头传说和表述，含作为非遗媒介的语言；表演艺术；社会风俗、礼仪、节庆；有关自然界和宇宙的知识和实践；传统的手工艺技能。非遗又称为无形遗产，是相对于有形遗产即可传承的物质遗产而言。但"无形"不代表没有可以承载的记录形式。包含有非遗信息的各类载体，我们称为"非遗文献"。非遗文献按照收录范围有广义和狭义之分，狭义的包含非遗申报资料、论述非保护的著作等直接与非遗相关的文献，例如《白纸坊太狮》《北京非物质文化遗产抢救与保护研究》《门头沟区级非物质文化遗产名录论证报告汇编》等。广义的则还包括隐含非遗信息的文献，例如地方志中"风俗"等篇章都含有非遗内容，是为非遗提供辅助或基础信息的文献。非遗文献的界定在一定程度上有利于图书馆文献资源的建设。

（2）公共图书馆对非遗文献的保护

《公约》强调非遗的"保护"是指采取措施确保非遗的生命力，包括这种遗产各个方面的确认、立档、研究、保存、保护、宣传、弘扬、承传（主要通过正规和非正规教育）和振兴。[1] 具有地域性、史料性及系统性的非遗文献自然成为地方文献的有机组成部分，公共图书馆的地方文献工作应该充分利用自身的优势，通过对非遗文献的整理、利用为申请和保护起到积极的推动作用。首先，重视非遗文献的采访搜集，不仅收集狭义的非遗文献，而且注重挖掘隐含信息的文献。对获得文献进行加工、整理、保护，通过科学且详细的信息描述和揭示，使其得到更好的利用。其次，地方文献部门作为信息交流和宣传的平台，一方面借助展示非遗文献的保护成果，提高公众对于非遗的认识；另一方面通过组织专家研讨和公众讲座，促进非遗的传播和弘扬。最后，利用基础雄厚的专业科研力量，承担起研究、拯救非遗文献的职责。在使用现代信息技术手段拯救非遗文献的基础上，对其进行深入研究并提供有针对性的信息服务。

二、北京地方文献中心非遗文献的信息组织

首都图书馆地方文献中心（以下简称"北京地方文献中心"）成立于1958年，现存非遗文献300余种，载体类型主要集中在纸质文献和视听资料。经过持续多年的建设，北京地方文献中心已拥有相对完善的北京地方文献专藏和专业队伍，工作范围涵盖了文献采编、典藏流通、参考咨询等传统业务，还提供展览策划制

---

1 《保护非物质文化遗产公约》，http://www.chinaich.com.cn/class11_detail.asp?id=91，2015年4月23日。

作、政府信息查阅、图书馆志编纂以及口述历史采访制作等服务。其中文献分编是通过对文献进行系统的描述和揭示等信息组织，为其利用和研究提供支撑。非遗文献的信息组织包括描述与揭示，直接关系到文献的查找与利用，是地方文献工作的重要环节之一。

（1）非遗文献的信息描述

文献描述指的是图书馆工作中的文献编目，是按照一定的规则对文献内容与形式特征进行分析、选择、记录的过程。[1] 经过对非遗文献的描述，读者和工作人员可以通过题名、责任者等检索途径查找到所需文献。

① 200 题名与责任说明字段

200 字段记录的是题名、其他题名信息、与题名相关的责任说明以及用其他语言重复的上述信息，这些数据元素通常以其在文献上出现的形式和次序进行著录。[2] 通过这一字段的准确描述，可以在检索系统中查找到大部分的非遗文献。举例如下：

例 1　题名与责任者　　200　1　◆a 北京市非物质文化遗产资源汇编◆i 朝阳区◆e 古韵朝阳◆f 千容主编◆g 黄晓伟本册主编

　　　　其他题名　　　　517　1　◆a 古韵朝阳

② 225 丛编项字段

225 字段记录的是按文献上出现的形式和顺序著录的丛编题名以及该丛编题名信息和责任说明。[3] 随着国家和地方对非遗的日益重视，越来越多的非遗文献以丛书的形式出版发行，仅靠 200 字段的描述是无法检全的，这就需要借助 225 字段来全面查找相关的文献。举例如下：

例 2　题名与责任者　　200　1　◆a 北京宫毯织造技艺◆f 康玉生，秦溯，李媛媛著

　　　　丛编项　　　　　225　2　◆a 北京非物质文化遗产丛书◆h

---

1 王松林：《现代文献编目》，北京：书目文献出版社，1996 年。
2 国家图书馆：《新版中国机读目录格式使用手册》，北京：北京图书馆出版社，2004 年。
3 国家图书馆：《新版中国机读目录格式使用手册》，北京：北京图书馆出版社，2004 年。

第一辑◆f 千容，郑长铃主编

　　　丛编　　　　　　　410　　0　　　◆12001 ◆a 北京非物质文化遗产丛书

③ 300 一般性附注字段

300 字段包含的是在编文献或其相关记录的任何方面的附注。[1] 由于非遗的范围始终在扩展中，只有分析出文献中有价值的非遗信息并进行记录，才能将其清晰地标注，以供查找。附注性说明文字正是起到这一作用。举例如下：

　　例 3　题名与责任者　　200　　1　　◆a 宣武区天桥中幡◆f 北京市宣武区文化委员会 [编]

　　　一般性附注　　　　300　　　　　◆a 国家级非物质文化遗产代表作项目申报材料 北京市级非物质文化遗产代表作项目申报材料

④ 512 封面题名、515 逐页题名、516 书脊题名等相关题名字段

5 字段包含除正题名外，出现在出版物上的与在编文献相关的题名。[2] 相关题名的著录也是对文献中非遗信息的补充描述，一方面为从多途径了解文献所包含的非遗内容提供线索，另一方面有利于对非遗文献进行查重与利用。举例如下：

　　例 4　题名与责任者　　200　　1　　◆a 卢沟记忆◆f 周兰英主编
　　　逐页题名　　　　　515　　1　　◆a 卢沟桥乡非物质文化遗产文集

（2）非遗文献的信息揭示

文献揭示是指图书馆工作中的文献标引，是根据文献内容特征，以分类表、主题词表等为工具，赋予文献码号、语词标识的过程。[3] 北京地方文献中心使用《中国分类主题词表》和《北京地方文献分类表》进行文献的主题和分类标引。我们标引非遗文献主要有以下几种形式，以求增加多角度揭示非遗属性的途径。

①整体标引

整体标引是针对文献整体内容提取主题，概括揭示文献基本主题或整体主题

---

1 国家图书馆：《新版中国机读目录格式使用手册》，北京：北京图书馆出版社，2004 年。
2 国家图书馆：《新版中国机读目录格式使用手册》，北京：北京图书馆出版社，2004 年。
3 刘湘生、汪东波：《文献标引工作》，北京：北京图书馆出版社，2001 年。

的标引方式。¹ 这是标引时所采用的一般原则，能够最大程度地揭示文献的非遗属性。举例如下：

  例 5 题名与责任者 200 1 ◆a 北京非物质文化遗产研究报告◆h2009◆f 北京市文化局，北京市社会科学界联合会编

     学科名称主题 606 0 ◆a 非物质文化遗产◆x 研究报告◆y 北京◆z2009

     其他分类号   696   ◆aA3◆2 北京地方文献分类法

②全面标引

全面标引是把文献中全部有价值、符合检索系统要求的主题内容都予以揭示的标引方式。² 民俗、曲艺、传统技艺等隶属于非遗，有时会隐含于文献的某一部分，在标引时将其揭示，以提高资源的利用率。举例如下：

  例 6 题名与责任者 200 1 ◆a2012 北京文化论坛文集◆e 首都非物质文化遗产保护◆f 陈剑主编◆g《北京文化论坛文集》编委会编

     学科名称主题 606 0 ◆a 文化产业◆x 发展◆y 北京◆z2012◆j 文集

     学科名称主题 606 0 ◆a 非物质文化遗产◆x 保护◆y 北京◆j 文集

     其他分类号   696   ◆aP1◆2 北京地方文献分类法

     其他分类号   696   ◆aA3◆2 北京地方文献分类法

③综合标引

所谓综合标引，就是专门对丛书、多卷书、论文集、会议录等多篇（种）性的出版物，以其整部（套）书的概括性主题为单位所进行的一种整体标引。³ 上文已提到这类情况，在文献揭示时同样需要将非遗信息以主题词和分类号的形式加以标注，提高查全率。举例如下：

  例 7 题名与责任者 200 1 ◆a 北京金漆镶嵌◆f 柏德元著

---

1 刘湘生、汪东波：《文献标引工作》，北京：北京图书馆出版社，2001 年。
2 国家图书馆：《新版中国机读目录格式使用手册》，北京：北京图书馆出版社，2004 年。
3 刘湘生：《主题法的理论与标引》，北京：书目文献出版社，1985 年。

丛编项	225	2	◆a 非物质文化遗产丛书
学科名称主题	606	0	◆a 金漆◆x 花丝镶嵌◆x 工艺美术◆x 介绍◆y 北京
学科名称主题	606	0	◆a 非物质文化遗产◆x 介绍◆y 北京
其他分类号	696		◆aX41◆2 北京地方文献分类法
其他分类号	696		◆aA3◆2 北京地方文献分类法

④分析标引

分析标引是对整体标引的一种补充方法，即对一种文献除进行整体标引外，还可以对其中比较重要的章节和附录部分的主题因素进行标引。[1] 广义的非遗文献中隐含的信息通常对于考证、挖掘、抢救非遗具有重要的史料价值，分析标引正是在这方面能够进行有效的揭示。举例如下：

例8 题名与责任者	200	1	◆a 怀柔县新志◆e 八卷◆f 吴景果撰修◆g 潘其灿助纂
地名主题	607		◆a 怀柔区◆x 地方志◆z 民国
学科名称主题	606	0	◆a 风俗习惯◆x 介绍◆y 怀柔区◆z 民国
学科名称主题	606	0	◆a 非物质文化遗产◆x 介绍◆y 怀柔区◆z 民国
其他分类号	696		◆aA1:47◆2 北京地方文献分类法
其他分类号	696		◆aF6◆2 北京地方文献分类法
其他分类号	696		◆aA3◆2 北京地方文献分类法

三、非遗文献信息组织的补充完善

在接受读者检索反馈及书目数据回溯的过程中，我们也发现非遗文献的数据

---

1 刘湘生：《主题法的理论与标引》，北京：书目文献出版社，1985年。

存在资源组织不规范、维护更新不及时等问题。尽管部分是由于现有著录规则造成的,但针对这些情况我们从以下两个方面来进行补充与完善。

(1) 借鉴相关资料,明确非遗文献建设

受到非遗及非遗文献自身特性的制约,一些基础性的研究还在探讨中,这在实践工作尤其标引中造成一定困扰。例如,文献的哪些内容可以归入非遗,进而在主题和分类中进行揭示,这就需要参阅相关文献进行指导。2010年国务院公布的《第三批国家级非物质文化遗产名录》将我国非物质文化遗产划分为十个大类,分别是民间文学;传统音乐;传统舞蹈;传统戏剧;曲艺;传统体育、游艺与杂技;传统美术;传统技艺;传统医药;民俗。[1]这一名录的分类为限定非遗文献提供了可操作的依据。

(2) 总结工作经验,加强细则修订

目前,我们总结积累的相关经验,加强非遗文献编目、标引细则的修订,对其进行更加科学且精细化的信息描述与揭示,以提高用户的使用便利性。2009年《国际编目原则声明》的最高原则就是用户的便利性,在对著录以及用以检索的名称的受控形式作出抉择时应该考虑到用户。例如,古代典籍中的非遗信息还没得到足够重视,如果进行全面的挖掘与研究,对用户便利使用进而为非遗保护起到重要作用。

四、结语

在保护、挖掘、研究非物质文化遗产过程中产生的各类文献越来越多,如何最大限度地发挥非遗文献在传承、延续、传播上的载体作用,成为图书馆地方文献工作的一个研究方向。北京地方文献中心利用自身在文献描述与揭示的数据加工优势,为非遗保护提供强有力的文献支撑。虽然实践中还有不足,但现有的经

---

1 《国务院关于公布第三批国家级非物质文化遗产名录的通知》,http://www.gov.cn/zwgk/2011-06/09/content_1880635.htm, 2015年4月23日。

验希望可供各文献机构参考借鉴。

参考文献

[1]《保护非物质文化遗产公约》，http://www.chinaich.com.cn/class11_detail.asp?id=91，2015年4月23日。

[2] 王松林：《现代文献编目》，北京：书目文献出版社，1996年。

[3] 国家图书馆：《新版中国机读目录格式使用手册》，北京：北京图书馆出版社，2004年。

[4] 刘湘生、汪东波：《文献标引工作》，北京：北京图书馆出版社，2001年。

[5] 刘湘生：《主题法的理论与标引》，北京：书目文献出版社，1985年。

[6]《国务院关于公布第三批国家级非物质文化遗产名录的通知》，http://www.gov.cn/zwgk/2011-06/09/content_1880635.htm，2015年4月23日。

论公共图书馆的文化产品暨"北京记忆"的制作

孟云剑（首都图书馆）

摘　要：随着人们对文化产品的需求越来越强烈，图书馆从单纯的文化产品提供者演变为具有其自身特性的文化产品的制作者。本文通过分析文化产品的特性，提出文化诉求的概念，并结合首都图书馆"北京记忆"的制作分析公共图书馆文化产品的特点。

关键词：公共图书馆；文化产品；文化诉求；图书馆精神；北京记忆

Abstract: As people have increasingly strong demand of cultural products, libraries evolve from the pure providers of cultural products into producers with their own characteristics. In the paper, author puts forward the concept of cultural demands through analysis of the characteristics of cultural products, and analyses the characteristics of cultural products of public library combining with production of Beijing Memory of Capital Library of China.

Keywords: public library; cultural products; cultural demands; library spirit; Beijing Memory

图书馆作为文化载体之一，随着社会时代的发展从以往单纯地保存和提供文献，增加了生产文化产品的功能。那么图书馆的文化产品应该符合什么样的精神原则？应该具备哪些特点？它的制作过程又该如何把握呢？本文通过分析图书馆文化产品的特性，提出文化诉求的概念，并以"北京记忆"为例阐述图书馆文化产品的开发与制作，并尝试探讨其中存在的若干问题和解决办法。

一、文化产品

文化的概念非常宽泛，广义上它可以描述整个人类社会的存在方式，正如梁启超所言"文化者，人类心能所开释出来之有价值的共业也"，而本文所说文化产品中的"文化"所指代的范围显然要小得多，它更多的是指精神层面的活动及结果。而产品的生产目的是供消费者消费的，那么文化产品就是为了满足消费者在精神上的消费需求的一种产品，如影视、演出、图书等都属于文化产品的范畴。

（1）文化产品的特性

文化产品有别于其他产品，如日常消费品等，它针对的是人们的精神生活、思想意识方面的需求。但同时文化产品也具有产品自身的特点，即有其载体形态，因而，文化产品无论从生产者还是消费者的角度都是既具有源自精神层面的活动又具有表现形式的物质载体的综合体。

而这两方面的因素都会随着人类社会的发展而变化，精神生活与需求不断提高，产品的载体形态也愈加丰富，纸的出现、摄影机的出现、电视机的出现，甚至互联网的出现都是载体的变化形式，而精神活动的个体性和独特性，以及不确定性和灵活性都随着时代的演变而改变。那么作为这样一种特殊的综合体，文化产品的基础和内在要求又是什么呢？

①文化产品的基础：文化诉求

不论文化产品的载体形式如何，它都天然地具有非物质性的诉求意愿，本文把这种天然的属性称为文化产品的文化诉求。

这一点是文化产品的基础，换句话说，如果一个文化产品不具备自身的文化诉求，那么它就无法构成作为消费主体，即人的精神上的需求。不具备文化诉求的文化产品毋宁说是一个伪文化产品，而在日常中，没有任何创意和内涵的影视剧，粗制滥造、东拼西凑的图书等都属此列。

②文化产品的内在要求：异质化

同质化的产品在人类社会发展的一定阶段具有增强竞争、促进繁荣的作用，但在当前信息获取极为便利，并且这种趋势日益明显的时代背景下，同质化的种类繁多不再代表实际意义上的繁荣。因为这不仅无法满足不同需求者的实际需求，还制造大量的信息垃圾，阻碍了需求者获取有用信息的效果，即同质化产品的竞争优势衰减。在某一领域发展较为成熟的时代，异质化成为产品的内在要求。这从普通的产品也能看出，如电视、手机、汽车等等。

而文化产品的异质化要求就显得更加鲜明了。异质化在本质上是由消费主体决定的，因为消费主体本身是完全不同的单个个体，他们的精神需求自然是千差万别，不可能完全一致，虽然文化产品不可能因人而异，为每个个体量身定做，但是不断地多样化地创造是不可避免的趋势。正如互联网上博客的出现，使很多网民趋之若鹜，因为这一新形式的出现改变了之前人们只能接受互联网信息的局面。

（2）图书馆的文化产品

图书馆之间的基础业务，即保存、提供文献的功能基本趋同，实际上，图书馆的基本职能[1]也不属于文化产品的范畴之列。同时，图书馆也不是彼此竞争的主体，从大的范围来讲，图书馆是一个统一的面向公众提供文化信息的平台。不过，图书馆之间依然能够通过文化产品的开发形成比较优势。这种比较优势从"竞争"的角度不妨看作是图书馆事业发展的内在动因，是各图书馆进步的外在动力。

因而，图书馆间的比较优势更多地来自其职能在新时代的扩展和延伸。文化产品就是这种扩展、延伸的必然产物，作为文化产品内在要求的异质化当然也是适合它的。图书馆文化产品的异质化显得尤为重要，因为图书馆作为信息聚合的

---

[1] 王子舟：《图书馆学是什么》，北京：北京大学出版社，2008年。

节点，无论是从内容还是形式上都应该更具创新性和前瞻性，这也是能够形成区别于其他文化机构（包括个人）的文化产品的优势所在。

图书馆的文化产品的基础，即它的文化诉求是什么？不同的文化产品满足人们不同的精神需求，没有一种产品能够一劳永逸地满足所有人所有的需求，图书馆的文化产品又该满足人们哪方面的精神需求呢？

①图书馆文化产品应该符合图书馆的基本精神

范并思在《公共图书馆精神如是说》中提到："图书馆应该成为社区的实际存在，这是公共图书馆生存的最简单理由。"[1] 这虽然是一个"最简单理由"，但是它关乎图书馆的生存，图书馆的文化产品也同样不能脱离图书馆而存在，那么它的产品又该如何"成为社区的实际存在"呢？蒋永福和王丽云在《论图书馆人文精神的内涵》中也强调"服务是图书馆的天职"。[2] 那么图书馆的文化产品自然也要围绕着如何服务于大众这一基本精神了。

读者就是作为图书馆消费主体的人，他们到图书馆是想获得需要的知识信息，而图书馆也作为"开放的公共知识空间"向读者提供"社会化的、客观化的大量显性知识媒介（通常所说的文献）"以满足其精神需求。[3] 由此可知，图书馆为读者提供的检索系统实际上同样是为满足读者获得知识信息的重要产品。

因此，本文定义图书馆文化产品的文化诉求为：向读者提供获取知识的媒介及途径，以满足读者获取知识的精神需求的意愿。这一诉求决定了图书馆在制作文化产品时的基本方向和思路。

这一看似简单的描述，要想做到却是要下大力气的。但无论如何，在开发图书馆的文化产品时应该尽力体现出对这种诉求的把握，并使产品尽量与之契合。

②图书馆文化产品的特点

无论知识信息的载体是何种形式，现代公共图书馆中的文献资源越来越多，信息量大得足以淹没需求者的求索热情，如何尽快地帮助读者找到需求点就是图书馆的一个重要职责，通过检索目录可以部分地做到这一点，这也是现在图书馆

---

[1] 范并思：《图书馆学理论变革：观念与思潮》，北京：北京图书馆出版社，2007年。
[2] 蒋永福、王丽云：《论图书馆人文精神的内涵》，《图书馆杂志》2003年第1期。
[3] 王子舟：《图书馆学是什么》，北京：北京大学出版社，2008年。

最基本的业务之一，但是这种方式过于被动，属于读者利用相关工具自己寻找满足符合自身需求的信息。但是现实存在着大量读者根本没有明确的检索依据，他们更需要主动的服务。

随着互联网在人类社会的进一步普及和利用，对于获取信息的权利问题在国际图联2002年通过的《因特网宣言》中提到：知识自由（原文为智力自由，在国内通常译为知识自由）是每个人应该享有的持有及表达主张，以及寻求并接受信息的权利；它是民主的基础；而且是图书馆服务的核心。[1]

但是不断增加的数字资源可能带来新的"信息鸿沟"问题——"数字鸿沟"，刘兹恒和李武认为形成数字鸿沟的一个主要原因是"个人信息素质"，"在同样的信息环境中，由于个人信息获取能力的差异也会导致数字鸿沟的产生。具有良好信息素质的用户可以在大量庞杂的信息之中快速获取自己所需的信息，而其他用户则面对这些信息无从下手，甚至还根本没有意识到周围有大量信息的存在"。[2]并认为"公共图书馆利用其社会信息枢纽的地位，在消除数字鸿沟方面应该是大有要为的。公共图书馆要继续弘扬其公共图书馆精神，充分发挥自己在信息获取和信息利用上的公平保障作用，为消除数字鸿沟做出应有的贡献"。[3]

关于图书馆精神的表述本身也是开放的，李焕娥也曾总结说："图书馆精神是在图书馆的组织、设施、功能中凝聚和体现着的热爱、搜集、组织管理、传播和发展人类客观精神文化的社会组织意识。"[4]本文认为依照这一表述能更好地总结出基于尊重人们获取信息的权利，并帮助更多的个人克服"信息素质"的图书馆文化产品的六个特点：展示文献内容、揭示文献价值、引导读者阅读、提供信息资料、辅助研究参考、普及知识信息。

通过展示文献内容，让读者意识到信息的存在；通过揭示文献价值，叫读者有处下手；通过引导阅读，令读者获取信息，这三个特点的实质就是使读者尽早地了解自身的需求，并获得有用的信息。而后三个提供信息资料、辅助研究参考、

---

1 国际图书馆员协会和图书馆联合会因特网宣言 http://archive.ifla.org/III/misc/im-cn.pdf.
2 刘兹恒、李武：《论公共图书馆精神在数字时代的弘扬和延伸》，《图书馆》2004年第4期。
3 刘兹恒、李武：《论公共图书馆精神在数字时代的弘扬和延伸》，《图书馆》2004年第4期。
4 李焕娥：《论图书馆精神》，《上海高校图书情报学刊》1999年第3期。

普及知识信息则是有针对人群的,比如特殊需求者、研究者、中小学生等等。

图书馆文化产品的文化诉求正是通过将这些特点贯穿于实际制作过程中来加以体现的。

③图书馆文化产品制作中应具备的意识

图书馆文化产品不同于一般文化产品,如一部小说、一部电影等,而要具有持续发展的可能。因为公共图书馆是为读者提供信息服务的地方,不可能一个服务今天有明天没有。这就决定了建设的长期性。

这需要在生产文化产品之前有全面的"战略"考虑,一个文化产品的提出要有丰富的内涵,当然这种内涵的获得和丰富也会在实践中不断扩充,甚至出现较大的改变。图书馆的文化产品当然要立足于上述的基础和特点。

正如王子舟在《图书馆工作特性的几点感知》中所说:"图书馆工作具有很强的连续性、积累性,一个优秀的企业可能在两三年里得以形成,而一个优质的图书馆却要十几年、几十年的时间才能形成。"[1] 同样的道理,一个好的图书馆文化产品不仅是图书馆的一部分,也是图书馆的具体工作,也"具有很强的连续性、积累性"。与此同时,从事文化产品制作者的图书馆员们也需要具有这样的意识,并在实践中不断积累经验,形成行之有效的"隐知识"。[2] 毕竟,再好的产品和观念都是由人来完成和实现的。

(3) 文化产品的制作

制作文化产品要比普通产品复杂得多,原因在于人们精神与思想意识的复杂性,以及由此引发的需求的复杂性。这种复杂性决定了文化产品的制作过程必须细化。细化的制作模式当然同样适合图书馆的文化产品开发,同时也为它的操作和制作提供了方法上的指导。

以下结合首都图书馆"北京记忆"的制作分析在实际中如何围绕着文化诉求制作图书馆文化产品。

---

[1] 王子舟:《图书馆工作特性的几点感知》,《图书与情报》2005 年第 3 期。
[2] 王子舟:《图书馆工作特性的几点感知》,《图书与情报》2005 年第 3 期。

二、"北京记忆"的制作

作为一个图书馆的文化产品,"北京记忆"的实质是图书馆的功能在新技术下的扩展和延伸,它是以北京地方文献为主的资源数据库,2007年4月在互联网上开通。

(1)"北京记忆"的文化诉求

1994年国际图联和联合国教科文组织公布的《公共图书馆宣言》中有这样的描述:所有年龄层(的读者)都能找到与其需求相关的资料。除传统资料外,还应包括采用各种适当载体和现代技术的馆藏和服务。高品质、适合当的需求和条件是基本的要求。(馆藏)资料必须既反映社会的当前趋势和进展方向,又保留人类奋斗和想象的历史记忆。[1]

依据这样的宣言和图书馆文化产品的文化诉求,本文将"北京记忆"的文化诉求具体表述为:通过建立各栏目以满足①保护珍贵文献资料的需求;②人们对北京地方文献的需求;③传播北京地域文化的需求;④人们对北京历史文化的记忆需求。而这些文化诉求体现在具体生产过程中,并且按照顺序物质性程度递减,精神性需求递增。

值得注意的一点是,在定义图书馆文化产品的文化诉求时并未提到提供新的知识信息,这是否意味着图书馆生产制作的文化产品没有新的内容呢?不能这样简单地理解,新产品的制作本身就是创造,依据产品的不同特性有些会增添新的知识信息,如专题栏目的内容,不过其根本目的仍然是"向读者提供获取知识的媒介及途径,以满足读者获取知识的精神需求",而不能脱离这个基础。

(2)"北京记忆"的特点

资源的地域性决定了"北京记忆"的异质性,各地地方文献都具有这一特点,这也是各地图书馆都具备的一个文化产品概念,这种整体的建设可以构成一个更

---

[1] 程焕文、张靖:《图书馆权利与道德(上)》,桂林:广西师范大学出版社,2007年。

大层面的文化工程。因而，本文以首都图书馆的"北京记忆"为案例分析公共图书馆文化产品的特性及制作方法不失其一般性。

那么如何在制作过程中涵盖上面提到的图书馆文化产品的六个特点，并体现其文化诉求呢？下面以专题荟萃栏目为例。

通过专题制作较深层次地揭示相关文献内容。读者通过浏览专题，不再是简单地获取目标文献，而是对目标文献有更多的了解，并以此拓展对更多文献资源的使用，这既有利于使用者更大程度地获得所要获取的相关信息，同时又更大程度地拓展了图书馆的使用效率。

由此产生两个较明显的效果：①帮助需求者更好地利用查找到的文献资源；②帮助研究者更方便地找到可资利用的文献线索。这也体现了两个基本作用：整合数据库资源和提供研究路径。包含了两个基本职能：传播相关文化知识，开发浏览者的阅读兴趣。从中可以看出，这些结果正是文化诉求的具体体现。

表现形式及效果。①资源整合。通过专题有效地将数据库资源加以整合，在给读者提供丰富的文献资源的同时使之对数据库以及馆藏有更多的认识，这为以后更好、更有效地使用文献资源提供帮助。这也是制作专题的目的之一；②数据引导。依据网络的形式特点，将有用信息或文献资源加以揭示。《春节专题》和《北京近代报纸小史》就是将创作与资源整合、数据引导融于一体。这些例子都是很好的创作思路。

作为"北京记忆"的一个栏目，在实现整体文化诉求的框架内，专题制作具有自身的发展趋向。主要有两个大的方向，各有侧重：①普及性。综合多种文献形式更立体、生动、形象地展现主题内容，有利于普及相关知识；②研究性。利用多种文献渠道和数据资源提供或辅助构建相关研究的文献资源途径。

实际上，正是通过将图书馆文化产品的特点贯穿于每一个栏目的细化制作过程之中，从而使整体文化诉求，即"向读者提供获取知识的媒介及途径，以满足读者获取知识的精神需求的意愿"得以展现。

（3）不足与完善

这种"意愿"虽然在动机和行为中得以展现，但并不意味着已经完善。"北京记忆"目前的建设状况仍存在一些不足之处，这些不足有部分原因在于资源本身的限制，但也确实存在制作思路上的模糊，试列举如下作为图书馆实际工作的参考。

①资源利用不足。现有的数字化资源比较丰富，但其使用率不是很高，这虽然与客观需求有关，但在引导需求者使用上所做的工作还不足。这也与第二点不足直接相关；②创新性不足。虽然创新栏目和内容不断增加，但在资源利用上整合效应不强，更像单兵作战。这有客观上的因素，如资金、技术、人员，但应积极向加强整合效应努力；③层次不够明显。这一点是长期建设中的问题，即对资源的整体划分，以便于资源的利用和整合。这导致了第四点不足；④分布不够平衡。由于层次不够清晰，在文献内容上的分布难以驾驭，有些数据已经很庞大，而另外一些却很少。这有客观的原因，文献分布本身不平衡，但在相关布局上仍可以做得更好，如采用个别分类数据达到一定程度时则单独集合等方式。

对这些不足的改进和完善也就是完善产品的基础意愿，能使之更多地体现出图书馆文化产品的本质。

三、作为结语的需要思考的问题

2002年8月19日国际图联在《图书馆和信息服务机构及信息自由的格拉斯哥宣言》中宣告："国际图联强调自由获取和传播信息是人类的基本权利。"[1] 同时还强调"促进信息自由是世界范围内图书馆和信息服务机构的主要职责"，"图书馆和信息服务机构向用户提供获取各种媒介和各国信息、见解及富有想象力的作品的渠道。图书馆和信息服务机构是通向思想和文化的大门，为个人和团体的独立决策、文化发展、研究及终身学习提供必要的支持"，而且"不论他们国籍或种族、性别、年龄、伤残情况、宗教、政治信仰等都必须平等对待"[2]。

---

[1] 图书馆和信息服务机构及信息自由的格拉斯哥宣言 http://archive.ifla.org/faife/policy/iflastat/gldeclar-cn.pdf.
[2] 图书馆和信息服务机构及信息自由的格拉斯哥宣言 http://archive.ifla.org/faife/policy/iflastat/gldeclar-cn.pdf.

但在现实中"信息鸿沟"却的的确确存在着，而且还可能因为互联网的兴起引发"数字鸿沟"，不但没有弥补反而有扩大的趋势，这是因为缺少电脑和连接网络的资源，尤其是对于贫困人群。

在《因特网宣言》中还提到：图书馆和信息服务行业提供不受阻碍地进入互联网，这可以帮助社区和个人获得自由、繁荣和发展。阻碍信息流通的因素应该被清除，尤其是那些带来不平等、贫困和绝望的因素。[1]

如何保证这些"信息弱势人群"的权利和自由呢？范并思认为："为了消除数字鸿沟，公共图书馆不但将本馆计算机作为社区居民免费接入因特网的终端，而且还以各种方式提高居民的信息素质，他们不但有上机上网的场所，而且还有获取网络信息的能力。"[2]

作为图书馆文化产品尤其是以基于互联网的数字资源为内容的产品在面对这样的深层次问题时更应该积极思考，以便在实践中探索出实用的、有效的办法来。这一点应该是所有图书馆人在制作产品时就要想到和注意的。

除了通过譬如免费提供电脑设备、数字资源的使用等服务，或者加强宣传，甚至免费提供包括如何简便地利用这些信息资源的培训等之外，能否在产品的制作环节就考虑相应的办法使其面对更广泛的人群，甚至是更偏向于"信息弱势人群"，毕竟非弱势群体获取信息的渠道和手段更多更充分。

如果是因为互联网的形式阻碍了读者获得相关内容信息的途径，那么能否考虑将可能的内容与实物相结合，脱离开互联网的形式使其进入社区、街道、居民身边。有些内容还可以通过与中小学校、社会团体、机构组织等联合搞活动，让更多的人熟悉这个文化产品、文化平台。

也许只有通过这样一种图书馆视角的制作理念，贯穿这样一种图书馆视野的人文关怀而制作出来的文化产品才可能成为真正意义上的图书馆文化产品吧！

---

[1] 国际图书馆员协会和图书馆联合会因特网宣言 http://archive.ifla.org/III/misc/im-cn.pdf.
[2] 范并思：《图书馆学理论变革：观念与思潮》，北京：北京图书馆出版社，2007年。

参考文献

[1] 王子舟:《图书馆学是什么》,北京：北京大学出版社,2008年。

[2] 范并思:《图书馆学理论变革:观念与思潮》,北京:北京图书馆出版社,2007年。

[3] 蒋永福、王丽云:《论图书馆人文精神的内涵》,《图书馆杂志》2003年第1期。

[4] 国际图书馆员协会和图书馆联合会因特网宣言 http://archive.ifla.org/III/misc/im-cn.pdf.

[5] 刘兹恒、李武:《论公共图书馆精神在数字时代的弘扬和延伸》,《图书馆》2004年第4期。

[6] 李焕娥:《论图书馆精神》,《上海高校图书情报学刊》1999年第3期。

[7] 王子舟:《图书馆工作特性的几点感知》,《图书与情报》2005年第3期。

[8] 程焕文、张靖:《图书馆权利与道德（上）》,桂林:广西师范大学出版社,2007年。

[9] 图书馆和信息服务机构及信息自由的格拉斯哥宣言 http://archive.ifla.org/faife/policy/iflastat/gldeclar-cn.pdf.

浅谈图书馆地方文献工作与地方志事业
——以首都图书馆为例

张小野（首都图书馆）

摘　要：中国一直十分重视地方志事业。地方文献工作是图书馆工作之一，也是公共文化事业重要的一部分。图书馆地方文献工作在地方志的收集与保存、研究与学习、开发与利用等方面都发挥了积极的作用。新时代背景下，无论是地方志新志的编纂工作，还是旧志的整理工作，仍然离不开图书馆地方文献的资源和服务。同时，地方志作为史料，也可以不断补充图书馆的地方文献资源。图书馆和方志办应该扩大交流与合作，共同为地域文化建设做贡献。

关键词：地方文献；地方志；地方文献工作；首都图书馆

Abstract: China has always attached great importance to local chronicles. Local documents work is one of the work of the library and an important part of public cultural undertakings. The local documents work of libraries has played an active role in the collection and preservation of local records, research and learning, development and utilization. In the context of the new era, whether it is the editing work of the local chronicles or the old records, it is still inseparable from the resources and services of the library's local documents. At the same time, local chronicles as a historical material can also continuously supplement the library's local documents resources. Libraries and local offices should expand exchanges and cooperation and jointly contribute to the development of regional culture.

Keywords: local documents; local chronicles; local documents work; Capital Library of China

2015年8月25日，国务院办公厅印发《全国地方志事业发展规划纲要（2015—2020年）》，在2006年国务院《地方志工作条例》的基础上，进一步规划了现阶段地方志事业的工作内容。"编修地方志是中华民族优秀文化传统，历史悠久，连绵不断。"《地方志工作条例》和《全国地方志事业发展规划纲要（2015—2020年）》的颁布，反映出国家对地方志事业发展的重视。

北京市自1988年启动第一轮地方志编纂以来，地方志各项工作得到全面推进。完成第一轮《北京志》154部分志、18部区（县）志的编纂任务。2009年全面启动第二轮修志工作，出版了《北京奥运会志》等一批地方综合年鉴、专业年鉴、特色志书和地情丛书。配合国务院颁布的《地方志工作条例》和《全国地方志事业发展规划纲要（2015—2020年）》，北京市相继印发《北京市实施〈地方志工作条例〉办法》和《北京市地方志事业发展规划纲要（2016—2020年）》，指导北京地方志的工作。

地方文献和地方志，二者紧密联系，互为依托。地方文献工作也与地方志事业息息相关。首都图书馆的地方文献工作，无论是对地方志的收集与保存、研究与学习、开发与利用，都发挥了积极的作用。同时，首都图书馆的地方文献工作也为地方志的编纂提供了大量原始资料，甚至参与到地方志的编纂工作中。

由此可见，图书馆的地方文献工作是地方志事业发展中不可或缺的一部分。在新时代的背景下，图书馆的地方文献工作应该继续助力地方志事业发展，为方志工作者服务，为地域文化建设服务。

一、地方文献与地方志

(1) 地方文献的概念

国内最早对地方文献工作进行概括的是中国图书馆界地方文献事业的奠基人杜定友先生。他认为："地方文献是指有关本地方的一切资料，表现于各种记载形式的，如：图书、杂志、报纸、图片、照片、影片、画片、唱片、拓本、表格、传单、票据、文告、手稿、印模、簿籍等等。"此后对于地方文献的概念的探讨一直在进行，但大都是以此为基础。

对于地方文献的收录范围，一些学者认为应包括地方史料、地方人士著述和地方出版物三部分。而从地方文献工作的实际出发，一些学者认为，在地方人士著述和地方出版物中，凡其内容不具备地域特征者，一般不应收入。

(2) 地方志的概念

广义的地方志，是志书及与其有关的方志机构、方志编纂、方志工作、方志事业、方志文化等事项或活动的总称。简称"方志"。狭义的地方志仅指志书。编修地方志，在中国有着悠久的历史传统。民国以前，对方志的性质问题就有方志是历史书、地理书、政书（官书）、史地兼有等说法。中华人民共和国成立以后，随着新修社会主义方志工作的深入开展，先后提出了历史资料说、综合性著述说、资料书说等。

根据2006年国务院《地方志工作条例》："地方志，包括地方志书、地方综合年鉴。地方志书，是指全面系统地记述本行政区域自然、政治、经济、文化和社会的历史与现状的资料性文献。地方综合年鉴，是指系统记述本行政区域自然、政治、经济、文化、社会等方面情况的年度资料性文献。"

(3) 地方文献与地方志的关系

地方文献与地方志从概念上可以看出都属于文献的范畴，而地方志是地方文献的一种载体形式。由于地方志是指全面系统地记述本行政区域自然、政治、经济、文化和社会的历史与现状的资料性文献，所以地方志是地方文献中更能体现出地方特色，也更能发挥地方文献的作用和价值的文献形式，也是地方文献搜集的重要内容。

二、图书馆地方文献工作

（1）图书馆地方文献工作

地方文献工作，从广义上说，凡涉及到地方文献生产、传播和开发利用过程中各个环节的工作，都应纳入地方文献工作的范围。地方文献事业是一项跨行业的社会事业。但是对于图书情报界来说，1982年文化部颁发的《关于省（自治区、市）图书馆工作条例》，将地方文献工作规定为省级图书馆重要的业务工作之一，其主要内容分为资料工作、书目工作和参考咨询工作。

图书馆地方文献工作的意义主要有：积累和保存地方史料，进行乡土教育和爱国主义教育，建立地方文献基础资料库，为地方建设事业提供文献信息，为科学研究提供文献服务，为发展地方文化提供史料。

（2）首都图书馆地方文献工作

首都图书馆地方文献工作开始于1958年，拥有一个相对完善的地方文献藏书体系和一支专业的地方文献工作队伍。其业务范围包括北京地方文献的采访、分编加工、典藏、流通、书目索引与参考服务等项工作。

首都图书馆北京地方文献中心一直致力于收集和整理北京地方文献。截至2018年，首都图书馆北京地方文献中心拥有北京地方文献专藏库2个，共计面积1400平方米。大书库为常温书库，存有图书和政府信息文件，其中正式出版图书18435种（包括方志680种，谱牒96种），小书库为恒温恒湿书库，存有报纸期刊等连续出版物1335种及其他特种文献（缩微胶卷139种、房契204张等）。

北京地方文献中心根据馆藏资源开展定题服务、专题服务和代检代查等信息服务，根据社会信息市场需求开展信息咨询服务和北京地方文献信息开发工作。随着1958年地方文献组的成立，信息咨询服务就开始了，而专题信息服务开始于1984年。北京地方文献中心通过专题文献信息服务的方式，承接并满足社会各界对专题文献信息的需求。

三、首都图书馆地方文献工作与北京地方志事业

(1) 年鉴、地方志的收集与保存

首都图书馆北京地方文献中心共收录方志类文献 680 种，年鉴 1156 种，方志类包括北京地区总志、各区县志、街道志、乡镇村志等，涉及不同版本及年份，还包括北京地区各专业、行业志，保持了较好的完整性、系统性和连续性。谱牒类文献 96 种，谱牒类主要是指北京地区清代皇族、世家、土著世系源流资料。

(2) 提供原始资料

资料的收集，需要广征博采，巨细兼收。图书馆相对完善的地方文献藏书体系，为地方志原始资料的收集提供了有力的保障。由于藏书过于庞杂，针对不同的修志单位，地方文献工作可以提供更加具体、有针对性的情报整理服务。

首都图书馆的地方文献工作在开创初期便已提供北京地方文献的参考咨询与情报服务。服务对象之一就包括史志工作者。五六十年代，结合北京市编修地方志的筹备工作，为市委、市政府，以及科研、教学各界，提供了大量的文献服务。1982 年，北京市邮政局史志办公室编写《北京邮史》、北京市交通局史志办公室编辑《北京公路交通史料汇编》，都得到了首都图书馆北京地方文献组提供的文献或文献信息。1988 年，又为北京市邮政局史志办公室编制《北京邮史资料汇编（1949—1980）》。

1989 年以来，北京市地方志编纂工作进入高潮。为配合这项工作，首都图书馆地方文献工作完成了大量的史料和资料汇编，为北京市地方志编纂工作提供文献信息。详见下表：

序号	时间	文献信息	用户
1	1989 年 8 月	《北京市供销合作联合社资料汇编》	北京市供销合作联合社

(续表)

序号	时间	文献信息	用户
2	1990年2月	《北京近代体育史料汇编》	北京市体委史志办
3	1990年12月	《北京煤炭流通志料》	北京市煤炭总公司
4	1990年12月	《北京金融志料》	北京市人民银行金融研究所
5	1991年6月	《北京印刷工业志料》	北京市印刷工业志总公司
6	1992年8月	《北京地区粮食志料汇编》	北京市粮食局史志办
7	1992年12月	《崇文区园林志料选编》	崇文区市政园林局
8	1993年2月	《北京房地产志料选编》	北京市房地产管理局
9	1993年5月	《北京电信志料汇编》	北京市电信事业管理局
10	1993年7月	《北京园林绿化志料》	北京市园林局
11	1993年8月	《北京市西城区文物志料汇编》	北京市西城区文化文物局
12	1993年11月	《北京出版志料》	北京市出版志编委会办公室
13	1994年3月	《北京建材工业志料》	北京市建材工业总公司
14	1994年8月	《北京市西城区文化志料汇编》	北京市西城区文化文物局
15	1995年4月	《北京文化志料汇编》	北京市文化局
16	1995年10月	《北京民政志料》	北京市民政局
17	1996年6月	《北京物价志料》	北京市物价局
18	1997年4月	《北京饮食服务志料汇编》	北京市饮食服务总公司
19	1997年12月	《北京博物馆事业史料丛编》	北京市文物事业管理局
20	1998年3月	《北京人事管理史料丛编》	北京市人事局
21	2004年11月	《北京志·人民生活志图片资料汇编》	北京市统计局
22	2005年8月	《1994—2003北京文化艺术志资料汇编》	北京市文化局
23	2011年11月	《国子监、孔庙文献资料汇编（1905—1956）》	孔庙和国子监博物馆

(3) 参与年鉴、地方志的编纂

除了提供史料、志料等原始资料，首都图书馆北京地方文献中心还参与了第一轮志书《北京志·图书馆志》和第二轮志书《北京志·文化艺术志·图书馆篇》的编纂工作。《北京志·图书馆志》编修工作始于1993年6月，到2000年5月全部定稿，历经七年时间。2004年开始参与《北京文化艺术年鉴》图书馆部分的编纂工作，截至2018年6月底，《北京文化艺术年鉴》已出版12卷，《北京志·文化艺术志·图书馆篇》也已完成初审修改稿。除了文化系统的年鉴和方志，首都图书馆也积极参与其他志书的编纂工作，2017年，首都图书馆作为组织和编纂成员，参与到《北京抗日战争志》的编纂工作中，携手其他相关单位，完成北京市地方志编纂委员会的这项工作。

（4）年鉴、地方志的研究与学习

首都图书馆在开展地方文献工作的同时，还不断研究和学习年鉴与地方志。1982年至1984年，冯秉文担任主编，组织编撰了地方文献学术专著《北京方志概述》，这是对北京地方志的一次完整的梳理。该书从北京市概况及其建制沿革、志书修纂史略和府志概述、县志分述等内容介绍了北京地区的方志。为了更好地完成编纂工作，地方文献的工作人员还经常参加地方志、年鉴的编写培训，了解地方志和年鉴的体例与编写要求。同时邀请北京市地方志编纂委员会的专家为各基层图书馆的修志人员进行培训，提升修志队伍的整体业务水平。

（5）年鉴、地方志的开发与利用

首都图书馆新馆设有工具书阅览室，对读者免费开放，提供年鉴、地方志的查阅服务，方便读者使用年鉴和地方志。同时，北京地方文献阅览室也提供北京地区的年鉴和地方志，读者可以更加有针对性地来这里查阅北京地区的资料。北京地方文献工作中的参考咨询服务，针对不同的客户要求，也会有目的地对年鉴和地方志进行二次开发。

四、新时代背景下地方文献工作与地方志事业

北京从2009年开始开展第二轮志书的编纂工作，计划2020年前，完成第二轮《北京志》67部分志和18部区（县）志的编纂和出版任务，高质量地推出一批体现时代特征、首都特色的精品佳作，并为启动第三轮修志做好准备工作。

随着信息化、网络化的发展，相比第一轮志书，第二轮志书在收集资料时更为便捷和直接。当前全球信息大爆炸，为搜集资料提供了便利，但是信息来源、内容、真伪等仍然需要修志人员进行甄别。而甄别往往需要与图书馆的书籍、报刊、数据库等进行对比。

除了已经进行中的分志和区（县）志工作，北京市地方志编纂委员会还鼓励编纂规划外志书，即"启动乡镇（街道）志、村（社区）志组织编纂工作，做好名镇志、名村志组织编纂工作，鼓励引导社会机构和个人组织编纂行业志、企业志、学校志、山水志等各类规划外志书，并依法进行管理、规范、指导和服务"。规划外志书，同样离不开原始资料的积累。然而由于社会机构和个人组织的史料有限，收集、整理能力有限，必定会依赖于图书馆、档案馆等单位。例如孔庙和国子监博物馆组织编纂的《新编国子监志》，将台乡编纂的《将台乡志》，其中部分资料即来源于首都图书馆。相信随着这项工作的普及与发展，会有越来越多的社会机构和个人组织需要地方文献以及参考服务方面的帮助，图书馆的地方文献工作也将继续做好相应的服务。

在编纂新志的同时，地方志事业还要兼顾旧志的整理与出版。《北京市地方志事业发展规划纲要（2016—2020 年）》中也明确指出，要"加强与高等院校、科研机构、公共图书馆、档案馆等单位的交流与合作，开展旧志点校、辑佚、整理、研究等工作"。不仅仅局限于此项工作，为了更好地推动地域文化建设，图书馆和方志办也应该不断扩大交流与合作，这样必定会起到更好的促进作用。

参考文献

[1]《地方志工作条例》，中华人民共和国国务院令（第 467 号）。

[2]《全国地方志事业发展规划纲要（2015—2020 年）》，国办发 [2015] 64 号。

[3]《北京市实施〈地方志工作条例〉办法》，北京市人民政府令（第 191 号）。

[4]《北京市地方志事业发展规划纲要（2016—2020 年）》。

[5]《修志文献汇编（2003—2013)》，北京市地方志编纂委员会办公室。

[6] 曹子西、朱明德主编：《中国现代方志学》，北京：方志出版社，2005 年第 1 版。

[7] 金沛霖主编:《图书馆地方文献工作》,北京:北京图书馆出版社,2000年第1版。

[8] 金沛霖主编:《首都图书馆馆史》,内部资料。

[9] 冯秉文、贾曼霞等:《北京方志概述》,吉林:吉林省地方志编纂委员会、吉林省图书馆学会,1985年。

[10] 北京市地方志编纂委员会:《北京志·文化艺术卷·群众文化志、图书馆志、文化艺术管理志》,北京:北京出版社,2001年第1版。

[11] 谭烈飞:《志鉴求道》,北京:北京出版社,2016年第1版。

[12] 刘满平:《论地方文献与地方志的关系》,《兰台世界》2010年第5期。

[13] 刘乐:《地方文献工作新视角——基于吉林市图书馆地方志工作》,《科技资讯》2013年第7期。

[14] 张万钧:《地方文献工作如何为编修地方志服务》,《河南图书馆季刊》1982年第12期。

特殊的"城市记忆"
——首都图书馆地方文献中心的人物传记类工具书概述

陈 硕（首都图书馆）

摘 要：北京人物传记类工具书是北京地方文献工具书的重要组成部分。它们为查考、研究北京人物及北京历史提供了重要参考。本文择要介绍了一些北京地方文献人物传记类工具书，它们是治学北京地方文献的案头必备。

关键词：地方文献；人物传记；工具书

Abstract: The Beijing biographical reference book is an important part of the Beijing local literature reference book. It provides an important reference for the examination and study of Beijing figures and Beijing history. This article chooses to introduce some Beijing local document biographies reference books, which are necessary for the study of Beijing local literature.

Keywords:local literature; biography; reference book

北京历史悠久、人杰地灵。作为国家的政治、文化中心，北京人物代有人出，涉及社会的各个方面。从地方文献概念的角度出发，凡是在北京长期寓居，为北京某一领域做出贡献，或产生过较大影响的人士，无论其籍贯是哪里，都属于北京地方文献所收录的范畴。

北京地方文献工具书种类繁多，其中人物传记类工具书是其重要的组成部分，且数量庞大，这无疑成为了研究北京人物、北京历史不可或缺的资料。

一、人物传记类工具书介绍

从工具书概念及收录范围的角度出发，大致分为以下三类：

（1）综合性人物工具书

全面收录各个领域、行业的人物，主要包括人名辞典和人名索引两种类型。这两类工具书是查找北京人物的综合性辞典和索引，在体例上都是开创性的，有着重要的价值。

人名辞典比较简明扼要地介绍人物的生平，如马尚瑞主编的《北京古今名人辞典》（新华出版社1991年出版），此书收录了自先秦至中华人民共和国成立后在北京地区某一领域作出过贡献，或产生过较大影响的北京籍人士或外地来京长期寓居者，约1800人。该书是研究北京历史人物的重要参考工具。

人名索引或是提供查找人物的线索，或是解决姓名、字号、生卒年代等问题。如高秀芳主编的《北京天津地方志人物传记索引》（北京大学出版社1989年出版）收录北京、天津73种地方志中涉及的各类人物约9600人。所收人物，上自远古，下迄清末；凡志中人物、官师选举、杂记、学派、遗闻、金石、艺文以及列女等志之有传记的人物均收录在内。本书为研究京津两地人物提供了线索，同时也为利用方志传记资料的读者提供了重要线索。

（2）专科性人物工具书

专门收录某一领域内的人物传记。主要分为两类：

① 综合性人物总传

《明清进士题名碑录索引》(朱保炯、谢沛霖著,上海古籍出版社1980年出版)是检索明、清两朝人物资料的一本工具书。其内容包括了两朝考中的进士共计201科51624人,以明清两朝进士题名碑录为主要依据编写,碑录中无法辨认的,则查考其他记载加以校订补充后,按四角号码检字法顺序排列。在著录格式上将每人列为一条,分别注明其籍贯、科年、甲第、名次。

在工具书类型中,图片、照片都是最直观、最形象的资料。《清代帝后像》(国立北平故宫博物院编,1929年出版)、《故宫旧人物照片集》(刘北汜、李毅华编,紫禁城出版社1990年出版)、《故宫珍藏人物照片荟萃》(刘北汜、徐启宪编,紫禁城出版社1994年出版)都为极具史料价值的大型图录,从而更直观地反映了当时历史人物的风貌,以及清代皇家的服饰、起居生活、园林、建筑的特点,从而为研究清代人物及历史提供了第一手资料。

《清华人物志(1—5辑)》(清华大学校史组编,清华大学出版社1983年出版)和《燕京大学人物志》(侯仁之主编,北京大学出版社2001年出版)都是查找文化教育界人士的工具书。《清华人物志》介绍了清华建校之初至1991年期间与清华大学有关的,又在我国政治、经济,特别是文化教育、科学技术事业发展中产生过一定影响的人物的事迹,如刘仙洲、张子高、梁思成、梁启超、华罗庚、周诒春等国内外知名的学者、教育家、科学家。《燕京大学人物志》则收录了中国科学院院士、工程院院士等,以及1919年建校之初到1932年入学的学生,并记录了他们事迹中有限的一部分内容,人物照片均随文刊出。

《京城国医谱》(索延昌主编,中国医药科技出版社2000年出版)收录了1911年辛亥革命至1949年中华人民共和国成立,近40年期间生活在北京的中医状况,共收录中医284位,介绍了他们的生平简况及其临床理论和临床经验精华。本书内容翔实可靠,有资料价值。

② 人名录

从民国时期,人名录的编辑已很普遍,其数量也较大,方法同现在的基本相同,但内容全面、价值较高的人名录似乎未见。这部分工具书主要包括了一些中华人民共和国成立前所编的同官录、同寅录、同学录、同乡录和同戒录等;还包括了中华人民共和国成立前后所编辑的专业性、行业性名录。

同官录反映的是在同一衙署中共同做官的人物。这类工具书在清代较为多见，如《直隶同官录》（出版者出版地不详，1920年出版，线装）是一部直隶省同年在职的官员名录，介绍了省公署、运使公署、财政厅等机关内官员名单。著录项目包括职务、姓名、年龄、籍贯、毕业院校等情况。另外还有《北平特别市市政府及附属机关职员录》（北平特别市市政府秘书处第一科1929年编印）等等。

同寅录收录了同届科举得中的人物，如《大清直省同寅录》（佚名编，出版者不详，清末出版）是一部介绍清末直隶同年上任的官员名录，其中包括派往奉吉、直隶、江苏、安徽、山东、山西、河南、陕西、甘肃、福建、浙江、江西、湖北、湖南、四川、广东、广西、云南、贵州等地担任道员、知府、同知、知州、通判、知县的人员名单。此书为学者研究有关清末各省官员上任情况提供了一定的依据。

同学录、校友录收录了同校读书的人物，多以介绍某一时间该学校毕业生的基本情况为主，这部分工具书数量较多。《国立北京大学历届同学录》（国立北京大学五十周年筹备委员会编，国立北京大学出版社1948年出版）收录时间从1898年至1946年。收录学生共计12500百余名，籍贯遍及全国各地，所学专业涉及地质、机械、经济、英文、电机、医专、电信、法律、应化、农艺、纺织、教育、土木、中文、哲学、史学等。书后附有姓名索引，便于查找。《国立北京师范大学毕业同学录》（李锡年等编，北京师范大学1927年出版）以文字的形式介绍了北京师范大学历年的沿革；以图片的形式介绍了校内的重要建筑，还包括历任校长、教员等都一一介绍。另外，还有《北平市私立四存中学校同学录》（北平市私立四存中学校编，1934年出版）、《北平师范学校校友录》（祁森焕辑，1931年出版，线装）、《中央戏剧学院校友录(1950—1990)》（中央戏剧学院编，1990年出版）等，由于种类繁多，兹不一一列举。

同乡录为外地旅京人士名录。《浙江旅京同乡录》（浙江工会编，1914年出版，石印本）为旅京浙江同乡录。《旅京福建同乡录》（旅京福建同乡会办事处编，1918年出版，线装）为旅京福建同乡通讯录。

同戒录为同一个寺庙出家的人名录，如《北京广济寺同戒录》《岫云寺同戒录》《敕赐京都法源同戒录》等，它是研究北京佛教人物的重要资料。

另外，此类工具书还有中华人民共和国成立后各机关、团体、学校、单位的人名录。如《北京地区普通高等学校教授人名录》《北京市政协委员名册》《北平市政府职员录》《北平国医工会同仁录》等；北京市民政局所编《北京市革命烈士英名录》反映了1919年至20世纪80年代北京市的英烈情况；中共北京市委党史研究室所编《北京抗日群英谱》集中展现了抗日战争期间北京30余位抗日英雄、模范和著名人士的英雄事迹；还有行业性的《北京工人技师名录》等。

(3) 宗谱、家谱、年谱

宗谱、家谱是以一个宗族或家族为主线，真实记录了宗族或家族间的关系，是系统研究某一宗族或家族情况的重要资料来源。较著名的有《爱新觉罗宗谱》《清皇室四谱》等。

《爱新觉罗宗谱》（《爱新觉罗宗谱》编纂处编，学苑出版社1998年出版）是中国谱牒历史上最著名的大型统谱之一，具有极高的文献价值和史料价值。本书始修于1935年，以光绪三十三年（1907年）族谱为基础，又参照了民国十一年（1922年）的族谱并续修了此后的部分，于1937年修成，1938年排印本，精装8巨册。书中收录了80000多个人名，以谱录的形式记述了这个宗族自明代中叶至20世纪30年代以来约500年间的繁衍和发展的过程。

《清皇室四谱》（唐邦治辑，上海聚珍仿宋印书局1923年出版）介绍了清代皇室成员的情况。本书主要分为四卷：第一卷介绍清代列帝；第二卷介绍后妃的情况，第三卷介绍皇子的情况，第四卷介绍皇女的情况。各卷内容均包括人物的生卒年及族属关系。台北文海出版社于1967年和1985年两次再版该书，另有学苑出版社2007年出版的《皇清宗室谱系四种》。

《马佳氏家乘》（马熙运辑录，1982年出版）是马佳氏家族的宗谱。内容分为四部分，第一部分为马佳氏第三次续修族谱序及自序；第二部分主要介绍马佳氏历代祖先的名字、事迹等情况；第三部分收录升勤直公碑文、宝梦连公碑文、绍秋皋公碑文；第四部分收录了7张马佳氏世系图。本书有利于后人了解马佳氏家族的族属关系。

年谱多以时间为主线，记录某个人物一生的大事记，从而集中反映了其生平活动和思想发展，对于查考某个人物具有重要的意义。年谱类文献众多，这里仅介绍一小部分。

《鲁迅年谱》（李何林主编；鲁迅博物馆、鲁迅研究室编，人民文学出版社1981年出版；1984年再版；2000年增订版）以时间为序，收录了从1881年至1936年鲁迅的生平事迹和所有著作及译文（包括小说、诗歌、戏剧、论文、杂文、散文、散文诗、序跋、前记、后记、启事、广告、按语、辑录校勘的古籍等），书信、日记有选择地收录。书后附《鲁迅著译年表》和与鲁迅有关的人物、书刊、社团、教育活动和简表及笔名录等。本年谱引用的鲁迅著译，是根据人民文学出版社1956至1958年出版的《鲁迅全集》、1958年出版的《鲁迅译文集》、1976年出版的《鲁迅书信集》和《鲁迅日记》；文物出版社1978年开始出版的《鲁迅手稿全集》和其他新发现的鲁迅佚文、书信。

《老舍年谱》（张桂兴编撰，上海文艺出版社1997年出版）是一部重要的编年体的工具书。它收录了老舍先生在1899年至1946年间的著译作品、文学活动和生平事迹。

《李大钊生平纪年》（韩一德、姚维斗著，黑龙江人民出版社1987年出版）按大事记、事略、著译、述要四个部分编写，集中地反映李大钊1889—1927年间的生平活动和思想发展，便于读者查阅。大事记部分简要记述本年国内外重大事件，尤其是与李大钊有关的事件，帮助了解李大钊活动的主要背景；事略部分记述李大钊的活动；著译部分较翔实地记述李大钊的文章、诗歌和重要通信等；述要部分针对每年的重大问题做必要的概述，较集中、准确地反映李大钊生平大事和思想发展。

《梅兰芳年谱》（王长发、刘华著，河海大学出版社1994年出版）真实地记录了梅兰芳的艺术历程。全书分为序、凡例、正谱、附录、后记五部分内容。正谱分三个阶段记述了谱主学艺成名、编演新戏、出国访问、蓄须辍演、重登舞台、电影生活、为民献艺、收徒传艺、参政议政以及主要社会、文化等活动的有关大事、谱主早期演出的珍贵资料和有影响的演出以及部分梅派弟子的材料。年末附有"本年大事"，摘录与谱主活动有关的大事及时代背景，可供读者参考。附录部分包括郭沫若的《在梅兰芳同志长眠榻畔的一刹那》、田汉的《梅兰芳纪事诗》（二十五首）、马少波的《梅兰芳传略》。书前附有多幅珍贵照片。

《蔡元培先生年谱》（王世儒编，北京大学出版社1998年出版）客观地反映了历史的本来面目。在编写过中，多有借鉴与参考高叔平、陶英惠二人的《蔡元培年谱》。全书分为上、下两册，上册时间范围是1868—1926年，下册时间范围是1927—1940年。本年谱翔实地记述了蔡元培的生平、事迹和思想的本相，所有纪事均以年月日为序，以与谱主直接有关的事项为限。

《曹禺年谱》（田本相、张靖编著，南开大学出版社1985年出版）从1910年到1984年按照时间顺序叙述了曹禺的生活经历及戏剧活动，再现了曹禺对戏剧的贡献，如实地汇集了这75年来有关曹禺生平的材料，集中地反映了曹禺的生平活动和思想发展。本书对于了解曹禺的生平和思想发展的学者，有着一定的参考价值。

《徐悲鸿年谱（1895—1953）》（李松编著，人民美术出版社1985年出版）可帮助使用者深刻地认识和评价徐悲鸿在艺术创作和艺术教育上的贡献，同时通过一个侧面，从纵的和横的方面，研究、了解半个世纪以来中国美术的发展与衍变，了解许多画派和画家的活动，研究他们之间的相互影响与矛盾、斗争。年谱侧重记载艺术思想和创作活动，对于生活、交游等，记述较为简略。

《冯国璋年谱》（公孙訇著，河北人民出版社1989年出版）以详细可靠的史料，按照年月日顺序，将冯国璋一生的活动进行整理。所叙事实都以冯国璋的演说、谈话、公牍、函电及报纸杂志的报道为依据。纪事偏重以下列四个时期：1895—1910年，是他从事近代军事研究、改革和创办军事学校及为清政府筹划国防事宜时期；1911—1913年，是他充当清朝及袁家政权"功臣"，率军镇压辛亥革命和"二次革命"时期；1914—1916年，是他督促坐镇江南，联络南方，反对袁世凯称帝时期；1917—1918年，是他当选为副总统及代理总统反对张勋复辟，反对段祺瑞"武力统一"时期。书后附《冯氏壹支家谱》（节录）、《冯国璋事状》《冯国璋的后代们》。

另外，还有《严复年谱》《陈垣年谱》《吴玉章年谱》《俞平伯年谱：1900—1990》、梁思成、《吴宓自编年谱：一八九四年至一九二五年》《周作人年谱：

1885—1967》《评梅女士年谱长编》等等。

三、结语

  北京人物的巨大魅力，首先来自于他们对历史和现实社会的贡献。只有占有了相当的史实和资料，才能了解一个北京人物其自身发展的轨迹与历程，探寻其思想演进的不同阶段，从而拉近历史与现实的距离，最终还原给人们一个人物的真实全貌。

  北京人物类工具书是查考北京历史和北京人物背景的案头必备，它更有助于研究北京人物的时代背景、历史作用、阶级属性、对社会生产和科学文化发展的影响等等。特别是年谱类工具书对于某一人物的描述内容，一般都会收录众多的历史事件贯穿其一生。因此，必须首先广泛地了解、占有这些基本的事实材料，才能达到从严考证一个人物的目的。

参考文献

[1] 高秀芳：《北京天津地方志人物传记索引》，北京：北京大学出版社，1989年。

[2] 朱保炯、谢沛霖：《明清进士题名碑录索引》，上海：上海古籍出版社，1980年。

[3] 刘北汜、李毅华：《故宫旧人物照片集》，北京：紫禁城出版社，1990年。

[4] 侯仁之：《燕京大学人物志》，北京：北京大学出版社，2001年。

[5] 索延昌：《京城国医谱》，北京：中国医药科技出版社，2000年。

[6] 张桂兴：《老舍年谱》，上海：上海文艺出版社，1997年。

地方文献资源建设与服务

"互联网+"地方文献数字资源的整合与利用
——基于"桂林e文化"建设的思考

秦 璇（广西桂林图书馆）

摘 要：通过对"互联网+"时代地方文献数字资源的特点进行分析，结合广西桂林图书馆"桂林e文化"建设的工作实际，针对地方文献数字资源整合机制、利用提升的工作经验，对"互联网+"时代下地方文献数字资源的整合与利用进行探索与思考，并做归纳与整理，为研究地方文献数字资源与互联网进一步融合并最终实现地方文献数字资源的广泛利用与推广提供一定的参考。

关键词：地方文献；"互联网+"；"桂林e文化"；数字资源整合与利用

Abstract:This paper analyzes the characteristics of digital resources of local documents in the era of "Internet plus".Combined with the construction of Guilin e-culture of Guilin library in guangxi.Based on the working experience of integrating mechanism and improving utilization of digital resources in local documents.Explore and consider the integration and utilization of digital resources of local documents in the era of "Internet plus", and do some induction and sorting.This paper provides some references for the further integration of digital resources of local documents with the Internet and the wider utilization and promotion of digital resources of local documents.

Keywords:local documents; internet plus; Guilin e-culture; integration and utilization of digital resources

在"互联网+"时代的大背景下,随着公共图书馆地方文献数字资源建设工作的进一步推进与发展,公共图书馆馆藏地方文献数字资源储量不断增加,针对公共图书馆馆藏地方文献数字资源的高效整合与利用,广西桂林图书馆也开展了相应的探索与实践,"桂林e文化"项目正是借助于现代信息技术,将"散珠碎玉"的馆藏地方文献数字资源进行整合,以主动服务、主动推送、个性定制等方式,探索对地方文献数字资源的主动传播与利用服务模式,对研究如何高效地整合与利用地方文献数字资源,促进地方文献数字资源与互联网的深度融合,发挥地方文献数字资源的最大潜能,为社会传承、经济建设、科学发展提供服务,并最终实现地方文献数字资源建设的价值和意义,提供了一些值得借鉴的工作思路。

一、"互联网+"时代地方文献数字资源特点浅析

(1)建设题材广泛

地方文献是指内容与地区有关的一切文献,地方文献记录着某一地区内历史、地理、社会、经济、政治、生活、人文、风俗等方方面面的内容[1],可以说是包罗万象,无所不有,地方文献的这一特征在"互联网+"时代地方文献数字资源中表现为地方文献数字资源建设题材的广泛化,依托数字化技术的进步和地方文献数字资源建设工作的深入,地方文献数字资源的建设题材正在不断扩展,以广西桂林图书馆为例,到目前为止已建成了包括广西抗战文化、刘三姐文化、广西红色历史文化、桂海讲坛、桂林石刻、广西旧方志、桂林旧影、广西农业科技等资源,涉及地方名胜景点、历史文化、文学、艺术、名人、民族民俗等题材丰

---

1 邹华享:《地方文献工作若干问题的再认识》,《图书馆论坛》2004年第6期。

富的地方文献专题数字资源。

（2）展示形式灵活

地方文献数字资源，即以数字化手段保存和使用的地方文献资源，根据数字化技术的不同，建成的地方文献资源大致可以分为视频、音频、文字、图片几个类型，通过对一系列地方文献数字资源展示平台中地方文献数字资源展示模式的了解和研究，不难发现这些地方文献数字资源除了极少部分以视频、音频、文字、图片等单一类型进行展示以外，更多的是通过视频加文字、音频加文字、音频加图片、文字加图片、音频加文字加图片等自由组合的形式，形成了类型多样、界面丰富、模式生动的地方文献数字资源灵活展示形式。

（3）传播渠道多样

借助"互联网+"时代通信技术的飞速发展和电脑、手机等便捷数字设备的高度普及，各式各样的信息传播平台逐渐发展壮大，数字资源的传播渠道也变得越来越多元化，当下较为常见的传播平台分别有公共图书馆的官方网站、微博、微信、抖音、慕课等，这些不同的传播平台通过建立专题网站、开通微信服务、开设微博账号、提供直播服务、APP 定制等途径开拓数字资源传播方式，使得地方文献数字资源能够通过多渠道为民众提供资源服务，同时民众也可以通过越来越多的渠道进行地方文献资源的发现与分享，地方文献数字资源得以借助多元化的平台渠道进行广泛的使用与传播。

二、"互联网+"时代地方文献数字资源整合机制

（1）建立多层数据库组织

当前的地方文献数字资源因为建设项目的不同，导致不同专题资源库之间的地方文献数字资源保存和使用都相对独立，这就造成地方文献数字资源整体之间存在融合性差、关联性弱等问题，这一问题在很大程度上制约了地方文献数字资源的高效整合与利用，想要解决这一问题，首先必须要建立一个包含各个特色专

题资源库中地方文献数字资源的多层数据库,实现数字资源的一次标引,多重应用。以"桂林e文化"建设为例,项目通过充分整合广西桂林图书馆现有的使用CM系统建立的各类地方文献相关数字资源,同时使用微聚系统对本馆自建地方文献数字资源进行补充,建立了"底层资源数据库""复合型资源数据库"等两层以上的数据库组织。"底层资源数据库"即素材库,主要收录有价值的文本、图片、音频和视频文件,通过复杂元数据结构定义,对资源进行细致描述和深层次标引;"复合型资源数据库"即复合资源库,结合项目建设栏目需求,通过对素材库资源的标识项、分类项、关键词、一般项等数据进行分类抓取和使用,最终把素材库的数据信息分栏目呈现出来。目前,桂林图书馆通过对自建的24个资源库旧数据进行整合,已搭建地方文献数字资源素材库12个、复合资源库15个,并将复合资源库中的数据信息在相关栏目中进行展示。

(2) 建立多层数据库间数据关联及引用规则

通过多层数据库组织建设,实现信息关联、资源库关联、元数据跨库查询关联、任意标引跨库查询关联、语义优化和关联等自动关联发布。以"桂林e文化"建设为例,数据之间通过非主体资源项关系设置,实现发布栏目与所有主体相关数据资源的关联和引用。例如在"风景名胜"栏目添加主体与非主体资源库关系设置,首先是基于"底层资源数据库"中的图像、音频、视频、文字等数据资源在"复合型资源数据库"中的汇集,其次在"复合型资源数据库"中对"风景名胜"栏目这一主体相关所有数据信息资源进行筛选,最后通过对"风景名胜"栏目主体与"复合型资源数据库"中多个与之相关非主体资源进行关系的一一添加,最终实现在"风景名胜"栏目下全部相关资源信息的显示。主体与非主体资源库关系可以进行修改或删除,修改主体与非主体资源库关系后,将在修改后的位置显示非主体资源库的内容,删除主体与非主体资源库关系后,在发布视图中除了指定的主体资源库外,将不再显示多个非主体资源库的内容。

(3) 建立数字资源整合系统维护与更新机制

为稳定开展地方文献数字资源整合工作,保障地方文献数字资源整合系统的正常使用，必须建立科学的维护及更新机制。第一，地方文献数字资源整合系统必须采用主流、成熟、实用的数据库平台及系统硬件设备，把各种先进的内容管理技术、数据库技术、网络技术等融合到整个系统的维护当中；第二，地方文献数字资源整合系统应根据使用需求和资源储备等情况，建立灵活的元数据组织模型与可扩展的信息存储机制，增强系统的扩展能力；第三，地方文献数字资源整合系统应具备统一的素材库、资源库管理平台，便于数据资源的全方位监控、维护与更新，保证整个资源整合系统灵活、稳定、高效地运行；第四，地方文献数字资源整合系统应提供灵活、易用、友好的操作界面，便于使用者进行地方文献数字资源的管理、扩充与使用等。

三、"互联网+"时代地方文献数字资源利用提升

（1）资源展现与服务开发

地方文献数字资源的资源展现及服务开发，是地方文献数字资源利用提升的基础。以"桂林e文化"建设为例，数字资源展现方式主要分为网络多平台展示、数字资源体验区展示。网络多平台展示通过网站、APP、微信公众号等实现，网站作为一种相对传统的展现形式，通过资源定制、阅读推荐、信息检索、账户管理等服务的开发，向使用者提供较为成熟与完善的展示体验，而自主研发的APP与微信公众号等新兴资源展现形式[1]，则是通过周边文化定位、周边景点定位、热点文化推荐、文化智能推送、资源信息检索等服务，为使用者提供更便捷、更高效的展示互动体验。数字资源体验区以网络平台为依托，利用PC、移动终端、大屏一体机、AR设备等实现地方文献数字资源的展示与服务，数字资源体验区通过为青少年提供新颖生动的VR展示服务，为阅读困难人士提供地方文献数字资源便捷阅读服务[2]，为特色精品地方文献专题资源提供定制展示服务等，为地方文献数字资源的高效利用提供多元化通畅道路。

---

[1] 淳姣、何华、郑军等：《图书馆应用社交网络推广数字资源调查》，《图书馆论坛》2018年第5期。
[2] 范并思：《论图书馆阅读推广的理论体系》，《图书馆建设》2018年第4期。

(2) 资源推送与分享推广

地方文献数字资源的资源推送及分享推广，是地方文献数字资源利用提升的重要手段[1]。在"桂林 e 文化"项目中，地方文献数字资源的推送方式可大致分为资源订阅推送、系统主动推送、智能分析推送等。资源订阅推送即是由用户在订阅主题列表中选择订阅项来确定推送内容，满足用户的个性化定制需求，方便用户主动获取其感兴趣的地方文献数字资源信息；系统主动推送即是根据资源特点和主要推荐方向进行的资源推送，主要用于最新资源、最热资源、重点推广资源等精品资源的自主推荐；智能分析推送即是依托于通过智能分析建立的用户行为模型进行的资源推送，通过自动将用户与资源间进行资源匹配，并根据推送策略进行自动推送，来实现资源推送的高成功率。同时，用户还能将其获取到的推送资源和感兴趣的其他资源等进行分享推广，以推送加分享的模式实现地方文献数字资源最大范围的推广和利用。

(3) 文创产品与利用提升

在当下文创产品的开发与利用已经进入蓬勃发展的时期，国家图书馆就有以馆藏古籍为灵感的文创产品[2]，用产品把人们吸引到地方文献数字资源网络展示平台上来，进一步拉动地方文献数字资源的利用与传播的尝试。这正是"互联网+"地方文献数字资源利用提升的意义之所在。"桂林 e 文化"项目，通过以用户思维为导向，提取地方文献资源中具有艺术性、地域性、历史性的符号、图案等作为设计元素，向用户提供精心设计制作的钢笔、笔记本、文具袋、U 盘等，既有艺术性、实用性，又有文化性的文创产品，以文创产品开发与利用提升地方文献数字资源的知名度，同时，结合资源展示平台上的用户积分激励系统，引导人们在地方文献数字资源展示平台上，通过用户注册、参加活动、登录签到、完成指定任务等方式获取用户积分，再以参加活动获取文创产品、累计一定数额积分兑换文创产品等方式，刺激地方文献数字资源使用平台点击使用率的长足增长，最终实现地方文献数字资源影响力的提升。

---

1 淳姣、何华、郑军等：《图书馆应用社交网络推广数字资源调查》，《图书馆论坛》2018 年第 5 期。
2 陆晓君：《图书馆领域文创产品创新发展探究》，《出版广角》2018 年第 2 期。

四、结语

在"互联网+"时代,地方文献数字资源作为人们了解地方历史文化、传承与发扬地方特色文化的重要资料之一,只有借助互联网信息技术的种种优势,探索与实践地方文献数字资源的高效整合与利用,实现地方文献数字资源与互联网的深度融合,才能最大限度地提升地方文献数字资源的传播力、传承力、发展力,为区域内社会经济文化等的传承与发展提供最大助力。

参考文献

[1] 邹华享:《地方文献工作若干问题的再认识》,《图书馆论坛》2004年第6期。

[2] 王霞:《"互联网+"环境下图书馆文献资源建设模式研究》,《图书馆学刊》2018年第1期。

[3] 张凤起:《基于移动APP的科技文献阅读模式探讨》,《内蒙古科技与经济》2016年第24期。

[4] 淳姣、何华、郑军等:《图书馆应用社交网络推广数字资源调查》,《图书馆论坛》2018年第5期。

[5] 袁红军:《"互联网+"背景下图书馆文化创意产品营销策略研究》,《图书馆工作与研究》2018年第1期。

[6] 陆晓君:《图书馆领域文创产品创新发展探究》,《出版广角》2018年第2期。

[7] 刘建:《现当代地方文献的特征与人文价值及其开发和利用研究》,《山东图书馆学刊》2018年第2期。

[8] 范并思:《论图书馆阅读推广的理论体系》,《图书馆建设》2018年第4期。

公共图书馆地方文献资源建设及展望
——以天津图书馆为例

孙立智（天津图书馆）

摘　要：本文以天津图书馆为例，将地方文献资源建设工作做一梳理，主要从馆藏特色、开发利用两个方面进行介绍，并就不足之处及对地方文献工作的展望略作阐述，与同仁探讨，试图摸索出公共图书馆地方文献资源体系建设的有效途径。

关键词：地方文献；天津图书馆；特色；开发；展望

Abstract:Take Tianjin Library as an example, this paper integrates local literature work and is mainly focus on characteristics and development of book collection, as well as the inadequacies. Through a prospect of local literature work with your hornered professionals, let's find an effective strategies for local literature resources building in public library.

Keywords: local literature; Tianjin library; character; development; prospect

1982年颁布的《省（自治区、市）图书馆工作条例》第二条，规定省馆的主要任务包括"搜集、整理与保存文化典籍和地方文献"。作为条例的具体实践，天津图书馆于1993年4月1日正式成立地方文献阅览室，至今已有二十五载。2018年1月1日起施行的《中华人民共和国公共图书馆法》第三章第二十四条规定："公共图书馆应当根据办馆宗旨和服务对象的需求，广泛收集文献信息；政府设立的公共图书馆还应当系统收集地方文献信息，保存和传承地方文化。"这是有关图书馆的第一部法律，首次在法律层面制定了公共图书馆收藏地方文献的义务。就笔者了解，目前各省图书馆及部分区县图书馆均设有地方文献专室，并各具特色。本文就天津图书馆藏地方文献的特色、开发利用做一介绍，并就未来工作展望略述于后，与专家、同仁探讨，望匡其不逮。

一、馆藏地方文献特色解读

天津图书馆建于1908年，至今已走完110个春秋。馆藏地方文献内容丰富、结构完善，由历史遗存、调拨、单位归并、征集、受赠等方式积累而成，仅中华人民共和国成立前中文图书就达到1200种之多，具有连续性、稀有性两大特征。连续性是指时间层面，纵贯几百年，从古籍到民国文献再到中华人民共和国成立后地方性著作、报刊，均有收录；稀有性是指文献价值层面，古籍多孤本、善本、抄本，民国时期革命文献及报刊多独家收藏。此外，还设有京津冀年鉴专柜。

（1）古籍

清代刻本占有一定比例。本馆方志藏量丰富，（康熙）《天津卫志》，清康熙十三年（1674年）刻本，为本馆藏最早的地方志书；史料性著作也是收藏重点，（道光）《津门保甲图说》，清道光二十六年（1846年）刻本，本书前半部分收录了军机处、直隶总督、天津道等有关海防的文告、奏稿等，后半部分为图说，分河流图说及天津城区东西、南北四周各村庄图说；《盘山志》，清康熙三十年（1691年）刻，同治十一年（1872年）补修本，是拙庵大师历九寒暑，在大量实地考察、探访名僧隐士、搜求遗书基础上撰辑的，内有名胜、人物、建置、物产、历代帝王游幸盘山的纪事及诗赋碑刻等，极具史料价值。

兼具文物价值、文献价值、艺术价值的抄本也是本馆藏书特色之一，因流传稀少，已是凤毛麟角，且多为孤本。《津海关道呈报直隶总督部堂的呈文》，手抄本，清光绪元年（1875年）八月，是津海关道黎兆堂呈报直隶总督李鸿章关于1874年8月3日美国的夹板船在吴家嘴碰沉中国渔船处理过程的呈文。《天津机器局公牍钞本》，清钞本，内容多为机器局写给李鸿章办洋务的有关事项。《天津民教滋事善后录》，清末钞本，内容为涉及天津教案、天津掌故的奏札。

地方特色明显的家谱，如《续修天津徐氏家谱》，是徐世昌续修其五世祖徐钟麟以来的行术，并附家训及方志中有关先祖的记载。还有《介山自定年谱》《杜氏家谱》《华氏家谱》等。家谱一定程度上可以反映本地区的发展变化，故为研究天津大族历史及地方社会变迁提供了一手资料。

（2）民国文献

"北有天津卫，南有上海滩"，民国时期，天津是中国北方的经济中心，与上海并称南北二雄。作为首批对外通商口岸，天津出现了九国租界并立的特殊局面，这在全国独一无二，故这一时期保存下来的文献富有特色且价值极高。本馆民国地方文献资源体系构成主要是中文、西文、日文图书及本地所办报纸、期刊。

中文图书内容丰富，涉及广泛，充分反映了民国时期天津的政治、经济、文教、交通运输、宗教、社会生活等方面的情况，具有重要参考价值。区域特色突出，有代表民族企业发展的启新洋灰公司、永利制碱公司、东亚毛呢纺织公司等大量史料，如《启新洋灰有限公司》《永利制碱股份有限公司第二届股东会议事录》等；有代表环境治理与城市规划设计的永定河、海河、南运河史料，如《堵筑永定河决口工程处总报告书》《整理海河治标工程进行报告书》《海河放淤工程报告书》等；其他有关天津文庙、崇化学会、图书馆、美术馆、北洋大学、耀华中学等资料数百种，为现代城市规划、环境治理、文教改革等举措提供宝贵历史经验，为复兴津门添砖加瓦。

外文文献是本馆藏书一大特色，且不乏珍贵史料。如日文藏书中，有一批天津日本居留民团的资料，系统记录了该团在天津的活动情况，据专家称属海内外孤本。此外，还有天津居留民团出版的有关天津地区的著述，如《天津港口则》《天津水灾鸡年写真贴》等，可为相关课题的研究提供不同视角的材料；有一部分南满资料，是日人在东北地区设置"南满洲铁道株式会社"出版的文献，尤其是满铁天津事务所编刊的资料，是研究地方史的珍贵文献，如《天津の银号》《天津港（含塘沽）经营现状、概要》《北支棉花に关する一考察》等；天津日本商工会议所编写的有关工商业方面的报告，如《大正八年度天津贸易年报》《天津概观（附天津商工名录）》《天津华商公会名鉴》《天津商工汇报》，此类资料均是日人为侵华战争提供资料的调查报告，大多较为真实可靠，今天，通过挖掘、整理，为我所用，又可成为研究中国社会史、经济史、地方史的重要补充资料。

西文藏书中，有早期来华的传教士、汉学家、外交官、商人等对天津的研究及游记，如 American Business and Social Directory of Tientsin、HAI-HO Conservancy Commission、Tientsin Exchange、Tientsin Race Club、Report of the Committee of the Tientsin General Chamber of Commerce，诠释了西人眼中的天津，并留下了诸多史料性文献，其中不乏珍贵照片，反映了当时天津的社会风土人情，是中西文化融合交流的见证，具有学术研究和文化交流的现实意义。

据资料统计，民国时期天津地区出版中外文报刊达 2000 余种，目前馆藏有 530 余种，在本地区各藏书单位首屈一指。有 1886 年创刊，记录天津社会历史的最早中文报纸《时报》；有享誉中外、鼎足津门的三大报——《大公报》（天津版）、《益世报》《庸报》；有 1926 年创刊，被誉为"天津及华北第一份铜版印刷画报"，报人称作"北方巨擘"的《北洋画报》，以照片和图片为主，信息量大，记录华洋共处的这段历史，是研究现代社会发展史的重要文本；值得一提的还有畅销租界的英文《京津泰晤士报》，可堪称本馆一宝，由英国建筑师裴令汉（William Bellingham）在英租界工部局的支持下创办，发刊于 1894 年 3 月，它发行到国外的数量是近现代时期所有在华英文报纸中最大的，影响可见一斑。本馆原版收藏齐全，对研究中英关系、地方史、报业史均是不可多得的资料。

天津近代教育发达，学界思想活跃，纷纷创办期刊，有"百花齐放"之势，北洋大学、南开大学、河北女师、法商学院、水产学校等大中专院校及南开中学、耀华中学、汇文中学都有自己的校刊或校报，如《耀华年刊》。其他团体组织，如图书馆、民众教育馆等也有自己的独家刊物，如《天津市市立通俗图书馆月刊》，或宣传活动，或发表评论，成为推动社会教育发展的学术阵地。当时重大历史事件及不同阶层的看法都可在馆藏文献中追寻足迹。

（3）京津冀地方年鉴特藏

为落实京津冀协同发展这一战略，推动三地公共图书馆密切合作，实现三地读者对文献资源的共享，2015年11月19日，京津冀图书馆联盟成立。作为地方文献的具体实践，2017年，天津图书馆开设"京津冀地方年鉴特藏展区"，藏书以京津冀三地各种年鉴为主，辅以地方特色文史资料，如《燕赵文化史稿》《北京民间美术》《河北天主教史》《当代北京云居寺史话》《英租界档案》等，为读者查阅京津冀相关资料提供"一站式"服务。

二、馆藏地方文献的开发利用

藏书是公共图书馆的基本职责，藏是为了用，用离不开藏。史料再整理和数字化让文献查阅更加快速、便捷，举办文史讲座让馆藏文献逐渐"活起来"，走近读者。以下三种方式是本馆地方文献得以开发、充分利用的主要路径。

（1）史料整理

天津地方文献主要形成于清代乾隆以后，多珍贵稀见。2017年，以馆藏文献为基础，辅以其他公藏单位资料，整理成书的《天津文献集成》，被视为地方文献古籍部分的整理成果，共录天津地方文献84种，这对追寻津沽记忆，守望文化家园，延续天津文脉，起到积极的促进作用。据《益世报》原版，进一步挖掘地方史料，整理成册的《〈益世报〉天津资料点校汇编》，成为受广大读者欢迎的工具书。此外，"《大公报》天津史料汇编"的工作也正在进行中，目前已完成1902—1911年部分，待出版。本馆工作人员王永华老师历经数年整理的《建国前津版中文期刊全国存藏目录》也即将出版。这些整理文献曾为纪录片和影视剧拍摄提供了不少素材，如央视热播的《五大道》《辛亥风云》《小洋楼》等，真实反映了一个世纪前天津的社会风貌。

（2）数字化开发

随着科技的发展，书籍"藏"与"用"的历史矛盾得以解决，主要途径即是数字化，既做到文献的保护工作，又实现了其利用的价值。2009年本馆启动了"缩微文献影像数据库"建设项目，其中地方文献是开发重点。像"天津文化艺术志""天津民俗方志""居留民团史料""天津地方志（古籍）""津门曲艺""名人故居"等模块，通过浏览天津图书馆网站的网络资源即可实现全文查询。

（3）举办文史讲座

公共图书馆举办公益讲座已是遍地开花，且不乏形成品牌效应的形式，如国家图书馆的历史文化系列讲座"文津讲坛"，浙江图书馆以普及性为特点的"文澜讲坛"，本馆的文化名家系列"海河大讲堂"等。2013年3月8日，天津图书馆"民国文史客厅"系列讲座开课，主讲人是本馆原民国文献研究室研究员王向峰老师，主要以地方文献为依托，回溯民国津门历史风云、豪门家道兴衰，解析租界文化的重要内涵，梳理近代天津的变迁。每次讲座，读者爆满，反响强烈，成为天津图书馆的招牌活动。然而，时间定格在2015年11月6日，由于主讲老师身体不适，讲座没有再进行下去，甚为遗憾。

三、关于地方文献工作的展望

本馆地方文献资源建设特色突出，纵贯中西。然为顺应新时代学术潮流，还需要新的视野、新的管理理念、新的藏书标准。

（1）丰富非纸质文献馆藏

本馆地方文献藏量大、语种多，但介质单一，多纸质，为紧跟新时代学术研究形势，需要新的拓展。如口述历史等影音资料，目前已经在历史学、社会学等领域多有建树，从发展趋势看，急需加入到地方文献资源体系中来，留存社会变迁的记忆、印记，见证地方发展，为地方文献工作者们提供新史料、新视角，推进区域文化传统的充分、有序传承，推动区域社会进步。

（2）保障文献征集

地方文献征集一直是图书馆难题，渠道不畅，资源建设无从谈起。除呈缴外，购买和受赠是征集的主要渠道，要想充分完善地方文献建设，还需要拓展其他方式。专人专岗制度可作为解决文献征集难题的尝试，具体做法为设专人征集资料，保障时间和人力，与业绩挂钩，征集方式扩大为与各相关单位协作征订、网上购书、旧书市场淘书等，并策划地方文献征集的宣传活动，多渠道、多方式完善馆藏。

（3）制定规范标准

无规矩不成方圆，失去规范，工作势必不顺畅。地方文献资源建设之所以不好推进，和相关标准没有制定有很大关系，就笔者了解，目前只有浙江省制定并实行了《浙江省公共图书馆地方文献资源建设规范（试行）》，成效显著，收获满满。若能制定全国范围内的相关规范，各省市根据实际情况规定细则，建立保障机制，并和评估挂钩，地方文献资源建设工作何求不能走上正轨？在此呼吁，希望同仁予以重视。

参考文献

[1] 馆藏天津地方文献提要目录编委会：《天津地方文献提要目录》，天津：冠华轻印刷技术服务中心，1996年。

[2] 刘桂芳：《天津图书馆民国文献收藏特色与数字化开发利用》，《数字与缩微影像》2013年第2期。

[3] 袁逸：《七年迈出这一步——浙江省首次公共图书馆地方文献工作考评记述》，《图书馆》2013年第1期。

互联网时代地方文献资源建设探讨

徐艳君（北京市平谷区图书馆）

摘　要：地方文献作为公共图书馆的特色馆藏，在记载地方历史、弘扬地方文化、服务地方经济等方面都发挥着重要作用。本文从基层图书馆地方文献资源建设的现状以及存在的问题展开论述，提出了在互联网时代应加快地方文献资源建设步伐，积极探索地方文献的建设道路，规范地方文献管理，体现地方文献价值，使其成为促进地方政治、经济、社会和谐发展的重要基础资源。

关键词：图书馆；地方文献；资源建设

Abstract: As the characteristic collection of the public library, local literature plays an important role in recording local history, carrying forward local culture and serving local economy. This paper discusses the current situation and existing problems of local literature resources construction in the basic library, and puts forward that the pace of local literature resources construction should be accelerated in the Internet age, the construction road of local literature should be actively explored, local literature management is standardized, the value of local literature is reflected, and the local politics and economy can be promoted. The important basic resources for the harmonious development of the society.

Keywords: library; local literature; resource construction

一、地方文献的含义

地方文献是对某一个地域内自然现象、社会现象及人类活动方式的记录，是反映本地区过去与现在的历史、政治、经济、军事、文化、物产资源、风土民情、民风民俗等的文献。地方文献的定义，大多依据最早重视并系统开展地方文献实际研究工作的图书馆界的先驱者杜定友先生。他提出的"地方文献是指有关本地方的一切资料，表现于各种记载形式的，如图书、杂志、报纸、图片、照片、画片、拓本、表格、传单、票据、文告、手稿、印模、簿籍等等"这一理论，也成为后来研究地方文献的学者们对此定义的基本依据。1998年5月在韶山举行的全国首次地方文献理论与实践研讨会上，地方文献的概念被分为"广义"和"狭义"两种理解。简单的说，广义的地方文献除了地方史料外，还包括地方出版物和地方人士著述，而狭义的地方文献则专指地方史料。

(1) 地方出版物

地方出版物是地域范围内的出版物。不论载体形式，不论文献内容，也不论作者情况。因此，地方出版物虽然在一定程度上可以反映出某一地区在某一时期的经济、政治、文化等方面的发展水平，但是由于其内容繁杂，包含各个领域和学科，所以，多数地方出版物在内容上都不具备真正的地方特色，也无法很好地体现其地方史料价值。如将其一并归入地方文献，势必造成与原有地方文献资料的混淆，这样，既影响了地方文献的藏书质量，使地方文献失去了其固有的"地方"特色，也给文献的使用者和管理者带来不便，制造不必要的障碍，不利于读者在本学科内查阅和使用这部分文献。因此，笔者认为，地方出版物中，内容上不具备地方史料价值的那部分文献不应该归入地方文献的收藏范围。

(2) 地方史料

地方史料是指记载地域范围内的政治、经济、历史、文学及自然科学等方面的一切载体形式的文献资料，即内容上具有地方特色的区域性资料。地方史料能真正体现出文献的地方特色，揭示出文献地域性和史料性的本质特征，有效发挥地方文献为地方服务的重要作用。因此说，地方史料是地方文献的核心，也是狭义的地方文献范畴，更是地方文献资源建设的重点。

二、地方文献的资源建设模式

"所谓文献资源建设，就是依据文献信息服务机构的服务任务与服务对象以及整个社会的文献情报需求，系统地规划、选择、收集、组织管理文献资源，建立具有特定功能的藏书体系的全过程。"地方文献作为图书馆特色馆藏的重要部分，其文献的特殊性决定了其资源建设过程的独特性。地方文献资源建设主要指图书馆对地方文献资源进行有计划地采集、加工、管理及开发利用的全过程，是地方文献工作的基础和重要组成部分。资源建设工作的质量直接关系和影响地方文献信息的有效传播和读者对文献的利用。具体而言，地方文献的资源建设工作主要包括以下几个方面：

(1) 地方文献资源的采集——采购、征集、呈缴、受赠、交换

文献资源并非天然生成，需要有组织地进行积累和建设。要建立一个地方文献库，"首要工作是通过各种途径去采集文献。如果采集工作不到位，整个文献库的价值和影响力也就大打折扣"。地方文献的采集是地方文献资源生成的基本途径，也是最主要的途径。因此，图书馆工作人员对于区域内地方文献的采集，将直接决定这个图书馆地方文献资源的数量和质量，进而影响地方文献工作的全面开展。地方文献资源的采集手段主要包括采购、征集、呈缴、受赠和交换等。

(2) 地方文献网上资源的利用——收集、归类及相关网站链接

仅靠图书馆地方文献的现有资源和人力，很难将地域范围的所有资源占为己

有。这就需要我们在资源建设工作上广开思路、不断创新,在努力做好馆藏资源建设工作的基础上,积极探索资源建设的新途径。地方文献网上资源的采集和相关网站、网页的链接都是补充和完善馆藏资源的有效方式。网络是一个海量资源库,网上资源的采集和利用极大程度地拓宽了地方文献的资源采集渠道,丰富和补充了馆藏内容。但是,网络资源庞杂无序,信息的有效性也参差不齐,如不仔细甄别,不但不能给文献需求者提供可用信息,反而会混淆视听,影响用户对问题的解决。这就需要地方文献工作人员在网络上采集信息时要把好质量关,对于那些错误的、不准确的和有待商榷的信息严格控制。

(3) 地方文献的创造——口述历史和影像拍摄

口述历史是指以录音设备为工具,通过有准备的采访,记述人们口述所得的具有保存价值、迄今尚未得到的原始材料,是见证人类历史的宝贵的口头资料。"口述历史很多是难以在官方文献中寻获的珍贵资料,有着独特的学术和收藏价值,有着其他史料无法替代的作用。"搜集口述历史不仅是对地方文化遗产的保护,更是地方文献机构补充馆藏资源的又一途径。影像资料的拍摄也是地方文献资源建设的另一种方法。我国是一个多民族的大国,各地风土人情、手工技艺、民俗表演等本土文化独具特色,图书馆的地方文献工作人员可以通过拍摄这些影像资料来丰富馆藏,弘扬地方文化。

三、地方文献建设应实现资源共享

信息技术的发展为地方文献资源的数字化提供了运行平台,也为地方文献资源的开发提供了有效的组织方式。互联网环境下的地方文献整理和开发工作,特别是数据库建设使原有的地方文献资源建设方式发生了巨大的转变。通过计算机网络,可以实现对地方文献的资源重组,并使其从阵地服务转向网络服务。地方文献数字化是地方文献资源建设的重要手段。其目的是为了更好地揭示地方文献的信息资源,提供更方便的检索途径以及对特色资源的重点宣传,使地方文献资源在更大程度上实现共建共享,成为服务大众的文化产品。地方文献资源建设的核心内容是书目数据和全文数据的加工。

(1) 建立地方特色文献数据库

地方特色文献数据库是根据地方特色文献资源开发的具有独特内容的数据库。目前，国家和各省级公共图书馆都在积极探索特色数据库的建设和管理模式，其中不乏佼佼者。例如：首都图书馆的北京地方文献中心承办的"北京记忆"网站是一个大型的北京历史文化多媒体资源数据库。在那里可以访问到北京建城3000年、建都800年的历史文化发展而留存下来的珍贵、权威的数字化信息资源。网站收录了大量的历史图片、人物、事件等，全方位记录了北京历史的各个层面。平谷区图书馆作为一个区级公共图书馆，虽然地方文献远远不及首都图书馆地方文献中心的收藏，但是也正在努力向着数字化、多媒体、多元化的方向发展和建设：①建立地方文献全文数据库。收入馆藏的全部地方文献，每年新入藏的图书也都要实现数字化，且都具有全文检索功能。②建立地方文献多媒体数据库。建立平谷区地方文献数字平台，可从关键词、标题、正文、作者等方面实现检索，有全文、图片、多媒体视听资料等载体形式，全面反映了平谷区政治、经济、文化等各领域的真实情况。近几年来，在地方文献收集上，我馆也加大对音频、视频、图片等文献资料的收集，为了更好地利用这些资源，我馆建立了多媒体数据库，把这些资源收录进去，读者可以通过图书馆的网站、手机客户端、微信平台等浏览、收听、观看。③建立网上专题资源。自2009年以来，平谷区图书馆自建了专题资源平台，把代表平谷地区的文学、艺术、历史、风情等地区特色资源放到了网上，让更多的人去了解、去阅读、去关注。地方文献的数字化为地方文化的展示提供了新平台，为地方文化领域的研究提供了新启发，为文献需求者提供了坚实的资料支撑。

(2) 建立散见文献题录数据库

散见文献是重要的潜在资源，又是容易被忽略的信息资源，应给予足够的重视。对已收集到的或正在开发整理中的散见在综合文献或不同文献载体中的地方记事，特别是在历史书籍、综合图书、期刊、报纸、电子文献、网络资源等文献中整理出来的地方记事，要对内容进行详尽揭示，编制提要，建立专题目录数据库。

(3) **实现地方文献的规范管理**

地方文献资源共享的实现，主要依赖于文献加工深度和综合处理水平的提高。地方文献工作是一个涉及自然、历史、社会、经济、人文等各专业知识的高层次工作。网络环境下的地方文献工作，已不再是封闭的各自为政的单一行为，而是系统科学的对地方文献进行知识整理、规范分类，编制出标准化、规范化的各种数据，建立主题标引、人名标引、地名标引等多种检索方式，并注明文献收藏单位，实现网络文献规范管理的一种复杂工作。各级政府和地方文献机构应给予高度的重视，建立专职地方文献工作岗位，或指定图书馆对其进行分编整理，纳入当地地方文献资源管理网络，实现规范化检索利用。

地方文献开发以及地方文献数据库的建立，是一个内容范围广、涉及机构多、技术要求高的系统工程，从长远发展的角度出发，政府应予以重视和支持，把这项工作纳入到信息工程建设中去，加速培养地方文献工作及理论研究人才，进行地方文献的不断开发、积累和提供利用。通过地方文献的资源整合、地方文献资源联合检索系统的建成，可充分有效利用地方文献，并且使地方文献数据库建设得到持续发展。

四、地方文献分散管理影响地方文献的利用和服务质量

地方文献资源同时分布在各基层图书馆、档案馆、史志办等机关，由于各单位对地方文献的理解和工作开展时间的不一致，文献收集、保存范围和保存形式存在差别，制约了地方文献的利用和服务质量。由于各单位的采访渠道、方向和重点以及开放程度的不同，读者往往不能及时获取所需文献。这种分散管理状态对地方文献的开发利用形成了障碍，严重影响地方文献的开发与共享。笔者认为应以图书馆、档案馆、史志办、博物馆等单位为基础，全面开展地方文献资源调查，组织各单位对本机构的地方文献进行认真核查，编制题录，建立规范的地方文献书目联合检索数据库，让地方文献在利用中得到互补，满足各类读者对地方

文献的需求。我们还要善加利用政府文件公开服务这一契机，加大收集力度，扩大地方现行文件收集、征集范围，补充图书馆多年来馆藏地方政府文件的空缺。充分利用信息技术，在"互联网+"时代建立地方文献联合检索系统，实现地方文献的联网化与共享化。

总之，地方文献工作是地方文化事业的一个组成部分，是地方文化工程的重要内容。我们进行的地方文献开发整理及其利用，目的在于让人们更充分地认识和利用这种信息资源，实现文献对人的教育、对社会发展的启示以及对文化传承的作用，使地方文献更好地服务社会。

参考文献

[1] 杜定友：《地方文献的搜集整理与利用》，《省市公共图书馆工作人员进修班讲稿》1957年。

[2] 杨洁：《高校图书馆文献资源建设策略研究》，《现代情报》2007年第11期。

[3] 尹耀全：《香港地方文献的概念、采集和整理——以香港大学孔安道纪念图书馆为例》，《国家图书馆学刊》2008年第1期。

[4] 郑克：《论图书馆地方文献的搜集对策》，《图书馆学刊》2008年第3期。

[5] 李兰：《试论地方高校图书馆地方文献资源建设》，《农业图书情报学刊》2010年第5期。

[6] 王静：《地方文献对中国农村研究的利用及其价值》，《晋图学刊》2010年第5期。

[7] 张瑞芬：《浅谈我馆地方文献工作》，《内蒙古图书馆工作》2010年第1期。

[8] 许黎黎：《论基层图书馆之地方文献资源的特色化建设》，《科技情报开发与经济》2010年第16期。

[9] 刘伟华：《地方文献信息资源建设探析》，《农业图书情报学刊》2010年第2期。

[10] 杨平：《基层图书馆地方文献资源建设探讨》，《出国与就业》2011年第4期。

"互联网+"时代图书馆的地方文献资源建设

杨　砚（北京市西城区第一图书馆）
闫　菲（北京市西城区第一图书馆）

摘　要：本文阐述了"互联网+"模式中图书馆地方文献资源建设的新理念。在分析"互联网+"时代下地方文献资源建设特殊性的基础上，采用了多源流的分析方法，阐述了其发展中必须要面临的若干问题：1. 对于老年读者从接受程度上的考虑；2. 图书馆地方文献从业者自身专业素质上的挑战。探讨了"互联网+"模式的大背景中，图书馆地方文献从服务渠道、服务资源、服务产品和服务组织的创新与转型思路。提出了"互联网+"趋势下图书馆地方文献资源要想得到快速发展，需要提高的机制特点、馆员素质，以及如何增加服务制度等方面的保障措施。

关键词："互联网+"；地方文献；服务创新；转型

Abstract: This paper describes the new concept of library local literature resources construction in the "Internet plus" model. Based on the analysis of the particularity of local literature resources under the "Internet plus" era, this paper adopts the analysis method of multi-source flow and expounds some problems that must be faced in its development: 1. Considering the degree of acceptance of elderly readers; 2. Challenges of professional quality of library local literature practitioners. In the background of the "Internet plus" model, the concept of innovation and transformation of library local literature from service channels, service resources, service products and service organizations was proposed, and the library's local literature resources under the trend of "Internet plus" were considered to be quick. Development, the need to improve the characteristics of the mechanism, the quality of librarians, and how to increase the security system in the service system.

Keywords: "Internet plus"; local literature; service innovation; transformation

一、传统地方文献概念与资源建设方式

地方文献是反映特定区域内有关自然现象、社会现象、群体活动方式的记载物。

(1) 传统地方文献的概念

凡是在内容上涉及该区域并具有一定价值的各种类型、文种、时代的出版物，均可称为地方文献，大体上包括区域事物、区域人物及著述、区域出版物三大类。

文献的载体可以是多种多样的，随着时代的不断发展，文献的形态也在不断地发展变化着。但无论何种文献类型，文献的功能主要是记录信息，所以文献具有传播与流通的价值，也就是通过文献保存的内容，人们才认识到自己创造和积累的精神财富和物质财富，也只有通过文献内容的传播和交流，才能真正体现文献的社会价值，发挥文献的社会功能。由此我们可以了解到开发地方文献的真正意义。地方文献建设，是整个文献资源建设中的一个重要组成部分。通俗地说，地方文献就是特定区域信息资源的汇合。从地方文献的内容和形式来看，大致包

含了特定区域的事物记录、区域人物及其著述、区域出版物。从这个范围出发，我们可以看出地方文献的显著特点，即从时间上来说，它具有历史性和现实性，从空间上来说，它具有区域性和多样性。前面我们已经指出，地方文献是一个特定区域的信息资源汇集，因此，它积累了该地区的地方史、地方志的著述，家族谱系、档案，大量的人文和地理资料，保存下来的文化遗址、名胜古迹、名人故宅的图文记录，流传于世的当地出版的珍本秘籍，以及名人手迹、书信和其他文物。可以想象，这么丰富而深厚的文献资源，对我们的现实指导意义是显而易见的。同样，时代愈近，则文献收集愈容易。所以，现实的社会经济、政治和文化等各方面文献的积累，则会更丰富多样、纷纭复杂。那么，如何更好地利用这些新颖和全面的文献资料，为社会建设提供参考和借鉴，是地方文献工作者一直在思考的问题。

（2）传统地方文献的建设方式

地方文献建设是一个多措并举的系统工程。必须从机制、保障、技术、人才等几个维度着手，相互协调，共同促进。全面系统地搜集地方文献是一个长期持续的工作，地方文献收藏单位应采取多种渠道、多种方法。以北京市西城区第一图书馆为例，在地方文献建设工作中，通过对媒体加大宣传力度，形成社会地方文献意识；与地方文献收藏部门之间互通有无、共建共享；工作人员调查研究、登门拜访，宣传地方文献意义、价值并索取文献；接受社会及个人的捐赠等多种方式，不断增加地方文献数量，提高地方文献质量，同时也与政府和地方文献收藏单位建立长效搜集呈缴机制来保证地方文献建设的持续发展。但是随着新技术的发展，特别是"互联网+"概念的提出与广泛应用，传统的地方文献建设方式明显已经不能满足读者日益增长的需求。

二、"互联网+"思维下的地方文献资源建设

（1）"互联网+"概念的提出

根据资料显示，中国"互联网+"概念的提出，最早可以追溯到 2012 年 11

月于扬在易观第五届移动互联网博览会上的发言。易观国际董事长兼首席执行官于扬当时首次提出了"互联网+"理念,他认为,在未来"互联网+"公式应该是我们所在的行业的产品和服务,在与我们未来看到的多屏全网跨平台用户场景结合之后产生的这样一种化学公式。我们可以按照这样一个思路找到若干这样的想法。而怎么找到你所在行业的"互联网+"模式,则是大家需要思考的新问题。

通俗来说,"互联网+"就是"互联网+各个传统行业",但这并不是简单的两者相加,而是利用信息通信技术以及互联网平台,让互联网与传统行业进行深度融合,创造新的发展生态。就目前来看,"互联网+"已经在多个领域取得了成功的经验。互联网不断推动着人类生产生活方式的变革,在人们工作生活中扮演着非常重要的角色。庞大的互联网群体以及跨地域、图文声像并存的交互式传播方式给各行各业都带来了巨大的变化和发展机遇,图书馆地方文献的建设自然也位列其中。

(2) "互联网+"对于地方文献建设与为读者服务的创新模式

"互联网+"正成为各个领域各个产业巨变的催化剂,地方文献资源的建设工作理应把握"互联网+"时代的良好机遇,不断将文献建设工作融入互联网技术中,将地方文献数字化、信息化、网络化,以便更大地发挥地方文献的作用。

传统地方文献提供服务的模式是基于各种传统实体图书馆,是典型的中心化阅读结构,而互联网更多是一种工具或通道,比如查询与检索,归根结底只是将互联网作为图书馆工作的一种辅助,很难把提供地方文献个性服务作为一种产品推广开来。"互联网+地方文献"模式不同于传统的"地方文献目录+搜索引擎",它不仅仅是一种工具,更是图书馆专业转型升级的必然选择,"互联网+"是有利于提升地方文献资源建设的手段,提升图书馆服务的覆盖面、精准度和满意率。它的发展理念是以读者为中心,将互联网看作一个平台,让图书馆和读者直接通过互联网这个平台有针对性地点对点、点对面或面对点连接,实现服务由"地方文献"到"读者"的转变,读者需要什么就提供什么,以精准分享的理念使得资源配置更合理,推动服务移动化、数据化、共享化,并把图书馆服务价值观应用于地方文献服务之中。树立"大读者"服务观,视每位有需求的读者为终极服务对象，最终实现图书馆从"单纯服务型"向"服务精准型"角色转换。

三、地方文献资源建设的现状——以西城区第一图书馆为例

在地方文献工作中，很多传统观念仍然占据着上风，不少人认为地方文献，尤其是内部非公开出版物，只要征集回来，加工整理、保存好就可以了，利用是几十年后待它们成为史料之后的事。所以不少图书馆的地方文献室到现在仍然还是闭架保存。加上图书馆地方文献工作基本上处于半封闭的环境中，不要说社会上对它认识不多，就是连图书馆其他部门的工作人员对地方文献工作内容也知之甚少，甚至连关系到地方文献采购来源的采编部的采购和编目人员对其了解也相当肤浅，地方文献的重要作用和它特有的价值远未为人们普遍认识，地方文献资源本身所具有的巨大潜能没有被释放出来。

（1）建立地方文献资源检索系统

目前，随着地方文献馆藏数量的增加，各级图书馆越来越重视馆藏地方文献的开发利用，大部分公共图书馆都设立了地方文献工作的专门机构，配备了专门的工作人员，做了许多有益的尝试。地方文献蕴藏着丰富的信息资源，有反复提供使用的信息价值。各馆纷纷编制地方文献书目等二次文献、三次文献，建立地方文献检索系统。几十年来，各地公共图书馆编制了大量的书目、索引、文摘、题录，受到了社会的普遍关注。除了传统的地方文献大馆，近年来，一些区、县图书馆也先后编制了揭示馆藏信息的地方文献提要目录，像西城区第一图书馆，自 2009 年起，按时间顺序先后编写了两册《北京市西城区第一图书馆入藏地方文献目录提要 2005—2010》和《北京市西城区第一图书馆入藏地方文献目录提要 2010—2015》，获得了广泛的好评，为读者查阅文献提供了方便，节省了时间。

（2）建立地方文献数据库

近年来，全国各地各级公共图书馆掀起了地方文献数字化、网络化服务的热潮，为读者查询、利用地方文献提供了便利，为公共图书馆充分发挥地方文献中

心的辐射功能提供了一种可能。如广东省立中山图书馆研发的"地方文献全文数据库",将馆藏的粤版书报刊、地方志、缩微文献、统计资料、专利文献、档案文献、工商黄页、图片史料等丰富资源,集成到一个界面,并设置跨库检索,提供远程文献传递服务。由首都图书馆主办的大型北京文化多媒体资源数据库——"北京记忆"正式发布到互联网上,这是国内第一家专业化的大型地域文化资源数据库,为用户提供文献浏览、全文检索、音视频点播、网上咨询等多种服务。西城区第一图书馆作为一个区县馆,在这方面也做了诸多尝试。2016年,在对西城区什刹海地区的地方文献进行了深层的整理和加工后,2017年4月,"什刹海文化专题数据库"在西城区第一图书馆的官网与读者见面了。数据库从"历史沿革""街巷胡同""名胜古迹""人物""文学艺术"等全方位、多角度地展示了这个北京市面积最大的历史文化保护区。数据库的建成的,让广大读者对什刹海地区有了全新的认识,特别是一些年轻的读者们,不但了解了它在北京旅游服务中广为人知的一面,还对它的历史古韵有了更为深入的认识。网络的传播使图书馆公共文化服务增添了新内容,同时也开创了地方文献资源整理与呈现的新方式,对地方文献建设起到了积极的促进作用。

四、"互联网+"地方文献资源建设发展的机遇与挑战

"互联网+"通俗来讲是各种高端技术集合的产物,强有力的技术支撑是地方文献建设和开展基于"互联网+"地方文献资源服务的根本保证。

(1)"互联网+"地方文献资源建设发展的机遇

中国互联网络信息中心(CNNIC)发布的《第39次中国互联网络发展状况统计报告》显示,中国网民规模达7.31亿,相当于欧洲人口总量,互联网普及率达到53.2%。专家、学者、研究单位等通过"互联网+"检索、选择、利用地方文献资源,更显方便快捷。因此,搭建"互联网+"地方文献资源建设和服务平台乃是重中之重。在这个"互联网+"服务平台里,首先,必须整合地方所有的文献资源,包括文件、报纸、期刊、图书、音像资料、图片等,这是地方文

献服务的基础；其次，建立统一的检索服务平台，提供包括著作者、题名、全文、主题等多种检索途径，并提供智能化检索服务。同时，平台还必须内置门户个性化定制工具，用户通过知识信息门户，可以获得专题知识信息发布、知识导航、智能信息搜索、个性化信息服务、推送信息服务等知识信息服务。

充分利用"互联网＋"思维，使地方文献资源突破地域限制，是"互联网＋"地方文献资源建设发展的终极目标。

（2）"互联网＋"在地方文献建设中的挑战

通过上文中的介绍，得知"互联网＋地方文献"的模式是创新、再造、融合的新体验，但是也是需要正视事实，面对一些问题的。"互联网＋"在地方文献建设中的挑战有如下两点：

一是对于老年读者从接受程度上考虑是一个问题。通过多年的工作积累，我们得知，地方文献的使用者中，有相当一部分是老年人，而更多的老年读者还是愿意接受传统的纸质阅读和查检方式，不愿意用创新的模式，甚至有抵触情绪。图书馆各种工作的出发点和落脚点归根结底还是服务读者，而图书馆的很多服务创新工作都需要由馆员和读者共同来完成。在"互联网＋地方文献"创新服务模式下，馆员发挥着桥梁纽带的作用，是帮助读者快速适应"互联网＋地方文献"的前提和保证。

二是对于图书馆地方文献从业者也是一个挑战。一方面，从事地方文献资源采集的馆员需要有丰富的工作经验，而经验又需要长年累月的积累，导致地方文献工作者年龄比较大，操作计算机不便；另一方面，年轻的馆员操作计算机较为熟练，但是对于地方文献的质量把关不严，也是由于自身经验不足造成的。馆员的专业素质高低直接影响服务水平，也就成为图书馆地方文献服务模式创新转型成功与否的关键。这就需要对馆员进行与工作相关的各种业务的专门培训，有针对性地对馆员进行岗位培训，积极支持在馆职工参加短期培训及在职进修，有计划地开展馆际学术交流，进行学术互动，通过培训使图书馆馆员整体具备以下三种能力：第一，提升计算机操作能力和网络的驾驭能力，熟练掌握和应用计算机技术及各种网络检索技巧；第二，提升信息处理能力，对网络资源进行有效的收集和发掘，并对这些信息进行提炼和二次加工；第三，提升科研和创新能力，不断开发出新的地方文献资源产品，满足读者日益丰富的各种需求。

参考文献

[1] 雷素芳：《试论信息时代城市图书馆的服务拓展》，《图书馆》2011年第1期，第134—135页。

[2] 赵明波：《从云图书馆发展看人文社科资料云平台研究》，《山东青年》2015年第3期，第109—110页。

[3] 吕国良：《开展知识服务——培养和发展图书馆的核心能力》，《图书馆论坛》2001年第6期。

[4] 丁媛：《美国高校图书馆扁平化组织结构对我国的启示》，《科技情报开发与经济》2006年，第3—4页。

[5] 宫婷婷：《浅谈信息社会环境下的图书馆服务转型》，《科技信息》2012年，第540页。

[6] 李桂华：《论图书馆服务制度之价值创新》，《国家图书馆学刊》2010年第3期。

[7] 陈志仁：《谈谈地方文献及其搜集和整理——文献资源建设理论与实践研讨之四》，《佛山科学技术学院学报（自然科学版）》1996年第5期。

[8] 周晓蓓：《论地方文献的收集、开发与利用》，《内蒙古科技与经济》1999年第2期。

[9] 王文胜、苏布道：《做好地方文献搜集工作 为西部经济大开发服务》，《内蒙古科技与经济》2001年第1期。

[10] 傅晓岚：《浅谈公共图书馆地方文献的收集工作》，《内蒙古科技与经济》2009年第12期。

[11] 李肖华：《谈地方文献的有效开发和利用》，《公共图书馆》2011年第3期。

[12] 骆伟：《地方文献概论》，《澳门文献信息学会》2008年。

浅谈对地方文献资源的建设与研究
——以青岛市图书馆为例

于 婧（青岛市图书馆）
曲 玲（青岛市图书馆）

摘　要：地方文献是研究一个地区政治、经济、文化等方面的重要文献资料，做好地方文献的征集工作意义重大。本文以青岛市图书馆地方文献征集工作为例，从地方文献资源征集与建设的意义、地方文献资源工作体系、地方文献征集和宣传渠道、开发、研究地方文献资源，树立图书馆的品牌意识、地方文献工作者的业务素质等方面，探讨了做好地方文献的征集、整理以及进一步研究、开发、利用，有助于了解当地历史和现状，构建适合本地区经济、文化建设的地方文献信息资源体系，对推动当地地方经济、文化事业的发展有着极其重要的作用，从而最大限度地满足社会发展的需要。

关键词：地方文献；文献征集；信息资源；开发利用；馆员素质

Abstract: Local literature is an important document for studying the politics, economy and culture of a region. It is of great significance to collect local literature well. Work of collecting the local literature for Qingdao library as an example, from the collection of local literature resources and construction, the significance of local literature resources system, and collecting the local literature publicity channels, local literature resources development, research, build up the brand consciousness of the library, the local literature professional quality of journalists, etc. Do well the collection of the local literature, sorting is discussed and the further research, development, utilization, and contributes to an understanding of the local history and the status quo, to construct the region economy, the cultural construction of local literature information resources system, to promote the development of local economy and culture has a very important role, so as to maximize meet the needs of social development, etc.

Keywords: local literature; literature collection; information resources; exploitation and utilization; librarian quality

地方文献是文献资源的重要组成部分，它记录了一个地区的政治、经济、文化概况，具有区域性、资料性、时代性特征，它也承载着一个地区的发展脉络，是一个地区的客观缩影与文化底蕴的集中反映，对所在区域的经济发展和社会进步有着极其重要的参考价值。地方文献是公共图书馆藏书体系的重要组成部分，也是公共图书馆的重点工作之一。笔者以青岛市图书馆为例，浅议地方文献资源的建设与研究工作。

一、青岛历史概述

青岛是历史悠久、文化灿烂的名城。生活在这里的人们用自己智慧勤劳的双手，推动着历史前进的步伐，创造了青岛地区的文明。同时，青岛曾先后被德日占领，因此青岛在中国近代史上居于十分重要的地位。1949年中华人民共和国成立后，青岛的政治、经济等各方面飞速发展，成为国家沿海重要中心城市、度假旅游城市和国际性港口城市，是国家重要的现代海洋产业发展先行区、海上体育运动基地、"一带一路"新亚欧大陆桥经济走廊主要节点城市和海上合作战略支点。青岛独有的自然风光特色，从20世纪二三十年代起，就吸引着康有为、沈从文、老舍、梁实秋、胡适、巴金等一大批影响中国文化走向的名人迁居、游历于此，他们的大量影响后世的文学作品出自青岛，同样使青岛也引领了中国文化的风潮。正是这些深远厚重的历史渊源，造就了青岛绚丽多彩的区域文化，同时也留下了记载、反映青岛地区过去与现在的自然、历史、社会现象的文献，这些文献是青岛时代变迁的真实记载和见证。

二、地方文献资源征集与建设的意义

地方文献是历史与文化的重要载体和组成部分，是我们继承传统文化、创造新文化继而促进社会进步不可缺少的信息资源。因此，地方文献资源的征集与建设是一项重要的文化工程。公共图书馆应发挥其自身的专业优势，将具有地方特色的文献资源从多角度、多层次、多渠道进行收集、整理和挖掘，显示出它的咨询与决策作用，使图书馆的馆藏结构更具有地方文化特色。这有助于全面地了解本地发展历史，有助于继承和发扬本地特色文化，有助于推动地方各项事业的发展。

三、建立系统的地方文献资源工作体系

最新颁布的《中华人民共和国公共图书馆法》第二十四条规定：公共图书馆应当根据办馆宗旨和服务对象的需求，广泛收集文献信息；政府设立的公共图书馆还应当系统收集地方文献信息，保存和传承地方文化。"收集、整理、保存、保护地方文献，促进地方文化传承与发展"是图书馆的重要职能之一，也是图书馆馆藏特色的体现。青岛市图书馆的前身为始建于1924年的"胶澳商埠公立通俗图书馆"，是我国最早建立的市级公共图书馆。青岛市图书馆是青岛市重要的信息资源中心，在建设公共图书馆地方文献体系工作中承担着组织、指导、协调、示范等职责。青岛市图书馆十分重视地方文献工作，作为青岛市地方文献收藏中心，肩负着保存、传承和弘扬地方文献等本土文化的历史使命，有责任和义务做

好地方文献工作。在本地区地方文献资源建设中，青岛市图书馆首先建立了地方文献资源的建设体系，制定了地方文献建设方针、健全了工作职责，形成了有利于地方文献资源建设高效运作、可持续发展的机制，并遵循收藏与利用相结合的原则，积极努力做好地方文献资源的征集、接收、整理、收藏和开发研究工作，充分发挥地方文献资源在构建本地区发展中的作用。目前，凡与本市政治、经济、文化、科技发展相关的重要文献，青岛市图书馆基本齐备，建立了较完整、合理的地方文献藏书体系，青岛市图书馆设有地方文献书库，并建有《中共青岛党史》《青岛旧影》《青岛非物质文化遗产》等多个自建数据库，为读者提供阅览、咨询服务，对全市经济建设、科研生产和科学决策提供较强的支撑力。

四、构建有效的地方文献征集和宣传渠道

地方文献征集工作是地方文献工作的基础，为了让世人全面了解青岛市的政治、经济、文化和科学技术的情况，为了更好地服务广大读者和相关研究人员，进一步弘扬青岛地方文化，为了能够更全面、系统地收藏地方文献这一特色文献，青岛市图书馆在征集范围、征集要求和征集方式上形成原则，面向社会各界广泛征集各类地方文献。首先，建立了地方文献征集网络，通过利用政府的金宏网、各种人力资源和社会关系网络，与本地区党政机关、学术团体、群众团体等地方文献产出重点单位以及个人作者建立了良好稳定的征集关系，形成了畅通的信息通道，采用征集、呈缴、采购等多种形式进行文献收藏，目前共有地方文献藏书15000余册，含著作、年鉴、史志、校志、村志、家谱、内部资料等大量宝贵的地方资料。其次，青岛市图书馆也加强地方文献宣传力度，形成浓郁的地方文献征集氛围，通过在本馆自媒体和报纸等公共媒体撰写新闻稿件、举办各种形式的地方文献展览、创办进行青岛籍作家作品的推介的"文采斐然"导读栏目等形式进行地方文献的宣传推介，力求让更多市民了解地方文献的意义与价值。这也能进一步提高图书馆的知名度，唤起社会各界对公共图书馆地方文献工作的重视和参与。这些措施调动了社会各界人士向图书馆捐赠作品的积极性，为地方文献工作的拓展争取到更广阔的空间。通过宣传，市民主动到馆赠书，对于赠书者，青

岛市图书馆均给予赠送收藏证书,以资纪念。

五、开发研究地方文献资源,树立图书馆的品牌意识

充分挖掘、利用、整合和开发地方文献的历史文化内涵,对创建地区文化品牌,提高区域文化知名度和影响力具有重要作用。

(1) 构建专题化、特色化的藏书体系

青岛市图书馆地方文献特色馆藏是根据青岛地区的政治、经济、科学技术、教育、文化等特征,收藏、记载和反映的特色文献资源。通过这一馆藏可使读者了解到青岛地区的沿革和社会发展的动态情况,同时,对本地区当前的建设有着积极的作用。它包括地方志、各地统计年鉴、历史及反映本地经济、文化教育发展的一些出版物等。良好的文化建设会为经济发展提供强大的动力支持,能对经济产生持续带动作用。在青岛市的开发海洋资源和依赖海洋空间而进行的生产活动为依托的蓝色经济、青岛市的支柱产业发展中,青岛市图书馆作为本市最大的文化信息中心,对青岛市的经济发展的文献信息资源的有效保障是必不可少的。围绕青岛市经济社会发展重点和读者的需求,加强重点学科领域、重点专题领域文献的采访与征集是构建专题化、特色化的藏书体系的条件,所以以青岛市的历史和文化特点为主线,以海洋经济发展、需求为导向,确立地区性特色海洋资源的海洋文献的收集与积累也是青岛市图书馆特色馆藏的方向,包括海洋文化、海洋渔业、港口工业、海洋产品加工、旅游文化等内容。在此基础上,自建本区地方风土人情、历史地理等特色数字资源专题库,通过照片、文字、录音、视频等内容进行宣传,这不但增加了青岛市的文化底蕴,提升了青岛市品位,而且还可以为地方经济的发展提供动力和支撑点。

(2) 宣传本土品牌,服务于企业和社会

在知识经济和市场经济的时代中,品牌已成为企业决胜市场的战略工具。改革开放以来,青岛市本土企业取得了飞速的发展,涌现出一大批名牌企业和名牌

产品。它们来自各个行业，代表着青岛市企业发展的规模和水平。2016年在世界品牌实验室发布的"中国最具价值品牌500强"榜单上，青岛品牌占据13个，海尔、海信、青岛啤酒、双星、澳柯玛等青岛著名企业都榜上有名。在百年发展史上培育出大批蜚声中外的品牌，它们早已成为青岛城市发展的标杆。青岛市图书馆作为区域性中心图书馆，是青岛市重要的知识性信息枢纽和精神文明建设基地，肩负着传承历史、展示传统文化、弘扬民族精神的重任，也是为各级党政机关、企事业团体的科学决策提供服务的公益性、学术性机构。青岛市图书馆对市民可实现知识传播、信息传递、学术交流、文化展示、休闲娱乐、教育培训等功能。为全方位展示青岛品牌战略发展，以国际视野为基准、市场口碑为导向，推介一批传承工匠精神、不断创展、勇于责任担当的青岛著名品牌，青岛市图书馆策划推出了《中国骄傲——青岛名企业发展成就系列展》。首展与海尔集团、青岛港集团、双星集团等青岛市的品牌企业合作，通过图片、文字、表格、实物、模型及声像等形式，展示青岛著名企业从无到有、从小到大的发展过程、历史事实和辉煌成就，让市民分享企业的经营及文化理念。为企业与市民之间搭建起一个碰撞思想、交融智慧、凝聚共识的互动平台，让更多的市民认可民族品牌并引以自豪，为青岛"品牌之都"的名片再增添浓墨重彩的一笔，为弘扬民族文化做出贡献。

（3）研究开发馆藏"一战"、"二战"时期的旧版外文地方文献

关注不同国家、不同语种的反映地方概况的文献的收集、整理和开发研究也是青岛市图书馆地方文献工作之一。青岛市图书馆收藏有最独具特色的馆藏文献，是第一、第二次世界大战时期日、德侵略青岛遗留下来的日、英、德、法等文种的旧版外文文献，约3万册。这些旧版外文文献，从内容上看类目繁多，涉及政治、经济、军事、文化、哲学宗教、历史地理、民族、风俗习惯、工农业生产、医学、百科等，可谓包含各科。馆藏旧版外文文献一直是史学研究者重视的重要文献信息资源之一，是史料研究者的第一手资料，其中不乏珍品，或填补中外文化交流史研究和近代出版史的空白。青岛市图书馆非常重视对这批旧外文文献的开发和研究，特别成立了旧版日文文献研究室和旧版德文文献研究室。通过对旧外文文献多年研究，发现文献中记载有关青岛地区、山东、中国乃至世界的史料、人物和出版物，能较全面地反映那个时期的自然环境和社会环境的沿革、发展和现状，是历史资料和现实资料的综合。基于要挖掘和揭示出这批文献信息的内容和价值，为国内外专家学者和广大读者提供一个检索研究旧外文文献中有关历史方面资料的理念，近几年青岛市图书馆翻译、编辑出版了《青岛市图书馆馆藏旧版日文总书目》《青岛市图书馆馆藏满铁资料提要》《旧版日文山东地方文献提要》《青岛市图书馆馆藏旧版西文文献总目录》等书籍，其中《旧版日文山东地方文献提要》被评为青岛市第二十八次社会科学优秀成果三等奖。《青岛市图书馆馆藏满铁资料提要》荣获山东省文化科学优秀成果一等奖，对"满铁"的研究也获山东省艺术重点课题立项。通过对这些图书的研究，可以进一步揭露日本军国主义侵略和掠夺我国的真相，还原历史本来面目，同时也对读者研究中国和世界的历史有重要的查阅和研究价值，能起到拓展研究历史的引领作用。

（4）青岛籍作家作品征集已成规模

青岛自1891年建制就是名人荟萃之地，缘由是青岛的美。"红瓦、绿树，碧海蓝天"，人杰地灵，文人辈出。在这个城市里无数为文学奋斗的作家——青岛籍作家的群体，有些人已卓有建树，他们对文学的责任感以及不断超越自我的态度，他们不断地传承、挖掘和研究青岛市本土文化资源，他们打造青岛文化品牌及推动青岛市文化事业实现新的跨越的精神，令人景仰。他们为青岛文学史写下了光辉的一页，对青岛文化的发展产生了深远的影响。在青岛市图书馆征集地方文献过程中，对青岛籍作家作品的征集是工作的重点。在进入电脑写作时代以来，社会各界对手稿的收藏愈加重视，年轻一点的作家均没有手稿，老作家也部分改为电脑创作。手稿收藏也不可逆转地体现出老龄化的特点，这让图书馆对作家作品现存手稿的收集工作更具重要性和紧迫性。对于作家作品的征集，目前青岛市图书馆分为四个部分：一是作家作品签名本的征集；二是作家手稿的征集；三是作家其他资料，如信函、照片、证书、书画作品的征集；四是作家的寄语和简介的征集。文献的征集旨在建立全面系统的青岛作家作品的档案，形成地方文献专藏特色。展现青岛市文化发展现状和成就，为读者研究和利用提供有效的资料。

如今青岛市图书馆作家作品征集工作取得了丰硕成果，征集和预约征集到了《藏獒》的作者杨志军、全国著名诗人纪宇等近百位青岛籍作家的手稿上百篇，进一步彰显了馆藏特色。作家签名本及手稿的捐赠不仅丰富了图书馆馆藏，也是对作家个人作品的推广和宣传，其作品及资料得以在图书馆永久存藏，是功在千秋、泽及子孙的好事。同时，也让青岛籍的作家们每人手写一份寄语，赠予读者。青岛市图书馆也启动了作家访谈影像录项目，制作了《琴岛文苑 青岛籍作家名人访谈录》，能让市民欣赏到作家们的身影及采访影片。同时，为搭建一个读者同作家的交流平台，青岛市图书馆打造了《我与作家面对面》公益性文化沙龙活动，邀请青岛籍的著名作家为读者做专场讲座，让作家们带着精彩动人的创作经历，同读者面对面交流，尽情享受作家们所带来的快乐和满足，从而激发市民阅读书籍的兴趣。目前，已经邀请了青岛籍著名作家纪宇、李明、韩嘉川等10余位作家做客青岛市图书馆，为读者做了《青岛文学地理》《青岛与曲艺》《青岛早起城市化现象》等讲座，受到读者的欢迎和好评。

六、提高地方文献工作者的业务素质，为文献传承事业发展提供人才保障

全媒体时代的推进发展，读者高专精的知识需求，给图书馆的工作和图书馆馆员的日常工作带来了极大的挑战，也对馆员提出了更高的素质要求。良好的业务素质是开展地方文献工作必不可少的条件。除了要得到各地级市政府和各公共图书馆领导的支持外，还必须建立一支配备有专业技术人员的地方文献收集与建设队伍，以确保在收集工作开展的同时，有强大的专业技术团队做支撑。因此，从事这项工作的人员必须具备开拓能力和奉献精神，在知识结构上，既要具备一定程度的图书情报知识及地方文献知识，还要具有广博的科学文化知识；有较强的社交能力，擅长口头表达，能与外界建立广泛、良好的公共关系；要有吃苦耐劳的工作态度，具备较强的责任感和使命感，要积极学习和研究文献征集、采购等新技术、新理论，要做到快、准、稳，要有信息提炼选取能力和快速高效的查询、检索的能力，还需要具备计算机技术、互联网技术、多媒体技术等。只有这

样，才能为地方文献事业的可持续发展提供人才保障。

七、结语

加强地方文献征集工作，有利于公共图书馆职能作用的发挥，这是研究和发展一个地区各方面的需要，也是维护国家和民族长远利益的需要。地方文献征集工作需要长期、持续地进行。因此，我们要重视地方文献工作，更新观念，尊重历史、尊重知识，有计划、有系统、有组织性地做好地方文献的征集工作，同时地方文献建设应主动顺应互联网大势，积极与互联网深度融合，保护历史文化，挖掘地方文献的独特价值，努力为地区的经济、文化建设和社会发展服务。

参考文献

[1] 黄群莲、徐关元：《论县级馆地方文献征集与服务体系的建立——永康市、浦江县图书馆地方文献工作的实践与思考》，《图书馆》2011年第5期。

[2] 曹望昭：《建设特色馆藏 开展特色服务》，《科技信息》2011年第23期。

[3] 楼晶：《地市级公共图书馆地方文献工作策略研究——苏州、宁波、汕头、佛山图书馆比较》，《图书馆论坛》2012年第32卷第5期。

[4] 严子健：《试论文献采访与特色馆藏建设》，《科技情报开发与经济》2011年第21卷第1期。

[5] 张亚：《公共图书馆地方文献采访原则》，《河南图书馆学刊》2009年第4期。

公共图书馆地方文献征集工作探究

姚 荔（西安图书馆）

摘　要：《中华人民共和国公共图书馆法》的颁布，为公共图书馆更好地开展地方文献征集工作提供了更为有效的法律保障，本文力图从地方文献与地方文化当代解读及生成的社会文化机理分析入手，探讨地方文献的征集范围、原则、方法，征集人员素质要求和技巧培养，以及如何对待和征集特殊地方文献等问题。

关键词：公共图书馆；地方文献；地方文献征集

Abstract: The promulgation of the law of the People's Republic of China public library provides a more effective legal guarantee for the public library to better carry out the collection of local documents. This article tries to discuss the scope and principles of the collection of local documents from the local culture, the analysis of the contemporary interpretation and the social and cultural mechanism of the generation. Methods, recruitment personnel quality requirements and skills training, and how to treat and collect special local documents.

Keywords: public library; local documents; collection local documents

一、地方文献的价值和作用

（1）地方文化与地方文献

"地方文献是指有关地方的一切资料，表现于各种记载形式。"地方文献是记载地方文化的重要载体，对地方文化具有存贮、传承、记忆的功能。弘扬和发展地方文化重要的举措就是收集、整理、保存、利用好区域的地方文献。著名图书馆学家杜定友先生提出："应把地方文献的保存作为地方（省）图书馆的主要任务。"地方文献具有保存地方史料、提供爱国乡土教材、凝聚地方文化特色、增进地方经济发展等重要作用和价值。地方政治、经济、文化等诸多方面的建设，需要地方文献为之服务；地方领导做决策、制订长期的发展规划也需要地方文献作参考。

文化资源经过成千上万年的积累和沉淀，既蕴藏在传统历史文化之中，又存在于社会文化现状之中，弥漫在整个物质、精神生产的创造过程中。地方文化是某一地区社会历史发展过程中所形成的物质财富和精神财富的总和，它是地方文献产生的基础和源泉。

基于此，地方文化与地方文献具有天然的、历史的、连续的相互依存关系，并共生共融不断成长与发展。

（2）地方文献的当代解读

根据《公共图书馆法》的立法精神和宗旨，公共图书馆对地方文献的收集和整理是对地方文化的一种保存和历史传承，首次将系统地收集地方文献工作上升到了前所未有的高度，使其成为公共图书馆法定业务工作内容之一。地方文献征集工作迎来了其发展的最好时机。

（3）地方文献生成的社会文化机理

地方文献是地域文化的集大成者，其生成背后包含着繁杂的社会历史文化因素。在宏观上它受中华文化传统、国家政治制度嬗变、战争、重大历史事件等因素的外在影响；在中观上它受特定地域的自然地理空间与环境、资源禀赋、历史人物、物产、交通格局、人口变迁、过境商旅、历史时期的职官制度、地名沿革、生产生活方式、地域文化心理、历史文化遗存、地方文献责任者及责任者籍贯等因素影响，这些因素具有内外因的共同作用属性；在微观上它又包括民风民俗、方言、民居、生产生活工具、民歌民谣、俚语等，这些因素又成为地方文献生成的内因。上述各宏观、中观和微观的诸多因素并不是孤立存在的，而是互为关联、相互缠绕、彼此作用，共同构成了地方文献生成的地域社会历史文化生态。正因如此，地方文献载体和存在形式具有多样性和复杂性，是地方文献征集工作所面临的挑战。

（4）《中华人民共和国公共图书馆法》的颁布，为地方文献征集工作的开展提供了更为有效的法律保障

中华人民共和国第十二届全国人民代表大会常务委员会第三十次会议于2017年11月4日通过了《中华人民共和国公共图书馆法》，该法自2018年1月1日起施行。其中第二十四条规定："公共图书馆应当根据办馆宗旨和服务对象的需求，广泛收集文献信息；政府设立的公共图书馆还应当系统收集地方文献信息，保存和传承地方文化，文献信息的收集应当遵守有关法律、行政法规的规定。"第二十五条规定："公共图书馆可以通过采购、接受交存或者捐赠等合法方式收集文献信息。"这两项条文，为公共图书馆开展地方文献征集工作提供了更为有效的法律保障。

二、地方文献征集范围

文献是记录知识的一切载体。地方文献就是记录某一地方知识的一切载体，它包括某一特定地方的历史、地理、政治、经济、军事、文化、风俗、特产、人物、名胜古迹等，它是了解与研究地方状况的重要文献依据。地方文献具有"三性"，即地域性、史料性和综合性。地方文献的概念存在"广义"和"狭义"两种理解，"广义"的理解是：地方文献包括地方出版物、地方人士著述、地方史料；"狭义"的理解是：指内容上具有地方特征的区域性文献，既不考虑文献的出版地和出版形式，也不考虑文献编著者的籍贯和文献的载体形式，只要内容与本地有关，凡是涉及到本地的地理位置、建制沿革、名胜古迹、风俗人情、物产资源、语言文字，抑或涉及本地的政治、经济、文化教育等，都可视作本地的地方文献。

地方文献征集首先应考量区域范围的界定，其次是文献范围的界定。市级以上的公共图书馆，应根据《公共图书馆法》的立法宗旨和相关精神要求，按照"广义"的地方文献内涵来确定其馆地方文献的征集范围和建档侧重。

三、地方文献征集原则

（1）史料性原则：地方文献要起到存史、资政、励志的作用，必须具有历史价值，经得起时间的考验，能够重复使用。因此，专业的征集人员应当甄别并合理舍弃一些稍纵即逝、时间性很强的信息资料。

（2）实用性原则：应根据实际需要收集地方文献。对于一些保存价值不大、使用对象极少又耗资费力的文献，可酌情不收或慎收，保障有限的经费得到充分利用。

（3）客观性原则：专业的征集人员，应当摒弃个人偏好，以文献的地域性、史料性和实用性为出发点，兼收并藏，为图书馆建立全面完整的地方文献体系。

（4）地域性原则：核心即突出地方特色，是特色馆藏的重要组成部分。

（5）连续性原则：要对收集的资料和对象进行深入的调查研究，了解掌握出版形态和规律，对一些按年、按序列、按相关主题出版的资料做到完整的系列收藏，保持其连续性，不出现或较少出现缺藏情况的发生。

（6）知识产权保护原则：在征集地方文献的过程中，征集人员要有知识产权保护意识，对于一些通过照相、拷贝、复制和网上下载的史料资料要征得著作权人的许可，遵守国家相关的法律法规及相互之间的约定。

四、地方文献征集方法

（1）首先要根据本馆的藏书体系和重点收藏内容，经过审慎的讨论和研究后，确定本馆地方文献的藏书范围和重点，并以此为基础确定征集方向。

（2）以《中华人民共和国政府公开信息条例》《中华人民共和国公共图书馆法》为依据，利用多种形式广泛宣传，积极争取有关政府部门的重视和理解，以方便开展地方文献资料的征集工作。

（3）加强图书馆职能和地方文献征集工作的宣传，举办地方文献专题书展、地方文献数据库演示、邀请地方文献领域专家学者进行讲座等形式和活动扩大市民对地方文献征集工作的认知度。比如，有的公共图书馆就利用服务本地"两会"期间制作地方文献宣传水牌，号召人大代表和政协委员捐书、赠书，收到了很好的效果。也可依靠志愿者提供文献线索征集图书，还可不定期在报纸、网站、微博、微信上发布征集通知，加强地方文献征集宣传和教育普及工作。

（4）成立地方文献征集联盟，搭建地方文献交换平台，组建地方文献征集队伍，利用该平台进行地方文献的交换、信息交流和业务探讨。比如陕西省图书馆和西安图书馆就分别建立了"陕图地方文献征集信息"和"西安地方文献协作网"QQ群，在这个平台的带动和影响下各成员馆的地方文献征集和交换工作都开展得有声有色。

（5）搜集信息，主动联系，积极参加新书首发仪式、发布会、书友见面会等；也可和主办方合作在图书馆内举行新书发布会、签售会等，扩大收藏影响。

（6）印发设计精美、有保存意义的收藏证书，用以回赠单位和个人。也可在本馆的网站首页设置赠书芳名录、赠书榜等专栏来展现，鼓励赠书者的善举。

（7）组建一支有社会力量参与的地方文献研究专家团队，为地方文献征集、保护、整理、开发建言献策，以提升地方文献科学研究能力、学术创新能力和社会服务能力。也可以聘请文献信息顾问和文献征集员，组成一个馆外征集队伍。聘请的人员均要熟悉地方历史发展脉络，并了解一定的文献信息源，通过他们的热心参与，来达到地方文献收藏范围的最大化，降低漏征漏藏比例。

（8）增强地方文献阅览室工作人员文献征集意识，在服务读者的过程中积极宣讲征集工作。因为前来地方文献阅览室查阅资料的读者一般多为研究某课题而来，他们自身往往就是某一领域的专家学者，如果工作人员能在其愿意的情况下，提出捐赠著作的请求，一般都会收到出人意料的良好效果，一旦建立起了联系，就具有了持续性，读者只要一有新作问世往往会第一时间告知该图书馆，这是经常会被忽略的一个重要的征集方法和渠道。笔者曾在地方文献阅览室工作过，通过这种方式为馆里征集到了不少难得的地方文献资料。

五、地方文献征集途径

地方文献的征集途径，一是通过走访政府各有关部门索取他们编辑出版的公开发行或内部出版的图书资料。通常来说政府部门出版的资料都有一定的连续性和完整性，编辑出版序列自成一体，便于上架收藏和核对，是地方文献征集的主要途径和来源。比如政府部门地方志办公室、党史研究室、政协文史资料委员会、统计局、宣传部、组织部、文化新闻广播出版局、群众艺术馆、参事室、档案馆、市委、市政府办公厅、社科联、各种学会以及文联和作协等。深圳图书馆与深圳市新闻出版局结成了良好的合作关系，建立了深圳市本地出版物资料库，所有经深圳市新闻出版局审批出版的地方文献均"呈缴"入库收藏，通过这种方式极大地拓宽和稳定了深圳图书馆地方文献的征集途径。二是向社会公开征集。通过新闻媒体向全社会发出倡议书，号召和鼓励广大市民踊跃捐书。也可以在馆内大厅的显著位置设置地方文献捐赠箱，供大家自由捐赠。三是时常浏览各级政府网站、微博、微信公众号，以及旅游、文物、考古、统计、科研等系统网站，及时掌握资料出版信息，索要资料。四是长期同有关的文献收藏机构如各级各类图书馆、档案馆、博物馆和方志馆等单位建立良好的协作关系，了解他们的收藏动态和信息，为本馆的征集提供有用线索。五是对于稀有、缺藏的文献还可通过复制、交换、接收、寄存、代借和拍买等多种方式进行征集收藏，也可通过当地的旧书市场和旧书网店等渠道补藏。

六、地方文献征集人员素质培养和征集技巧

（1）征集人员应具备较全面的知识和专业素养

征集人员既要对本馆征集文献的范围和内容有清晰的概念，对所要征集的文献内容还要有甄别能力，又要对本馆已收藏的地方文献资料如数家珍，做到心中有数。同时还要具有较强的业务素养，这样在征集的过程中因为专业和精准，容易让人信服，也能增加成功率。

（2）要有主动意识和良好的沟通能力

征集人员始终要以积极主动的工作热情对待地方文献征集工作，主动了解出版动态信息，主动上门征求，随时随地搜罗重点文献，灵活运用多种方式征求文献，以达尽全搜集之目的。同时，又要有良好的口才和沟通能力，增强人格魅力，达到事半功倍的效果。

（3）重视建立完善系统的征集档案

一是对征集回馆的文献及时进行登记，经检索后将文献分别登记，复本留待交换用。二是不断补充和完善被征集人和单位登记信息，包括名称、地址、单位性质、联系人及方式、出版资料的内容和范围等信息，做到不因征集人员的岗位变动或调离而使征集工作中断或处于停滞状态。

七、关注特殊地方文献

（1）非文字地方文献的征集

重视反映本土政治、经济、文化、人文等非文字地方文献的征集。如地方电子音像资料，本地电视台、电台、报社等媒体报道本地的信息和影像资料，电视专题片等，可通过多种渠道进行征集。为了图片资料的完整性，可派专人到本地区各个名胜古迹、旅游点进行实地拍摄，保证图片的真实性和清晰度。也可充分应用先进技术手段，努力收集并制作本地城乡变迁及重大事件的音像资料，使其

与其他文字资料互相补充，相得益彰。此外还应对光盘、图片、老相片、舆图、绘画、雕塑、画册（集）、摄影作品（集）、书画、旅游宣传册、著名旅游景点门票、本地举办的大型活动海报、宣传册页、活动议程和内容等资料进行征集收藏。

（2）非物质文化遗产类文献及实物征集

公共图书馆应积极加入到非物质文化遗产保护工程中去，它应是公共图书馆保护和传承民族文化的责任和使命。目前，对非遗的保护主要有两种方式：一是通过文字、图片、音像等方式，将这些民间艺术进行有形的记录、保存；二是通过人的传承使其代代相传。公共图书馆对非物质文化遗产的保护主要通过第一种方式，通过运用文字、照片、录音、录像等手段将非物质文化遗产丰富的表现形式以声音、图像、实物等载体形式，尽可能全面地保存，将无形的非物质文化遗产以"有形"的文献形式保存保留下来。

非物质文化遗产类文献及实物在各级公共图书馆的地方文献征集中应予以足够重视，在征集资料和实物的过程中要注意相关文献的发源地、非物质文化传承派系与传承人、实物等的相互传承关系，注意传承人资料、图片与实物相互比照对应、一一甄别，进行完整性收藏。有条件的馆可以组织专业人员组成团队，深入田间地头、手工作坊、民居，对传承人的制作过程进行录像，制作影像资料，对口述历史进行录音，或对其进行数字化处理，对实物进行分类存藏，科学管理，努力把非物质文化遗产类文献建设成本土历史遗存和实物的记忆库，使它成为本馆特色馆藏的组成部分，服务地方经济。

（3）网上地方文献征集

利用网络搜集地方信息。网络的快速发展使文献资源的载体发生了巨大的变化，但就现状而言，一般公共图书馆往往忽视了对网上地方文献资源的收集和整理，是地方文献搜集的一个盲区。特别是本地的各大报纸网站、政府网站上的本地介绍、地方新闻、地域历史、当地名胜古迹、旅游风景区、地方企业名录、地方风云人物、地方法规、地方大事记和网上论坛等，方方面面的地方信息令人目不暇接。这些地方文献以网络为依托，时效性强，信息量大且图文并茂，公共图书馆应该对此类网上地方文献资源运用高科技技术和工具进行分类系统收集和存贮，使其成为地方文献收集的又一个重要组成部分。据快讯报道，国外已经有相关机构对网站内容进行拷贝和存储。

八、地方文献征集中应注意的几个问题

（1）明确地方文献征集的长期性和复杂性

地方文献是一定时间和一定范围内的出版物，多数是内部发行，缺乏连续性、稳定性，并且时间跨度大，一经出版一般不可能再版，这无疑增加了征集的难度，要事先对地方文献征集的长期性和复杂性有明晰的认识。

（2）针对薄弱环节开展工作

经常检索、检查、对照征集到的文献和馆藏文献，进行阶段性梳理和自我评估，查缺补漏，有的放矢。

（3）坚持全面收集与突出重点相结合的基本征集方针

杜定友先生强调"凡有历史价值的，即'断简另篇'，'片纸只字'，也在收集之列"。既要注意征集资料的系统性、完整性和连续性，同时又要有重点地征集某几类或主题的文献，以突出特色性。

（4）建立健全征集制度和机构

公共图书馆应该建立健全一整套完备的征集管理制度，成立本馆文献建设委员会，重大馆藏和征集主题由委员会决定，以保证科学性。

综上所述，各个公共图书馆应大力做好地方文献的征集工作，让自己的图书馆因有地方文献的特色馆藏而木秀于林，在公共图书馆的大家庭里独放异彩！

参考文献

[1] 张海锋：《寻踪天汉 溯源文脉——陕西理工大学图书馆地方文献工作汇报》。

[2] 卢素珍：《开发地方文献服务地方建设——兼谈地方文献服务梅州建设的实践》，《图书馆学刊》2011年第5期。

[3] 依日格杰：《浅谈公共图书馆地方文献征集工作》，《西域图书馆论坛》2015年第1期。

[4] 陈红：《公共图书馆地方文献征集工作策略研究》，《河南图书馆学刊》2016年第1期。

[5] 陈俊华：《"创造史料"的图书馆——口述历史在地方文献工作中的应用》，《图书馆工作研究》2007年第5期。

[6] 杜巍巍：《非物质文化遗产类地方文献资源的征集与保护研究》，《农业图书情报学刊》2015年第3期。

图书馆特色文献资源收藏的思考
——以桂林图书馆绘画作品收藏为例

朱将发（广西桂林图书馆）

摘　要：绘画作品具有较高的历史研究、文化艺术及文献收藏价值，是图书馆重要的特色馆藏资源。文章以桂林图书馆为例，调查了绘画作品特色资源收藏的现状，分析了绘画作品收藏中一些好的做法或存在的不足，思考如何把绘画作品特色资源收藏工作做好。

关键词：图书馆；特色文献资源；绘画作品；收藏

Abstract: Painting has high value of historical research, culture, art and literature collection. It is an important collection resource of library. Taking Guilin library as an example, this paper investigates the current situation of collection of characteristic resources of painting works, analyses some good methods or shortcomings in the collection of paintings, and thinks how to do a good job of collecting the characteristic resources of paintings.

Keywords: library; characteristic literature resources; painting works; collection

特色文献资源是衡量图书馆的文献资源地位和能够提供相关特色阅读服务的重要指标，是图书馆多元化文献资源的重要组成部分，对打造地方特色馆藏、文化的传承和发展有重要意义。绘画作品是指用画笔和材质，通过色彩、线条等表现手段，创作出一定图形来表达思想感情的一种平面作品，如油画、国画、版画等，是图书馆重要的特色文献资源。从 2010 年开始，中国画有多幅名作在拍卖市场上的价格接连过亿元，到 2011 年、2012 年，齐白石作品的最高价格已经突破 4 亿元，张大千的画作已经接近 2 亿元，徐悲鸿的画作也是 2 亿元多接近 3 亿元。这些绘画作品非常珍稀，艺术价值和收藏价值都很高，拍出上亿元的价格并不意外。除此之外，绘画作品还可以用于绘画艺术交流、理论研究、绘画人才培养等方面，是开展图书馆延伸服务的重要手段。各级图书馆与美术馆、博物馆、档案馆等机构一样，非常重视绘画作品特色资源的收藏，尤其是一些建馆较早的图书馆，收藏着大量绘画作品资源，如建于 1904 年的湖南图书馆，收藏古旧字画达 7700 余幅。因此，图书馆的工作人员了解本馆馆藏绘画作品特色资源的现状，发现收藏工作中一些好的做法或存在的不足，思考如何把绘画作品特色资源收藏工作做好，非常重要。

一、绘画作品特色资源收藏的现状

桂林图书馆（以下简称我馆）建于 1909 年（清宣统元年），是广西历史悠久的公共图书馆，也是全国建馆最早的十个省级公共图书馆之一。我馆名人字画的收藏非常丰富，有 1516 幅，其中保存较好、价值较高的有明靖江王八言对联、清左宗棠八言对联；清代广西四状元陈继昌、龙启瑞、张建勋、刘福姚的书法；明代"江南四大才子"之一文征明、书画家董其昌的书法扇面文献；宋代画家范宽的《达摩面壁雪景图》、元代画家盛懋《人物松鹤图》以及近现代齐白石、徐悲鸿、刘海粟、关山月等人的绘画作品。

根据绘画作品特色资源所属年代，进行了调查统计，发现许多极具代表性、特别有影响力的古代名人绘画作品，其中有范宽等 32 人，共 82 幅名人绘画作品（见表1），体现了古代中国文人画成熟时典型的清远典雅气韵，是我馆馆藏的珍品。

表1 古代名人绘画作品收藏情况

作者	作品名称	数量（幅）	备注
范 宽	达摩面壁雪景图	1	（宋）范宽，华原（今陕西耀县）人，著名的"北派"山水画大师。
盛 懋	人物松鹤图	1	（元）盛懋，原籍临安（今杭州），元代画家。
罗 辰	水墨山水横披、古松牡丹、水墨花卉	3	（清）罗辰，桂林人，清嘉庆间武生，画家。
张 敔	山上菊花、古松双鸟、花鸟：两个黄鹂鸣翠柳、花鸟：杏林春燕	4	（清）张敔，安徽桐城人，乾隆二十七年（1762年）举人，著名画家。
居 廉	荷鱼立轴、彩墨山水	2	（清）居廉，广东番禺人，著名的花鸟画家。
唐 翰	花鸟四屏	4	（清）唐翰，江苏溧阳人，清同光间在杭州候补巡检，曾权江山县驿丞。
张之万	彩墨山水	1	（清）张之万，河北南皮人，道光二十七年状元。
钱维乔	山水画	1	（清）钱维乔，江苏武进人，乾隆二十七年举人。
席 夔	梅、兰、菊、竹四屏	4	（清）席夔，四川彭县人，官广西知州。
朱树德	水墨树鸟	1	（清）朱树德，桂林人，清代书画家。
朱 英	工笔兰草	1	（清）朱英，北京人，清嘉道间官山东知府。
邹一桂	花卉	1	（清）邹一桂，江苏无锡人，雍正五年（1727年）进士，善工笔花卉。
邓 涛	山水：荒城临古渡	1	（清）邓涛，广东南海人，清代画家。
边寿民	芦雁四屏	4	（清）边寿民，江苏山阳人，秀才，画家。
李秉绶	墨兰竹小中堂、花卉：兰竹	2	（清）李秉绶，江西临川人，其父李宜民寓居桂林，清代画家。
李熙垣	水墨山水立轴、水墨山水中堂	2	（清）李熙垣，桂林永福人，道光十六年（1836年）恩贡，画家。

(续表)

作者	作品名称	数量（幅）	备注
李吉寿	彩墨山水横卷、墨梅四屏、墨古梅、临陈老莲山水、临胡慥山水、临王原祁山水、临王石谷仿巨然长卷山水、临顾昉山水、临董诰山水	10	（清）李吉寿，桂林永福人，李熙垣之长子，道光二十三年（1843）举人。
李冕	水墨山水	1	（清）李冕，桂林永福人，李熙垣次子，著名画家。
李洵	花卉四屏条、山水中堂	5	（清）李洵，桂林永福人，李熙垣之孙，画家。
李翰华	水墨花卉：荷花、喇叭花、水墨花卉：牡丹、玉兰、墨梅	5	（清）李翰华，桂林永福人，李熙垣侄曾孙，画家。
黄玉柱	墨竹中堂、墨竹：风、雨、晴、阴	5	（清）黄玉柱，福建闽县（今福州）人，咸丰五年（1855年）官广西知县。
王曙	花卉：岁朝清供	1	（清）王曙，山东潍坊人，清代画家。
郑珊	白鹭荷花	1	（清）郑珊，安徽怀宁人，清代画家。
孟觐乙	彩色花卉：牡丹、菊花	1	（清）孟觐乙，江苏阳湖人，流寓桂林，善画。
马兆麟	花鸟画四屏条	4	（清）马兆麟，福建东山人，光绪元年（1875年）举人，书画家。
蒋予检	墨兰四屏（12帧）	12	（清）蒋予检，河南睢州人，道光二年举人。
王寿龄	墨梅	1	（清）王寿龄，桂林人，光绪十一年（1885年）拔贡，官刑部主事。
董诰	工笔瓶菊兰花	1	（清）董诰，浙江富阳人，乾隆二十九年进士，授翰林院庶吉士。
赫如山	花卉：天中丽景	1	（清）赫如山，满洲镶蓝旗人，道光十八年进士。
葛本植	花卉	1	（清）葛本植，湖南湘潭人，寓居桂林，画家。
曾衍东	东坡画像	1	（清）曾衍东，乾隆壬子（1792年）举人，画家、小说家、杂剧家。

(续表)

作者	作品名称	数量（幅）	备注
郎世宁	工笔水坝人物	1	郎世宁，意大利人，作为天主教耶稣会的修道士来中国传教，清代宫廷十大画家之一。

根据绘画作品特色资源所属年代，进行了调查统计，发现极具代表性的近现代名人绘画作品也不少，其中有齐白石等23人的36幅绘画作品（见表2），影响力比较大，展现特殊历史背景下，绘画在广西的传播与传承，近现代徐悲鸿、齐白石、刘海粟、关山月等大师传授广西学子或作品融入桂林山水美景，反映了近现代广西画坛的发展。

表2 近现代名人绘画作品收藏情况

作者	作品名称	数量（幅）	备注
齐白石	紫藤	1	齐白石，湖南湘潭人，近现代中国绘画大师，画于民国三十七年。
徐悲鸿	竹石三鸡、猫竹图、垂柳双喜、枯枝双雀、公鸡与母鸡	5	徐悲鸿，江苏宜兴人，杰出的画家和美术教育家。
刘海粟	紫藤孔雀、花鸟:梅、石、竹、水仙	2	刘海粟，安徽凤阳人，著名画家、艺术教育家。
关山月	漓江山水水墨画横披	1	关山月，广东阳江人，现代画家，画于民国二十九年。
张家瑶	国画松鹰、松鹰、喜雀红梅	3	张家瑶，桂林兴安人，擅长中国花鸟画，画于民国三十六年。
谢慰慈	彩墨阳朔山水横卷	1	谢慰慈，桂林人，民国广西省政府主席黄旭初秘书。
汪鸾翔	菊酒延龄	1	汪鸾翔，桂林人，历任清华大学、河北大学、民国中国大学文学教授，北京国立美术学院等校中国画及中国美术史教授。

(续表)

作者	作品名称	数量（幅）	备注
陈树人	山水立轴	1	陈树人，广东番禺人，与高剑父、高奇峰开创岭南画派，被称为"岭南三杰"。
梁岵庐	桂林山水：叠彩山、彩墨山水：从梓潼远望独秀峰、瓶花红梅、葫芦、墨鱼图	5	梁岵庐，广西贵县人，曾任广西文史研究馆副馆长。
曾恕一	指画松鹤延年	1	曾恕一，桂林兴安人，广西文史馆馆员。
陈凝丹	彩墨山水：桂林象鼻山	1	陈凝丹，广东南海人，广东地区重要的山水画家，是"岭南画派"的重要传人。
黄独峰	金鱼	1	黄独峰，广东揭阳人，画家。
徐杰民	劲松八哥	1	徐杰民，桂林阳朔人，广西工艺美术研究所画家，广西文史馆馆员。
左剑虹	山深露重	1	左剑虹，湖南湘阴人，广西艺术学院漓江画派学院院长。
肖舜之	荷	1	肖舜之，广西桂林人，广西师范大学教授。
白晓军	桂林图书馆九十周年纪念	1	白晓军，广西桂林人，广西师范大学副校长。
朱乃文	春满园、似锦图	2	朱乃文，广西桂林人，桂林市美术家协会主席，桂林市政协副主席。
徐家珏	怪姿更万端 异彩尽群变	1	徐家珏，广西桂林人，桂林美术馆馆长，桂林画院院长。
帅立功	文章巨库鉴古今	1	帅立功，广西桂林人，桂林旅游学院教授。
帅立学	美人娇花	1	帅立学，广西桂林人，粉笔画家。
王可大	十月	1	王可大，北京人，广西师范大学教授。
丁千	水巷、水乡	2	丁千，四川合川人，桂林旅游学院教授。
阳光	清风朗日图	1	阳光，广西桂林人，桂林画院副院长，桂林美术馆副馆长。

二、绘画作品特色资源收藏存在的问题

(1) 馆员缺少绘画鉴赏知识，影响收藏质量

绘画作品讲神韵、意境和情趣，其展现出来的艺术既高远又典雅，没有一些绘画鉴赏知识，是根本领悟不到其艺术感染力和感召力的。近年来，虽然新进的图书馆员学历越来越高了，图书馆学、历史学、信息技术等方面的人才越来越多了，但绘画或艺术方面的人才却不多见。图书馆负责文献资源征集的馆员需经常出馆开展工作，免不了有体力活，往往都是年轻人来担任，欠缺绘画艺术方面的修养和鉴赏方面的综合知识，在大量的绘画作品中，要选取有收藏价值的，适合本馆收藏的，若不借助外力就显得力不从心，收藏的质量也得不到保障。

(2) 人物画题材的绘画作品收藏较少

我馆馆藏绘画作品中大多数是花鸟画、山水画，人物画题材的绘画作品资源较少，像元代画家盛懋的《人物松鹤图》、清代画家曾衍东的《东坡画像》、意大利人郎世宁的《工笔水坝人物》，是馆藏为数不多的人物画题材的作品。早在唐、宋时期就有大量人物画作品出现，像肖像画、仕女画、道释画等，到元代以后，人物画题材的作品逐渐减少，画家更多看中的是山水、竹石、梅兰等绘画题材。但也有一些著名的人物画作品，如赵孟頫的《红衣罗汉图》、任仁发的《张果见明皇》、张渥的《九歌图》、王振朋的《伯牙鼓琴图》、刘松年的《天女献花图》、唐寅的《王蜀宫妓图》、石涛的《观音图轴》等，收藏在各级博物馆等机构，我馆收藏人物画题材的绘画作品不多。

(3) 绘画作品特色资源来源渠道很单一

馆藏绘画作品基本上是接收广西官书局、师范学校等机构的藏品以及省内外官绅的捐赠，有的是作者本人为丰富我馆馆藏专门创作，捐赠给我馆，如曾恕一的《指画松鹤延年》；有的是来桂林办画展，捐赠给我馆，如张一尊的《单骥擦痒》；有的是绘画作品所有人捐赠给我馆的，如徐悲鸿的《公鸡与母鸡》，是徐悲鸿于民国二十五年（1936 年）七月旅邕时为沈伯荫而画，沈伯荫于 1954 年 1 月

将画捐赠给我馆。其实，除了接收捐赠之外，还可以通过购买、拍卖、协作征集等其他渠道收集绘画作品。

三、绘画作品特色资源收藏的思考

（1）加强学习，提高馆员对绘画作品的鉴赏能力

鉴赏一幅绘画作品，一般通过目鉴（即直观作品），或通过考证，来作出判断。当然这不是一天两天就能掌握的，需要图书馆员自身加强学习，提高鉴赏业务水平。首先，要多读书，对历史、文学、美术等要有所了解，尤其是美术史，了解画家不同时期所用纸、墨、色、笔法、印章、落款等特点；其次，要多看实物，看真迹，尤其是多看名家绘画作品，看多了脑子里才有印象；再次，要多作比较，想要提升自身识别真伪的眼力，必须了解造假者使用的手法，对摹本、临本、仿本、改添落款等，多作比较；最后，多请教绘画专家，多参考专家的意见，弥补自身能力的不足，把有品位、格调高的绘画作品收藏进图书馆。

（2）提高人物画的收藏数量，使绘画题材丰富多样

一直以来，我馆非常注重对花鸟画、山水画题材的绘画作品资源收藏，要继续保持，本着立足于广西本土，重点收集漓江画派中的以写生为基础，体现生活化和时代性的优秀作品。同时，图书馆也要关注人物画题材作品的现状、发展趋势等。人物画作品包含了较高的历史内涵、文化内涵、政治内涵，是中国画重要的组成部分，其历史悠久。古代的著名人物画作品，时间久远，数量有限，收集难度很大。中华人民共和国成立以来，人物画取得了长足的发展，从最初描绘国家生产建设、革命抗战、工农兵新生活等题材，发展到描绘社会主义新农村、都市生活、少数民族民俗风情等题材，笔墨技法、题材内容与审美观念丰富多样，体现了当代中国人物画的多元和开放。广西本土的人物画创作也取得了长足的发展，涌现出了不少优秀作品，如莫士光的《山区道上》、莫更原的《路遇》、黎正国的《一个山歌一个坡》、陈素春的《金色侗乡》、张达平的《苗山新绣》、郑军里的《苗岭金秋》、梁耀的《小河水涨大河满》、关洁的《谁人敢来对山歌》等。

图书馆要加大人物画收集力度,提高其收藏数量。当然不能一味追求数量,什么画都往图书馆收,一定要明确收集重点和目标,既讲数量,也要讲质量。

(3) 拓宽绘画作品的来源渠道,营造良好的捐赠环境

除了接收捐赠之外,还可以通过购买、拍卖、协作征集等其他渠道收集绘画作品。对因各种原因不愿意捐赠的优秀绘画作品,可以考虑采取给予适当的材料成本费、人工费等,通过协商购买绘画作品。经费充足的图书馆,可参加各种名家书画拍卖会,通过现场竞拍收集名家绘画作品,还可在网上购买或竞拍来收集,例如在"孔夫子旧书网(http://www.kongfz.cn/)-在线拍卖-名人字画",既有西画,也有国画,大量的素描、油画、水粉、水彩、彩墨画在线拍卖。由于绘画作品的定价具有不确定性特点,对图书馆来说控制风险至关重要,要想方设法提高馆员对绘画作品的鉴赏识别能力。如今伪造名人字画的现象不少,需警惕赝品。我馆作为省级公共图书馆,应发动各市县级图书馆力量,引导对本市县区域画院、画家开展协作征集,把优秀的绘画作品资源纳入到收藏软件、硬件设施更好的省级图书馆来。

要加强图书馆公益事业的宣传和舆论导向,鼓励社会各界人士长期关注、参与和支持图书馆事业,营造良好的捐赠环境。人们在捐赠绘画作品资源的同时,也感受到参与图书馆建设的荣誉感和成就感。例如,在2016年5月,我馆邀请广西师范大学罗克中教授来馆开设钢笔画讲座,课后其捐赠《书香飘处闻歌舞》等6幅钢笔画文献给我馆,一方面,罗教授实现了向广大市民读者宣传推广钢笔画的愿望,也通过捐赠作品得到了参与图书馆建设的成就感;另一方面,图书馆拓展了社会服务功能,提升了图书馆社会价值。实际上,捐赠者与图书馆达到了双赢。此外图书馆还可以利用自身优势,多开展一些绘画作品的展示活动,把那些对生活的热爱、对艺术的感悟与追求和积极向上精神风貌的优秀绘画作品,展示给广大读者,丰富文化生活,让读者了解和关心图书馆绘画作品收藏,促进读者与图书馆之间的良性互动。这对图书馆自身特色文献资源建设具有积极意义。

四、结束语

绘画作品特色资源具有历史价值、艺术价值和收藏价值，图书馆加强绘画作品的收藏有重要的现实意义。同时绘画作品收藏工作也面临不少的问题和困难，新时代图书馆人要努力提高自身素质，尤其是加强对绘画作品资源的认知和收藏意识，提升收藏质量及数量，丰富图书馆特色馆藏。

参考文献

[1] 林木：《在中华民族伟大复兴中的中国画复兴》，《中国美术》2013年第1期。

[2] 常书智：《湖南图书馆馆藏字画选》，北京：北京图书馆出版社，2004年，第1—21页。

[3] 郭志高：《八桂学人之家》，桂林：漓江出版社，1994年，第35页。

[4] 丰雨滋：《广西桂林图书馆馆藏精粹·绘画》，桂林：广西桂林图书馆，2009年，第1—77页。

[5] 李永强：《新中国以来广西民族题材人物画发展概况》，《中国美术》2015年第12期。

"互联网+"环境下海南琼剧文献资源的利用与传承
——以吴梅先生捐赠琼剧文献资料为例

王冬梅（海南省图书馆）
符秋眉（海南省图书馆）

摘　要：琼剧文献资源内容丰富，是海南地方传统文化的重要组成部分，也是中华戏曲资源库中不可或缺的宝藏，其传承保护与利用意义重大。在"互联网+"时代背景下，本文在分析琼剧文献资源价值的基础上，探讨"互联网+"环境下琼剧文献资源的利用与传承的必然性与意义，并探索在"互联网+"的环境下开发利用琼剧文献资源的新思路。

关键词："互联网+"；琼剧；文献资源；利用与传承

Abstract: The rich resources of Qiong Opera are an important part of Hainan's local traditional culture and an indispensable treasure in the Chinese opera resource library. In the context of the internet plus, based on the analysis of the value of the literature resources of Qiong Opera, this paper discusses the inevitability and significance of the use and inheritance of the literature resources of Qiong Opera in the internet plus environment and exploring new ideas for developing and utilizing the resources of Qiong Opera's literature in the environment of the internet plus.

Keywords: internet plus;Qiong Opera;literature resources;use and inheritance

"互联网+"的本质为开放、革新、跨界，随着大数据、云计算、4G等信息技术的产生与发展，互联网已深入人们日常生活的多个方面，促使诸多领域出现转型发展，传统图书馆的文献资源开发方式在"互联网+"环境下也展现转型升级的趋势。海南琼剧于2008年入选国家级非物质文化遗产保护名录项目，琼剧文献资源是地方传统文化的重要组成部分，也是中华戏曲资源库中的重要宝藏，它记录着琼剧的产生与发展，具有极高的文献价值、史料价值和学术价值。传统的文献资源利用与传承的方式和手段已经无法满足现实的需求，在"互联网+"背景下，如何深入挖掘、传承保护和利用琼剧文献资源是值得我们探讨的问题。

今年3月中旬，我省著名琼剧作曲家、编导、原海口市琼剧团艺委会主任吴梅先生向我馆捐赠了其多年收藏、积累下来的琼剧文献资料百余箱。主要为吴梅先生在60多年的琼剧作曲、唱腔设计生涯中创作、收集、整理的琼剧剧本、曲谱手稿、琼剧文史资料等，其中既有古装琼剧经典剧目《红叶题诗》《红丝错》《凤冠梦》《梁祝》《刁蛮公主戆驸马》《狸猫换太子》《三看御妹》，也有现代新编琼剧经典剧目《百年苍翠》《浴血英魂》《八一风暴》等。另外，吴梅先生曾经多次作为传播海南文化的使者，随团到加拿大、美国、法国、泰国、新加坡、马来西亚等国家及中国香港、澳门、台湾等地演出，与当地琼剧界人士交流的戏曲成果、演出资料等文献也在其中，内容丰富，涵盖众多。经过整理，吴梅先生捐赠资料中，包含图书1771册，期刊1510余册，剧本、曲谱1556册，剪报144册，磁带291盒，光盘373片，还有大量散页、手稿、资料合集、剧照等杂项，总计4149种，5921册／件。它们为琼剧历史、剧目、曲谱、演员、戏班等诸多方面研究提供了有力的文献保障，具有重要的文献价值。同时，这批资料亦是吴梅先生近70年来从事琼剧艺术事业所取得杰出成就的见证，是反映现代海南琼剧发展变迁的重要史料。

一、琼剧文献资源利用与传承的价值

（1）史料价值

琼剧源起于元代，据《正德琼台志》记载，明正德年间，海岛上已有百戏、杂剧演出，明清时期逐渐发展成型。琼剧产生至今，已经走过了370多年的历史，比京剧的历史还要悠久。据统计，琼剧的各类剧目总数近两千种，经常演出的剧目至少300个以上。琼剧的表演程式27项，合计1542套。琼剧的音乐曲牌总计400多首。琼剧的行当齐全，生旦净末丑俱全；其唱腔独特，风格多样。郑长和、林道修、陈雪梨、陈华、谭岐彩、王英蓉等老一辈著名艺人创造的优美的琼剧唱腔风格，至今享誉东南亚一带，拥有《张文秀》《搜书院》《红叶题诗》《红色娘子军》《高林学馆》《青梅记》等经典剧目。琼剧作为海南文化的杰出代表早已走出海南，蜚声于东南亚华人世界，成为海外与粤剧、闽剧、潮剧并列的四大剧种。

在社会快速发展，休闲娱乐活动多样化的今天，琼剧和其他剧种一样受到冲击，观众在逐渐减少，琼剧的危机和生机问题令人深思。在互联网环境下，如何利用、传承琼剧文献资料推动琼剧发展是一个严肃的研究课题。吴梅先生捐赠琼剧文献资源的时间段主要集中在20世纪50年代直至今天，内容包含琼剧在海南、内地及东南亚地区的发展变迁历史。通过它们，可以探寻琼剧的发展状况，同时也为琼剧的创作与研究提供第一手资料，具有极高的史料价值。

（2）文献价值

琼剧文献资源作为琼剧艺术的传播载体，包括琼剧剧本、琼剧曲谱、琼剧舞台美术、琼剧表演、琼剧历史及琼剧理论等多方面内容，为琼剧传统剧目的挖掘、琼剧唱腔板腔曲牌的整理、琼剧舞台表演、琼剧历史考证和琼剧学术研究均提供了宝贵资料，其文献价值无可替代。如捐赠资料中的琼剧音乐资料，有苏炎娣先生在1964—1965年，专门组织调查和搜集散失在民间的琼剧板腔资料，先后油印出《琼剧唱腔介绍》《琼剧音乐介绍》《琼剧过场音乐》《琼剧唢呐曲牌》《琼剧锣鼓谱》等资料，这些资料虽然没有正式出版，却是海南琼剧界的珍宝。

(3) 学术价值

琼剧文献资源对研究琼剧的产生、发展和演变具有极高的学术价值。它们不仅为学者提供大量有关琼剧各方面研究的文献史料，也为研究者提供了广泛的学术研究课题。比如吴梅先生捐赠的《纪念琼剧著名表演艺术家王秀明（三升半）诞辰壹百周年》《情系琼剧 勤奋笔耕——回忆父亲林禄三》《海南韵脚》《琼剧唱腔选》《琼剧简史》等文献资料，从琼剧名家、演员、表演及历史研究等多个方向研究琼剧，是重要的琼剧研究成果。同时，据 1956 年的统计数据，当时有 180 套琼剧表演程式。如今在舞台上还能见到的只有 10 多套。近年来，随着琼剧市场需求的变化，多演生旦戏，其他行当的表演程序淡出舞台，许多技艺消失得无影无踪。琼剧文献资源对琼剧流失的技艺方面所发挥的启发与支撑作用非常重要。

二、"互联网+"环境下琼剧文献资源利用与传承的必然性

（1）社会发展与读者需求变化的必然结果

随着社会的发展，琼剧文献资源利用与传承的手段和方法也在发展变化。随着科技的发展，现代化信息技术逐渐融入人们的工作和学习中，对琼剧文献资源有需要的读者的需求也在不断变化。之前以文字、图片为主的实体琼剧文献资源因其收藏内容不全面，检索查阅不方便、不及时，文献资源利用率不高，满足不了研究者的需求。同时，为了吸引新生代读者对琼剧的喜爱和传承，用新形式挖掘和利用琼剧文献资料成为必然之路。因此，在"互联网+"环境下对琼剧文献资源推进利用与传承工作，是适应社会发展与读者需求的必然结果。

（2）琼剧文献资源利用与传承的必然趋势

琼剧文献资源的保护与利用是琼剧在当今发展的重要基础。在信息技术高速发展的今天，传统的方式对琼剧文献资源价值的开发利用存在很大制约。从吴梅先生捐赠的资料看，内容丰富，涵盖面广，如果不进行数字化处理，提高检索利用方式，使用者很难在短期内获取所需要的信息。因此，能使琼剧文献资源所蕴

含的价值和效益发挥最大值，更好地服务于琼剧事业的发展，就要求琼剧文献资源的开发利用工作要不断提升和创新。只有把先进的互联网技术手段科学合理地融合到琼剧文献资源的开发利用中去，才能最大限度地发挥其作用和价值，更好地为读者提供高质量、高效率的琼剧文献信息资源服务。

三、"互联网+"环境下琼剧文献资源利用与传承的意义

琼剧是具有典型的海南地方特色的戏剧，由"土戏""琼州杂戏"逐步发展而来，体现了各时期海南文化变迁与融合的因素与特征。琼剧文献资料是琼剧爱好者和研究者了解和研究琼剧的主要信息来源，更是传承琼剧的重要载体，传统琼剧的创新发展离不开琼剧文献资源的利用与开发。在"互联网+"环境下，把互联网信息技术广泛运用到利用和传承工作中，"老树发新芽"，为琼剧文献资源的利用价值最大化提供了新思路，具有重要的现实意义。

（1）有助于提高琼剧文献资源的利用与传播

将互联网技术应用于琼剧文献资源的开发利用工作中，将大大提高琼剧文献资源的利用与传播力度，主要有三方面优势：第一，网络信息资源不受时间和空间的限制，进行传播和使用时不受时间和地域的制约，扩大传播路径。同时也破解以往传统实体信息资源无法满足多位读者同时使用的难题。第二，数字化信息资源相较于传统实体信息资源，不仅在信息类型和容量上有所提升，还在检索、查阅和利用上更方便、更快捷。第三，对于一些以收藏保护为主、不利于重复翻阅的古旧琼剧文献资料，运用现代科技手段将其转换为数字资源信息后，可对资料进行有效保护，并方便更多的读者反复使用。比如，吴梅先生捐赠资料中有一大部分是 20 世纪 50—60 年代的老剧本、曲谱，因纸质的因素，已经老化、变脆；尤其是一部分在东南亚地区琼剧老艺人手写的多年口口相传的曲谱、唱腔资料，经过多人辗转保存，出现破损和污渍。这些情况不利于长期保存，也不能向读者提供反复翻阅，以上存在的问题，只有通过现代化技术才能有效解决。

(2) 有益于琼剧文献资源的整理和学术研究

对琼剧文献资源进行深层次的开发，一方面可以将分散的信息资源有序化、系统化，对信息资源的科学化整理发挥积极的作用；另一方面也极大地丰富了文献资源的内容和类型，为琼剧学术研究提供丰富的资料宝库。同时，利用现有的网络技术手段，检索、查阅、使用信息资源，也为琼剧研究者提供了更为方便、快捷的服务，不仅可以提高研究效率，还能节约研究成本、拓展研究思路。据查阅国内研究琼剧的成果显示，琼剧相对其他剧种而言，研究成果较少，更多的是琼剧的原始一手材料，这种情况影响到琼剧学术研究的提高及制约了琼剧的进一步传播发展。如何在大量的琼剧基础材料中加强琼剧研究，加大传承力度，是学者和琼剧爱好者非常关注的问题。近年来，在互联网环境下，在琼剧文献资源的基础上，先后出版了剧本集《琼台春》《海口琼剧》《冯所庆剧作集》《冼夫人颂琼剧作品集》《琼剧传统唱腔典藏》等书籍，相对于琼剧的发展现状，这些研究成果还远远不够。

(3) 有利于推动地方特色经济和推广地方文化

琼剧是海南文化的典型象征，是海南优秀传统文化中的一朵奇葩，是在海内外宣传海南文化的一块金字招牌。利用互联网获取和传递信息迅捷的特点，合理使用多元的数字化新媒体渠道，依托琼剧文献资源的优势，创新文献资源的利用与传承方式，着力发展琼剧这一独具地域特色的文化品牌，带动地方特色经济的快速发展，从而进一步提高地域知名度，实现地域特色经济发展与海南文化发展的和谐统一。

四、"互联网+"环境下琼剧文献资源利用与传承的新思路

"互联网+"环境下，现代化科技手段的运用是推动琼剧文献资源开发利用的核心动力和必要渠道，需要构建琼剧文献资源全方位、多角度利用与传承的新模式。

（1）增强"互联网+"环境下琼剧文献资源利用与传承的意识

琼剧是延续 300 多年的老行当，如何做到"老戏新听""老新相传"？需要充分认识到"互联网+"环境对琼剧文献资源利用与传承方面产生的冲击和深层次影响，从吴梅先生捐赠的资料中也能说明这个问题。随着技术的进步，琼剧资料印刷方式从手写、铅印、油印、激光打印不断演变；载体形式从纸质、唱片、磁带、录像带、光盘不断变迁，一直在随着科技的发展而更新换代。因此，首先要具有对琼剧文献资源开发利用的创新意识，积极应对新发展新变化，将互联网技术融合到琼剧文献资源利用与传承工作中，使琼剧文献资源由传统的单一开发利用的状态逐渐向现代多元化模式的方向发展，从而实现琼剧文献资源的价值和效益最大化。没有利用，就不存在传承的价值，这也是"互联网+"环境下琼剧文献资源开发利用的目的。

（2）实现琼剧文献资源数字化，建立特色资源数据库

在弘扬、传承中华优秀传统文化的背景下，海南琼剧文化获得更多的关注和发展机遇，琼剧文献资源共建共享是发展琼剧文化的重要方向。琼剧文献资源数字化是实现信息资源共享的保障，琼剧特色资源数据库则是互联网环境下琼剧文献信息资源建设的一项重要内容，不仅为琼剧学科建设提供了充足的信息资源保障，也为琼剧使用者提供了精准化、个性化的服务。如将琼剧剧本、琼剧曲谱、舞美图片、琼剧表演、琼剧人才等资料的纸质文本文献资源和录音、录像、视频等非文本形式文献资源进行数字化采集、加工、存储，形成文字、图形、图像、音视频等数字资源，形成琼剧文献数据库，同时科学地设置文献检索手段，从而多角度、全方位地满足读者对琼剧资源信息的需求。

（3）开展合作交流，实现琼剧文献资源的开放与共享

琼剧文献资料的收藏情况，省外是国家图书馆收藏少量，广东省立中山图书馆收藏部分（1988 年海南建省）；省内图书馆目前收集琼剧文献资料最多的是海南省图书馆，其他图书馆也有部分收藏。海南省琼剧院、海口市琼剧团、海南省文化艺术学校等机构也是重点收藏单位。因此，要加强收藏琼剧文献资源的图书馆、研究机构之间的合作，互通有无，通过资源共建共享的方式来丰富琼剧文献资源系统的内容，实现琼剧文献资源的整体建设。要以移动互联网为媒介，搭建合理的琼剧资源交流合作平台，建立完善的合作交流机制，整合各相关系统的琼剧数据资源，实现资源优势互补。

（4）利用多元的数字化、新媒体渠道
①开办琼剧网站和直播平台

可充分发挥互联网即时性、共享性强且不受时空限制的特点，开办与琼剧相关的门户网站和平台，将存放在图书馆和研究机构里的实体文献资源盘活。例如，新华网海南频道之琼剧频道板块，开设诸如琼剧资讯、图说琼剧、名家名段、琼剧艺术、网上秀场等系列栏目。海南省图书馆文化共享工程平台对琼剧资源进行收集、整合，提高琼剧文献资源再利用，实现琼剧信息资源的有效开发、共享与利用，使其价值发挥到最大。另外，"琼剧网"上有大量的琼剧剧目全集、唱段的录音和视频资料，可以下载、试听，也是推广琼剧的好方式。网络直播是同一时间通过网络系统在不同的交流平台观看影片，是一种新兴的网络社交方式，也可以成为一种琼剧传播、学习的手段。现在一些年轻琼剧演员，将他们的演出及平时排练的视频资料进行直播，吸引了很多年轻琼剧"粉丝"，拉近了琼剧爱好者与演员及琼剧的距离。

②开发实用 APP 及应用平台

在"互联网+"环境下，要充分挖掘数字化新媒体平台的优势，利用网络社交媒体，如微博、微信等方式，实现实体信息资源到数字信息资源的转换，拓宽向公众传播和推广琼剧的渠道。比如，可考虑把琼剧经典剧目、优秀剧本制作成电子书，方便读者下载阅读；开发展示琼剧名家唱段的手机 APP，便于琼剧爱好者随时随身欣赏；利用微博、微信公众平台向公众推送或分享琼剧小知识、琼剧演出信息等。在此方面，目前已有包括海南省琼剧院微信公众号推送的"演出排期""琼剧简介""剧目创作"等信息。

(5) 研发琼剧动漫产品

动漫产品的研发为传统文献资源的再利用开辟了新天地，同时也为保护和传承非遗文化提供了新方法和新手段。动漫产品的研发，是利用现代科技手段对琼剧文献资源进行深度加工，借助动画形象，通过声音、图像、动作，形象地把琼剧经典剧目用简约、夸张、幽默的形式表达出来，直观地呈现在观众面前，同时可通过广播电视、网络、社交媒体、微信朋友圈等方式进行多渠道推广。近年来，如海南文体厅联合动漫公司向小学生及年轻人推送的著名传统琼剧《红叶题诗》动漫版，还有动漫琼剧唱段选，效果明显。动漫版琼剧是琼剧文献资源深层次开发利用的有益尝试。但是，据目前的探索情况来看，动漫版琼剧开发情况不太理想，问题主要在于动漫创作者与琼剧文献资源的衔接不太畅通，加上经费的制约，影响了动漫琼剧的进一步发展。相信，在互联网环境下，这些问题都将逐步得到解决。

五、结语

在"互联网+"环境下，要充分利用互联网的科技手段，有效发挥"互联网+"在整合信息资源、优化信息资源配置和提高信息资源使用效率等方面的优势和集成作用，对琼剧文献资源进行有效整合，实现实体资源与数字资源的信息转换，建立方便、快捷、高效、有特色的资源数据库和共享平台，为读者提供真正的数字化新媒体信息互动和体验，构建琼剧文献资源利用与传承的新模式，推动加快海南琼剧的发展与繁荣。

参考文献

[1] 陈春孺：《"互联网+"环境下川剧文献资源的开发利用》，《四川戏剧》2017年第5期。

[2] 黄晓斌、王尧：《地方文献与地方特色新型智库建设》，《图书情报知识》2018年第1期。

[3] 符策超:《海南琼剧现状述评》,《中国戏剧》,第61—63页。

[4] 赵康太:《琼剧:海南文化的典型象征》,《海南日报》2016年第10期。

[5] 王霞:《"互联网+"环境下图书馆文献资源建设模式研究》,《图书馆学刊》2018年第1期。

"互联网+"时期的地方文献资源数字化建设
——以首都图书馆建设《国韵京剧——梨园弟子》专题片为例

张 颖（首都图书馆）

摘 要：在互联网环境下，随着地方文献资源建设的深入开展，以文献为基础，进行传统文化的视频影像拍摄，已经成为全国很多公共图书馆资源建设的关注热点和重要项目。各地图书馆利用自身的信息资源，搜寻当地的特色文化，建设制作了一批具有地方特色的视频资源，大大丰富了地方特色资源平台及各公共图书馆的视频资源库。

关键词：互联网；地方特色文化；公共图书馆；数字化

Abstract:Under the internet, with the in-depth development of local literature resources construction, taking document as the basis, producing video images of traditional culture has become the focus and important project of many public library resources construction in the country. Local libraries have used their own information resources to search for local characteristic cultures and have built and produced a batch of video resources with local characteristics, greatly enriched the local characteristic resource platform and the video resources database of public libraries.

Keywords: internet; local characteristics culture; public libraries; digital

一、地方文献资源建设的发展现状

习近平总书记在十九大报告中提出，深入挖掘中华优秀传统文化蕴含的思想观念、人文精神、道德规范，结合时代要求继承创新，让中华文化展现出永久魅力和时代风采。

在世界四大文明古国中，中国是唯一有着丰富的历史文献资料并且文字从未间断的国家。浩如烟海的文献是先人留给我们的珍贵文化遗产。如何整理、阅读、研究这笔财富，挖掘其中可资借鉴的因素，并将这份遗产传承下去，是一个值得思考的问题。

随着时代的发展进步，地方特色文化的魅力越来越多地引起人们的关心和关注，怎样将优秀的传统文化发扬光大并且传播出去成为文化工作者普遍关心和关注的问题。对优秀的传统文化进行数字化与影视化的再现既是一次整理挖掘的过程，又是一场创新与创造的加工，而这些工作的基础是什么，怎样在尊重历史的前提下将优秀的传统文化创意性地展现，文献就成为了可以借鉴的根本基础。现以首都图书馆建设的国粹京剧专题片《国韵京剧——梨园弟子》项目为例，探讨传统文化数字与影视化的发展。

二、地方特色文化的数字化发展状况

京剧作为国粹，从徽班进京以来已有两百年的历史，在这两百年中经过一代又一代艺术家的努力，京剧艺术变成了有深厚文化底蕴，有实践积累和深厚群众基础的艺术瑰宝。在探究京剧发展的历史脉络中，从1890年徽班进京祝寿的高朗亭，到程长庚、谭鑫培、梅兰芳等，一个个大师给我们留下了深刻的印象，唱腔的发展、流派的传承、剧目的演变等这些京剧相关的专业知识让我们深刻感受到了优秀传统文化的魅力。如何在尊重历史的基础上经典地再现大师们的风采，成为我们必须要学习的关键，除了在采访国家京剧院、北京京剧院、军区战友文工团等相关领域的专家学者之外，查阅文献成为我们学习的必经之路。首都图书馆优秀的馆藏文献资源起到了重要作用，早期的报纸、杂志，经典剧目赏析，京剧大师故事等资料成为佐证和与专家学者呼应的重要资料，从中可以真实地再现京剧艺术魅力的传承和发展。

优秀的地方特色文化要发扬光大必须要找到它的根源，而相关的文献资料就是文化的源泉，不同历史时期的文献资料都很好地保存和发扬了传统文化发展过程中的经典，通过文献的阅读可以获知整个领域的发展以及待解决的问题，从中获得新的思路和方法。作为中国优秀传统文化代表的京剧，艺术含量高，文化底蕴深，不仅造就了大批的艺术家，而且成为中国艺术宝库里的一颗璀璨的明珠。通过文献记载，京剧角色的各个行当划分演变，大量的优秀演员以及他们对京剧的唱腔、表演、剧目和人物造型等方面的革新发展做出的贡献，流派的传承和发扬光大等历史和文化价值条理清晰，跃然纸上。不同时期的文献资料为《国韵京剧——梨园弟子》提供了重要的理论基础和正确导向。

黑白无声电影《定军山》是最早的能找寻京剧踪迹的影像素材，在此之前的京剧艺术家和经典剧目只能采用少量的黑白照片和手绘稿传承至今，不能亲眼目睹和亲耳聆听大师们的风采。这成为我们最大的遗憾，所以对传统文化的数字化和影视化成为传统文化源远流长的一个非常重要而且必要的工作。京剧作为传统表演艺术的精华，集中地体现在那些将舞台表演手法运用于充满戏剧性情境的经典剧目中，而那些具有特殊表演技艺的演员和演奏者更是值得珍惜。从文化发展和遗产保护的长远眼光看，对京剧和其他优秀的传统文化进行影像化记录、对历史文献进行数字化重现是一种以更开阔的视野，对传统文化进行抢救性记录保护和推动传统文化完整性继承的重大创新。有助于在今后让更多京剧从业者和传统文化爱好者，更为有效地汲取优秀京剧传统剧目中的艺术营养，学习前辈艺术家们在艺术实践中取得的经验。

像许多传统戏曲一样，如今的京剧已不再彰显往日的辉煌，经典剧目大量失传、优秀演员不断流失、剧场经营难以为继，这一系列问题都导致了京剧的现状不容乐观。最主要的原因是京剧这种艺术形式与现代化、快节奏的生活方式间的冲突，这一点在年轻群体中尤为明显，而京剧艺术的数字化和影视化，正是一种传统文化适应时代潮流的保护与发展方式，这种方式既适合优秀地方特色文化的保存又便于传播和发扬光大。现当代的青少年已经很少去现场观看京剧的演出和关注传统文化的发展，我们可以用数字化和影像化的传播，充分利用网络新媒体的优势，使之成为京剧艺术等优秀传统文化传承过程的重要载体。不再单纯依靠面对面的传播形式，突破时间和场所上的限制，实现京剧艺术在大型活动之外，也可以对人产生持续吸引力的效果。

三、数字化建设和影视化建设的情况分析

从历史到流派，从服装到化妆，从乐器到演员，京剧艺术家们孜孜不倦地追求，让我们一面惊叹于京剧艺术的伟大魅力，同时也对当前京剧小众化的现状唏嘘不已。京剧如此，许多优秀的中华传统文化亦是如此。面对时代的飞速发展，怎样将地方特色文化的精髓充分挖掘展现，使之吸引更多的人走近传统文化，接受并爱上地方特色文化成为文化工作者的重大责任。数字化和影视化的过程并不是简单的再现，而是要在历史文献和传承发展的基础上进行深刻的研究，充分利用影视化表现方式的优势进行艺术表达，用全新的方式赋予古老艺术新的生命，使之充满魅力和感染力，将优秀地方特色文化的核心价值和正确导向一代一代传递下去，让数字化和影视化成为全新的载体，吸引越来越多的人参与、保护、传承下去。同时，要加快传统文化数字资源库的建设，将传统的优秀文化资料转化为数字媒体形式，再将数字媒体结合互联网，形成双向共赢，鼓励有资源的人们参与资源库的建设，最终实现多样、立体化的发展。

四、结语

随着互联网的高速发展，新媒体为地方文献的创新性发展提供空间，数字化和影视化的地方文化可以借着新媒体强大的传播力和影响辐射范围，为优秀文化的传播提供更大的发展空间、更大的选择性和发挥的舞台，走出国门，走向世界，

让更多的人了解中国文化的博大精深和传统文化的魅力。

参考文献

[1] 韦海东:《"互联网+"环境下的图书馆服务转型与发展研究》,《无线互联科技》2017年第1期。

[2] 罗淑娴:《移动互联网时代碎片化阅读对高校图书馆信息服务创新的影响》,《情报探索》2016年第2期。

[3] 叶杨:《浅析网络时代下高校图书馆数字化建设中存在的问题及解决对策》,《才智》2016年第23期。

公共图书馆环境下数字资源的建设与发展

丁小蕾（首都图书馆）

摘　要：科技的发展带动了图书馆事业的发展，现代图书馆越来越重视数字资源的采集、开发和利用，而数字资源作为快捷传递信息的本体，也使其成为传统图书馆除实体文献外另一个不可或缺的重要组成部分。本文从公共图书馆资源特性出发，对如何进行公共图书馆环境下的数字资源建设与发展进行探讨。

关键词：公共图书馆；数字化建设；数字资源建设

Abstract: The development of science and technology has led to the development of the library. The modern library has paid more and more attention to the collection, development and utilization of digital resources, and the digital resource, as the noumenon of the fast transmission of information, has also made it an indispensable part of the traditional library in addition to the entity literature. Starting from the characteristics of public library resources, this paper discusses how to carry out the construction and development of digital resources under the environment of public libraries.

Keywords: public library; digitalization construction; digital resources construction

科技的发展带动了图书馆事业的发展，现代图书馆越来越重视数字资源的采集、开发和利用，而数字资源作为快捷传递信息的本体，也使其成为传统图书馆除实体文献外另一个不可或缺的重要组成部分。图书馆不能没有读者，而如何建设图书馆的数字资源，吸引更多的读者利用馆藏则成为现代图书馆又一项重要研究工作。

一、公共图书馆数字资源涵盖范围

国际标准化组织(International Organization for Standardization)与国际图书馆协会联合会(International Federation of Library Associations)共同制定的国际图书馆统计标准ISO2789将电子图书馆服务划分为OPAC服务、图书馆网站服务、电子馆藏、电子文献传递（中介）、电子参考服务、有关电子服务的用户培训、经图书馆访问互联网等七种服务类型。其中，电子馆藏是电子图书馆服务中最为重要的一部分，它被进一步细分为数据库、电子连续出版物、数字文献三部分。数据库分全文数据库、文摘、索引数据库及其他类型数据库；数字文献包括电子书、电子专利网络视听文献和其他电子形态的报告、预印本等文献。

早期人们对电子图书馆的定义实为数字图书馆的雏形，其对电子服务的划分已经基本涵盖了现阶段图书馆数字资源服务的所有类型。图书馆的数字资源服务基于数字资源的基础建设，创建合理、完备、多样化的数字资源结构是现代图书馆资源服务的发展新方向。

二、公共图书馆数字资源的主要特性

公共图书馆数字资源特征来源于公共图书馆自身的特性。较之于科研专业图书馆及高校图书馆，公共图书馆具有读者用户群广泛、服务开放性强等特点。同时，公共图书馆作为传播知识、传递信息、开发智力、开展教育活动的公共文化服务阵地，又肩负着保存人类遗产、传播科技信息和社会文化以及普及教育的责任。综上原因，公共图书馆的数字资源应具有以下特征：

（1）资源的内容涵盖具有广泛性

公共图书馆资源的受体为社会大众，由于不同年龄、不同阶层人对文化、对信息需求有所不同，因此就要求公共图书馆无论在传统的实体资源还是数字资源都要满足不同类型的读者需求，内容涵盖要广泛。

（2）资源的知识深度具有通俗性

公共图书馆不同于科技图书馆和高校图书馆，后者专业性极强，服务对象一般都有专业需求，而前者更侧重于社会公众的人文需求，因此公共图书馆的数字资源多数应是通俗易懂，并乐于为人们所接受，满足人民日益增长的精神文化需求。

（3）数字资源与实体资源的互补性

公共图书馆属于区域文化设施的一部分，通常在进行馆藏建设的时候对不同学科类型的文献藏量有一定的取舍。数字资源可以作为实体资源的有益补充，扩大公共图书馆文献资源的覆盖面。

三、国内公共图书馆数字资源的建设与发展状况

随着互联网的普及，各个公共图书馆都在自己网站主页上对本馆建设的数字资源进行揭示利用。从对不同地区的多个省级馆网站的访问可以看出，我国目前公共图书馆的数字资源主要来自外部采购资源和自建数据资源两个方面，这其中又以外采资源为主，其无论在数据量还是在信息涵盖面上都远超图书馆的自建资源，为公共图书馆数字资源的主力军。自建资源方面，多数图书馆是在全国文化共享工程的推动下来进行本地区文化的特色资源建设，但是由于区域间的文化认识不同、建设水平不用，因此造成各地公共图书馆自建数字资源的质量良莠不齐。

四、如何实现公共图书馆环境下数字资源的建设与发展

(1) 对用户阅读需求进行深度挖掘，合理选取公共图书馆数字资源的建设方向

图书馆不能脱离读者而独立存在，无论传统的纸质文献资源、实物资源还是与日俱增的数字资源都是为读者服务的。因此，公共图书馆作为为公众服务的公共资源，为了能够更好地持续发展就需要对服务对象的阅读需求有深入调研和研究，包括学科偏向、借阅频次等内容。通过合理的统计分析，可以对读者的大部分需求做出权重比较，这对于公共图书馆在数字资源采购和数字资源自建方面具有重大的引导作用。例如：目前国内各种类型图书馆购置的数据库以文摘索引数据库、全文期刊数据库、学位论文数据库、专利文献数据库为主。其中不免有些数据库的专业性过强，更适于科研人员使用，对于公共图书馆来说利用率并不高，像这种数据库的采购就值得商榷。在分析的基础上，公共图书馆的数字资源才能更有针对性和实用性，才能更充分满足读者的多样需求，避免造成资源的浪费，影响图书馆数字资源的使用效益。

(2) 实现数据资源的标准化建设

标准化是维系图书馆数字资源生存发展的基础，是实现资源共建共享的前提，有利于地区间分散异构资源的集中与整合。在数字资源产生过程中一般会经历文献采集、数据加工、数据标引、数据存储、数据管理等诸多环节，其中数据加工和数据标引的标准化、规范化建设又为重中之重。目前，国内可以参照的标准、规范有：

①文化部下发的中华人民共和国文化行业标准

包括WH/T 46-2012图像数据加工规范、WH/T 47-2012图书馆数字资源统计规范、WH/T 52-2012管理元数据规范。

②数字图书馆推广工程出台的有关标准

例如：国家图书馆数字资源唯一标识符规范、文本数据加工标准与工作规范、视频数据加工标准与工作规范、国家图书馆核心元数据标准、国家图书馆数字资

源长期保存规范等 30 余项。

③全国文化信息共享工程资源建设标准规范

（3）利用本地区文化传承优势，有组织地进行地方特色资源建设

公共图书馆在做数字资源的自主建设时，首要考虑的是内容的独有性，避免资源的重复建设。随着非物质文化遗产保护的广泛推行，各地区人民都开始重视自己的地域文化，因而地方特色资源建设以及馆藏稀缺特有资源的建设可作为公共图书馆自建资源的主要方向。另外，在做选题时还要充分考虑资源建设的可操作性和资源体系的完备性。如首都图书馆自主建设的"北京记忆"大型历史文化多媒体数据以图书馆地方文献工作者的视角去建设和推广极具浓郁特色的地方文化。内容囊括北京地方文献各载体类型的数字化资源，并在文献资源的基础上有针对性地对知识点进行深度挖掘和整合，进行多个专题制作，该资源建设是地方文献资源和地方文化资源的有机结合。

（4）加大馆藏文献的数字资源采集和自主建设，将数字资源与 OPAC 相结合

近年来，通信及网络技术发展空前迅猛，为了解决人们在移动智能终端设备上的阅读需要，商业领域的多家公司推出了自己海量的电子资源，并将其投入市场，如 Google、亚马逊、盛大文学等在电子阅读方面拥有大量用户群。

公共图书馆作为为大众提供阅读的社会媒介，理应顺应时代发展在电子阅读方面做出自己的努力。数字出版的推进将会引起图书馆文献采购模式的转变，尽管数字出版商为了获取更大的利益可能不会支持图书馆对数字文献的引入，但是数字阅读是社会发展的趋势，只要图书馆存在，就终将会收集越来越多的数字资源，这是任何人都无法阻挡的。

现阶段公共图书馆的电子图书多是外部打包采购，有自己的图形界面。电子资源本身是脱离图书馆的系统而存在的。作为公共图书馆自身应充分利用联机公共检索目录，将电子文献资源和 OPAC 系统统合起来，形成以 OPAC 为轴心的传统纸质资源与数字资源双向阅读服务。在具体实施方面，数字资源的来源应为外采与自主进行文献数字化相结合的方式，改变原有"我的图书馆"功能，引入电子阅读，在互联网实现电子资源的借阅。

图书馆从事数字资源建设多年来，OPAC早已不应该只是作为馆藏文献的检索和信息揭示的工具，应该积极转变成为馆藏数字资源利用的通道。

（5）政策的引导性介入

文化体制改革背景下的公共文化事业由政府主导，在国家文化要大繁荣、大发展的战略布局中，公共图书馆作为人人平等、服务免费的文化传播阵地，带给人们的是巨大的精神财富。互联网时代人们在图书馆中获取知识的方法不再单一，国家提出大力发展公共文化体系建设的倡导促进了图书馆数字资源建设。近年来国家相继推出了全国文化信息资源共享工程、数字图书馆推广工程等多个数字文化建设工程，在全国范围内分布建设公共文化资源库群，搭建以各级图书馆为节点的数字资源网络。这些工程的建设是公共图书馆数字资源建设的助推剂，使图书馆的数字资源建设在政府的关注下、政策的引领下长期、稳步地的实施。

五、结语

尽管图书馆不是科技前沿的重地，但却应该是信息交汇的密集地区。行之有效的合理建设图书馆的数字资源将是未来图书馆的发展之道。作为公共图书馆应借助自身资源优势开拓数字资源广度，提升服务质量。

参考文献

[1] 张珍：《公共图书馆数字资源建设的原则探讨》，《农业图书情报学刊》2013年第3期。

[2] 杨美玲：《图书馆数字资源利用状况与发展趋势研究》，《经济研究导刊》2013年第4期。

[3] 黄建辉：《公共图书馆数字资源建设方略》，《数字与缩微影像》2011年第3期。

[4] 张德:《外国数字图书馆发展综述》,《情报学报》2001年第4期。

[5] 张昭:《论省级公共图书馆数字资源建设》,《河南图书馆学刊》2010年第6期。

"互联网+"时期北京市地方文献可视化资源建设模式研究
——以《典藏北京》系列专题片为例

王菲菲（首都图书馆）

摘 要：做好地方文献工作是公共图书馆一项义不容辞的历史任务，在"互联网+"时代，对地方特色资源进行可视化是地方文献建设的一个重要部分。利用馆藏地方文献资源，挖掘地方特色题材，将地方文献资源可视化，既能丰富馆藏地方文献信息资源，还能增强地域文化的宣传力度，保存地方文献资源。

关键词："互联网+"；地方文献；公共图书馆；可视化

Abstract: Completing the local resources literature work well is a historic task of public libraries.In the "Internet plus" Age,visualization of local characteristic resources is an important part of local literature construction.The use of local literature resources in library collection,mining local features,local literature resources visualization,can not only enrich local literature information resources of libraries,but also enhance the publicity of regional culture,preserve local literature resources.

Keywords: "Internet plus"; local literature; public library; visualization

在21世纪,互联网深刻改变着人们的生产和生活方式,对地方特色资源进行可视化是满足用户对历史文化知识服务多样化、个性化的迫切需要的重要手段,同时也是地方文献建设的一个重要部分。各省公共图书馆地方文献建设工作把握"互联网+"时代的良好机遇,不断将地方文献工作融入互联网技术,引入"互联网+"模式,将各馆地方文献数字化、可视化、信息化、网络化。首都图书馆通过实施文化部全国公共文化发展中心地方资源建设项目,以数字化、可视化模式开展北京地方文献建设,建成一批优秀原创数字资源成果。本文以《典藏北京》系列专题片为例,在分析公共图书馆摄制地方特色资源专题片的实践基础上,探讨"互联网+"时期的地方文献可视化模式研究。

一、北京市地方特色资源建设概述

地方文献是各地文献资源中的特种文献,以承载本地信息而具备特有的使用价值。地方文献的两个显要特征是"地方性"和"文献性"。北京作为五朝古都具有悠久的历史和丰厚的文化,为北京地方文献工作发展奠定了深厚的文献资源基础。

(1) 实施背景

贯彻中共中央办公厅、国务院办公厅《关于加快构建现代公共文化服务体系的意见》文件要求,立足原创,突出特色,力求精品,积极创新,努力创作生产思想性、艺术性、观赏性有机统一,体现中华文化精神、传播当代中国价值观念、反映中国人审美追求,以人民群众喜闻乐见的内容和形式,满足人民群众不断增长的精神文化需要。公共图书馆开展实施文化部全国公共文化发展中心地方资源建设工作正是响应国家号召,利用得天独厚的馆藏地方文献资源,并依托这些资源,挖掘具有地方特色、文化价值、老百姓喜爱的题材制作成文化专题片。制作的有地域特色的文化专题片,不仅能丰富馆藏地方文献信息资源,还能增强地域文化宣传力度,保存地方文化,给读者提供更多观看选择。

(2) 地方文献可视化建设成果

"互联网+"环境下，地方文献资源既有传统型文献资源，也包括电子文献、多媒体文献以及数字文献等资源，但资源数字化已成为地方文献资源建设的主要内容。北京市地方资源建设项目以专题片为主，多媒体资源库为辅，两种形式兼顾。专题片以硬知识普及和丰富生动的画面见长，可以在推广和传播中起到良好作用，而多媒体资源库则是侧重文献价值，在文字、图片、音视频等多种媒介手段中，进行深层次记录和探索。截至2017年底，已完成1个多媒体资源库、112集《典藏北京》系列专题片建设，地方特色资源建设总量达10TB。

《典藏北京》系列专题片是地方文献资源可视化的重要建设成果，拥有独立版权，形成特色品牌资源产品。专题片按照系列进行汇编整理，内容涵盖北京文化现象、地理标志、时令节俗、民间文艺、教育发展等多个领域的系列文化产品，包括《公园开放记》《近史重寻》《寻找天桥》《旧京戏楼》《北京文化史上的外国人》《爱新觉罗后裔口述历史》《国韵京剧——梨园弟子口述历史》《千年科举》《北京会馆》《北京春节庙会》《舞韵——京津冀非遗舞蹈》和《国韵京剧——梨园弟子》等多个系列。

(3) 资源展示

地方文献可视化建设的目标在于构建有显著特征的优质文献资源体系，推动实体馆藏与数字馆藏的融合发展，促进数字资源整合，满足公众需求。《典藏北京》系列专题片利用互联网手段，通过媒体、网站、微信公众号等多种途径全方位地宣传，并结合每年国家重要节庆日和重大纪念日，开通资源栏目，开展资源首发、资源展播等形式，联合各区图书馆进行线上线下相结合的资源展示，为广大市民传送工程资源，提供资源服务。

二、《典藏北京》系列专题片建设

《典藏北京》系列专题片中，素材丰富，量级较大，有的通过讲解教育与科举，梳理文脉千古；有的歌颂千秋国粹，国韵京声；有的展现日常民俗与百姓生活，寻求"醉"美京味；还有的梳理历史掌故与地理标签，探寻京华足迹等。根据不同的题材和人物，有针对性地进行摄制方案的制定与实施。

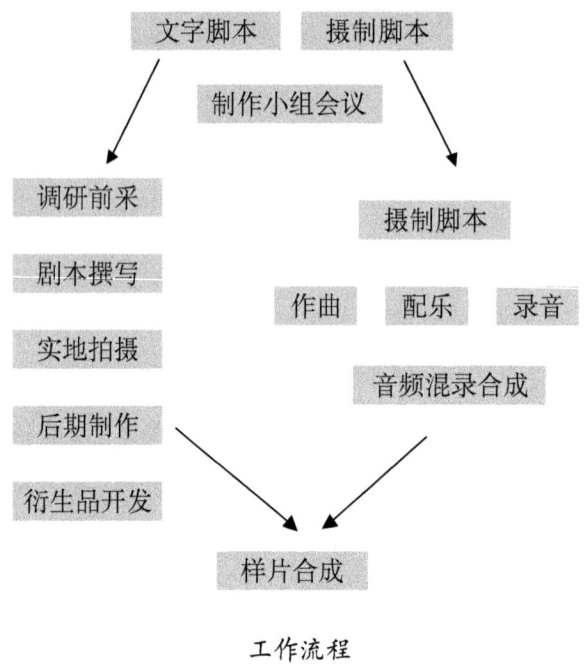

工作流程

（1）方案策划及前期调研

专题片策划严格依据文化部公共发展中心地方资源建设指南要求，坚持需求牵引、科学规划、统一标准和共建共享的基本工作原则进行建设工作。选择具有鲜明北京地域特色、较大影响力和深厚群众基础的文化专题，通过选题策划、申报立项、项目建设、项目管理、成果服务工作机制，开展北京地方特色资源建设。《典藏北京》系列专题片拍摄中涉及诸多北京风土人情及历史故事，有着较高的研究价值和学术内涵，所以在方案策划中非常重视民俗、历史、建筑等相关领域专家的意见，注重专题片的内容架构和人物选取。同时此阶段尽量拟出详细采访提纲，并与拍摄相关部门单位取得联系、沟通达成拍摄意向，获取受访人相关资料。同步进行场地勘测和人物前采的调研工作，力求在内容知识层面和影像观赏层面都做到心中有数，为后面的实际操作打下良好的基础。

(2) 创意构想及剧本撰写

剧本的好坏决定了专题片摄制的顺利与否和质量好坏。在前期方案策划及实地调研之后，还需要查阅相关馆藏地方文献资料梳理历史脉络、故事起承转合，人物逻辑关系等，架构出整个专题片的结构。配合解说词的撰写和人物采访拟定回答方向，确立写作思路、撰写剧本、分镜头和解说词。

例如《典藏北京》中《舞韵——京津冀非遗舞蹈》（下以《舞韵》代称）的创意及剧本，此系列专题片共6集，每集30分钟，6集专题片将采用民间舞介绍展示＋传承人采访的方式带领观众一同领略京津冀"非遗"民间舞的魅力与激情。专题片展现出京津冀地区"非遗"民间舞蹈的起源、表演形式、道具装饰、表演音乐及艺术特色。同时介绍"非遗"民间舞蹈传承人或表演者，以及其在社区、学校、表演队等团体中发挥的传承作用。

专题片按照"舞蹈—舞人—京津冀大文化"的层级递进讲述，以小人物、小家庭、小故事的视角展现大文化、大融合、大发展的主题。充分展现各式舞蹈的体态美及韵律感，表现出京津冀地区人民对舞蹈的喜爱，传承草根文化，表达民族特有思维、理念、情感、习俗、生活方式，传递民族认同感和历史感。

《舞韵》六集分别是《鼓舞人生·京西太平鼓》《热热闹闹·武吵子》《祈愿丰收·汉沽飞镲》《拉花情缘·井陉拉花》《默契搭档·百狮舞春》以及《繁花似锦·地秧歌》，每集都有自己专注的情感表达和主题。例如"舞狮"一集侧重南北舞狮对比，"南狮"热热闹闹名扬国内外，在国外的唐人街上经常见到，然而优秀的、具有传承价值、的确是好本事的"北狮"却无人问津，逐渐衰落，无人继承。因此，此集策划阶段侧重"传承"和"回归"两大看点，挖掘传承人身上的故事和闪光点，辅证舞狮的绝湛技巧和传承价值。这样可以为实际拍摄提供前期保障。

(3) 实地拍摄

在专题片的摄制过程中，实地拍摄是最关键的环节，拍摄前要获取第一手拍摄素材和资料，实地拍摄环节严格按照时间安排表执行，保证项目进度。

《典藏北京》系列纪录片在拍摄中，不同的选题拍摄技巧也不太一样。例如静物类《旧京戏楼》系列片的拍摄，全面使用远、全、中、近、特各种角度和景别的拍摄手法，配合自然光、布光的使用，打造出历史年代感，观众跟随镜头可以穿越历史长河，也能体会到旧京戏楼的别样韵味。

然而像《北京春节庙会》这样的多为纯粹纪实拍摄，不需要过多的摆拍或者意象镜头。拍摄需要依据场景，多捕捉庙会上的小玩意儿，以及人的面部表情和行为举止。一切生动的、有力量的、热闹的氛围性镜头是需要注意的重点。

《舞韵》又是不同的拍摄路数。此系列片重点在于传承人舞蹈的展现，需要声音、服装、化妆、道具配套进行，镜头语言也要丰富起来，多元运用调度才能实现舞蹈的韵律美和肢体美，从而进一步体现人民在非遗中呈现的认同感。

（4）后期剪辑制作

在后期剪辑中，开头结尾统一包装成符合此专题片基调的意象镜头，中间剪辑要发挥专业性把握节奏感，例如《国韵京剧——梨园弟子》就要有京剧的一板一眼和艺术美；《舞韵》就要营造热闹的氛围，剪辑速度可以加快，快切的手法使人目眩，从而体会到舞蹈的激情澎湃；《旧京戏楼》则要沉住气，稳下来，让观众体会到岁月变迁。

声音的使用也要格外注意，例如同期声（采访、环境音）、配乐、配音、特效声等丰富的交叉使用，也要为专题片本身服务。《爱新觉罗后裔口述历史》则是同期采访的内容最为重要，所以同期声的保留要占到大比重；而像《千年科举》这样介绍已经消失的"科举制度"的专题片，则需要解说词和配乐来撑起全片的氛围和基调。

（5）成品包装及服务推广

《典藏北京》专题片按年份进行整理，统一制作开头结尾、光盘盒及宣传页，并且设计上符合主题设置，大方美观，具有艺术性。成果服务推广渠道主要有国家公共文化云、国家数字文化网、北京记忆网站、北京市文化共享工程网站、微信公众号等。

(6) 专家评审

专家评审是地方资源建设的重要环节，专家评审意见是项目立项、管理和决策的重要参考依据。经过多年的项目实施，北京市形成了专家咨询制度，组建了相对固定的专家组成员，成员包括1—2名图书馆学专家、2—3名内容专家、2—3名技术制作专家。在项目申报、项目实施和项目验收阶段组织3—5名专家对项目严格把关。项目申报前，向本省专家阐明评审工作的目的、原则和要求，在专家同意后，聘请为项目评审专家，通过网络评审、现场评审和集中评审等方式，全程参与项目建设。

三、总结与反思

近年来，我国图书馆地方文献事业有很大的发展，但仍存在着重藏轻用、数字化进程缓慢等问题。"互联网+"地方文献资源建设中的"+"不应仅仅是地方文献数字化、平台网络化的"+"，更应该是特色资源可视化模式的"+"。

《典藏北京》专题片将北京地方文献资源进行可视化，是北京市地方文献"互联网+"时代建设模式的突破。地方文献资源可视化后将复杂、隐蔽、难以表述的信息以视觉形式直观地表现出来，改变以往传统的单一认知模式。《典藏北京》专题片通过首都图书馆网站、北京记忆网站、北京市文化共享工程网站、公共电子阅览室导航系统、馆公众号等各类平台提供资源服务，已受到越来越多的读者喜爱，对北京地方文献深入挖掘和建设模式做出了一定的贡献。但每一次专题片的摄制都是新的挑战，尽管有了充足的经验，在面对新的选题和人物的时候，在实际操作中仍然要细致落实每一个具体环节。在专题片制作中要平衡掌握影片的专业性和艺术性，多方整合利用地方文献资源，让成果转化更加丰富，为北京地方文献保存珍贵的记录，也为其他公共图书馆可视化地方文献专题建设提供客观的借鉴。

参考文献

[1] 王陆军：《公共图书馆视频资源的开发》，《新世纪图书馆》2011年第5期。

[2] 华文杰：《文化共享工程地方特色资源建设探讨》，《科技情报开发与经济》2013年第8期。

[3] 王晓燕、杨向明：《近年来文化共享工程地方资源建设项目研究》，《图书馆学研究》2014年第22期。

[4] 隋林晶：《全国文化信息资源共享工程地方特色资源建设探析》，《农业图书情报学刊》2015年第6期。

[5] 张浩、陈云、杜立功：《面向数字地方志的文本可视化应用研究》，《国家图书馆学刊》2018年第2期。

老照片的资源建设及其历史回想

王 琦（首都图书馆）

摘　要：老照片资料的生动直观性、地域特性和蕴含的时代属性，使其成为历史文化叙事的媒介。一个国家或一座城市，从文化景观到文物古迹，从历史街区到当地民居，从传统礼仪到民族风俗，从物质到非物质文化遗产，都具有其鲜明的地域特征，通过摄影活动被不同程度地记录下来，构成社会记忆载体的一部分。本文分析了照片资料的特点和作为历史记录载体的价值，强调组织资源建设，做好影像的"互文"，为文献开发和社会记忆工程提供支持。

关键词：老照片；资源组织；载体；社会记忆

Abstract: Old photos are the medium of historical narrative, which is rich in intuitiveness and space-time symbols. The cultural relics, dwellings, traditions, customs, material and intangible cultural heritage of each region have their own distinct characteristics. Record social life by taking pictures and form a carrier of historical records. This paper analyzes the characteristics of photo materials and the value as a historical record carrier. Emphasizing the construction of resource organizations, that is, the "intertextuality" of images. It provides support for document development and social memory engineering.

Keywords: old photographs; resource organization; carrier; social memory

老照片作为历史记录载体的一种，通过展现旧时风物、景观以及故人故事的情节回望历史，建构起记忆的媒介。当今科技和网络的发展，现实生活愈加图像化，阅读图像成为现代生活知觉的一部分。人脑对画面图案的辨识能力本就高于对文字的记忆。于是，"影像记录生活"成为了社会的记忆来源和记忆储存的一种表现形式。国内影像记录始自19世纪中叶，为西方外交官、宗教人士、旅游者和商业摄影师的来华拍摄。庚子事变后，社会风气日益开通，国内逐渐接受了摄影这个事物，拍摄照片在社会中盛行，凡重大事件几乎皆有照片存世。一个多世纪的光阴，照片资源已汇聚成了一部图像史书。

一、老照片资源的特点

（1）生动的画面，直观的表达

照片是通过相机在某个时间对某个具体场景或人类运动的直接拍摄而生成的产物。它随快门被按下，历史的某个场景便定格了。就因这种定格在很大程度上留住了历史的原貌，是自然景观、人文地理以及社会活动的实录。

（2）鲜明的地域性

照片中的内容，或主体或背景能揭示出被摄物体的场景特征，不论是门户宅院、街巷牌坊、亭台楼阁、宫殿庙宇还是山川河流，往往具有很强的地标性质。倘若把反映一个地域的大量老照片累积起来，那么此地的风土人情、市政发展等一系列信息便呈现出来，汇成栩栩如生的地方志。从很多的出版物可窥探一斑，如描绘老北京历史的《旧都文物略》《北洋北京》《北京美观》《帝京旧影》《老照片中的大清王府》《皇朝末代京都图录》等；描绘天津历史变革的《旧城遗韵》《近代天津图志》《老天津：津门旧事》；描绘上海变迁的《近代上海繁华录》《上海百年掠影：1840s—1940s》等等。

（3）蕴含的时代符号

老照片的时代性特征往往可以通过两个方面来考量。其一，照片生成的时代。照片的生成与摄影术的发展密切相关。古老摄影术的几次发展使拍照经历了不同阶段，出现了达盖尔银版摄影法（1839年）、塔尔博特卡罗摄影法（1841年）、胶棉湿版法（1851年）、明胶干版法（1871年）等。这些技法采用的感光材料、拍摄方式都不同，导致显影、定影后我们所能看到的图像差异很大。我国照片出现的时间较西方晚，银版法和卡罗法的照片罕能见到，但仍能发现珍贵的湿版法摄影，如英国人唐纳德·曼尼（Donald Mennie）历时三年拍摄的影集《中国，陆路和水路》。在古老摄影术之后的胶卷照片数量就相对较多，它们出现在1888年之后。其二，老照片内容反映的时代。这是通过拍摄对象本体表现出来的。体现时代的元素或符号有很多：照片画面中的人物及其服装服饰，譬如衣、裤、袍、裙、帽、发髻、首饰等；画面中的宅院、交通设施和劳动工具等物品；画面中反映的事件等等。如美国社会经济学家和摄影家西德尼·甘博，他的1908—1932年间旅华的摄影作品，记录了在民国初年北方城市出现的医院、学校、监狱等新兴事物，以及对市民生活的影响。对历史事件的记录有：1918年的庆祝"一战"胜利仪式，1919年的北京"五四"运动和1925年的孙中山先生葬礼等等。不难看出这些照片反映的内容机构、设施、人物、事件蕴含了鲜明的时代符号。

二、老照片作为记录载体的价值

照片对客观事实具有原始记录属性，又不仅仅禁锢于此。它的图像有视觉表现张力，承载着比文字记录更丰富的内容。

（1）文献价值

拍摄照片是历史瞬间的定格，为原始记录。研究工作中利用影像来佐证文字叙事的真实性，可提高可信度和严谨度。

影像记录生活的范围非常广，反映了生活诸多层面的内容。基于社会记忆的探讨，将同一城市的照片集合，显示出不同时期的风貌，成为考察地方人、事、物发展变迁的见证。①名胜古迹题材的照片。这是很多摄影者喜欢拍摄的题材，每个时期都涌现出了大量的作品，它们记录城市的变迁，为保护和恢复历史遗存发挥了影像参照作用。以旧京景观为题材的摄影专辑有《北京的看板》《北京景观》《北京的回想》等。专以紫禁城为题材的照片集有《故宫图说》《宫殿摄影》《故都宫影》《北京宫阙图说》等。②民族风俗题材的照片。内容包括市井生活的日常照、旧时的百业、民族服装服饰、婚丧嫁娶节日礼俗等内容。这部分照片带有浓郁的地方特色，充满人文气息。早期的照片出自外国的传教士、外交官、旅行摄影师的手笔，是西方摄影师眼中最新奇的拍照题材，如苏格兰摄影师约翰·汤姆森（John Thomson，1837—1921）的《中国及其国民的影像》、美国探险家兼外交官礼密臣（James Wheeler Davidson，1872—1933）的《台湾之过去与现在》、莫理循（George Ernest Morrison，1862—1920）的《一个澳大利亚人在中国》，及其身后发现的大量中国照片等。③人物题材的照片。包括肖像照和生活照，个人照与合影。所涉及人物范围非常广泛，有清末皇室和大臣的照片，有政治、军事的要人，教育文化各界的人物照、艺人照、僧侣照。这类照片分布比较零散，出现在影集、自传、回忆录、族谱或宗谱、同学录、同乡录、机构内刊、会议纪要等很多题材的文献里面。④战争题材的照片。记录了历史事件、战役的场景、战时人们的动荡生活及伤痕累累的城廓。1933年出版的《古北口回忆》，是战地记者拍摄的抗日影集。带着历史记忆的古北口也不再仅是一个地标，除了有长城、水镇，还有85年前发生在那里的烽火硝烟的古北口战役。《北支事变画报》由朝日新闻社在北平出版，"七七事变"开始刊发，由日本记者拍摄，为日伪宣传刊物，从侵略一方日本摄影师的角度反映1937年至1940年间对华的侵略，见证了对北京、上海、天津多省的侵占以及对东北开展的所谓大东亚共荣圈渗透的镜头，是侵华史料。⑤市政设施和交通类的照片。⑥文物古迹、器物、建筑图、结构图及其碑石的照片。⑦店铺、工厂、作坊、招幌的照片等等。照片所蕴含的内容广博，展现了历史进程的方方面面，具有文献研究价值。

(2) 照片具有一定的艺术价值

照片是摄影师的作品，除了拍摄题材，构图手法、光影乃至后期的着色与洗印都是艺术创作。许多早期原版照片存世数量已经非常少，作为史料文献和艺术品得到社会越来越广泛的认可，部分照片或摄影集的价值已在拍卖市场上得以确认。

三、影像资源的建设

老照片对于大众客观认知历史、传承文明、沟通现在与过往的记忆具有一定媒介作用。因此图书馆、档案馆等机构面对老照片特种文献的建设不能仅停留于资源的集结和保管，还需要进行编码、标识等资源组织，挖掘其历史和文献价值。

馆藏的老照片除了存在于摄影集、社会征集所得、参加拍卖所得外，大量散落在中西文书刊中。系统梳理的工作繁复且时间消耗较长，现实工作中经常为了某个咨询项目或课题临时进行老照片的查找。这种情况下，一部分照片被反复使用，而更多的照片未被整理出来，也未经过科学的编排。

(1) 照片资料收集

老照片资源的收集工作是一项承前启后的历史性工作。首先是注重馆藏资源的开发。馆藏的中西文图书、画刊、画报、影集，凡是其中涉及老照片的内容进行调研，规划照片收集或者翻检的范围，有秩序、有主次地进行。其次是关注新资源的采集。及时了解老照片的出版信息，不能忽视外文文献的出版，早期的照片大量出于西方人的拍摄，他们的很多原始资料仍为家族或机构所有，至今未公众出版。

(2) 进行信息组织，即影像的"互文"

不同时期的照片呈现的视觉形象描述出了时空与社会的关系。对照片进行信息组织要揭示主体人事物、时间、空间，以及摄影者信息。还需要注重关键词使用、说明文字的补充。它们的使用侧重于揭示出图像的主题、场景与叙事元素，完成影像画面与文字的"互文",即说明照片及照片所叙述的事物。

查证照片内容对基础信息进行标注。仅有图像没有文字著录的照片意义难以得到体现。对摄影时间、拍摄目的、画面中的空间、人物或事件几个要素进行分析。这是必要的环节,如果信息缺失可能导致照片所涉及的事件无法分辨,照片文献价值也会大打折扣。照片的著录需要参考:拍摄者的标注和相关记载,如题字、日记、回忆文字等,若没有这些文字说明则需要用其他文献资料进行考证,或者请教研究学者。

著录的内容应力求完整,利于检索。例如对历史变迁有名称更替的需要著录完备。有新旧地名的,在关键词或备注说明项里一并标示出来,以便全面反映地理名目演变过程。如有关北京中山公园的题材,需在备注中同时标注"中央公园",以便检索。

很多老照片没有原作者注释题名或者因时间久远已无从知晓,需要自拟题名。在自拟题名时应有章可循不能仅仅凭个人感觉。①题名力求繁简适当、用词前后统一。即反映同一事物的照片命名用词保持一致性。②机构、社会团体名称不用简称。新旧名尽量著齐。保证检索信息稳定性。③人名使用常用名和原名,其他名称信息记录在备注项,可参考工具书《中国近现代人物名号大辞典》……

(3) 照片的分类

照片分类工作是对照片的有序编排,当照片数量较大时,分类体系将使照片按照其所承载的历史信息分入各类,完成从形式到逻辑上的梳理,整合后的照片资料方便了用户的检索使用。笔者经过多年对北京地方史料照片资源的组织和梳理,通过有关城市生活课题的建设,结合照片资源被描述、检索的情况,形成一套照片分类方法,并应用于首都图书馆北京地方文献的老照片资源库——"旧京图典"(见表1)。

表 1　北京老照片资源分类

一级类	二级类
景观	山水 城垣（长城、钟鼓楼） 宫殿 园林 坛庙 故居会馆 街巷 陵墓 乡村
历史	清代 民国时期 北洋政府时期（1912—1928） 国民政府时期（1928—1937） 抗日战争时期（1937—1945） 解放战争时期（1945—1949）
人物	军政人物 工商人物 文化教育人物 艺术人物 科技卫生人物 宗教人物 其他人物
城市	衙署机关（使馆） 治安机关（警察、监狱） 住宅 民政（慈善、救济） 公用事业（自来水、邮电等） 交通
工商经济	店铺（招幌） 集市 摊贩

(续表)

一级类	二级类
风俗	节令 礼俗 生活
艺术	戏剧 曲艺 美术 工艺
文教	教育 体育 科研 卫生 文博（文物） 宗教

（4）数字资源集合

资源集合包括照片数字化和建库。对于数字化方案早已有档案馆、图片社、数字公司等专业机构设置可执行标准，不予详述。数字化照片建库后，完成从无序到有序的转变，减少原始资料的调用频率。实现影像资源的文字检索和图像检索。通过技术应用推广网络展示和传播，发挥照片资料的媒介记忆功能。

四、利用老照片资源提升社会文化服务

现代学者和文化工作者在工作中已相当普遍地运用了照片资料并取得了一定的社会效果。图书出版中，借助历史照片，图文并茂方式的研究著作不断涌现，为大众读者所接受。报刊专栏、公众号、电视纪录片或者口述实录中，往往为叙述的内容配有老照片，作为陈述的佐证。一张照片诉说的是照片本身和其背后的故事，满足人们的情感寄托和精神文化需求。

除了文化的传播，老照片对城市景观建设也发挥着一定作用。在文物遗址的修复和重建中，不仅需要文字记载的描述，还需要直观的影像，如建筑物外观

图、内饰图、测绘图资料。老照片的画面信息在这里就发挥了无可替代的重要作用。例如天津"官银号"重建工程。"官银号"始建于清末，1900年八国联军侵入天津时各国纷纷在天津设立银行，国内原有的钱庄银号逐渐萎缩。为了恢复民族金融业的元气，清政府于1902年在天津成立了地方性的"直隶官银号"，1913年北洋政府接管后成立了"直隶省银行"，1928年国民政府又在原址建立了"河北省银行"，1932年建筑损毁。直至2005年天津市政府依照老照片对"官银号"进行原貌恢复，百年天津老号才又重现海河老城区，作为金融业的象征重回到了人们的记忆中。再如山东济南市柳埠镇的四门塔修缮工程。塔的初建年代可以追溯到隋代，是我国保存时代最早的单层亭阁式石塔。四门塔和千佛崖造像分别于1961年、1988年被国务院公布为全国重点文物保护单位。史学专家在1921年出版的德文书中查询到了清末神通寺手绘地图和十余张清末神通寺照片，发现了现存的四门塔、龙虎塔、千佛崖、墓塔林的照片，还有已消失和毁坏的神通寺庙宇、碑刻及四门塔塔内侍像的原始影像，这些老照片是修缮工作的核心资料。又如近年对西藏圣地桑耶寺金顶的修缮工程等等。凭借着老照片的影像记载，一批重点文物被不断修葺、复原。珍贵的老照片帮助我们恢复了历史文物遗存，为后人留下了更多的文明记忆。

照片虽是凝固的艺术，但其记录载体的意义在于对过往的见证，追溯历史与当下的文化断裂，为人们提供一些回望历史的轨迹。

参考文献

[1] 詹姆斯·利卡尔顿：《1900：美国摄影师的中国照片日记》，福建：福建教育出版社，2008年。

[2] 杨植峰：《帝国的残影：西洋涉华珍籍收藏》，北京：团结出版社，2009年。

[3] 刘忠民：《国家图书馆馆藏照片资源建设及利用》，《图书馆建设》2010年第5期。

[4] 王艺涵：《影像叙述与社会记忆》，北京：社会科学文献出版社，2015年。

地方文献视角下的北京市文化共享工程地方资源建设

刘雅婷（首都图书馆）
马小龙（首都图书馆）

摘　要：北京市文化共享工程自 2009 年起，依托北京市历史文化资源，逐年开展北京市文化共享工程地方资源建设项目，搜集整理各类地方文献资源，建设成为专题片、数据库等符合"互联网+"时代发展趋势的地方资源形式，并通过线下展播、线上网络、高清交互电视等平台进行深层次推广。

关键词：地方文献；文化共享工程；资源建设

Abstract: Since 2009, based on Beijing's historical and cultural resources, Beijing Culture Sharing Project carried out the Beijing Culture Sharing Project Local Resource Construction Project. The project aims at collecting and organizing different sort of local documents, constructing these documents into local feature films and database, which is accord with the development tendency of the "Internet Plus" era. After construction, these resources are profoundly popularized to the public through offline exhibition, online network and high definition television platform.

Keywords: local documents; Culture Sharing Project; resource construction

一、地方文献的概念

要从地方文献的视角出发,首先要了解地方文献的概念。杜定友先生最早在《地方文献的搜集整理与使用》中提出:"地方文献是指有关本地方的一切资料,表现于各种记载形式的,如图书、杂志、报纸、图片、照片、影片、画片、唱片、拓本、表格、传单、票据、文告、手稿、印模、簿籍等等。"经过地方文献工作的不断发展,原广东省立中山图书馆馆长黄俊贵根据国家标准《文献著录总则》GB3792-83对"文献"的定义,提出了"地方文献是记录有某一地域知识的一切载体"的概念。首都图书馆原副馆长韩朴指出:地方文献的本质是"内容上具有地方性,同时具有使用价值的文献"。而首都图书馆对北京市地方文献工作的界定为:"凡是内容上具有北京地域性,且具有保存价值和史料价值,无论其文献类型、文献载体、文种和出版地如何都属于北京地方文献范畴。"

共享工程地方资源建设与地方文献工作有着很多相通之处,吉林省图书馆就将地方特色资源库建设与文化共享工程、数字图书馆推广工程的资源建设相结合,建设了一批集文本、图片、音视频于一体的吉林省地方多媒体特色资源库群。北京市文化共享工程,尤其是北京市共享工程地方资源建设工作与北京市的地方文献工作也同样是相辅相成的。

二、北京市文化共享工程地方资源建设情况

(1) 建设背景及现状

北京市文化共享工程地方资源建设工作主要由全国文化信息资源共享工程北京市分中心(首都图书馆共享工程北京分中心)负责系统规划和实施。在题材选择方面,侧重于具有鲜明的北京地方特色、较大影响力和深厚群众基础的文化题材,通过选题策划、申报立项、项目建设、项目管理、成果服务等一系列建设流程,最终建成具有北京市地方特色及历史文化价值的专题片或数据库精品资源。截至2018年6月,利用中央资金及北京市地方资金,先后建设了2个数据库、124集专题片。

经过几年资源建设经验积累，共享工程北京分中心搭建了共享工程北京市地方资源建设的整体框架，通过合理规划减少重复建设，突出北京市的文化特色，用专题片的形式定格濒临绝迹的文化遗产，用数据库的形式数字化整理了宝贵的纸质文化资源。建成后，利用地方资源成果开展推广，通过北京市共享工程网站、信息内容传输平台、高清交互平台、公共电子阅览室导航系统等各类平台发布资源、提供资源服务。

（2）建设过程及方式

《典藏北京》系列专题片是共享工程北京分中心自2009年以来建设的地方资源专题片成果品牌，目前已制作15个系列、124集地方资源专题片。

在地方资源专题片建设的过程中，共享工程北京分中心采用自主建设方式，成立资源建设小组，并采用政府采购招投标形式选择合适的公司合作，弥补图书馆技术资源不足。

在整个建设周期中，通过北京市专家评审机制，邀请1—2名图书馆学专家、2—3名内容专家、2—3名技术制作专家在项目申报阶段、实施阶段、验收阶段全程对项目严格把关，通过网络评审、现场评审、集中评审等多种方式汇集专家评审意见，这些宝贵的意见是专题片制作立项、管理和决策过程中的重要参考依据。

在专题片资源的建设中，主要采取了多途径地方文献资料收集及现场拍摄采访相结合的方式。2009年至2011年，制作了《公园开放记》《行走北京》《近史重寻》《寻找天桥》《北京文化史上的外国人》《旧京戏楼》6个系列43集地方文化类专题片。2012年，制作了《爱新觉罗后裔口述》《国韵京剧——梨园弟子口述》两个系列共30集口述类专题片。2013年，制作了《北京会馆》《千年科举》两个系列12集的地方文化专题片。2014年，制作了6集《北京春节庙会》专题片。2015年，共享工程北京分中心尝试将《公园开放记》《行走北京》《近史重寻》《寻找天桥》《北京文化史上的外国人》《旧京戏楼》6个系列43集地方文化类专题片进行深层次精加工，制作成带包装的光盘形式。精加工后的系列专题片，包装精美、文化底蕴深厚，具有收藏价值，为日后地方资源的推广奠定了良好基础。

2016年，共享工程北京分中心继续制作了《北京科举地理》《"首图讲坛"微讲座》两个系列21集地方资源专题片。2017年，制作了《国韵京剧——梨园弟子》《舞韵——京津冀非遗舞蹈》两个系列12集专题片。2018年，还将继续沿着共享工程地方资源建设整体框架，制作具有地方特色和文化价值的地方资源专题片。

除了地方资源专题片建设外，共享工程北京分中心还依托馆藏资源，建设了《国韵京剧》多媒体资源库一期——京剧图书和《国韵京剧》多媒体资源库二期——民国期刊两个地方资源数据库，通过对馆藏文献的数字化加工，保护了珍贵的馆藏资源，提高了资源的利用效率，更好地满足了读者的文化需求，也体现了"互联网+"时代新技术、新思维带给我们的更多便利。

(3) 资源推广

地方资源、地方文献的建设都离不开推广，共享工程北京分中心在资源建设后，除了采用实地展播、展览等线下推广方式进行推广之外，还利用北京市文化共享工程网站、北京市文化信息资源共享工程内容传输服务平台、数字文化社区高清交互平台、公共电子阅览室导航系统等各类线上平台优势，多途径、多平台将这些自建地方文化资源进行线上推广，这种线上的大规模推广方式是"互联网+"时代更加高效、直接的推广方式。无论是线上还是线下推广，共享工程北京分中心都充分利用共享工程基层点和数字文化社区深入市民身边的特点，将地方资源专题片切实推送到市民家门口，提高了地方资源推广的广度和深度。

三、以地方文献视角看北京市文化共享工程地方资源建设

(1) 资源采集途径

共享工程北京分中心在地方资源建设，尤其是地方文化专题片建设过程中，素材资源采集途径与地方文献资源收集的部分途径相同。

① 收集整理相关馆藏

在地方资源专题片建设过程中，共享工程北京分中心与首都图书馆地方文献中心、历史文献中心、报刊资料中心等部门通力协作，收集、利用众多馆藏地方

文献、历史文献作为专题片拍摄重要文本依据，以专题片内容为主题，整理相关地方文献资源。这种方式与地方文献藏书建设者采用的文献编辑与制作的手段相同，都是将零散的地方文献信息按专题加以收集、整理、编辑、加工。

②与地方文化部门协作

除了首都图书馆内部各部门的资源整合及协作之外，在文献素材整理的过程中，还通过与北京市各区文化馆、图书馆等文化部门的沟通，搜集分散在全市各区的相关图书、图片、音视频资料等文献资源并加以整合，举全市之力，建设具有北京区域特色的地方文化资源。从地方文献的视角来看，"地方文献事业是一项跨行业的社会事业，尤其是地方档案馆、博物馆、文物保护部门，以及地方报刊、广播电视部门，地方社科研究和文艺创作者，都在不同程度地从事着地方文献工作"。北京市文化共享工程地方资源建设在这一点上与北京市地方文献工作是相通的，都需要与其他部门、行业的工作者进行沟通协作。

③现场采访、拍摄素材

由于共享工程地方资源建设中很多专题片的内容都是围绕文化遗产、文物遗存等内容，不仅需要大量的书面文献作为基石，还需要针对不同内容采取现场拍摄、采访等方式获取更多更准确的音视频素材。通过对北京地区相关遗址、故居等的实地取材，以及对相关专家、知情人士的现场访问，在不断丰富和充盈专题片的血肉的同时，抢救性地记录了一批老艺术家、传承人相关的影像资料，传承了地方文化、记录了地方特色、充实了地方文献收藏。

（2）资源建设内容

共享工程北京分中心建设的多媒体资源库、专题片等地方资源，立足具有北京市地方特色的历史文化内容，侧重优先记录那些濒危的历史文化资源。通过这些地方资源建设过程中素材的采集、整理、加工，再现和保留了很多北京特色的、具有一定史料价值和保存价值的地方文化数字资料。无论是以专题片还是数据库的形式展现给大众，共享工程地方资源建设的成果都是对北京地区政治、经济、文化、历史、风俗等各个方面的一种记载和留存，是"互联网＋"时代地方文献资源数字化新的有益尝试。

(3) 资源推广方式

北京市共享工程所建设的地方资源成果是通过线上、线下两种方式进行推广的。

线上推广是将建成的专题片、数据库通过北京市共享工程网站、信息内容传输平台、高清交互平台、公共电子阅览室导航系统等各类平台进行发布并提供资源服务。

线下推广是通过宣传折页、资源介绍海报、专题片巡回展映等方式进行的资源推广。

目前各地地方文献阅读推广常见的方式主要有网站、公众号推广，举办展览推广，开设讲座推广，开展各类相关活动推广等。

地方文献阅读推广方式与共享工程地方资源推广的方式有一定的相同之处，如同样分为线上和线下推广，且部分推广途径相同；同样存在一定的推广局限性；推广形式仍需进一步丰富。此外，推广的方式还有一些不同之处。地方文献阅读推广内容种类及推广形式更加丰富，且针对性强。共享工程地方资源推广的线上推广范围覆盖了网络和高清交互电视等平台，较图书馆地方文献资源推广范围更广。无论是线上推广还是线下展映等推广方式，共享工程地方资源推广都可以充分利用共享工程基层点和数字文化社区深入市民身边的特点，将地方资源成果直接推送进社区。

四、结语

北京市文化共享工程地方资源建设的内容属于北京地方文献范畴，将零散、分散、濒危的北京特色的地方文化、民俗素材进行专题化收集、整合、制作，采用适合于网络、新媒体呈现和方便推送的形式，建成多媒体资源库、专题片等数字化地方文化资源。从地方文献工作的视角来看，这些资源成果的建设过程是地方文献的一种重新整合及数字化开发利用的方式，是公共图书馆各个部门合作开展地方文献资源利用和服务的更有效手段，符合"互联网+"时代的整体发展趋势。今后北京市文化共享工程地方资源建设工作将继续坚持正确导向、突出特色，坚持高标准、高质量，建设和保留下更多珍贵的北京地方特色文化资源，拓宽和丰富资源推广渠道，更好地利用馆藏地方文献资源提供数字化服务，充分发挥深入群众的平台优势，不断满足人民群众日益增长的文化需求。

参考文献

[1] 韩朴：《地方文献事业与公共图书馆》，《图书馆工作与研究》2002年第S1期。

[2] 韩朴：《地方文献采访工作谫议》，《图书馆学刊》1990年第2期。

[3] 李诚：《首都图书馆北京地方文献工作综述》，《图书馆》2011年第3期。

[4] 吴爱云、孙秀萍：《吉林省图书馆地方文献资源建设概要》，《图书馆学研究》2006年第1期。

[5] 刘京：《浅谈公共图书馆地方文献阅读推广的创新发展——以烟台图书馆为例》，《当代图书馆》2018年第1期。

[6] 欧阳勇俊：《广州图书馆地方文献阅读推广工作的实践与思考》，《河南图书馆学刊》2017年第12期。

数字图书馆时代下地方文献定题服务探索
——以首都图书馆为例

郭 炜（首都图书馆）
尚宏宇（首都图书馆）

  摘　要：图书馆地方文献定题服务开展至今已有几十年历史。在数字图书馆时代下，定题服务在用户需求、工作方法流程、服务模式等方面都发生了变化。本文试结合实际工作探讨定题服务在数字图书馆环境下的发展。

  关键词：地方文献；定题服务；数字图书馆

Abstract: It has been decades since the development of local documents topic service. In the era of digital library, the topic service has changed in user demand, workflow and service mode. This paper tries to discuss the development of fixed topic service in the digital library environment.

Keywords: local documents; topic service; digital library

  定题服务，也称作专题信息服务，是根据用户研究课题的需要，系统全面地检索文献资料，并通过对信息的析取和重组，为用户提供符合需要的个性化信息产品服务，是一种深层次的信息服务。地方文献专题信息服务馆员针对个人或团体用户的委托，为其提供一种专业性的专项服务，其最终成果往往表现为信息产品。

图书馆定题服务是图书馆信息服务的重要组成部分，地方文献的定题服务更是图书馆结合本地特色、服务地方的重要手段。首都图书馆地方文献中心的定题服务自1984年开展至今已30余年，完成政府机关、科研机构、社会其他单位及个人委托咨询项目78个。随着数字图书馆的普及，首图地方文献定题服务在用户需求、工作方法流程、服务模式等方面都发生了变化以适应时代需求。本文试通过这些变化探索当前地方文献定题服务工作模式及未来发展方向。

一、定题服务的变化

（1）用户分析方法及用户类型的变化

首都图书馆地方文献定题服务的用户来自北京各行各业：政府机构——如北京市文化局、民政局、林业局等；事业单位——如首都博物馆、孔庙国子监管理处；企业——如全聚德、北京市建材工业总公司；科研机构——如北京市西城区社会科学联合会等。对这些用户进行全面系统的分析，确定用户类型是定题服务的重要工作内容。传统用户分析是从用户的行业基本情况入手的，"了解用户行业的基本概况、基本理论和基本的方法论"[1]。这样可方便与用户接触、沟通，挖掘用户意图。在与客户的逐渐沟通过程中，将用户的咨询目的明朗化，使得用户所提出的信息需求与用户欲解决的问题之间必须高度匹配，信息咨询成果与用户需求也需要高度匹配，提供有效信息才能提高服务质量，最大限度满足用户需求。

数字图书馆时代下的用户分析工作除了需要进行行业分析外，还需对用户掌握信息的情况进行分析。首图地方文献近几年的用户在这方面有明显改变，用户通过互联网所掌握的信息量远超从前，基于此，在进行用户分析时要考虑到用户对互联网信息的熟悉情况，他们是否也进行了初期的信息检索，对已掌握的信息是否有了初步的整合，以及在此基础上对所提咨询意向是否有了初步设计。用户

---

[1] 韩朴：《当代新型用户需求与地方文献信息服务——首都图书馆"地方文献专题信息服务"程序分析》，《图书馆学刊》1999年第3期。

按掌握信息情况大致可分为三类：

第一类，只提供咨询意向和用途，全权交予课题组完成，这类用户只能简单表达需要哪方面信息，对其所需信息状况完全不了解，在课题进行过程中也不会参与进来提出要求，只等获取咨询成果。对这类用户工作人员需要在开题时了解用户意图，根据调研结果提出课题方案，获得用户认可后即可展开工作，工作过程中只需在检索完成、信息整合原则确定等关键步骤上与用户及时沟通即可。这类用户缺少完成课题的能力，但知道利用图书馆专业人员为其服务，属于初级用户。2007年完成的《建国门街道历史文化资源专题资料汇编》用户即属于此类。

第二类，提供咨询意向及用途后，在课题进行过程中逐渐参与进来，根据工作完成情况提出新需求或提供他们自己检索出的信息供工作人员参考。这类用户多数已经掌握一部分相关信息，对整个课题有一定的想法，在课题进行中也会有所参与，有些用户甚至会主动提供他们所掌握的信息资料。对待这一类用户需要工作人员加强沟通，除了课题初期的讨论、谈判环节，在课题进行中也要与用户不断地沟通，了解他们掌握的信息以及新思路。这些用户所掌握的资料往往是碎片式的，在课题中提出的新思路也多是片断式的，这需要工作人员将用户的信息和思路整理进整体工作中，有些用户思路与整体设计相悖的还要再次与用户沟通，力求双方思路达成一致。与这一类用户及时沟通、不断统一双方思路才能使工作顺利进行下去，避免或减少重复检索或返工现象。这类用户有完成课题的能力，需要图书馆专业人员指导和帮助提高课题含金量，属于中级用户。2014年完成的《北京慈善发展史资料汇编》用户属于此类。

第三类，在提供咨询意向及用途时就对信息有一定的掌握并对课题成果有明确的设想和要求。这类用户对文献信息要求一般是少而精，对文献深度及工作人员能力均有较高要求。这类用户对课题的参与度也比较高，随时关注课题进度，了解信息检索情况，对信息整合提出自己的想法。对待这类用户，需要随时与用户沟通甚至邀请用户直接参与到课题中来，这类用户具有独立完成课题的能力，只是因为时间、人员、文献资源的因素，特别是对文献资源的拥有和把握需要帮助，属于专业用户。2011年完成的《国子监、孔庙文献资料汇编（1905—1956)》用户属于此类。

首图地方文献的用户在 2010 年以前多属于第一类，用户将工作全权委托给我们，坐等成品。对于这样的用户，我们在前期沟通完成后即可开展工作，直接提供成品给用户即可。2011 年开始，第二、第三类用户日益增多，现在这两类用户基本取代了第一类用户。了解用户资料掌握情况，在服务过程中与用户进行资料情况沟通，将用户提供的资料编入汇编已成为我们现在工作的常态。与此同时，用户掌握的信息资源越来越多，对定题服务的要求也越来越高，需要我们运用更多的手段深入挖掘信息，以满足用户需求。

（2）工作方法的变化
①检索方式的改变

信息检索是定题服务重要步骤，一个课题完成质量的高低很大程度上取决于信息检索是否到位。

早期定题服务检索是工作人员纯手工检索，在各类文献中查找信息资料或借助如《北京日报索引》等工具书进行检索。首图地方文献的老一辈工作人员为了日后检索方便，曾编制北京地方文献文章索引，将见到的书上及报刊杂志上的与北京相关的文章制作目录卡片，数目达十几万条，这些卡片为后人检索提供了方便。

数字图书馆时代的到来将数据库的概念引入图书馆建设中，各种数据库的使用极大地提高了检索效率，扩大了检索范围。可以说，数据库的运用使得专题服务检索有了质的飞越。首图地方文献从 2004 年前后开始使用数据库检索，从最开始的通过数据库检索目录再查找纸本原件进行复制到现在的从数据库中直接下载原文，掌握和使用互联网上各种数据库是数字图书馆环境下定题检索的重要组成部分，目前我们通过数据库检索出的内容在大部分课题中都占到了一半以上。目前我们常用的数据库如下：古籍基本库，用于全文检索古籍文献；读秀和超星，用于全文检索现代文献；全国报刊索引，用于检索民国时期报刊条目；CNKI 中国知网，用于全文检索现代期刊及会议、硕博士论文等；慧科搜索，用于全文检索现代报纸。首图地方文献的定题内容都与北京相关，因此，我们自己建设的"北京记忆"大型多媒体数据库为我们检索提供了很大帮助，与其他数据库不同，"北京记忆"涵盖了方志、部分民国报纸、老照片、拓片等多项内容，为我们的工作提供了诸多方便。

专题信息服务检索不能完全依赖数据库，手工检索仍是必要环节，数据库检索无法满足的部分仍需要手工检索来完成。如《晨报》《京报》等民国时期北京地区的重要报刊至今没有数据库，这就需要我们根据前期检索的各种线索手工检索；再如我们每年承接的《北京文化艺术资料专题汇编》，要求在几种固定的报刊中选取与北京地区文化艺术事业相关的新闻报道，一年一次，这样的专题无法确定检索词，只能完全靠手工检索来完成。

总的来说，专题检索工作历经30余年，从手工检索发展为数据库检索再到数据库检索与手工检索相结合，使得专题在内容范围更广的同时也能做到更加深入、细致，这种检索深度是在数据库检索出来之前无法达到的，也是单纯数据库检索无法满足的。由此可见，数据库检索与手工检索相结合应该是现阶段专题检索的主要方法，而且预计这种方法将长期存在。

②资源整合方法的变化

资源整合是定题服务的最后一道工序，就是将检索完成后并经过分类排序的信息资源通过打印装订、刻盘等模式呈现给用户。

传统的资源整合方法是在检索文献的同时将有用资料复印下来，每一条资料给一个编号，完成分类排序后再根据新生成的条目顺序手工排序，这种做法在前期需要耗费大量人力物力复印文献，后期又要对数千页纸质内容进行手工分拣，在分册完成后编制页码也是用打号机打在每页纸上，耗费人力时间。复印对文献本身伤害较大且无法避免页面出现无关信息，页面相对凌乱，手工打页码也无法保证页码位置完全一致，这都影响了咨询成果的专业化程度。

最近几年技术发展，咨询条件及设备得到改善。首图地方文献从2011年制作的《国子监、孔庙文献资料汇编（1905—1956）》开始摒弃了传统工作方法，将扫描仪引入工作中。扫描仪投入使用后，我们在检索的同时，就将内容资料扫描成若干图片文件，并适当修图，使得呈现出的每一页面都只有需要内容，页面干净、可读性强。专业的扫描仪也最大限度地保护文献，减少使用对文献的损伤。近一两年，支持全文下载的数据库越来越多，我们也利用其将所需文章进行全文下载，省去了按照目录查找原文的工作，既保护了文献也避免了因原始文献无法找到而只能给用户提供目录的情况。对于全文下载的信息我们原则上提供保持原文面貌的扫描件，而像《古籍基本库》这样的经过识别的数据库我们在下载时还需要与原文进行比对，以避免在文字识别时出现的个别错误。

（3）产品提供方式的变化

首图地方文献的定题服务在过去几十年中给用户提供的产品都是复印装订成册的纸本成品，扫描仪投入使用后，我们除了为用户提供纸本文献外，还以光盘的形式提供电子版文件，今年起，我们开始尝试只为客户提供电子版文献，从小型定题服务开始做起，争取逐渐转变用户观念，以数字化产品替代纸质产品，方便查阅、节约资源。

二、地方文献定题服务未来发展设想与挑战

（1）建设定题服务网上平台，将数据库的概念引入定题服务

在网络高度发达的今天，在公共图书馆建设网上定题服务平台应是发展趋势。通过平台，用户可以同步了解服务进度，及时与工作人员进行沟通，提高工作效率和服务水平。这种平台在高校图书馆已有成功运作案例，公共图书馆也应借鉴。

定题服务平台的建设也为定题服务数据库建设提供了方便，首图地方文献所做的每一个大型定题服务成果都可以成为一个独立的专题数据库，这样的专题数据库可以极大地方便相关方面读者使用，扩大定题服务产品的受众面，让躺在书架上的资料汇编流通起来。

（2）变被动为主动，开发和利用文献资源，为客户提供信息成品

传统的定题服务是被动服务，即用户需要什么我们做什么，首图地方文献定题服务开展的30余年中为众多客户提供了大量资料，这些资料的提供是被动的文献开发和利用。现在我们开始考虑主动进行地方文献的开发和利用，生产成品

资料，提供给有需要的用户。今年开始，我们信息咨询组着手整理首图地方文献馆藏的特种文献，整理完成后，这些文献资源将出现在我们以后的定题产品中，或是以成品的方式打包提供给用户。

(3) 目前面临的挑战

数字图书馆时代下的地方文献定题服务对工作人员提出了很高要求，需要与用户实现更好的沟通，快速掌握用户情况，了解用户意图，制定用户满意的服务方案。同时，工作人员还需要不断提升自我，学习新知识、了解新技术、掌握新技能，开阔视野，努力适应数字图书馆时代下的工作环境和工作要求。

数字图书馆的概念在中国自1996年被首次提出到今年整20年，在这20年间，数字图书馆蓬勃发展，图书馆的各项工作也围绕着数字图书馆发生着改变，地方文献定题服务也不会例外，将会随着数字图书馆的发展而继续前进。

参考文献

[1] 韩朴：《图书馆地方文献工作》，北京：文津出版社，1992年。

[2] 韩朴：《当代新型用户需求与地方文献信息服务——首都图书馆"地方文献专题信息服务"程序分析》，《图书馆学刊》1999年第2期。

[3] 李诚：《地方文献专题信息服务刍议》，《图书馆学刊》1995年第4期。

[4] 袁碧荣：《浅析图书馆地方文献参考咨询工作》，《内蒙古科技与经济》2012年第6期。

[5] 蒋志华：《公共图书馆地方文献咨询服务工作探讨》，《图书馆论坛》1998年第5期。

探讨图书馆地方文献专题信息服务
——以北京地方文献中心为例

袁碧荣（首都图书馆）

摘　要：本文主要从地方文献专题信息服务研究综述、专题信息服务的意义、专题信息服务程序、专题信息服务面临的挑战等四个方面探讨地方文献专题信息服务。

关键词：图书馆；地方文献；专题信息服务

Abstract: This article mainly discusses the Selective Dissemination of Information (SDI) from four aspects, such as the summary of the research, the significance of SDI, the procedure of SDI and the challenges of SDI.

Keywords: library; local documents; selective dissemination of information

地方文献是区域文化的重要组成部分，是人类社会宝贵的文化遗产。它以区域为中心，翔实记录了本区域内天文地理、物产资源、风土人情和名胜古迹等自然和社会现象以及人的群体活动方式。记地理则有沿革、疆域、面积、分野；记政治则有建置、职官、兵备、大事记；记经济则有户口、田赋、关税；记社会则有风俗、方言、奇观、祥异；记文献则有人物、艺文、金石、古迹。地方文献是地方文化的积淀，是地区发展的缩影，也是文化传承的印记。地方文献是指有关本地方的一切资料，表现于各种记载形式的，如图书、杂志、报纸、图片、照片、影片、画片、唱片、拓本、表格、传单、票据、文告、手稿、印模、簿籍、地图等。

专题信息服务，也称作定题服务，是根据用户研究课题的需要，系统全面地检索文献资料，并通过对信息的析取和重组，为用户提供符合需要的个性化信息产品服务，是一种深层次的信息服务。地方文献专题信息服务馆员针对个人或团体用户的委托，为其提供的一种专业性的专项服务，其最终成果往往表现为信息产品。

一、地方文献专题信息服务研究综述

在图书馆界，关于地方文献研究的专家很多，著述也较多，但是关于地方文献专题信息咨询服务的研究并不多。主要有这几篇：李诚的《地方文献专题信息服务诹议》，这篇文章从专题信息服务的界定、专题信息服务程序、有偿咨询服务的范围三方面论述了专题信息服务。韩朴的《当代新型用户需求与地方文献信息服务——首都图书馆"地方文献专题信息服务"程序分析》，作者在这篇文章中用九个专题信息服务的例子从开题、检索、整序三方面分析了专题信息服务的主要流程。仇家琼的《地方文献专题信息服务与用户研究》，作者根据近年来地方文献用户的需求和现状，分析了图书馆在信息市场开展专题信息服务的优势及作用，并结合"钱王祠修复工程相关信息"的课题实践，就专题信息服务的一般程序与方法进行了探讨。余曰昆的《地方文献数字资源建设与专题信息服务》，主要从地方文献数字资源体系建设和资源共享等方面探索专题信息服务的优化模式，即数字资源项目的整体性和专题性有机地融合，从而发挥地方文献更强的资源优势和服务效益。上述研究的重点主要强调数字化资源体系及服务流程研究。本文主要探讨专题信息服务的意义、专题信息服务流程及信息服务面临的挑战。

二、地方文献专题信息服务的意义

治国者以史为鉴，治郡者以志为鉴。这表明在古代社会统治者就已经开始利用地方文献为其治理国家和统治服务。现代社会是信息社会，党政机关制订方针政策，更需要有大量的文献信息作参考。而图书馆拥有丰富的文献资源，具有优越的开发文献资源的条件，为社会各界尤其是党政机关提供文献信息服务，是图书馆应担负的社会职责，可以充分发挥图书馆作为社会文献资源信息库的功能。图书馆还可以利用其专业的服务，为党政机关提供准确、精要、集中的文献信息，使得党政机关能从大量的垃圾信息中解放出来，直抵调研的问题核心，集中精力研究问题。首都图书馆地方文献中心就曾利用所藏的地方文献为北京市文化局、北京市民政局、北京市人事局、北京市财政局等政府职能部门提供了专题信息服务，为北京市地方建设做出了积极的贡献。

（1）为研究和编写北京各行业史志服务

地方志、地方史、地方人物传记是地方文献的核心，具有"资政、教化、存史"的功能。年鉴编写和修志工作，既服务当代，又垂鉴后世。地方志、地方史、地方人物传记的编写需要大量的地方文献资料。图书馆地方文献是地方史、志、人物传记编写的基本素材，在史、志、人物传记的编辑过程中发挥重要的作用。专题信息服务为地方史、志、人物传记编写工作服务，具有突出的优势。这种优势主要体现在图书馆不仅有集中的地方文献资源，而且还有专业的咨询馆员，能在短时间内为史志工作者提供可借鉴的文献资源。

首都图书馆北京地方文献中心为北京地区各行业修志做出了突出的贡献。自1984年以来，北京地方文献中心已经多次为北京地区的史志工作者提供了专题信息服务，形成了《北京金融志料》《北京文化艺术志料》《北京煤炭志料》《北京人事管理志料汇编》《北京市文化艺术年鉴资料汇编》《崇文区园林管理资料汇编》《国子监、孔庙文献资料汇编(1905—1956)》等成果，这些都为各行业修志提供了丰富的资料，为志的撰写者和年鉴的编撰人员提供了方便。许多用户对专题信息服务给予了高度的评价。

(2) 为本地区旅游业提供专题咨询服务，满足旅游管理单位的信息需求、提升旅游单位的文化价值和社会价值

地方文献的涵盖范围不仅仅局限于图书资料，还包括其他形式载体，如地图、照片、拓片、票据、统计图表、音像资料等，这是地方文献的特点之一。用于旅游开发，可提供除图书以外的大量的直观资料，如老照片、拓片等。

北京地方文献中心近年来为元大都遗址公园、大觉寺管理处、妙峰山风景管理处、潭柘寺、戒台寺风景管理处、玉渊潭风景管理处等单位提供了专题信息服务。这些单位利用地方文献中心所提供的资料，不仅加深了对辖区内的历史文化的认识和理解，而且利用这些文献资料修复景区景点或开发新的产品，加强研究，不仅提高这些地区的知名度，同时也提升经济效益。

1986年，为北京市政府宗教事物管理处修复北京西什库教堂提供了《天主教北堂形象资料集》。由于资料完整及时，使工程如期完成，并节省工料费4万余元。该处来信说："对照首图地方文献部提供的北堂原始照片进行了复原整修，做到了文物局提出的整旧如旧，保持原貌的目的。各界对修复后的效果表示满意，中央及北京市领导对修复工作给予肯定，并表示祝贺。"

北京地方文献中心给西城区社科联编制的《什刹海地区历史文化资料汇编》得到了高度的评价："《资料汇编》在资料的系统性、学术的科学性、观点的多元性、筛选的权威性方面非常具有代表性，对于挖掘、整理什刹海地区历史文化资源，促进什刹海地区文化建设、提升该地区内在价值具有重要意义。"

(3) 为基层政权建设和区域发展服务，促进地区的经济文化发展

北京是全国的政治、文化中心，其街道办事处虽然只是政府的基层单位，但是街道办事处辖区内仍有许多历史遗迹。街道办事处开发所辖的历史文化资源，既可以为城区的旧城改造服务，又可以保护文化遗产，促进本地区的政治经济文化建设。北京地方文献中心已经分别为建国门街道办事处和交道口街道办事处提供过专题信息服务，形成了《建国门街道历史文化资源专题资料汇编》和《交道口地区历史形象资料专辑》等成果，得到了用户的高度评价。建国门街道还利用资料汇编出版了《建国门地区史话》。

(4) 为企业提供专题信息服务，为其提供可资借鉴的资料，挖掘企业的历史文化，增加企业的文化底蕴，开拓新的产品

2013 年，我们为全聚德集团提供专题信息服务，充分挖掘包括全聚德、仿膳饭庄、丰泽园、四川饭店等老字号饭馆的资料，全面收集整理了老字号饭馆的历史、菜谱、名人等方面资料。此外，全聚德集团还依据编制而成的《全聚德历史文化资料汇编》，建立了烤鸭博物馆。

(5) 为拍摄电影、电视剧、纪录片提供文字和形象资料

北京地方文献具有丰富的历史文化资源，能够为拍摄电影、电视提供可资参考和借鉴的文献资料。1984 年，北京地方文献中心为中央电视台拍摄电视系列片《话说运河》，编制了《京杭运河（北京段）资料索引》5000 条。1992 年，为北京电视台《大城歌》剧组，提供了很多珍贵的资料。2017 年，为《为国扶正气 长街铸忠魂》提供关于佟麟阁、赵登禹等的资料和图片。2018 年，为《档案》栏目提供关于狼牙山五壮士的民国报纸的相关报道。

三、地方文献专题信息服务流程

地方文献专题信息服务程序主要包括用户分析、课题调研、检索、整合资源这几个方面。

(1) 地方文献专题信息服务程序之用户分析

专题信息服务的用户类型，不同的人有不同的划分标准，有人将其分为学习型用户、研究型用户、应用型用户和享受型用户；也有人将其分为科研用户群、高校用户群、企业用户群、政府部门用户群、事业单位用户群等。地方文献在专题信息服务的用户基本采用后一种划分。主要用户来自政府部门（如北京市文化局、北京市民政局、北京市财政局）、事业单位用户（如孔庙国子监管理处等）、企业用户（如全聚德等）。

一般情况下，用户的信息需求是基于用户解决某一问题的需要而产生的。用

户提出信息需求仅是中间目标，利用获得的信息解决问题才是用户的终极目标。相应的，满足用户提出的信息需求只是信息服务的中间目标，而帮助用户解决其所面临的问题才是信息服务的最终目标。用户所提出的信息需求与用户欲解决的问题之间必须高度匹配，用户能对其信息需求明确感知、准确定位和清楚描述。否则，即使专题信息服务提供的信息与用户提出的信息需求高度匹配，也很难说取得了好的服务效果。因为，虽然它满足了用户的表面信息需求，但实质上并未有效地解决用户的问题，用户也不会认为这种信息服务是高质量的服务。

在信息委托或采集过程中，一方面用户尚不能正确认识理解和准确描述、表达自己的信息需求，导致信息需求表达的不完全性、不彻底性，甚至会有很大的片面性和不确定性；另一方面由于信息服务人员与用户在信息能力、专业知识、理解水平等方面的差异，难以对用户需求进行准确定位，也会给信息服务造成障碍。因此做好用户分析是专题信息服务的基础。

地方文献专题信息服务的用户信息需求主要有：特别依赖文献信息，所需信息的时间跨度大，要求提供全面、系统、完整的信息，所需信息具有一定的政治评价与选择标准，所需信息的学科范围不断扩大。

专题信息服务馆员要快速准确地理解和把握用户的真实需求，洞悉用户掌握该专题文献的实际用途，在此基础上，分解用户需求，从整体上把握用户对专题文献的需求层次与深度，设计出令用户满意的服务方式和信息产品。

（2）地方文献专题信息服务程序之调研

馆员接受了专题信息服务课题后，立即开展课题调研。有时，在尚未接受之前，部分调研活动就已开始，可以说与用户沟通时就已开始。包括用户调查在内，课题调研是全部专题信息服务的关键一环。咨询课题有大小之别、难易之分。一般情况下在接受较大的复杂的课题之后，应全力组织馆员进行调查。对于较小的课题，在接触过程中就可以向用户作调研。

（3）地方文献专题信息服务程序之检索

信息检索服务包括人工信息检索服务和网络信息检索服务。随着科学技术的发展，以计算机技术、数字化网络技术为基础的检索已成为发展的主流。多年来，面向各种平台、系统的检索功能正在不断完善之中，且技术水平日益提高，互联网的普及以及数字资源的建设，大大改变了人们检索、获取信息的手段和技术，导致信息检索的组织出现了新的发展趋势。单靠信息检索不能满足用户的需求，这就需要馆员通过手工检索烦琐的工作，获取大量的馆藏地方文献资源。

①确定检索范围。根据课题委托人提供的以往掌握的文献情况以及他们的具体需求，确定检索范围，如检索时间段、语种分布、文献类型分布等，然后再选定相关的检索工具和数据库。根据课题委托人查全或查准的具体要求，工作人员可适当扩检或缩检。课题委托人根据情况，也可以推荐或指定检索范围，供专题信息服务的馆员参考。

②制定检索策略。在充分理解课题的实质内容和用户的委托要求后，工作人员选择恰当的检索词，根据各个检索词之间的相互关系，制定准确的检索策略，在明确检索的范围和要求后，就要根据需要选择合适的检索工具。（选择检索工具就是要考虑选择与解答提问结合紧密、学科专业对口、覆盖信息面广、报道及时、揭示信息内容准确、是期刊文献还是专利文献、标准文献；是文摘类还是题录。确定检索方案包括选择检索语言、选择检索途径、确定检索方法和步骤等内容。）在选定检索工具后，就要选择与课题检索要求相匹配的检索标志，如主题词（关键词）。

③确定检索对象。传统的信息检索对象以纸质出版物为主，检索字符型和数据型的信息。网络环境中信息检索的对象则以数字资源为主，如全国报刊索引、读秀搜索、中国期刊网、中国古籍基本库、申报等。当然，数字资源的检索并不能满足用户的需求，因此必须翻阅大量的图书和刊物，尤其是民国的出版物。在编制《国子监、孔庙文献资料汇编(1905—1956)》和《欧美同学会·中国留学生联谊会历史文化资料汇编》时，服务馆员花费了大量的时间翻阅了民国北京地区的报纸，获得了许多珍贵的资料。

（4）地方文献专题信息服务程序之整合

整合主要是根据用户的需求，对检索到的文献进行扫描、分类、加工等，提供专题信息如题录、文摘、原文、电子版等服务成果,并将专题信息服务全过程检索的情报资料和相关工作记录归档保存,作为今后开展地方文献工作的工作基础和参考资料。北京地方文献中心提供给用户的最终成果,外形规格一致,装订牢固美观。除根据协议向用户提供汇编正本和约定数量的副本外,根据信息资源的重复使用特性,北京地方文献中心将已完成的专题文献汇编制成书本式副本或数据库式的电子光盘,一是为了将其投入一次文献服务,二来准备在合适的时机再次销售。南京大学的一位教授得知我们编制了《欧美同学会·中国留学生联谊会历史文化资料汇编》,专程从南京到首都图书馆购买该资料汇编的电子版;北京联合大学北京学研究所复制了《什刹海地区历史文化资料汇编》等,正阳门管理处复制了《大觉寺历史资料汇编》等。

四、地方文献专题信息服务面临的挑战

随着用户需求的不断增多,地方文献专题信息服务面临诸多困境。主要体现在以下几个方面:

(1) 制定相应的收费标准

图书馆作为一个公益性事业单位,该不该收费、怎么收费也是一个颇具争议的问题。2003年,北京市物价局答复北京市文化局《关于北京市公共图书馆及本市向社会开放的各类图书馆收费项目和标准的函》,根据市人大通过的《北京市图书馆条例》的有关规定,公共图书馆和对社会开放的其他各类图书馆(为本单位人员服务除外)的收费项目主要是常规借阅服务。2011年2月18日,文化部、财政部召开关于推进全国美术馆公共图书馆文化馆站免费开放电视电话会议,部署图书馆美术馆文化馆免费开放。而对于参考咨询、专题信息服务怎么收费并没有明确的规定。目前,国家图书馆在参考咨询如科技查新、论文征引、社科咨询、检索证明、馆际互借、翻译服务等方面都有不同的收费标准。北京地方文献中心在服务过程中主要参考国家图书馆的标准,再结合地方文献用户的实际需求收费,一些用户不了解专题信息服务的难度和烦琐,认识不到信息服务的价

值，有时讨价还价，让人难以接受。因此，迫切需要制定相应的收费标准，让专题信息服务收费有据可依。

（2）重视资源建设的问题

专题信息服务主要依托地方文献专藏库和数字资源。因此，资源建设非常重要。地方文献拥有丰富的馆藏资源，文献采访固然重要，但是数字化建设也很重要。数字化不仅可以保护原始文献，而且可以节省专题信息服务的时间。北京地方文献中心数字化了一部分民国报纸，还有一部分民国报纸在数字化过程中。数字化的报纸不能全文检索，利用起来很不方便。

（3）重视馆员队伍建设

参考咨询人员的水平和素质直接决定着专题信息服务的质量。专题信息服务不仅需要爱岗敬业、踏实肯干的馆员，也需要具有文史学识和其他学识的馆员。随着用户需求的增多，要求越来越高，迫切需要研究型馆员。图书馆应加大对馆员的培训，培育出复合型的高素质的地方文献专题信息服务馆员。

（4）更新服务理念

在信息技术快速发展的时代，用户需求与行为等方面正在发生巨大变化，用户获取利用信息的途径、手段、方法以及对专题信息服务方式的要求也发生了深刻变化。图书馆必须改变"坐等上门"的服务方式，变为主动提供服务，由主动提供服务变为参与式服务。

（5）整合专题信息服务成果

每一次专题信息服务，都是一个资料汇编，提供给用户的至少一套，图书馆保留一套。许多用户根据地方文献中心提供的资料汇编，出版了许多衍生的产品。对于图书馆来说，如何整合这些服务成果，研究本地区历史文化，也是一个值得探讨的课题。

参考文献

[1] 李诚:《地方文献专题信息服务刍议》,《图书馆学刊》1995年第4期。

[2] 韩朴:《当代新型用户需求与地方文献信息服务——首都图书馆"地方文献专题信息服务"程序分析》,《图书馆学刊》1999年第2期。

[3] 仇家琼:《地方文献专题信息服务与用户研究》,《文化大省建设中的图书馆现代化——浙江省图书馆学会第八次学术研讨会论文集》2001年第11期。

[4] 余曰昆:《地方文献数字资源建设与专题信息服务》,《农业网络信息》2006年第11期。

首图地方文献参考咨询工作实践与思考

程 序（首都图书馆）

摘　要：本文主要探讨了首都图书馆地方文献参考咨询工作概况、现状和实践中发现的问题，并从四方面提出了参考咨询工作的思考与建议。

关键词：图书馆；地方文献；参考咨询

Abstract:This paper mainly discusses the general situation, current situation and problems found in the reference and consulting work of the local literature of capital library, and puts forward the thinking and suggestions of reference work from four aspects.

Keywords: library; local literature; reference consultation

在北京三千余年的历史发展进程中，人类对于北京这个特定区域内的自然环境和人文现象进行了翔实的记录，从而积累了大量的史料及文化现象，这些珍贵的北京地方文献无疑成为研究北京政治、经济、文化、历史等各个领域的重要依据。

作为北京地区唯一一家系统收集北京地区文献资料的机构，首都图书馆北京地方文献中心从 1958 年创立起，一直致力于北京地方文献的搜集、整理、研究工作。经过半个多世纪的努力，北京地方文献工作取得了很大的成绩，建成了具有北京特色的地方文献藏书体系：入藏地方文献 56959 种 16 万余件册。

地方文献的征集入藏只是地方文献工作中最基础的工作，如何有效地利用地方文献资源是一个很值得探讨的问题。地方文献资源只有得到充分有效的利用，其价值才能体现出来，图书馆的特色馆藏和特色服务也才能得以体现，图书馆的工作和地位也才能得到社会的认可。

要使地方文献资源得到最大程度的利用，发挥最大的作用，就必须开展有声有色的参考咨询服务。北京地方文献中心作为首图的特色部门为社会提供信息服务由来已久，在广泛实践的基础上经过多年探索、总结丰富完善和提高，至 20 世纪 90 年代末逐渐形成独具特色的信息咨询服务工作模式，建立起相对稳定和有效的工作程序，成为首都图书馆信息咨询服务的一个知名品牌。

一、首图地方文献中心参考咨询工作概况

首图地方文献中心拥有全国唯一的北京地方文献专藏和一支训练有素的文献加工队伍。自 1984 年以来，它通过专题文献信息服务的方式，承接并满足社会各界对专题文献信息的需求。现已完成大型课题 70 项以上，提供信息的总字数超过了 8000 万字。如今，北京地方文献中心的名称已成为一个很具竞争力的公关标识，在当前的文献信息服务市场上稳稳地占有一席之地。这里仅举两例，以分享地方文献信息服务工作所取得的成效和喜悦。

2013 年，正逢欧美同学会·中国留学人员联谊会成立百年之际，受其委托，我中心编制了《欧美同学会·中国留学人员联谊会历史文化资料汇编（1913 年—1950 年）》。我们遵照客户需求，制定了编制方案。但是此次在可供检索的各大数据库中，只获得了很少的资料。为了最大限度地满足客户的需求，我们手工翻阅了大量民国年间的珍贵文献，其中以报刊居多，如《晨报》《北平日报》《申报》《顺天时报》《北京日报》《华北日报》《世界日报》等，还查阅了《北京日报》《大自由报》等缩微文件，并在北京市档案馆获得了欧美同学会会友录等相关资料。

检索到的文献包括图书、期刊、报纸、照片、档案等；时间跨度从 1913 年到 1950 年；内容涉及方方面面，有的资料比较详细，如欧美同学会积极参加五四运动，声援五卅惨案，欧美同学会举办的活动和会议；有的资料比较薄弱，如关于抗战时期的欧美同学会，这一时期的报纸少之又少。此汇编共计收录相关资料 989 条，并对其逐一进行扫描、分类、排序并进行打印，共使用各类参考文献 80 余种，编为 7 册；另有相关照片资料 193 张，冲洗后装入相册，并逐一配有照片说明及出处，编为 2 册。艰辛的付出得到了欧美同学会·中国留学人员联谊会同志的高度肯定和赞扬。

2014 年初，北京地方文献中心接受北京市民政局的委托，编制了《北京慈善史资料汇编》。经过 5 个月的辛勤劳动，我们不仅检索了大量的数字资源，更为重要的是，手工翻阅了馆藏部分图书及部分民国时期的报纸。经过扫描、分类、排序，最后形成资料汇编。共收录资料 3855 条，图片 840 余张，使用各类参考文献 331 种（其中报纸 15 种，期刊 150 种，文献 166 种）。编为 40 册。目标文献所涉及的文献类型包括正史、野史、政书、类书、地方志、报刊文献、专题论文、统计图表、图片等。能够为北京慈善事业的发展及北京慈善史的研究尽绵薄之力，我们感到非常自豪。

二、地方文献参考咨询实践中存在的问题

从上述两个咨询课题中，我们不难看出，两个课题的共同之处，都是翻阅了大量的民国时期报纸。作为北京地方文献中心的特藏，民国报纸占有着举足轻重的地位，在实际工作中，几乎每一个咨询课题，都要手工翻阅这些报纸，进而去深度挖掘其中的历史价值。

众所周知，民国时期虽然战乱频仍，经济凋敝，思想文化却大放异彩，形成了中西汇流、百家争鸣的兴盛局面，民国文献就是这一特殊社会转型时期思想、文化的最主要载体。学界普遍认为，其思想文化价值不在善本、古籍之下。

在现存各时期的历史文献中，民国文献的保存难度比古籍线装书还大，而民国报纸的保存难度最大。在馆藏各类、各历史时期的文献中，民国报纸的酸化和

老化损毁状况最为严重，常常是一翻就破，一碰就掉渣。事实证明，这类文献已经不适合频繁翻阅和复印。因此，民国报纸亟待抢救和保护。

（1）缺乏专题数据库

借助数字化方式使已脆化的原件能被再次利用，以延续民国文献的生命力。馆藏民国报纸数字化可以降低原件丢失和损坏的风险。古老的文献、照片都可以转换成数字化文献，避免读者直接使用原件，以减少或避免原件丢失，同时也可以扩大原始文献的利用范围。此外，馆藏民国文献数字化还可以对已经受到损伤的原始文献起一定的修复和补偿作用，还可以解决纸张脆化或变质文献的保护问题。馆藏民国文献数字化可以提高图书馆的科学管理水平，为读者和用户提供更好的信息服务，为更好地开展专题咨询服务创造条件。

（2）急需专业修复人员

必须尽快培养一批具有报纸修复知识的专业人员，加强报纸的原生性保护。可以借鉴古籍修复方法，摸索着前进，逐渐形成一整套成熟的修复手段。邀请古籍修复专家前来授课，或者与古籍修复人员探讨报纸修复方法等，一起攻克民国报纸的修复难关。

三、参考咨询工作的思考与建议

（1）重视地方文献藏书建设

丰富的藏书资源是做好地方文献参考咨询服务工作的前提和基础。众所周知，地方文献的品种、载体类型多，发行机构、发行渠道亦多，尤其是大量地方文献属于非正式出版物，缺乏出版、发行信息，使系统、完整、连续搜集地方文献有较大难度，图书馆应在财力上给予支持，确保有充足的资金用于地方文献的采购，并选择有敬业精神和高度责任心的人员从事采购工作，通过征订、面购、索取、复制、交换、网上征集、接受呈缴和捐赠、委托他人代集等途径，力争全面、及时、准确地收集各种载体的地方文献。

(2) 重视地方文献数字资源建设

文献传播的网络化是文献资源共享的重要条件。在书目、专题数据库建设的基础上，开发全文数据库是网络环境下地方文献工作的必然趋势。有计划、有步骤地把馆藏资源中利用率高、有学术价值和参考价值的地方文献转化为数字化的、可检索的数据，分期分批地建设一些有较大政治影响和经济效益好的专题地方文献摘要或全文数据库。以尽可能深入、广泛地反映馆藏地方文献信息资源，为读者直接提供所需的全文信息。

(3) 重视地方文献参考咨询人员的队伍建设

参考咨询人员的知识水平和素质直接决定着参考咨询服务的质量，图书馆应选择高水平的人员从事咨询工作，并创造各种条件，通过多种渠道加强咨询人员的继续教育。图书馆应创造一个浓厚、宽松的学习氛围，鼓励他们多参加与地方文献有关的学术交流活动，不断地增长知识，拓宽视野。同时，要注重加强对他们进行政治思想素质和职业道德教育，进行业务技能及计算机、网络、应用软件等新技术的系统培训，不断完善、提升咨询员的素质。

(4) 更新参考咨询服务的理念

新时期的参考咨询员不仅要熟练掌握和运用现代化手段，而且要改变参考咨询的传统观念，增强信息服务意识和市场竞争意识。

①要加大地方文献的宣传力度，深入细致地调查分析读者对地方文献信息需求的特点、性质、数量、发展变化以及他们的现实需求和潜在需求，变被动等待读者上门为主动寻找市场，从各种信息资源中捕捉最有价值的信息提供给读者。

②要树立以人为本、读者至上的观念，尊重每位读者的文献需求，尽力为读者提供全面深入的适合个人需要的信息帮助。

四、结语

科技和网络飞速发展的今天，为公共图书馆提供了前所未有的便捷和机遇。但是，图书馆的未来都离不开其特色馆藏。只有抓好特色的地方文献资源建设，为社会提供专业而精确到位的参考咨询服务，才是现代图书馆生存和持续发展之道。

参考文献

[1] 李诚：《地方文献专题信息服务谏议》，《图书馆学刊》1995年第4期。

[2] 韩朴：《当代新型用户需求与地方文献信息服务——首都图书馆"地方文献专题信息服务"程序分析》，《图书馆学刊》1999年第2期。

[3] 袁碧荣：《浅析图书馆地方文献参考咨询工作》，《内蒙古科技与经济》2012年第6期。

读者服务与新技术应用

新时代下的地方文献读者服务的延伸

汪晓翠（北京市怀柔区图书馆）

摘 要：地方文献是不同于其他文献的一种特色文献，其采集方法和服务方法也有其特色。信息时代的来临，使读者获取信息的方式和方法都超越了常规，本文对新时代下图书馆地方文献的各方面变化和地方文献读者服务工作的延伸进行了论述。

关键词：地方文献；延伸服务；信息时代

Abstract: Local literature is different form other types of literature, because it has special collection methods and service methods. With the arrival of the information age, readers have found new ways to obtain information. This article focuses on the changes in the local literature in the library and the extension services towards the local literature readers in this new age.

Keywords: local literature; extension services; information age

地方文献是反映特定区域内人们社会活动的记录，具有明显的地域性，是不同于其他文献的一种特色文献,其采集方法和服务方法也有其特色。随着各个领域学术研究的快速发展,越来越多的读者借助地方文献从事学术研究,特别是为编史修志提供了信息支持,可见地方文献对于研究当地人文、经济和地方发展情况,具有很强的实用性和永久历史价值。

信息时代的来临,数字资源的巨增,使读者获取信息的方式和方法都超越了常规。因此作为拥有特色资源的图书馆,必须推陈出新,开展全方位的延伸服务,才能胜任时代赋予图书馆的重任。

一、新时代下图书馆地方文献的变化

经过多年的发展,图书馆基本上都藏有地方文献。图书馆地方文献工作原处于传统阶段,馆藏普遍存在种类匮乏、时间跨度短、载体单一等问题,但随着现代信息技术的高速发展,图书馆地方文献各个方面都发生了重要变化。

(1) 地方文献载体、类型的变化

由单一的纸质印刷型地方文献向数字多媒体载体形态转变,以怀柔区图书馆为例,2008年开始制作地方文献二次文献目录,将报纸上报道怀柔区的信息汇总登记,并将馆内纸质版地方文献进行全文数字化加工,纸质文献通过扫描,转换成PDF格式的多媒体资源,与搜集到的音频、视频文献一起添加到馆内的地方文献数据库,读者在馆内开放权限的局域网PC机上都可阅读浏览。目前,怀柔区图书馆地方文献的类型有图书、期刊、报纸、视频文献、随书光盘、地方文献数据库等,形成了纸质地方文献资源和数字地方文献资源并存,相互补充的局面。随着新技术的应用,越来越多的民间文献、非书资料和活态资源,如碑刻、名人古宅和非物质文化遗产等进入图书馆的藏书建设。

(2) 地方文献搜集时限的变化

新时代下图书馆地方文献资源收录的时限更为延长,由当前及近年来的地方文献向时代更为久远的历史文献延伸,不仅可以填补地方文献缺失,而且为读者

利用地方文献提供了更为广阔的时间范围。

(3) 地方文献利用方式的变化

新时代下读者对地方文献利用的方式更加多样化。目前，读者除仍然沿用传统的读书、看报等方式外，增加了利用现代设备阅读地方文献的方式，比如在图书馆局域网内阅览地方文献数据库、视听阅览室阅览地方文献多媒体资源等等。另外还可以利用图书馆地方文献二次文献目录筛选所需资料，实现快速查找。

二、新时代下地方文献读者服务工作的延伸

(1) 挖掘地方文献，效仿"彩云服务"

地方文献具有载体形式多样、文献内容丰富、出版方式复杂等特征，仅靠传统的采集方式难以形成特色馆藏，针对地方文献多为零散非正式出版的特点，图书馆需从各种渠道入手，实施多种形式的采集模式。除地方文献工作人员时常关注大众新闻媒体，及时了解地方文献信息外，还应和各机关单位、社会团体、出版社及印刷企业密切合作，组织安排人员主动上门索取，进行采访工作；聘任热爱地方文化、从事地方研究的社会人士为专／兼职文献采集员，从社会的各个方面收寻有关地方文献出版和传播的信息；激励地方文献的作者将自己的作品存储于图书馆，从而达到合作共赢的效果；将读者大众视为潜在的信息源，效仿内蒙古图书馆开展的"彩云服务——我阅读、你埋单，我的图书馆、我做主"创新实践活动，开展"我搜集、你收藏，我阅览、你埋单"地方文献创新搜集活动，改变地方文献传统的搜集、阅览模式。

(2) 拓宽服务领域，开展网络服务

德国图书馆联合会专家提尔兹曾经说过："在什么都能上网查询的互联网时代，图书馆生存的前提在于拓展特色服务。"图书馆地方文献资源的新变化，影响到读者服务工作的进一步延伸，图书馆不再是单纯的阅览，而是面向网络服务延伸。通过各渠道搜集到的地方文献，要及时编目、整理、汇总，建立地方文献

分类登记表，便于对地方文献的系统掌握。地方文献记载了本地的自然资源、地理、人口、社会结构、文化风俗、城乡建设及产业发展等各方面的历史和现状，因此具有明显的参考作用。经观察，来怀柔区图书馆阅览地方文献资源的读者大多是有针对性的查阅，需要查阅研究某一时期内某个方面的文献资料的读者较多，而且对文献的依赖性很强，比如阅览《怀柔县志》为编辑村史提供材料支持等等。必须强调指出的是，"网络亦是一种新型的馆藏资源。"因此，图书馆必须将数字化地方文献纳入本馆的地方文献藏书建设体系之中，将这些特色鲜明的文献数字化分类保存下来，使读者在馆内任何一台联网计算机上阅览到全文，以便于读者查找资料时方便快捷，为读者获取所需文献信息提供基本保障。如怀柔区图书馆现有《地方文献数字化汇总表》集中馆内一段时间内收集的地方文献资料。汇总表收录了书名、书籍数量、索书号、是否数字化等内容，并将显示为数字化的图书添加到地方文献数据库中，极大丰富了数据库内容，读者在馆内计算机中可直接查阅数字化地方文献，节省时间提高工作效率。

（3）扩大服务广度，开展创新服务

具有鲜明地方特色的地方文献资料，是了解地方政治经济、人文地理、科学发展、教育、宗教、风土人情和社会发展的信息资源。这些珍贵的资料反映地方社会生活各个方面，成为地方社会发展的重要资源。地方工农业的建设、市场经济的发展、城镇的改造、历史文化及人文景观的保护和修复都需要地方文献资料提供依据进行考证。

在信息时代，读者对于地方文献的需求更加强烈和迫切，十分渴望能够以最方便、快捷的方式，以最低廉的成本获取到更多更有价值的资源。读者不再满足于大量的原始文献阅览，而是希望阅览专业加工后的综合性资源。图书馆必须科学地开发和利用馆藏文献，对地方文献资源进行多类型、多方式、不同深度的加工整理，使无序的、分散的地方文献整合成有序的、全新的信息产品，如将本地区相关网络报道整合成二次文献、有针对性地为企业搜集信息及提供开拓市场和产品创新的可行性分析；有针对性地向各级政府提供各项文献资料，汇总所需的本地区各方面数据，为地方政府部门提供决策依据等，越合乎读者的要求，地方

文献的利用率就越高。

（4）满足深层次需求，开展个性化服务

图书馆应当从一切为读者服务的思想出发，将读者服务工作的重点深入到读者需求的更深层次，依托图书馆地方文献资源，针对读者的阅读倾向、需求内容，为读者提供快捷、准确、方便、适用的高质量的个性化服务。经调查，查阅地方文献的读者，大多数是从事文史研究、方志、党史编纂工作的人员，具有一定的文献研究能力和写作水平。个性化服务以满足不同读者对地方文献资源的特定需求开展针对性很强的专门服务，通过搜集文献信息汇集和提炼为特定读者的特定需求提供信息服务。如为编写地方志读者筛选、汇总所需的材料，为本区经济建设提供定题跟踪服务等等。

三、结语

地方文献资源建设是信息时代赋予图书馆的责任和机遇，也是新时代下图书馆仍然充满生机和活力的保证。地方文献资源的积累，随着时间的推移逐步积累沉淀，形成优势。在新时代下，图书馆更应该"因馆制宜"，加大地方文献搜集力度，坚持走特色建馆道路。

参考文献

[1] 王腾：《大数据带来的影响及其评价》，上海：上海社会科学院，2016年。

[2] 黄银珠：《新时期图书馆读者服务工作新举措》，《科技情报开发与经济》2008年。

[3] 杨卫东：《关于公共图书馆延伸服务的几点思考》，《河南图书馆学刊》2007年第6期。

新时代下的地方文献读者服务

吕相茹（北京市西城区第二图书馆）

摘　要：文章分析了图书馆地方文献读者服务工作的内容，对于如何在"新时代"背景下做好图书馆地方文献读者服务，以首都图书馆"北京记忆"为例提出了一些建议。

关键词：图书馆地方文献；读者工作；微服务架构

Abstract: This paper analyzes the contents of library's local literature reader service, and This paper puts forward some suggestions on how to do well the reader service of library's local literature under the background of "new era", taking the "Beijing memory" of the capital library as an example.

Keywords: library's local literature; reader work; micro service architecture

习近平总书记在十九大报告中指出"中国特色社会主义进入了新时代"，不断满足"人民对美好生活的向往"，也对图书馆服务提出了新要求。随着网络等新兴媒体的迅速发展，人们获取知识信息的方式也越来越多元化、便利化。这些大环境的改变，激励图书馆提升服务水平、革新服务内容，并通过 IT 技术的应用朝全数字化图书馆的方向发展。地方文献读者服务，作为图书馆服务工作的一部分，也应该顺应时代发展要求，创新服务方式，提升服务水平。

一、图书馆地方文献读者服务

所谓地方文献，是指记载某一地区的各个方面的文献材料。近年来有关地方文献的范围也在进一步扩大。比如史部的"谱录之学"专题中家谱、族谱、年谱都具有地域性的特点，都属于地方文献的内容。地方性出版物也都属于地方文献的范畴。地域性是地方文献区别于其他文献的最大特色。地方文献信息资源的含义及特征，决定了它的参考研究价值，以及特殊的服务范围：为地方政府机关提供资政服务、为地方经济建设提供数据及资料服务、为地方志修志提供资料服务、为科研提供数据资料服务、为进行爱国主义教育提供地区历史及地区革命史料服务、为地方发展提供资料服务等[1]。

(1) 课题服务

课题服务是图书馆地方文献读者服务工作之一，是针对某一课题提供的专门服务，具有实用性和针对性的特点。与读者沟通，以口头或书面方式，通过文献的查找与选择，必要时对文献信息进行二次加工，提供给读者原始文献资料或书目、书摘。主要包括为地方各级政府部门、地方科研和教育机构提供宏观趋势分析、战略决策信息等内容的服务；为社会团体和广大读者从事的科研项目和学习课题提供地方文献查询、查阅辅导和解答咨询的服务。

(2) 开发利用一次文献服务、二次文献服务、三次文献服务

①一次文献服务就是地方文献的搜集、整理。图书馆都十分重视具有自身特

---

[1] 冯晴君：《现代图书馆地方文献工作理论与实践》，北京：中央文献出版社，2008年。

色的地方文献建设。宣南文化有广义和狭义两种：广义的宣南文化是指宣南的地域文化，以士人文化、平民文化为主体，它是北京文化的重要组成部分；狭义的宣南文化是指清代京师的汉族士人文化。居于宣南的众多汉族士人所取得的文化成就，在中国文化和思想历史发展进程中产生了重大影响。从这个意义上说，宣南文化具有全国范围的文化意义。[1] 北京市西城区第二图书馆（以下简称西二图）地方文献资料收藏以"宣南文化"为主要内容的各种载体的文献资源，形成了自身的馆藏特色。

②二次文献服务也可以称作是二级文献服务，就是把纷繁无序的一次文献进行整理和汇总，并按照一定的方法，将一次文献按一定的顺序编排和保存起来，形成目录、索引、文摘等二次文献资料，方便读者检索的服务。二次文献服务是图书馆地方文献服务工作不可或缺的组成部分。

《申报》是中国近代出版最早、历史最悠久的报纸之一，出版时间长达78年，是我国特别是上海地区近现代史料的宝库。上海图书馆编纂的《申报索引》不仅是检索《申报》史料的一部不可或缺的工具书，同时也是了解中国近代史尤其是上海近代史的一部可供阅读的史料书。[2]

③三次文献服务就是对地方文献资料进行深层次的加工，产生综合性的述评文献等。如西二图利用馆藏和社会资源优势，已编辑出版了《北京会馆资料集成》《北京宣南寺庙文化通考》两部大型工具书。

此外，图书馆地方文献服务还有地方政府信息公开查询、地方文献专题讲座等服务。

二、新时代下地方文献读者服务的发展策略

（1）转变服务理念

从纸本时代基于"拥有"的馆员为主转变为新时代基于"获取"的面向对象

---

[1] 百度百科。
[2] 张贤俭：《上海图书馆二次文献编辑出版和利用》，《中国索引》2013年第1期。

（读者）。[1]为读者提供个性化的微服务，即基于读者不同个体而生成有针对性的服务的地方文献读者服务。

地方文献读者群体有其特殊性，按照读者对资料的研究程度可分为课题型读者和博览型读者两种类型。课题型读者对资料专研程度较高，有学术研究人员、政府管理人员等。博览型读者则是想要大概了解地方风俗、旅游资源、地理环境等情况的读者，西二图由于地处回民聚居的牛街地区，地方文献资料部就接待过不少想要了解牛街地区回民特色饮食的读者。由于每个读者都是不同的个体，他们专业、兴趣、学历层次、职业特点都不尽相同，这就需要为他们提供服务时，立足读者实际，考虑到读者个体的微特征，有针对性地提供个性化的微服务。

(2) 微服务架构

微服务的关键不仅仅是个体的微服务本身，而是图书馆地方文献资源系统提供的地方文献资源服务的架构。这种架构让微服务与微服务之间在结构上相耦合，在功能上则表现为一个有机的整体。可以这样解释，即地方文献资源的数字化以及大数据统一平台管理。

①地方文献资源数字化，利用数字技术将地方文献资料进行数字化的抽取、分类及层次关系建立，使所藏地方文献资料按照地方经济社会文化建设需要有规划、成系统地组织起来为经济社会发展服务。[2]包括电子地方文献资源出版物的采访、地方文献资源数据库建设（书目数据库建设、地方特色文献数据库建设、数据库产品或服务的购买）、网络地方信息资源建设、数字地方信息资源建设等。如首都图书馆2017年10月发布的"北京记忆"新版网站。索引关键词，方便读者快速定位所需的文字、图片以及音视频类资源；多种语言支持以供读者的不同需求。"特色专题"讲述首都北京特色文化；"口述历史"历史事件亲历者的口述让历史更加鲜活；"非遗传承"向读者生动介绍具有首都鲜明地域色彩的非物质文化遗产；"北京历史年表数据库"则是将一部编年体北京简史，直观地呈现在

---

[1] 朱强：《图书馆资源建设的转型——以北大图书馆为例》，《上海高校图书情报工作研究》2017年第3期。
[2] 阙梦亚：《开封市"文化+"背景下的地方文献数字化建设》，《全国中小型公共图书馆联合会2016年研讨会论文集》，2016年。

读者面前。"北京记忆"凸显了北京历史文化的整体价值，在展现北京独有的城市文化的同时，又深化京味文化等历史文化资源的研究利用。[1]

②地方文献资源大数据统一平台管理。这是一个系统化的解决思路，对地方文献资源一体化提供有力的支撑。大数据技术能够使我们对数量巨大、来源分散、格式多样的数据进行实时或离线采集、存储和关联分析，从中发现新知识、创造新价值、提升新能力。[2]地方文献资源大数据统一平台，是一个突破机构、行业限制的全社会共建共享的地方文献数据资源宝库。它的使用者也是建设者，包括各种政府机构、民间机构、社会团体和个人用户。例如，"北京记忆"其中"口述历史"和"市民档案"栏目都设有方便市民上传资料的端口，并逐步根据市民上传资料建立城市市民整体记忆库。[3]当然"北京记忆"还不能称为完全意义上的大数据，它的许多功能还有待进一步的改进。比如说，"北京记忆"可以将北京地区所有图书馆的地方文献数字资料相耦合，甚至是包括博物馆、档案馆等机构和其他社会团体相关地方文献数字资料的耦合，更好地服务读者。

（3）提高馆员素质

新时代下，随着地方文献资源建设的发展，对馆员的要求也日益提升。培养适应大数据时代发展要求的高素质馆员，是图书馆地方文献读者服务高速发展的必然要求。图书馆学是一门综合性科学，这就要求馆员要从图书馆学、信息科学、情报学、计算机与网络学、史学、经济学等人文学科学、社会科学、自然科学多学科交叉方面做好知识的储备。特别是大数据、云计算、物联网、移动互联网等专业知识理论。

---

1 《图书馆地方文献工作学术交流暨"北京记忆"新版发布会在首都图书馆举行》，首都图书馆网站 2017 年。
2 刘炜：《大数据创新公共文化服务研究》，《图书馆建设》2016 年。
3 《图书馆地方文献工作学术交流暨"北京记忆"新版发布会在首都图书馆举行》，首都图书馆网站 2017 年。

三、结语

总之,新时代下要做好地方文献读者服务工作,不仅需要转变服务理念、打造基于微服务架构的地方文献大数据平台,还需要馆员加强自身业务能力培养,使地方文献读者服务更符合时代发展要求。

参考文献

[1] 冯晴君:《现代图书馆地方文献工作理论与实践》,北京:中央文献出版社,2008年。

[2] 百度百科。

[3] 张贤俭:《上海图书馆二次文献编辑出版和利用》,《中国索引》2013年第1期。

[4] 朱强:《图书馆资源建设的转型——以北大图书馆为例》,《上海高校图书情报工作研究》2017年第3期。

[5] 阚梦亚:《开封市"文化+"背景下的地方文献数字化建设》,《全国中小型公共图书馆联合会2016年研讨会论文集》,2016年。

[6] 《图书馆地方文献工作学术交流暨"北京记忆"新版发布会在首都图书馆举行》,首都图书馆网站2017年。

[7] 刘炜:《大数据创新公共文化服务研究》,《图书馆建设》2016年。

新时代下的地方文献读者服务的延伸
——以甘肃省图书馆历史文献部为例

童世峰(甘肃省图书馆)

摘 要：读者是图书馆重点服务对象，读者对图书馆服务的满意度直接影响图书馆的可持续发展。作为传播知识、弘扬地方优秀文化的地方文献能有力推动地方经济和社会发展，做好地方文献服务工作。不断创新延伸服务方法是有效传播地方文献知识、促进知识信息转化的必要手段。近年来，甘肃省图书馆地方文献服务受到上级部门和读者的好评，但是仍然面临制约服务水平向更高层次迈进的一系列问题。本文就以甘肃省图书馆历史文献部为例，分析了甘肃省图书馆历史文献部阅览室读者服务方面存在的问题，并提出了解决问题的对策建议。

关键词：地方文献；读者服务；延伸；甘肃省图书馆

Abstract: Readers are the key objects of library service, and their satisfaction with library service directly affects the sustainable development of library. As the dissemination of knowledge, local literature that promotes local excellent culture can be a powerful boost to local economic and social development, do a good job in local literature service work, and continuously innovate the extension of service methods is an effective means to disseminate local literature knowledge and promote the transformation of knowledge and information. In recent years, local literature service in Gansu library has been well received by higher authorities and readers, but it still faces a series of problems that restrict the higher level of service. Taking the history and documentation department of Gansu library as an example, this paper analyzes the problems existing in the reading room of the history and documentation department of Gansu library, and puts forward some countermeasures.

Keywords: local literature; reader services; extension; Gansu provincial library

近年来，我国经济社会迅猛发展，文化建设也呈现繁荣进步的局面，图书馆作为文化领域的组成部分，也应该跟进时代潮流，创新服务理念，为读者提供优质高效的信息资源。地方文献是图书馆的特色馆藏，也是图书馆中重要的信息载体，在不断充实馆藏的同时应该注重利用现代信息技术对文献资源的开发，改变单一的读者服务模式，注重结合时代需求不断创新服务模式，从而惠及广大读者群体，使地方文献在地区经济建设中发挥更大更广泛的作用。

一、甘肃省图书馆历史文献部现状

1944年5月，按照刘国钧先生建设西北地方文献的方针，国立西北图书馆设立"西北文物研究室"。1948年8月，成立"西北资料专室"，1999年正式定名历史文献部，中间经历了曲折的发展历程，经过几代人的艰苦探索和努力，西北地方文献建设实践取得了丰硕的成果，也积累了丰富的西北地方文献工作理念。时至今日，历史文献部规模不断扩大，下设四个阅览室（西北文献阅览室、古籍缩微阅览室、期刊阅览室、报刊阅览室），四个书、报纸库（善本库、影印书库、报纸库、古籍书库），职责范围也在扩展，在提供西北地方文献阅览服务的同时，也在开发二三次文献、古籍整理、地方文献数字化等工作。近年来较好地完成国家再造善本、中华珍贵典籍资源库、可移动文物普查、数字图书馆建设、地方文献数字化等工作,多次受到上级行政主管部门的表彰、奖励。成绩背后也隐藏着短板,与发达地区图书馆地方文献建设和服务方面相比,还存在差距。如何把丰富的馆藏资源转化成地方经济社会发展的理论支撑,离不开读者获取地方文献信息资源的途径,更重要的是图书馆提供怎样的服务。

二、甘肃省图书馆历史文献部读者服务存在的问题

(1) 服务单一,数字化服务不足

甘肃省图书馆西北地方文献以图书、期刊、报纸及缩微胶卷四种文献类别为主,采取的服务方式有四种:一是阅览,采用闭架形式,均以在馆内阅览使用为原则;二是咨询,为满足读者及其单位需要,利用文献书目索引等解答咨询问题,及时提供历史资料、数字统计、调查报告、法令决议等有关资料;三是展览,举办小型文献书刊展览,利用图表统计,生产指标等联系书刊实物,以一人、一事、一地、一书为题材,短小精悍,说明具体内容;四是研究,编印地方文献书目索引、联合目录,并对文献资料作选辑、校注等方面的工作。[1]

从以上服务方式可以看出,服务内容及其手段都比较单一。从近年来读者对地方文献资源需求的发展趋势看,读者对数字化文献资源的需求日益增加,而本馆地方文献为读者提供服务的数字化特色资源数量较少,形式较单一、多为馆藏书目数据库,即题录型的数据库,仅能提供文献的简要信息,满足为读者提供导读服务。

甘肃省图书馆历史文献部自建数字资源总量表(2018 年 3 月)

序号	数据库名称	资源类别	记录条数	数据量(TB)	自建时间
1	西北地方文献书目提要数据库	文本	48522 条	0.000732	2015 年 6 月 2 日

---

[1] 刘瑛、张丽玲:《甘肃省图书馆西北地方文献述略》,甘肃:敦煌文艺出版社,2010 年,第 48—53 页。

(续表)

序号	数据库名称	资源类别	记录条数	数据量（TB）	自建时间
2	西北地方文献图像数据库	图片	3839 条	0.000199	2015 年 3 月 3 日
3	西北地方文献报刊篇名索引数据库	文本	27499 条	0.0000582	2006 年 1 月 4 日
4	西北民族宗教史料文摘数据库	文本	589 条	0.0000566	2006 年 10 月 19 日
5	西北地方文献报纸数据库	文本	2950 条	0.00000592	2007 年 9 月 25 日
6	西北地方文献期刊库	文本	6839 条	0.0000134	2009 年 9 月 9 日
7	丝绸之路文献叙录	文本	766 条	0.0000277	2007 年 9 月 20 日
8	地方文献联合书目数据库	文本	1817 条	0.0000142	2010 年 6 月 3 日

（2）服务被动，全方位服务欠缺

甘肃省图书馆历史文献部为读者服务大多是被动的服务，读者提出看哪一本书就"对号入座"提供相应的书，没有从读者需求的全方位角度提供服务，也没有很好地引导读者利用检索系统，读者自己检索往往不全面或者与自己需要的文献资料不符，这使好多读者浪费时间成本，也不利于文献信息资源的充分利用。比如有的读者想查南梁革命和陕甘边苏区时有关人物的党史资料，不仅可以在馆藏党史资料特别是陕西甘肃部分党史资料里能够查到，也可以从南梁革命和陕甘宁边区涉及当时区域的文史资料里查找。读者检索带有片面性，不能全面反映所查资料的来源信息，这就要靠服务主体克服被动片面的服务，加强与读者的沟通交流，准确把握读者所需，提供更加全面的资料信息。目前地方文献提供阅览服务缺乏主动性，只是被动地为读者"找书"，极少与读者沟通交流，缺乏对读者的人文关怀，服务质量受服务主体的性格情绪影响较大，没有形成主动性、全方位的服务格局。

(3) 服务僵化，创新型服务滞后

服务僵化主要是指服务主体的服务态度和服务素质，进一步延伸是指人才的培养体制机制活力的问题。甘肃省图书馆对于服务主体的培训教育力度不够，很少组织外出参观学习兄弟图书馆服务方面的有益经验，再加上服务细则缺乏明细的规范，使得服务质量大打折扣。要使服务对象受到满意的服务，必须提高服务主体的综合服务能力，并随着时代的进步作出相应的服务规范的调整，走出老的不合时宜的服务僵局。历史文献部的服务创新形式滞后，局限于馆内的读者阅览咨询等服务，没有延伸到更广范围，服务力度不够，西北地方文献利用率不高，许多珍贵的历史资料被束之高阁而无人问津。

三、解决甘肃省图书馆历史文献部读者服务问题的对策

(1) 多元化服务，增强数字化服务广度

在信息时代，随着社会发展和读者需求的不断变化，读者服务的社会功能也将向新的方向扩展，图书馆既是一个文化和教育的阵地，也是一个信息的聚集地，图书馆应该向读者提供"多元文化信息服务"。[1] 甘肃省图书馆应该迎合时代发展，以满足读者基本文化信息要求为目的，给读者提供多元化的服务。历史文献部以西北地方文献和古旧籍为特色，应依托独特的资源优势，充分挖掘其中的深刻内涵，在提供基本的阅览、咨询、课题等服务外，拓宽服务方式方法，以不同的形式给读者提供文化服务，广泛传播文化知识，弘扬精品文化，促进地域经济发展。甘肃省图书馆历史文献部利用地方文献专业委员会这个平台，每年定期举办各种活动，包括"倡导绿色阅读，构建和谐社会"阅读交流推广活动、"铄古切今、一期一会"成语派地方文化推广活动等。这也是西北地方文献转变服务模式的有效探索。

近年来，随着网络化信息化的纵深发展，地方文献数字化是多元化服务的重要举措，读者足不出户可以方便快捷地查阅到自己所需的文献信息资源。截至

---

[1] 李群：《信息技术革命对图书馆读者服务工作的影响》，《泰州职业技术学院学报》2004年第2期，第112页。

2017年5月,甘肃省图书馆已建设"西北地方文献书目提要数据库""西北地方文献报刊篇名索引数据库""丝绸之路文献叙录数据库""西北地方文献报纸数据库""地方文献联合书目数据库""西北地方文献期刊数据库"等数据库,与馆藏丰富的文献资源和新时代读者对数字资源的需求相比,显得还很"渺小"。今后全馆上下应重视数字化工作,加大投入,完善数字化职能机构,健全规章制度和数字化标准规范,整合技术过硬、知识结构丰富、有奉献精神的馆员组成数字化加工与服务团队,增加数字化软硬件设施,加大数字化建设力度,选取有特色、有重要历史资料价值、读者需求量大的文献进行数字化加工与服务。目前"西北地方文献古籍善本全文数据库"共计191部,119911页数字化加工已全部完成,待著录及审核发布。这两年也紧跟数字化图书馆建设的步伐,历史文献部参与国图地方文献数字化项目,完成了部分地方文史资料的数字化,给国图提交的同时,我馆应利用技术平台发布,早日服务于广大读者。

(2) 主动性服务,提升全方位服务水平

主动性服务是图书馆体制机制盘活的内生驱动,也是图书馆员岗位奉献精神的表现。图书馆管理层要制定、完善激励员工、提高主动性服务的制度措施,图书馆服务主体要不断学习,完善自己的知识结构,提升自己的服务技能,为全方位服务打下基础。服务主体不仅要知识广博,业务娴熟,还要有一颗真挚的"爱心",敬爱组织、深爱岗位、广爱读者。作为主动性服务的组成部分,用情感服务让读者切身感受到图书馆服务的魅力,也使读者舒心地满足查阅知识的需求。情感服务可以留住现实读者,争取潜在读者。[1] 甘肃省图书馆历史文献部可以把情感服务贯穿于整个服务中去,用热情周到、积极主动的服务态度服务好每一位读者,让读者感受到图书馆不仅是知识的殿堂,也是温馨的家园。比如2015年有位老读者,在西北文献阅览室查阅资料时突然晕倒,工作人员第一时间将其送往医院,并与其家人取得联系,这位读者得到及时救治,图书馆服务精神受到家属的诚挚肯定,这位读者康复后又一如既往地来馆查阅资料。又如有的读者是第

---

[1] 陈炯:《如何提高图书馆读者服务工作质量》,《贵图学刊》2014年第1期,第57页。

一次来查阅资料，服务主体应主动耐心地帮助其使用检索系统、复印机、缩微胶卷阅读机等，利用自己的知识结构和馆藏资源，尽可能给读者提供更多更全面的相关信息资料。

（3）个性化服务，创新新时代服务理念

个性化服务是一种创造性服务，这种服务是以读者的特殊需求为出发点，为读者提供多角度、全景式、多层次的高价值服务。图书馆实施个性化服务，实质上就是始终以读者为中心，恪守"读者第一，服务至上"的宗旨，积极倡导"以人为本，构建和谐社会"的公共性价值理念，以读者的需求为导向，有针对性地提供特色服务。[1] 西北地方文献作为甘肃省图书馆的特色馆藏，是西北文化的重要组成部分，传承好地方优秀文化，进而转换为推动地域经济发展的理论支撑，需要读者这个媒介，读者获取知识信息的多少取决于图书馆员的服务效能和服务质量。历史文献部读者服务必须不断创新服务理念，准确把握读者的需求内容，设计服务方案，从丰富的馆藏中将有价值的文献信息搜集、筛选、整合出来，给读者提供有序有效的服务。一是服务方式的个性化，要打破传统的服务方式，结合馆藏资源的充实和变化，利用新时代新技术，分析读者群体知识需求的变化，总结出有时代特色，能满足读者基本文化需求，让读者满意的服务方法。二是服务内容的个性化，结合西北地方文献的原始性、完整性、民族宗教性等特征，面对不同年龄段、不同专业、不同需求的读者采取有针对性的服务。对于经常来馆的读者，要记录档案，梳理查找内容，为以后再次来查阅提供记录。重视读者反馈意见，查找服务方面的不足，及时调整和完善服务方式方法，要时刻不忘一切为了读者的服务思想。随着时代的发展和技术的进步，读者对新知识的需求也在发生变化，不断创新服务理念，开展个性化的服务方式是摆在地方文献服务主体面前的重要任务。

---

[1] 张继清：《浅谈新时期图书馆读者服务工作》，《攀登》2009年第3期，第117页。

四、结语

我国大力倡导建设"学习型社会",公共图书馆作为积淀文化遗产、传播人类文明、弘扬优秀文化的主要阵地,必须着眼于满足读者的各类需求,积极推动读者服务创新。地方文献在促进地区经济社会发展方面作用凸显,要积极创新地方文献读者服务理念及读者服务方式,构建科学的地方文献读者服务体系,使地方文献读者服务步入更加科学化、规范化、效能化的轨道。

新时代下的地方文献读者服务的延伸
——以瓜州县图书馆为例

韩珊珊（甘肃省瓜州县图书馆）

摘　要：图书馆地方文献的特殊性，决定了地方文献部的读者大多数具有"双重身份"，他们既是地方文献的使用者，也可能是地方文献的生产者。根据读者的不同特点，我馆在地方文献资料的读者工作中，重点抓两点：一是对口服务，二是主动服务。在为读者服务的同时，还要和读者建立关系，共同做好收集、利用的工作。

关键词：地方文献；读者服务；瓜州县图书馆

Abstract: The particularity of the local literature in the library determines that most readers of the local literature department have "dual identities",they are both users of the local literature and may also be producers of local literature. According to the different characteristic of readers, our library focuses on two points in the work of readers of local literature materials; one is counterpart service,and the other is active service. At the same time of serving the readers,it is also necessary to establish relations with the readers and do a good job of collection and utilization together.

Keywords: local literature; reader service; Guazhou country library

地方文献是某一地区人类文化发展到一定阶段的必然产物，记载着这一地区范围内的自然环境、社会变迁、民俗变化等历史资料，具有鲜明的地域性和独特性，承载着一个地方社会文化的传承发展历程。随着历史的前进，这些地方文献将成为学者研究地方文化传承、变更和发展的重要史料。作为地方文献的承载体，县级公共图书馆承担着收集、整理、研究和利用县域地方文献的重要职责。

地方文献是当地历史研究、社会生产、自然环境以及文艺创作等多方面活动的历史记录，是社会实践活动的自然产物，具有鲜明的地方特点，对当地政治、经济、文化的发展有着特殊的作用。地方文献是图书馆的特色藏书，它的工作方法和服务方式亦有特色。首先，它有别于图书馆其他的服务部门，它的文献资源也具有明显的地域性，出版方式多样复杂，需从各种渠道收集；其次，它的服务对象多数是研究型的读者，需要深层次的服务。基于这两个特殊性，作为地方文献部的读者，大多数具有"双重身份"，他们既是地方文献的使用者，也可能是地方文献的生产者。因此，理顺图书馆和地方文献部读者的关系，采取与读者互惠合作的方式，充分利用读者"双重身份"，有效地搜集、整理、开发利用地方文献，弥补图书馆地方文献工作者专业研究深度的不足和信息渠道狭窄的局限。地方文献资源的独特性决定了它的读者类型具有一定的特征，正确分析读者类型，把握其特点是做好地方文献工作的基础。

瓜州县图书馆作为地区公共图书馆，在地方文献读者服务方面有着鲜明的自身特色，本文试述新时代下瓜州图书馆的地方文献读者服务。

一、瓜州县图书馆概况

瓜州是一个历史悠久、文化底蕴深厚的古老县城，从古至今流传下来的典籍十分丰富。瓜州县图书馆成立于1979年，是综合性公共图书馆，在2017年评估定级中被评为二级图书馆。2017年3月搬至新馆，现有馆舍面积4000多平方米，内有成人借阅室、报刊阅览室、少儿借阅室、电子阅览室、读者自修室、3D VR室、地方文献室、朗读室等。2009年成立"全国文化信息资源共享工程瓜州县支中心"，设有图书漂流服务点41个，农家书屋74家。

我馆现藏书13万册，可外借图书51426册，其中，成人借阅室书籍31712册、少儿借阅室书籍9102册，其中图书6094册、连环画3008册、文献资料室图书5871册、电子图书529册、视听资料629册、报纸合订本3583册。我馆地方文献总量959册，其中图书527册，期刊432册。

二、瓜州县图书馆地方文献读者服务

我馆地方文献阅览室创建于1984年，设地方文献陈列室，面积84平方米。并开放供读者查阅，地方文献工作人员1名，系兼职。现已初步建成具有瓜州特色的藏书体系。馆藏精品包括《跨越——从世界风库到风电之都》《红西路军左支队在瓜州》《草圣故里·全国书法名家作品邀请展作品集》《草圣故里》《瓜州史话》《说唱瓜州》《瓜州石窟考古总录》《瓜州石窟考古图录》《瓜州文史》第五辑、《甘肃省酒泉地区新创剧本汇编》《瓜州县招商引资项目册》《瓜州县"六五"普法丛书》《瓜州县"五五"普法学习资料》等。

我馆地方文献的读者服务，除日常工作外，还有两项重点工作：一为主动对口服务，即主动联系对口读者，及时提供资料及信息；二为地方文献信息咨询服务。县图书馆服务地域范围不大，日常工作与读者接触较多，图书馆对读者情况比较了解，这是相对于大型图书馆更为有利的方面。因此，与读者主动交流沟通、加强读者联系、提升自身服务水平也是我馆地方文献读者工作的重要组成部分。

（1）主动提供文献资料，开展对口服务

根据本县的实际情况，我馆地方文献的主要服务对象为县志办、文物局、纪念馆、县文联等机关单位，这些单位经常需要研究本地区的方志史料，完成各项研究课题。因此，针对这批读者，我们采取了主动对口服务的方式。我们事先对读者需求进行调查了解，在收集到相关资料后，及时主动联系有需求的读者。近年来通过这种对口服务，不仅使文献资料能及时发挥作用，而且由于资料提供的及时很受读者欢迎。

（2）有针对性地开展信息咨询服务

开展信息咨询服务，为读者精准地提供文献资料也是我馆地方文献工作重点之一。来馆查询地方文献资料的读者一般只能提供一个大概的主题范围，无法明确具体需要哪些资料，能通过书目、篇名查找的就更少。如果只按读者提供的简单信息查找资料，很难满足读者需求，图书馆收集的地方文献资料也没有得到充分的发挥。为人找书，为书找人成为我馆地方文献信息咨询服务的宗旨。在读者查找地方文献资料时，我们首先要厘清读者意图，再分别检索相关资料。如纪念馆的同志到我馆来找资料，具体要找什么书目也说不清楚，通过交谈了解到他们是为建红西路军最后一战纪念馆而查找资料，根据这个主题，我们全方位查找了有关本县所有的红西路军最后一战的史料，使他们非常满意。

（3）交流沟通，提升读者服务水平和地方文献资源建设水平

在接待读者的过程中主动和读者沟通，不仅帮助读者查资料，而且和读者一起完成课题，对提升我馆工作人员水平有着很大的帮助。来地方文献部查阅资料的读者往往是某一领域的学者或专家，都是带着课题或者问题来的。工作人员通过与读者进行有效的沟通，可以全面掌握该领域的研究进展情况，还可以了解他们所掌握的资料情况，从而对比本馆文献，进行收集。此外，这些读者的研究成果也可直接成为新的地方文献，这样能促进地方文献的资源建设工作，以其来丰富和扩大地方文献的馆藏。与这些读者的深入交流不仅提高了工作人员的知识水平和服务能力，也促进了地方文献的资源建设工作，从而整体提升了图书馆的读者服务水平。在实践中，我们深深地体会到加强地方文献的读者服务工作，不仅是当前的任务，也是长远的需要，县级馆应该把地方文献的读者工作提到议事日程上来。

三、结语

西部县级公共图书馆地方文献读者服务工作任重道远,许多县级公共图书馆虽然在地方文献数字化建设方面做了一些工作,但距离真正的地方文献读者服务还很远,在标准化建设、资源整合共享、人才培养方面还存在很多需要提高的地方,需要所有图书馆人的不懈努力,提高自身地方文献读者服务方案的水平,重视馆际间的沟通合作,提升资源建设质量,完善资源建设格局,早日构建全国范围内风格各异、多元整合和互联共享的各类地方文献数字化资源库,推动县级公共图书馆地方文献资源保存与读者服务方面形成质的飞跃。

总之,地方文献工作是图书馆藏书建设的重要部分,证史补遗大有可为。应当引起重视,持之以恒,全面规划,日积月累,由点到面,由浅入深,逐步形成一个既有广度又有深度的"地方文献"资料体系,做好地方文献读者服务工作,提高地方文献的影响力,增加读者对地方文献的了解,从而吸引更多读者利用地方文献,使地方文献服务更具有时代感与立体感。

参考文献

[1] 傅白云:《做好地方文献工作为海南建设与发展服务》,《农业图书情报学刊》2005年第10期。

[2] 吴一舟:《公共关系在图书馆地方文献工作中的应用——兼谈地方文献工作者的职业素养》,《图书馆研究与工作》2009年第4期。

[3] 张芳:《公共图书馆老年读者服务工作的现状与创新》,《图书馆杂志》2012年第10期。

地方文献微信公众平台读者服务现状调研分析

丁洪玲（陕西省图书馆）

摘　要：地方文献是地域文化和乡土文明的载体。地方文献对于弘扬地方文化，服务地方政治、经济、文化、社会、生态文明建设具有不可替代的作用。为了适应新媒体时代的发展需求，地方文献服务需要有新的平台来开展新的服务模式和服务内容。本文对国内地方文献机构应用微信公众平台服务现状进行调研。分析汇总目前存在的主要问题，论述了构建地方文献微信公众平台的具体流程，包括微信公众号类型的选择、名称的设置、功能的定位以及微信平台运行维护方案的撰写等。同时，对地方文献微信公众平台服务的完善问题提出建议。

关键词：微信；公众平台；地方文献；宣传推广

Abstract: Local literature is the carrier of regional culture and local civilization. Local literature plays an irreplaceable role in promoting local culture and serving the construction of local political, economic, cultural, social and ecological civilization. In order to meet the development needs of the new media era, the local literature service needs new service modes and service contents. This paper investigates the service status of WeChat public platform in local literature institutions in China. Analysis summary the existing main problems, this paper discusses the construction of local literature WeChat public platform specific processes, including WeChat public number type selection, the name of the set, the function of orientation WeChat platform operation and maintenance plan of writing, etc. at the same time, the local literature WeChat Suggestions for the perfection of the public service platform.

Keywords: WeChat; public platform; local literature; publicity and promotion

地方文献是从政治、经济、文化等各个角度记录、研究和探讨特定区域内的自然环境与社会环境的沿革、发展及其现状的资料总和。具有区域性、资料性和时代性的显著特征。为了适应新时代的发展需求，加强宣传推广地方文献工作，更好地开展地方文献读者服务，我们应利用新的微信公众号平台，增强与社会公众的沟通交流，提供高效、特色化服务，延伸地方文献读者服务。为此，作者对地方文献微信公众号平台读者服务现状进行了调研分析。

一、地方文献微信公众平台调研分析

（1）调研方式

打开微信，进入"搜一搜"，输入"地方文献"和"地方记忆"关键词，同时切换到"公众号"上进行检索，对检索到的地方文献公众平台账号——加以关注，对2018年5月30日之前各个地方文献公众平台的数据进行体验和统计，主要调查了各个地方文献公众平台的负责机构、主要功能、主要栏目、已发布消息数量、开通时间、发布频率以及自定义菜单服务现状等。

（2）调研结果

检索到"中国记忆""首图北京记忆""陕图地方文献""河南记忆""黑龙江

省浩源地方文献博物馆""嘉兴古籍地方文献""绥蒙地方文献馆""民间记忆与地方文献研究中心""睢县记忆""地方文献工作交流""地方文献工作与研究资讯"共 11 个地方文献公众号，逐个打开其历史消息，并对事先设定要调研的公众号名称、负责机构、功能介绍、主要栏目板块、已发布消息数量、开通时间、发布频率等信息进行汇总统计，具体调研结果见下表：

序号	名称	负责机构	功能介绍	主要栏目板块	已发布消息数量	开通时间	发布频率
1	黑龙江省浩源地方文献博物馆	黑龙江省浩源地方文献博物馆	地方文献整理传播展示	口述历史、人物、老照片、晨读、古稀话往等	3372 篇	2016 年 1 月 16 日	月平均 120 篇
2	陕图地方文献	陕西省图书馆地方文献部	为公众提供陕西地方文献服务信息，致力于保护、开发地方文献资源、传承人文陕西精神	陕西记忆、特色库、听遍陕西、工作动态、文献推荐、地文在线、嗨·阅读、享·图林、约读服务、留言墙等	41 篇	2018 年 3 月 28 日	月平均 16 篇
3	首图北京记忆	首图北京地方文献部	致力于系统保护与北京相关的历史文化遗产，采用分享和交互的形式服务当下不断扩展的大众文化需求	乡土课堂、人文地理、京味儿文化、口述历史、京城史话、京味儿土语、文人笔下的北京等	480 篇	2015 年 9 月 2 日	月平均 15 篇

(续表)

序号	名称	负责机构	功能介绍	主要栏目板块	已发布消息数量	开通时间	发布频率
4	河南记忆	河南省地方史志办公室	向社会广泛宣传河南历史与发展新成就，反映全省地方志工作，为群众提供全面、便捷的地情信息服务	动态、志书、中原访古、河南之最、名人圣贤、河南大事记、非遗传承等	387篇	2015年9月29日	月平均12篇
5	中国记忆	国家图书馆	整理现当代重要事件、重要人物专题，采集口述史等新类型文献，收集手稿、信件、实物等信息承载物，形成多载体、多种类的专题资源整合，并通过多形式向公众提供服务	口述历史、文化遗产、学术活动、好书推荐、文创产品等	337篇	2014年10月30日	月平均8篇
6	嘉兴古籍地方文献	嘉兴市图书馆古籍地方文献部	提供嘉兴古籍地方文献有关的信息，编辑印行《味书轩》杂志	《味书轩》、编印相关动态等	75篇	2017年7月31日	月平均7篇

(续表)

序号	名称	负责机构	功能介绍	主要栏目板块	已发布消息数量	开通时间	发布频率
7	绥蒙地方文献馆	乌兰察布地方文献馆	收藏乌兰察布各旗县及凉城县周边地区历史文献资料，重点挖掘、征集和保护凉城县史料和实物	名人名著、历史文化等	80篇	2016年1月25日	月平均4篇
8	民间记忆与地方文献研究中心	华东师范大学	与全国各地方文史研究机构携手开展地方文献之搜集、整理与研究和民间记忆之抢救性记录与整理工作	中心活动动态、网站链接、学者对地方文献见解文章、书籍推荐等	6篇	2017年6月19日	月平均3篇
9	睢县记忆	睢县地方史志办公室	介绍睢县历史文化，反映睢县地方志工作动态，为社会提供准确的县情服务	睢县记忆、追根溯源话睢县、得天独厚出自然、风云际会沧桑事、江山代有人才出、名胜古迹风景好	59篇	2016年5月6日	月平均2.5篇
10	地方文献工作交流	中图学会地方文献研究专业委员会办公室	发布最新地方文献工作资讯、研究动态、会议培训等相关内容，积极推进全国地方文献工作的开展	在路上、文化巷、理论谈、人物绘、主题报告、会议等	11篇	2015年12月11日	月平均1篇

(续表)

序号	名称	负责机构	功能介绍	主要栏目板块	已发布消息数量	开通时间	发布频率
11	地方文献工作与研究资讯	无	致力于地方文献工作与研究，并及时发布相关资讯	无	无		无

(3) 存在的主要问题

对上表调研到 11 家地方机构已开通地方文献微信公众平台的结果进行分析，汇总存在的主要问题如下：

①利用微信公众平台开展地方文献服务，尚处于初级和探索阶段

中国是一个文化大国，同时具有悠久的历史文化。地方文献是一地区文化的特色体现。对各地方文化进行保护、传承，对地方传统文化进行创造性转化、创新性发展，结合新的时代条件传承和弘扬好中华优秀传统文化，是各地方文献机构义不容辞的责任。目前调研到只有 11 家开通了地方文献微信公众号。新信息时代，多元化的传播方式悄无声息地改变着人们的生活。因此，地方文献机构应紧跟时代步伐，充分利用微信公众号这一平台，将本地文化资源和服务推送到用户的移动终端，开展信息知识服务，更好地展示地方文献特色和个性化服务。

②信息更新频率较低，推送情况参差不齐

目前，就所调研到的 11 家微信公众平台的地方文献机构，只有黑龙江省浩源地方文献博物馆、陕图地方文献、首图北京记忆、河南记忆、中国记忆和嘉兴古籍地方文献能够做到坚持每天、每周或定期更新和消息推介，说明地方文献机构应用微信公众平台服务读者还处于探索和试验阶段。推送消息的数量还有很大的增长空间。我们应分析用户类型，精准推送地方文献的相关内容。在保证推送消息数量的同时，消息内容也要丰富多彩，不仅提供本身的业务信息，还需要为读者提供各式各样的小阅读，保持内容的创新、多元化和特色化。

③微信的功能使用不足，服务互动性欠缺

互动性自定义功能可以直接影响用户的参与目的，所以，不能缺少服务互动性而使平台变成单一性查询工具。如陕图地方文献设置的"约读服务"和"留言墙"栏目板块,增加了与读者的互动,能够根据实际需求,更好地服务大众。

二、地方文献微信公众平台的构建探讨

(1) 地方文献微信公众平台的构建目的

构建地方文献微信公众平台,可以拓展地方文献的服务范围、服务方式,满足新信息环境下用户需求。微信公众平台可以使更多的公众关注了解地方文化,已关注公众号平台的读者可以更高效地得到个性化服务,进而对地方文化发展和传承给予支持。

(2) 地方文献微信公众平台的构建流程

①合理选择微信公众号类型和名称

腾讯公司推出的微信公众平台,微信公众服务账号有两类:一类是服务号,一类是订阅号。服务号为企业和组织提供更强大的业务服务与用户管理能力,主要偏向服务类交互,1个月可发4条群发消息;订阅号为媒体和个人提供一种新的信息传播方式,主要功能是在微信侧给用户传达资讯,每天可群发1条消息。地方文献机构应根据自身的实际情况和需要,选定合适的微信公众号平台账号类型。选定账号类型后,就可以申请注册开通微信公众号,这就需要为微信公众号平台取一个合适的名称。名称的设置可从吸引用户关注、开展品牌推广等多角度考虑。

②微信公众平台运行维护方案的撰写

微信公众平台要有效地引起微信用户关注,除了起一个好名称外,一份好的运行维护方案也必不可少。运行方案内容主要包括公众号定位、风格、功能、发布频率和要求等。如陕图地方文献公众号,其定位是面向读者的"地方文献导读仪+咨询台+展示屏";风格是融接地气、书卷气、人情味、趣味性于一体;功能是推广宣传地方文化,帮助读者高效利用馆藏地方资源,解答读者咨询、收集社会大众对地方文献工作的建议及需求;整合陕西相关单位地方特色资源,开展

各类活动，加强与读者的互动交流。所发布内容要求是以陕西地方历史文化、民俗风情、地方人、地方事等知识信息为核心，推介全省地方文献资源及地方文献工作动态，每周周四定期进行消息群发，而一组的群发消息一般包括陕西记忆、陕西学人、文献推荐、西安老公园、听遍陕西等内容。同时，文字要求必须合法、科学、健康、向上，传递正能量；可读性强、有趣味性，语言精练。保障发布内容的可靠性及原创性，转载文字需经作者授权方可使用并注明内容来源出处。

为加强对地方文献微信公众平台的管理，成立地方文献微信管理维护小组，部门主任负责微信公众平台统筹管理，微信运行主要由地方文献开发组负责。管理机制主要有召开例会、撰写内容、内容审核和发布消息等。每周定期召开选题会议，商议下一期发布内容，安排编辑人员完成撰稿任务，布置撰稿任务，沟通交流上期公众号反馈情况；之后，针完成撰写的稿件，由小组内学术水平较高的高级职称人员负责校对审核工作，主任完成内容的最后把关；最后，由管理员完成定稿的排版发布更新工作。

三、新时代下地方文献微信公众平台服务的完善建议

（1）结合读者需求，合理开发地方文献微信公众号服务栏目

申请开通微信公众平台后，就可以依据读者用户的需求，结合自身可以开展的业务，开发地方文献微信服务。特别是消息推送和互动交流模块。地方文献机构可以依据实际情况，通过微信公众号平台网页版，开发并细分不同的服务栏目，编辑并提供各类服务内容。

消息推送模块各栏目内容是地方文献为微信用户提供各类信息服务和对这些服务进行宣传推广的最主要部分。如地方记忆、图书推荐、各种讲座、展览活动预告栏目等，将地方文献参与社会文化活动的各项事务进行定期推送，从而引起用户的关注和参与，进而扩大地方文献的社会知名度并在微信用户中树立地方文献品牌形象。例如，黑龙江浩源地方文献博物馆微信公众平台有"口述历史采集计划""老照片""晨阅""徒步"等多栏目的内容，每天定期推送给微信用户。又如陕图地方文献公众号目前每周周四定期推送到微信用户中的栏目信息有"西

安老公园""文献推荐""陕西记忆""听遍陕西""陕西作家""享·图林"等。

互动交流模块。在新信息时代，微信可以实现读者与参考咨询员现场交流一样的效果。例如，陕图地方文献的"约读"模块，工作人员收到微信用户所需查阅的陕图地方文献请求后，会查阅馆藏文献的详细信息，并将读者需要的信息资料及时推送给用户。实现与读者的互动、交流，从而满足读者多样化、个性化的服务需求。

(2) 坚持内容创新，提升服务内涵，创立地方文献服务品牌

新时代，创新才是王道，如果内容没有新意，发布的信息很快就会被淹没在信息洪流中。推送内容的质量和创新的服务品牌是微信公众号留住用户的关键。我们应该研究，如何把推送的内容做成精品、做成符合新时代下公众需求的地方品牌。因此，应组织人力资源，发挥多人智慧，对知识进行收集、整合，深层次开发，主动提供知识服务。中国记忆、首图北京记忆、陕图地方文献以及河南记忆等多家地方文献微信平台在保证一定发布频次的同时，定期推送推荐图书、地文记忆、老公园、老街巷、口述历史及有关地方音频到微信公众平台上，已关注公众号的读者便可利用自己的碎片时间来阅读，这样的主动地方文献服务使得内容从单一化向读者关注度高的丰富化和创新化及时调整，可提升地方服务内涵，创立地方文献服务品牌。实现地方文献特色服务与品牌的树立和推广，进而提高我们自己的职业地位与社会形象。

(3) 重视培养专业的平台运营维护团队

一个好的微信公众号，必须有一支强大的运营团队进行维护。包括推送内容的选题、文案撰写、校对以及排版等，要求运营人员具备较强的信息敏感性、丰富的知识储备、良好的文学功底、熟练的美工编辑能力等。除此之外，运营人员必须谙熟地方的人文、历史、地理、民俗等各方面。微信平台的运营维护是一个积累并持续的过程，这就要求自上而下给予足够的重视，具体工作人员对这一工作有足够兴趣和热情，有了兴趣，才会积极主动，进而重视和专业。

(4) 加强地方文献微信公众平台宣传，获取尽量多的关注度

目前可以采用的推广方式为在微信推送内容下方嵌入微信公众号二维码扫描，或线下是在地方文献馆舍内放置二维码邀请用户扫描，通过推送信息带动更多的潜在用户关注。同时，工作人员可以发挥讲座、授课优势，利用课堂宣传平台，或者通过"摇一摇"功能主动向馆舍附近正在使用微信的读者推送信息，吸引读者关注。

四、结束语

在移动媒体快速发展的今天，公众越来越依赖数字化和移动化，微信已成为移动通信应用的佼佼者。为此，地方文献机构应抓住机遇，与时俱进，将多载体、多种类的地方专题资源进行整合，并充分利用微信公众平台，拓展服务范围，深化服务功能，创新服务内容，实现地方文献本体服务与移动服务的相结合，向公众提供满足个性化的信息知识服务，进而提高我们的职业地位与社会形象，为传承地方文化做出贡献。

参考文献

[1] 郭春侠、李诗琪：《国内省级公共图书馆微信平台服务探析》，《现代情报》2016年第4期。

[2] 宗燕燕：《基于微信公众平台的图书馆特色数据库建设——以实用单元电路数据库为例》，《图书馆工作与研究》2016年第9期。

[3] 张正：《图书馆微信公众平台的构建》，《国家图书馆学刊》2014年第2期。

[4] 林金钦：《国内省级公共图书馆微信公众平台服务现状调查分析》，《情报探索》2015年第5期。

[5] 孙雨：《我国公共图书馆利用微信公众平台开展服务的现状调查及创新模式研究》，《图书馆学研究》2014年第15期。

[6] 王保成、邓玉：《微信公众平台在国内图书馆服务中的应用实践研究》，《图书情

报工作》2013年第10期。

[7] 蔡丽萍、孔德超:《基于WCI的省级公共图书馆微信阅读推广研究》,《图书馆工作与研究》2016年第10期。

[8] 周洁如:《移动社交网平台企业商业模式及其创新》,上海:上海交通大学出版社,2016年。

[9] 黄林英、章文、阮立:《图书馆微信公众平台服务现状与发展对策研究》,《图书馆研究与工作》2016年第2期。

[10] 张楠、边丽梅:《微信在图书馆信息服务中的应用探析》,《图书馆研究》2013年第5期。

多元合作与公共图书馆政府信息公开服务

韩 佳（首都图书馆）

摘 要：在政府信息公开服务中，公共图书馆需要政府的强力支持。本文从地方文献工作的角度阐述了政府信息公开服务需要与相关社会机构多元合作，并且从多方面强调了加强合作、深化开发利用政府信息资源的意义。

关键词：政府信息公开；公共图书馆；政府信息服务

Abstract: In the government information disclosure service, public libraries need strong support from the government. From the perspective of local literature, this paper expounds the need for government information disclosure services to cooperate with relevant social organizations, emphasized the significance of strengthening cooperation and deepening the development and utilization of government information resources from many aspects.

Keywords: government information disclosure; public library; government information service

地方文献的征集、整理、宣传与开发离不开相关社会机构的合作互动，地方政府信息作为地方文献的重要组成部分，更是与行政机关密不可分。加强与政府各机构的合作协调，是公共图书馆建设政府信息资源、推动政府信息服务的必要条件。

一、政府信息公开服务是地方文献工作的一部分

（1）政府信息具有地方文献的特征

地方文献概括为"记录有某地区的知识和信息的一切载体"。广义的概念理解为地方文献是本地方的一切资料，表现于各种记载形式者如图书、杂志、报纸、图片等，具体地分为史料、人物、出版三个组成部分。狭义的概念是指内容上具有地域性特征的一切出版物，无论出版形式、出版地和出版物的载体如何，只要反映本地社会政治、历史、地理……即使零张散页，也在收藏之列，而地方人士著作和地方出版物，内容上无地方特色的，均不应作为地方文献处理。[1]

《中华人民共和国政府信息公开条例》（简称《条例》）中定义政府信息为："政府信息，是指行政机关在履行职责过程中制作或者获取的，以一定形式记录、保存的信息。"[2] 这些信息除含国家政策信息以外，绝大部分都是地方政府制定的政策以及一些相关信息。它们不仅反映了某一地方的政治、经济、科技、文化、教育等方面的发展状况，也与当地民众的生活和生产紧紧相连，密不可分。可见，有着严格地域性的政府信息是从属地方文献范围的，是地方文献的重要组成部分。

（2）地方文献工作为政府信息公开服务打下基础

政府信息公开既包括了信息组织，又包括了信息服务，它需要对政府信息进行接收、分类、著录、编目、维护、提供利用等，这些业务是与在信息组织方面积累了丰富经验的地方文献工作密不可分的。地方文献是公共图书馆文献建设中

---

[1] 李诚：《首都图书馆北京地方文献工作综述》，《图书馆》2011年第3期。
[2]《中华人民共和国政府信息公开条例》第二条。

最具特色的部分，经过长期的重点建设，地方文献工作已经形成了一整套成熟的文献资源体系。这其中已包含了一些政府信息资源，如政府出版物，包括图书、报纸、期刊、政府公报等，地方行政机关编制的统计资料、文件汇编等其他形式的出版物。因此，政府信息公开服务与地方文献工作相结合，是一项意义深远且富有探索性的工作。

二、公共图书馆的政府信息公开服务推广

（1）借鉴、吸收国外的经验

政府信息工作最早出现在欧洲，瑞典是世界上公认的最早确立政府信息公开制度的国家。国外特别是发达国家的公共图书馆通过多种方式开展政府信息服务。概括来讲，主要包括参与政府信息组织整理；实施政府信息长期保存；提供政府信息查询工具；帮助公众查询各类政府信息；解答政府相关问题；指导公众利用政府信息和相关的电子政务等。以美国为例，美国图书馆已经成为社区内能够帮助公众获取电子政府服务、帮助公众与政府部门交互的重要机构，图书馆有必要根据公众需要提供培训、辅导以及咨询服务，甚至有些在线办事事项的代理服务，同时帮助政府收集意见，充当政府与公众之间的桥梁。

（2）打造全方位的公开渠道

《条例》第十五条指出："行政机关应当将主动公开的政府信息，通过政府公报、政府网站、新闻发布会以及报刊、广播、电视等便于公众知晓的方式公开。"[1] 公共图书馆作为政府信息查阅场所，除了接收纸质文件信息，还应陈列政府公报，提供链接政府网站，并且将政府信息进行信息整合、抓取、存档到本地数据库等相关工作。现在，很多行政机关都有资料索取点、信息公告栏、电子信息屏等设施，如果将资料信息向公共图书馆免费缴送一定数量的样本，图书馆可以通过检索台、馆内宣传栏等多种渠道，及时宣传推介政府信息，那么必定会加大政府信

---

[1]《中华人民共和国政府信息公开条例》第十五条。

息的认知度，扩大社会影响。如上海浦东新区图书馆已经成为地方政府公报的免费索取点。政府文件的接收，既是图书馆常规业务工作，也是各行政机关主动配合的统一行动。政府信息的公开与传播是政府的义务与职责，图书馆应该督促政府履行其职责，并加强与政府各部门的沟通与合作，使政府信息资源能够及时、全面、完整地传递到图书馆，共同推进政府信息公开服务。

（3）为政府信息获取利用困难的人群提供帮助

来图书馆查找政府信息的人，大多都是所谓的弱势群体，他们对政府信息的发布渠道不甚明了，因此更需要图书馆员的帮助。包括为低文化素养者、残疾人提供检索、获取、阅读、利用方面的帮助，为信息技能或信息条件困难者提供设备、条件和利用方面的帮助等。实际上，在美国，很多人都曾求助图书馆帮助填写税务表格、社会福利申请表格等，美国的政府机关也都建议人们利用公共图书馆获取、填写和提交电子政务表格。"在线政府信息"（Government Information Online）系统整合了全美20多家美国政府印刷办公室指定的联邦托存图书馆，用户可以就任何主题在线或电邮问询相关的专家或政府信息馆员。[1]而在我国，真正利用图书馆填写政府机构在网上发布的各种表格的公众甚少，仅仅是在网上发送邮件提交投诉建议。其实公共图书馆服务设施完善，又有专业的图书馆管理员提供引导、查询和检索服务，完全可以吸引人们利用图书馆获取政府信息和使用电子政务项目。以首都图书馆为例，考虑到弱视群体的需求，政府信息查阅中心配备了多功能数字助视器（大字阅读器），提供弱视市民阅览政府信息公开文件。多样化的服务同样需要相关政府部门的重视、配合，比如日本国立国会图书馆，日本议会网站就提供了图书馆的链接，可见其重视程度。图书馆面向普通公众提供全面完整的公共信息与咨询服务，不以任何标准排斥任何个人，保证所有公民对政府公开信息的自由获取权，包括所有弱势群体从图书馆获取信息。这需要国家与政府机构的扶持与合作，提高图书馆的社会影响力，发挥其真正的自身价值。

---

[1] 陈盈：《公共图书馆：政府信息公开的合作伙伴》，《新世纪图书馆》2013年第10期。

三、加强多元合作，深化开发利用

（1）扩大合作范围，提升政府信息公开服务

虽然承担政府信息公开任务的只有公共图书馆，但是如果与学校图书馆、科研图书馆进行馆际合作，那么在校学生、科研人员通过本单位的图书馆就能获取政府信息，同时也能充分利用学校图书馆、科研图书馆的有利条件公开政府信息。应培养公众这样的意识：查政府信息去图书馆，图书馆是值得信赖的获取政府信息的最佳场所。

（2）主动参与政府信息公开目录的制作

图书馆界在信息组织方面积累了丰富的经验，虽然《条例》规定，编制政府信息公开目录的责任主体是行政机关，但是图书馆具有专业的信息资源组织能力，即对信息资源进行选择、加工、存储及传递的能力。公共图书馆完全可以参与其中，协助政府机构提供理论支持，设计分类体系和编排方式，编制目录索引和摘要，还可以通过对政府信息如政府公报、规范性文件、统计调查等内容有选择地进行二次加工和整理，与周围的社区、社会团体合作，以专题目录、宣传手册、办事指南等方式，辅助公众快捷、便利地获取所需信息。这样不仅可以使政府信息公开目录更有质量保证，也更有利于公众利用，同时提高工作效率，降低社会成本。

（3）与政府网站互通，信息资源整合

对于政府信息服务来说，如今已是网络化社会，人们获取知识和信息的途径逐渐多样化，图书馆并不是唯一的来源。那么，发展政府信息公开服务事业就有更高的要求。随着社会民主化进程的推进和公众权利意识的觉醒，政府机构简单、生硬地拒绝公开信息的现状正在逐渐减少，更为常见的是有关部门对不愿公开的信息以"信息不存在"为由而规避公开。公共图书馆作为政府机构以外的专业公共机构具有完整存储保存、快速检索海量政府信息的专业能力，信息到底存在不存在，通过公共机构在公共平台上的独立检索来回答更具有说服力。我们积极参

与政府信息公开,充实、扩展政府信息公开服务的内容,成为政府主动公开信息的存储和检索平台,就可以杜绝相当数量的以"信息不存在"为由的信息不公开。以黑龙江省图书馆为例,不仅参与政府信息公开目录的制作,还在政府的支持下建设了政府信息公开服务平台,对政府信息进行收集、整理,提供检索和永久利用。政府信息资源整合,除了法规、制度、资金等多方面的配套支持,更需要行政机构之间加强交流与沟通,统一认识,共同合作。

(4) 积极参与政府信息公开

公共图书馆如果能积极主动、创造性地开展政府信息服务,必然会带来服务领域的扩展,社会影响的扩大,政府重视程度的提升,图书馆服务条件的改善。以日本为例,日本国立国会图书馆的"议会官厅资料室"就在积累政府信息资料的基础上,编纂了《内阁决定文献目录》《日本未批准的国际条约一览》,开发出了"日本法令索引数据库""国会会议录检索系统"等。[1]我们可以借鉴国外的经验,不定期地就某些重点问题、热点话题,整合或编制专题性的政府信息汇编,或者形成积累性的专题资料数据库。例如沈阳市图书馆,对分散于沈阳市财政局、沈阳市供暖办公室等多家文件中的采暖费报销问题进行索引、汇编,为公众提供了完整便捷的咨询服务。[2]此外,我们还可以通过关注老年人、残疾人、下岗工人等弱势人群的文化需求,针对弱势群体开展针对性的服务,比如搜集、整理和更新政府关于民生、热门话题的补贴,帮助用户申请政府信息,协助公众获取政府信息等,这些都是公共图书馆在政府信息公开中应该积极服务的内容。同时,公共图书馆还可以借助现有条件,对公众提供网络知识培训,特别是有关检索政府信息公开方面的公益讲座,提高公众利用网络利用政府信息资源的能力。

---

[1] 李国新、于良芝、徐珊:《公共图书馆与政府信息公开》,《中国图书馆学报》2008年第3期。
[2] 李雪垠:《论公共图书馆政府信息公开与地方文献工作的兼容性》,《图书馆理论与实践》2011年第4期。

四、结语

政府信息公开服务推动了政府运作透明度的提高,公众也从中得到了许多方便和实惠。公共图书馆一方面要积极推动和参与政府信息资源的组织与管理,另一方面也要积极地提供政府信息服务,以满足社会公众对信息资源平等、无偿获取的需求。总体上我国当前推行的政务公开是政府信息公开的初级阶段,公共图书馆与相关政府机构的合作互动任重道远,增强多元合作,开发信息资源,促进政府信息服务可持续发展是一项循序渐进的工作。我们图书馆要充分利用政府信息资源,创造更多的物质和精神财富,加速经济发展和社会进步。

参考文献

[1] 李诚:《首都图书馆北京地方文献工作综述》,《图书馆》2011年第3期。

[2]《中华人民共和国政府信息公开条例》第二条。

[3]《中华人民共和国政府信息公开条例》第十五条。

[4] 陈盈:《公共图书馆:政府信息公开的合作伙伴》,《新世纪图书馆》2013年第10期。

[5] 李国新、于良芝、徐珊:《公共图书馆与政府信息公开》,《中国图书馆学报》2008年第3期。

[6] 李雪垠:《论公共图书馆政府信息公开与地方文献工作的兼容性》,《图书馆理论与实践》2011年第4期。

基于网络平台的地方文献资源个性化阅读推送相关介绍

刘 堼（首都图书馆）

摘 要：在互联网普及的时代，作为地方文献资源收藏和传播的图书馆，不仅要将推动地方文献阅读推送向现代化、智慧化和"互联网+"化方向发展，实现"互联网+"战略，用"互联网+"提升图书馆地方文献资源服务，还要充分利用特色地方文献馆藏资源，积极尝试利用新技术，解决读者推送超载的问题，引导读者较为便捷地找到打算阅读的书籍，个性化推送便成为图书馆地方文献提供的一种系统模式。个性化推送是一种根据读者的需求"偏好"、个人资料及历史浏览行为，为读者提供决策建议的功能，如推送他们想要的书籍或从哪里获得想要的书籍。

关键词："互联网+"；个性化阅读推送；地方文献资源；push 模型

Abstract: In the era of Internet popularization, the library, as the collection and dissemination of local literature resources, should not only promote the development of local literature reading to modernize, intellectualized and "Internet plus", realize the "Internet plus" strategy, and use the "Internet plus" to improve the library's literature resources service. We should make full use of the resources of local literature collection, actively try to use new technology to solve the problem of overloading by readers and guide readers to find books which are intended to be read conveniently. Personalized push has become a system model of library local literature. Personalized push is a kind of "preference" of personal data and historical browsing behavior according to the needs of the reader, providing the reader with the function of decision making, such as pushing the books they want or where to get the books they want.

Keywords: "Internet plus"; personalized reading push; local literature resources; push model

地方文献记录一个地区的发展与变迁，综合反映一个地区政治、经济、军事、文化、历史、地理、民族、风俗、民情、宗教等各方面的情况，是地方文化的资源宝库。首都图书馆地方文献中心有着丰富的地方文献资源，随着图书推送时代的到来，通信技术的快速发展和智能设备在人们生活中的普及，大量有关地方文献的图书推送充斥着读者的眼球，然而，面对这么多丰富的图书推送，如果读者不能很好地管理起来，那么这些图书推送对读者来说就只是垃圾而没有任何价值。

一、地方文献资源个性化推送

（1）地方文献资源个性化推送概述

个性化推送是基于读者的个人爱好和平时查阅记录，以此为基础向读者推送其可能喜好的书籍。随着图书馆地方文献藏书的不断增多，书籍的数量和种类不断增加，读者需要花费大量的时间和精力去搜索符合自己需求的书籍。这一过程花费的时间和精力，无形中会导致大量读者放弃继续搜索下去的耐心。为了解决读者大量做无用功的问题，个性阅读推送系统应运而生。

首都图书馆地方文献中心到目前为止已有地方文献馆藏资源 7 万余种，15

万件册，包括人文地理、历史、人物、社会、政治、法律、经济、工业、农业、城镇建设、教育、体育、医药卫生、文学、艺术等丰富的地方文献资源。地方文献个性化阅读推送系统是基于大数据挖掘基础上的一种智能平台，能够帮助我们推送读者需要的个性化书籍，为读者的查询或搜索提供方向和帮助。地方文献资源个性化推送系统为读者推送书籍，网站平台会智能地完成书籍选择，最大限度地满足读者的个性化需求。

（2）地方文献个性化推送系统的工作原理

首先是基本数据包括个人推送、评分、历史行为和社会关系，然后根据读者偏好分析、推送、收集，建立读者模型，最后选择推送技术推送，结果显示读者目标需求。实现个性化系统的关键是分析和纠正网络读者的浏览和推送，准确把握读者的兴趣。只有通过读者的阅读行为来推动数据收集、统计，才能准确地发现读者的浏览兴趣，同时也能准确地推动不同读者群之间的协同过滤。

（3）地方文献资源个性化推送在图书馆中的应用

现在的图书网站上都有大量的书籍，个性化的推送应用是这些网站生存和发展下去的源动力，著名的图书馆网站就是个性化推送的积极应用者和推广者，被RWW（读写网）称为推送系统之网。国内的亚马逊、当当、京东等销售图书的网站都通过采用个性推送系统为读者提供个性服务，来提升自己的访问量和销售量。

图 1 就是当当中国的个性化推送列表，它包含了以下几个部分：推送结果的标题，推送结果的平均分以及推送理由。该系统会去寻找读者之前喜欢过的物品，然后找出那些和这些物品相似的读者没有接触过的物品然后推送给读者。比如读者以前买过一本与北京土语相关的书籍，那么就可以向读者推送一本与北京土语相关的书籍，因为这两本书都是属性相近的。

除了这种推送方法，当当还有其他的推送方法，就是按照读者在微信上的好友关系，给读者推送他们的好友在当当上喜欢的物品。

图 2 和图 3 则是另外一种推送方式——相关推送列表。当你在查询一个书籍

图1 当当(amazon.cn)的个性化推送列表

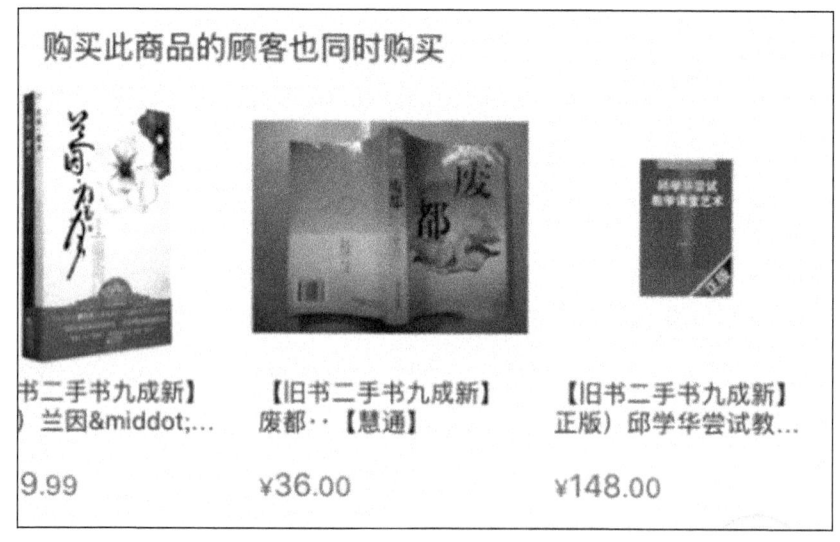

图2 当当的相关推送列表(一)

的时候,网站会向你推送相关书籍。图2推送的是查询过这个书籍的人同时还查询的其他书籍,图3则推送浏览过这个书籍的人同时还查询的其他书籍。显然图2的推送更有说服力,然后这些推送都是通过收集海量的数据并计算出来的,所以图3推送的书籍也是具有相关性的,因为读者在买一类东西的时候会先去浏览各种相似的东西然后货比三家,这些浏览过的数据也是具有推送价值的。

图 3 当当的相关推送列表（二）

三、地方文献资源个性阅读推送系统

地方文献个性阅读推送系统是帮助读者决定查询什么书籍的系统。推送系统的系统对象是读者，系统的目标是为读者提供项目推送。读者是指推送系统的使用者，即图书馆网站中的读者。项目则是被推送的对象，即图书馆网站中的书籍或系统，也就是最终被推送给读者的内容。

（1）地方文献资源个性阅读推送系统的概念

随着互联网技术的不断发展，网络全面深入人们的生活，人类进入了个性推送社会和网络经济时代，图书馆地方文献资源建设发展和个人生活都被深深影响着。图书馆网络平台的使用为读者提供地方文献书籍和建议，帮助读者决定应搜索的内容，并使用虚拟销售人员帮助读者完成搜索过程。这是一种促进网站发展，增加浏览量，吸引新读者并留住老读者行之有效的方法。图书馆地方文献个性阅读推送系统根据读者制定个性化"营销策略"，并在合适的时候提供读者最需要的推送，提升读者忠诚度。

(2) 地方文献资源个性阅读推送系统的分类

个性阅读推送系统以读者为中心，提供对读者的系统。现根据系统推送的持久性和自动化程度对个性阅读推送系统进行分类。

①自动化程度

从读者的角度来说，就是需要读者为系统手工输入自身所需要的推送内容，系统才能根据这些推送进行处理从而提供相关的推送。从这个角度来看，自动化程度从较低级的系统对读者一无所知的全手工推送阶段，进展到较高级的系统自动根据读者的操作历史主动推送的全自动推送阶段。

②持久性

持久性是指推送系统产生的推送是基于读者当前的浏览产生的相关推送还是包括读者历史浏览的推送进行的推送。持久性的维度划分范围从完全暂时性的推送到完全永久性的推送。完全暂时性的推送仅仅基于读者当前唯一的浏览，不考虑读者先前浏览的任何推送。永久性的推送考虑读者历史的浏览，综合读者的多个对话来产生推送。

地方文献资源个性化阅读推送系统根据自动化和持久性程度，可以分为以下四种类型：

①非个性化个性阅读推送系统

以其他读者对书籍做出的评价为基础，向读者做出推送，或者根据图书馆系统的阅读排行等与特定读者无关的输入推送进行推送。这种推送技术与特定读者无关，独立于目标读者，对所有读者推送的内容都是相同的。非个性化个性阅读推送系统的推送方式属于自动化方式推送，产生于读者的任意浏览，不区分读者个体，是瞬时的推送，个性化程度为零。

②基于属性的个性阅读推送系统

这种推送方式类似于搜索引擎的方式，需要读者手动输入书籍的属性特征，然后根据书籍的属性特征为读者生成推送列表。因而属于手动方式推送，推送可以是根据读者单次的浏览记录，也可以是根据读者多次的浏览记录。

③基于书籍相关性的推送系统

根据书籍间的相关程度向读者推送相应的书籍。基于书籍相关性的推送系统既可以是全自动化方式的推送系统，也可以是全手动方式的推送系统。基于书籍相关性的推送系统是依据于读者的单个浏览。

④基于读者相关性的推送系统

也称为协同过滤推送系统。基于读者相关性的推送系统先查找目前读者的最近一次浏览记录，再根据最近一次浏览记录的查询记录，综合评定后为当前读者进行推送。读者相关推送不用读者显式输入推送。推送是基于读者的多个浏览产生的。

四、地方文献资源个性阅读推送系统的关键技术

地方文献资源个性阅读推送系统的关键技术包括基于读者协同的过滤推送技术、基于项目协同的过滤推送技术、基于规则的推送技术、基于内容的推送技术、基于效用的推送技术、基于知识的推送技术。

（1）基于读者协同的过滤推送技术

又称最近浏览记录算法技术，主要基于网页读者的查询行为，类似于读者的兴趣，作为一个推送的项目。推送的基础是寻找浏览记录阅读器。此外，要找到一个浏览记录的读者，读者数量必须足够，而且读者对项目的评价也很简单，读者之间的相似度必须高。基于读者协同过滤技术在实际应用中存在的问题较多，最常见的问题包括推送的多样性、数据的稀疏性和系统的可扩展性。

在协同过滤系统中，对项目的评价较少。因此，项目矩阵中没有多少项有评估数据，这将导致数据阵列稀疏。通过调查，一般系统读者的评价数据不到1%，这将导致读者之间的相似度不准确，然后发现读者的浏览记录不可靠。

（2）基于项目协同的过滤推送技术

为了解决基于读者的协同过滤推送技术应用中的数据稀疏性问题，构建了一个基于项目的push模型，以缓解数据稀疏问题。利用先验模型可以快速得到结果，还可以得到基于发送的项目之间关系的历史记录。

一个基于项目的协同过滤技术是，读者将更倾向于那些与他需要查询的项目相似的人，来分析每个项目之间的相似性，你可以分析读者的项目矩阵。由于不需要识别记录阅读器，算法的速度快。

（3）基于规则的推送技术

根据项目之间的关联规则，查找相关项目，按顺序推式生成。在事务数据库中，通过检索图书集合和读者的查询来获取满足最小支持度和最小置信度的规则集。

（4）基于内容的推送技术

内容推送技术是根据项目的特点来定义项目的。例如，新闻组过滤系统，文本的词汇是其项目属性。根据项目内容、项目特点对项目进行分类。但是，基于内容推送技术不能推跨种，而需要参考读者推送的历史。然而，这种推送方式只对读者熟悉，缺乏新颖性，不能适应读者兴趣的变化。

（5）基于效用的推送技术

基于属性数据效用的推式技术分类。首先，计算了阅读器的效用函数，然后利用效用函数对结果进行排序和推送。这种 push 技术的优点是考虑项目本身的属性，从而改进整个系统，实现更高层次的个性化推送。然而，基于效用的 push 技术的关键和难点在于设计一个良好的综合效用函数。

（6）基于知识的推送技术

这种技术是基于功能的知识，没有读者的推，但共同的协同过滤推送技术是基于读者的喜好。这意味着功能性的知识可以解释需求和推动之间的关系，是一个项目如何满足特定读者需求的知识。因此，基于推送技术的知识，网络阅读器数据可以支持推理的知识结构。

参考文献

[1] 中国互联网络图书推送中心:《第32次中国互联网络发展状况统计报告》http//www.cnnic.cn/hlwfzyj/hlwxzbg/hlwtjbg/201307/P020130717505343100851.pdf.

[2] 刘红丽:《国内移动图书馆研究现状与趋势》,《国家图书馆学刊》2012年第2期。

[3] 谭光柱:《移动互联网入口呈现多元化发展》,中国互联网数据平台http//www.cnidp.cn

[4] 刘红丽:《国内移动图书馆研究现状与趋势》,《国家图书馆学刊》2012年第2期,第92—94页。

[5] 茆意宏:《我国图书馆移动图书推送系统的现状与发展对策》,《大学图书馆学报》2012年,第39—40页。